RÉPERTOIRE

UNIVERSEL ET RAISONNÉ

DE JURISPRUDENCE

CIVILE, CRIMINELLE,

CANONIQUE ET BÉNÉFICIALE;

OUVRAGE DE PLUSIEURS JURISCONSULTES :

Publié & mis en ordre par M. G**** Écuyer, ancien Magiſtrat.

TOME PREMIER.

A PARIS,

Chez J. D. DOREZ, Libraire, rue Saint Jacques, près Saint-Yves.

Et ſe trouve chez les principaux Libraires de France.

M. DCC. LXXV.

Avec Approbation & Privilége du Roi.

DISCOURS

PRÉLIMINAIRE.

IL y a lieu de croire que les premières
lois furent celles que chaque père de famille fit pour établir l'ordre dans sa maison.
Mais lorsque l'intérêt, le besoin & le plaisir
eurent rassemblé les hommes dans des
villes, ces loix privées se trouvèrent in-
suffisantes, & pour contenir les sociétés il
fallut une autorité plus forte que la puissance paternelle. Les chefs des nations
éminemment intéressés à la conservation
de chaque état, furent chargés du soin
de pourvoir à sa défense, à sa perpétuité, à son bonheur, & les lois publiques parûrent. Ce n'étoit que par elles
seules que l'on pouvoit mettre un frein
aux passions dont le choc auroit boule-
versé l'ordre établi. Elles dûrent néanmoins
dans l'origine être aussi simples qu'aisées à
connoître. Les sociétés étoient peu nombreuses, leur territoire peu étendu & les

rapports de citoyen à citoyen faciles à aſſigner.

Mais quand des peuples entreprenans conduits par des chefs ambitieux, ſe furent ſubjugués les uns les autres, & eurent fait un mélange de leurs mœurs & de leurs uſages, l'art de gouverner devint une ſcience plus compliquée, parce qu'il embraſſa non-ſeulement les rapports de citoyen à citoyen, mais encore ceux de peuple à peuple. Ces derniers rapports formèrent ce qu'on appelle le droit des gens d'où dérivèrent les lois relatives à la guerre, à la paix & au commerce vu en grand.

C'eſt moins de cette partie de l'adminiſtration qu'il s'agit ici, que de celle qui concerne le maintien du bon ordre dans la ſociété. L'expérience apprit bientôt aux légiſlateurs que pour remplir cet important objet, leurs ſoins devoient être continus. Il fallut des lois pour prévenir les troubles, pour arrêter les abus, pour punir les crimes, & pour aſſurer à chaque citoyen la poſſeſſion des choſes dont la propriété lui étoit légitimement acquiſe.

Peut-être que de tous les états la France eſt celui où l'on remarque le plus de variété dans les lois; mais on n'en ſera pas étonné, fi l'on jette un coup d'œil fur leur origine & fur les tems qui les ont vu naître.

Jules-Céfar nous apprend qu'avant la conquête des romains, les Gaules étoient divifées en plufieurs petits peuples indépendans les uns des autres, & qui par conféquent avoient chacun leurs lois particulières. Mais après la conquête qui fut achevée environ cinquante ans avant l'ére chrétienne, ces lois s'abrogèrent & le droit romain leur fut fubftitué. Cinq cens ans de poffeffion de la part des romains durent opérer ce changement : auffi quand les Francs vinrent fubjuguer les Gaulois, ils les trouvèrent tous romains, parlant latin, & vivant felon les lois romaines.

Ces Francs & les autres barbares conquérans apportèrent un nouveau droit dans les Gaules : mais comme ils n'avoient dans leur langue aucun ufage des lettres, leurs lois n'étoient que des coutumes qu'ils obfervoient dans les jugemens telles qu'ils les avoient reçues de leurs pères. Toujours occupés à la guerre ou à la chaffe & n'ayant d'autres biens que des beftiaux, le nombre des procès devoit être très-limité parmi eux, & leur manière de vivre ne permetoit pas qu'en les jugeant on obfervât beaucoup de formalités. Auffi leurs différens ordinaires n'étant que pour des querelles ou des larcins, on les décidoit dans des assemblées publiques, ou sur les dépositions de témoins produits sur le champ, ou par le duel, ou par les épreuves de l'eau & du feu.

Les Romains quoique soumis par la force des armes, n'imitoient en rien leurs vainqueurs. D'ailleurs ceux-ci ne faisoient pas leurs conquêtes pour acquérir de la gloire, mais pour subsister plus commodément que chez eux. Contens d'être les maîtres, non-seulement ils laissèrent vivre les Romains comme auparavant, ils imitèrent encore les mœurs romaines que leurs pères admiroient depuis longtems. On voit que nos premiers rois conservèrent les noms des officiers établis par les empereurs Romains, & qu'à l'exemple de ceux-ci, ils appelèrent les gouverneurs de leurs provinces, ducs, comtes, vicaires ; & ceux qui servoient auprès de leurs personnes, chanceliers, référendaires, cubiculaires, domestiques, & en général palatins. Leur monnoie consistoit en mêmes espèces que la romaine, c'est-à-dire, en sous d'or & en deniers d'argent, où ils étoient représentés à-peu-près comme les empereurs. Ainsi l'esprit & la politesse des peuples vaincus les rendit maîtres de leurs vainqueurs en ce qui demandoit quelque connoiſſance des lettres & des arts.

Cette dépendance augmenta quand les barbares eurent embraſſé la religion des Romains. Ils révérèrent comme des perſonnes ſacrées les évêques & les prêtres qu'ils admiroient déja comme des ſavans. Ce fut alors comme l'a remarqué M. l'abbé Fleury, que les Romains commencèrent à les trouver moins barbares & à leur obéir plus volontiers. C'étoit cependant encore deux peuples qui différoient par le langage, par les habits, par les coutumes, & cette diſtinction paroît avoir eu lieu en France durant les deux premières races de nos rois : elle ſe conſerva particulièrement dans les lois ; & comme on devoit rendre juſtice à chacun ſelon la loi ſous laquelle il étoit né, ou qu'il avoit choiſie, (car ce choix étoit permis) on rédigea par écrit les lois, ou pour mieux dire, les coutumes des barbares.

Il eſt parvenu juſqu'à nous un recueil de ces lois qui comprend celle des Viſigots, un édit de Théodoric roi d'Italie, les lois des Bourguignons, la loi ſalique, & celle des Ripuaires, leſquelles ſont proprement les lois des Francs ; la loi des Alle-

mans, c'eſt-à-dire, des peuples d'Alſace &
du haut Palatinat ; les lois des Bavarois,
des Saxons, des Anglois & des Friſons ; &
la loi des Lombards, beaucoup plus conſidérable que les précédentes.

Charlemagne ayant réuni ſous ſon empire toutes les conquêtes des Francs, des
Bourguignons , des Goths & des Lombards, fit renouveler toutes ces lois & y
ajouta des capitulaires qui étoient des lois
générales faites dans cette grande aſſem-
blée annuelle où ſous les rois des deux premières races ſe traitoient toutes les affaires
publiques.

Les révolutions qui arrivèrent en France
vers la fin de la ſeconde race de nos rois
& au commencement de la troiſième , ayant
fait tomber toutes les lois dans l'oubli, on
ne ſuivit plus qu'un droit incertain fondé
ſeulement ſur l'uſage : les ducs, les comtes,
& les autres officiers royaux s'étant attribué la propriété des villes & des provinces
dont ils n'avoient que le gouvernement, ſe
mirent en poſſeſſion de rendre la juſtice
par eux-mêmes, ou par des officiers pris
entre leurs domeſtiques. Le ſénéchal étoit
le maître d'hôtel ; les baillis & les prévôts
étoient des intendans ou des receveurs, &
les ſergens étoient de ſimples valets. Cette

juſtice étoit ſouveraine & ſe rendoit ſommairement. Les peines des crimes étoient cruelles ; il étoit ordinaire de crever les yeux, de couper un pied ou une main ; c'eſt pourquoi les actes de ces temps-là font ſi ſouvent mention de mutilation de membres. Il ſemble même que ces peines étoient arbitraires.

Les ſeigneurs qui jugeoient ainſi le peuple, étoient jugés par d'autres ſeigneurs: Un châtelain, par exemple, étoit ſoumis à la juridiction du comte dont il étoit vaſſal, & le comte pour le juger étoit obligé d'aſſembler les pairs de ſa cour, c'eſt-à-dire, les autres châtelains ſes vaſſaux, égaux entr'eux & de même rang que celui qu'il falloit juger. Le comte étoit lui-même un des pairs de la cour de ſon ſeigneur, qui étoit ou un comte plus puiſſant, ou un marquis, ou un duc, & cette ſubordination remontoit juſqu'au ſouverain : car le roi avoit auſſi ſa cour compoſée des pairs de France ſes premiers vaſſaux.

Mais cet ordre ne s'obſervoit pas toujours. Souvent les nobles qui ſe ſentoient forts n'obéiſſoient point à leurs ſeigneurs & réduiſoient ceux-ci à ſe faire juſtice par les armes. Le roi lui-même étoit obligé de faire la guerre non-ſeulement à des pairs de France, mais à des seigneurs beaucoup inférieurs.

L'établissement de ces nouvelles juridictions fut une des principales causes qui donnèrent naissance aux coutumes que l'on voit si multipliées & si variées dans le royaume. Les usages particuliers de chaque seigneurie, dit Beaumanoir, en formoient le droit civil. Et cet auteur, que selon la remarque de M. de Montesquieu, on doit regarder comme la lumière de son tems, & une grande lumière, ajoute qu'il ne croit pas que dans tout le royaume il y eut deux seigneuries qui fussent gouvernées de tout point par la même loi.

Comme les coutumes ne furent point d'abord rédigées par écrit, rien n'étoit plus équivoque que le droit coutumier. Dans toutes les contestations chacun alléguoit la coutume en sa faveur : on ordonnoit des enquêtes par turbes, qui souvent induisoient le juge en erreur ou le laissoient dans l'incertitude, parce qu'il arrivoit fréquemment que la moitié des témoins alléguoit la coutume d'une façon, tandis que les autres attestoient qu'elle étoit toute opposée.

La France étoit dans cet état lorsqu'on recommença d'étudier le droit romain tel qu'on l'étudie encore aujourd'hui.

D'un autre côté on rédigea par écrit les coutumes auſſitôt que les déſordres qui les avoient produites furent un peu calmés & que le tems les eût un peu affermies.

Le droit romain, appelé auſſi droit écrit, a été conſidéré comme loi qui oblige dans les lieux où la loi romaine avoit pour ainſi dire jeté de plus profondes racines. Tels ſont le Languedoc, la Provence, le Dauphiné & le Lyonnois, parce que ces provinces furent les premières conquêtes des Romains & les dernières des François. Dans le reſte de la France, les coutumes ont prévalu : on n'y obſerve point le droit romain dans les cas où elles lui ſont oppoſées, & ces cas ſont en très-grand nombre. De-là dérive la différence qu'il y a entre le pays coutumier & le pays de droit écrit.

Ce ſont ces lois, le droit canonique & les ordonnances de nos rois de la troiſième race qui compoſent parmi nous cette ſcience non moins vaſte qu'importante qu'on appelle juriſprudence. Elle peut être définie la connoiſſance de tout ce qui eſt juſte ou injuſte, & l'art de déterminer les principes qu'il faut ſuivre pour faire l'application des lois aux différentes queſtions ſur leſquelles les tribunaux peuvent être ſollicités de prononcer.

Le nombre des livres publiés fur cette
fcience n'eft pas inférieur à celui des objets
fur lefquels les lois étendent leur empire :
mais dans cette foule immenfe d'ouvrages
on n'en trouve aucun où les auteurs aient
embraffé l'univerfalité des matières dont
chacun s'eft occupé en particulier. Les uns
ont écrit fur les lois civiles, les autres fur
le droit canonique ; ceux-ci ont traité les
matières criminelles, ceux-là les lois féodales ; quelques-uns les loix militaires,
d'autres celles du commerce : plufieurs ne
fe font attachés qu'à quelques fujets particuliers tels que le retrait lignager, les
donations, les fucceffions, les fubftitutions,
les teftamens, &c. D'autres ont raffemblé
les décifions des compagnies fouveraines
pour fuppléer au filence du légiflateur
dans les cas où il ne s'eft point expliqué ;
enfin d'autres fe font appliqués à développer les règles de la procédure ou des formes judiciaires, & cette connoiffance plus
intéreffante qu'on ne le penfe communément, a fait la matière de plufieurs traités.

Quelque variété que préfentent d'abord
à l'efprit tant d'objets divers, ils ont néanmoins entr'eux des rapports fi effentiels &
fi marqués qu'il y a lieu de s'étonner qu'on
n'ait pas encore effayé d'en réunir l'expli-

cation dans un même livre. La tâche est pénible sans doute & difficile à remplir ; mais l'utilité d'une telle entreprise a paru si sensible qu'on s'est imaginé qu'il suffiroit de la former pour bien mériter du public. En effet, si jamais l'ouvrage que l'on propose acquiert le degré de perfection dont il est susceptible, il tiendra lieu d'une infinité d'autres livres dont il aura emprunté les secours & corrigé les erreurs : ce sera une sorte de bibliothèque de jurisprudence, où les juges de tous les tribunaux trouveront avec facilité des règles sûres pour les diriger dans les fonctions épineuses de la magistrature ; où les défenseurs des citoyens puiseront des moyens pour faire triompher la justice & l'innocence ; où les greffiers, les notaires, les procureurs, les huissiers & en général tous les ministres des lois apprendront à connoître les fonctions de leur état, les devoirs qu'ils ont à remplir & les priviléges qui leur sont propres.

Les particuliers eux-mêmes éclairés sur leurs vrais intérêts pourront apprécier la justice de leurs prétentions avant de les soumettre à la décision des tribunaux. L'entêtement qui naît de l'ignorance des lois a souvent précipité des familles dans la

ruine par des procès injuſtement entrepris.
Il ſera facile de ſe garantir de ces erreurs
funeſtes en combinant par le moyen du
même ouvrage, la force de la défenſe de
ſon adverſaire avec celle de l'attaque, afin
de ne pas engager celle-ci avec trop de
légéreté, comme cela arrive ſi fréquemment.

Pour remplir toutes ces vues on a tâché
de donner ſur chaque objet des explica-
tions claires & préciſes : on a cherché dans
la diſcuſſion des matières, à développer
l'eſprit des ordonnances qui y ont rapport; on a appliqué aux queſtions qui naiſ-
ſent de chaque ſujet les arrêts des cours &
les autorités des juriſconſultes que leur ſa-
geſſe, leurs lumières & leurs écrits ont
rendus célèbres. Pluſieurs d'entr'eux avan-
tageuſement connus ont bien voulu nous
communiquer leurs réflexions & ont enri-
chi l'ouvrage de divers articles qui ne peuvent manquer d'être favorablement ac-
cueillis. On a d'ailleurs cité les ſources où
la doctrine eſt la plus pure & où l'on doit
la puiſer dans l'occaſion. Un plus long détail ſeroit ici ſuperflu, c'eſt dans l'ouvrage
même qu'il faut apprendre à le connoître.
Au-reſte on va voir que l'on a pris des précautions pour que le public qui voudra ſe

procurer le livre qu'on lui propofe, foit à l'abri des regrets que les foufcriptions lui ont plus d'une fois occafionnés.

CONDITIONS DE LA SOUSCRIPTION.

LES particuliers qui d'ici au premier feptembre prochain, fe feront procuré un Exemplaire du premier volume que l'on vient de mettre en vente, & qui auront foufcrit pour les autres, ne payeront chaque volume que quatre livres dix fous broché & cinq livres dix fous relié. Ils recevront d'ailleurs les trois derniers volumes gratis. Pour tout autre, le prix de chaque volume broché fera de cinq livres & de fix livres relié.

Il ne fera fait aucune avance d'argent par les Soufcripteurs, il fuffira qu'ils payent chaque volume en le retirant. On en publiera cinq ou fix tous les ans, à compter du premier feptembre prochain.

Comme il eft arrivé plufieurs fois que des ouvrages propofés par foufcription n'ont pas répondu à l'attente des Soufcripteurs, on ne veut pas que dans la foufcription actuelle ils foient expofés à cet inconvénient: c'eft pourquoi on déclare que chaque Soufcripteur pourra pendant un mois, à compter du jour qu'il aura foufcrit, rapporter au libraire l'Exemplaire qui lui aura été fourni, s'il eft mécontent de l'ouvrage, & on lui rendra fon argent.

Aucun Soufcripteur ne fera obligé de retirer les volumes qui paroîtront dans le cours de l'é-

dition ; mais la souscription de ceux qui auront négligé pendant six mois de retirer les volumes dont la publication aura été annoncée dans les papiers publics, demeurera nulle, & si par la suite ils veulent se procurer ces volumes, ils seront tenus de les payer ainsi que les suivans, comme les personnes qui n'auront pas souscrit.

L'Approbation & le Privilége se trouveront à la fin du dernier volume.

RÉPERTOIRE

UNIVERSEL ET RAISONNÉ

DE JURISPRUDENCE

CIVILE, CRIMINELLE,

CANONIQUE ET BÉNÉFICIALE.

A

ABANDONNEMENT. On appelle *Contrat d'Abandonnement* l'acte par lequel un débiteur cède & abandonne ses biens à ses créanciers pour qu'ils les vendent, & que le prix s'en distribue entre eux selon le droit de chacun en particulier (*).

S'il n'étoit point dit dans le Contrat d'A-

_____

(*) *Forme d'un Contrat d'Abandonnement.* Pardevant, &c. (*les noms des Notaires ou du Notaire & des témoins*) furent présens François Coupans, demeurant à.... d'une part;

bandonnement, que les biens abandonnés se-

Et le sieur Claude Huin, ancien receveur des domaines, demeurant à Paris, rue.... paroisse.... Le sieur Jean Devancé, procureur à la Chambre des Comptes de Paris, demeurant rue.... paroisse.... Me. André Besson, procureur au Châtelet, demeurant, &c.) *Les noms des créanciers avec leurs qualités, demeures & paroisses*) tous créanciers dudit Coupans d'autre part ;

Lesquels ont dit, savoir, ledit Coupans, qu'il représente auxdits sieurs ses créanciers que quelque soin qu'il ait pris pour régir & administrer avec succès, tant les biens qui lui sont venus des successions de son père & de sa mère, que ceux que son frère lui a légués, les dettes dont ils étoient chargés, les réparations qu'il a fallu y faire, les diminutions qu'il a souffertes dans les revenus, les emprunts qu'il a été forcé de faire par rapport à cela, les poursuites que quelques-uns de ses créanciers ont intentées contre lui, & divers autres inconvéniens qu'il a éprouvés, lui ôtent l'espérance de pouvoir acquitter ses charges annuelles par ses revenus : c'est pourquoi il prend le parti de déclarer auxdits sieurs ses créanciers la situation fâcheuse dans laquelle il se trouve, & de leur proposer de faire un abandon général de tous ses biens meubles & immeubles pour les vendre par eux en leur direction, distribuer le prix des meubles au sou la livre, & se payer par ordre d'hypothèque sur le prix des immeubles. Il espère que parce moyen lesdits sieurs ses créanciers seront convaincus de sa bonne foi & du desir qu'il a de leur assurer leur payement, aimant mieux d'ailleurs se dépouiller & s'exécuter lui-même que de donner lieu à des frais de poursuites qu'il importe de prévenir & d'éviter.

Et par les sieurs créanciers il a été répondu que la manière d'agir dudit François Coupans ne peut que les confirmer dans l'opinion qu'ils ont toujours eu de sa probité ; qu'ils ne doutent pas que le dérangement de ses affaires ne vienne de diverses circonstances malheureuses où il s'est trouvé, & qu'ils sont prêts à accepter les propositions & offres qu'il leur fait comme avantageuses.

En conséquence ledit François Coupans & lesdits sieurs créanciers sont convenus de ce qui suit :

ront vendus par les créanciers, cet acte seroit

Ledit François Coupans a par ces présentes cédé, quitté, abandonné & délaissé dès maintenant & pour toujours, avec promesse de garantir de tous troubles, dons, douaires, dettes, hypothèques & évictions, substitutions, aliénations, & autres empêchemens généralement quelconques, auxdits sieurs ses créanciers;

Premièrement, une maison située à Paris rue St. Jacques près de la rue Hyacinthe, tenant d'une part à ... d'autre, au sieur .... par derrière à .... & pardevant sur la rue, consistant en deux corps de logis, dont l'un sur le derrière & l'autre sur le devant, cour entre deux & autres appartenances & dépendances, louée à différens particuliers.

En second lieu une ferme avec ses dépendances située à .... & consistant en 80 arpens ou environ de terres labourables, &c.

Plus, un pré situé à .... (*Le détail des biens avec les tenans & aboutissans.*)

Le tout ainsi qu'il se poursuit & comporte sans en rien excepter ni retenir, appartenant audit François Coupans, comme lui étant venu des successions de son père, de sa mère & de son frère.

Ledit François Coupans a promis de délivrer auxdits sieurs créanciers incessamment, tous les titres de propriété qu'il a desdits immeubles dont sera fait un bref état, au bas duquel il sera donné une décharge audit Coupans, lequel déclare qu'il n'en retiendra aucun.

Ledit François Coupans transporte à sesdits créanciers pour les transmettre aux acquéreurs desdits biens, tous droits de propriété, noms, raisons & actions rescindans & rescisoires, dont il se dessaisit au profit desdits acquéreurs & de leurs ayans-cause, voulant qu'ils en soient saisis par qui & ainsi qu'il appartiendra : constituant son procureur, le porteur, &c. donnant pouvoir, &c. à la charge des cens & droits seigneuriaux qui peuvent être dus par lesdits biens fonds, & de cinquante écus de rente viagère dus à Claude Coupans son frère, à prendre par privilège sur ladite maison, rue St. Jacques, déclarant qu'il n'y a aucune autre charge ni redevance sur lesdits biens :

considéré comme une vente pure & simple faite

Pour être lesdits biens-fonds vendus par lesdits créanciers, en leur direction qui sera ci-après formée, à l'amiable & sans frais, après trois publications, & remises de quinzaine en quinzaine, au plus offrant & dernier enchérisseur ; à l'effet de quoi seront apposées affiches aux lieux & endroits nécessaires, lesquelles ventes seront faites en la présence & du consentement dudit François Coupans, duement appellé par écrit au domicile par lui ci après élu, & le prix desdites ventes distribué le plutôt que faire se pourra, après lesdites ventes, auxdits créanciers selon leur hypothèque, dont sera fait un ordre, ainsi qu'il sera dit ci-après.

En attendant lesdites ventes, & à commencer du premier avril dernier, les fermages & loyers desdites fermes, maisons & héritages appartiendront auxdits créanciers ; & néanmoins ceux qui auront des délégations ou transports sur iceux, toucheront les fermages & loyers échus jusqu'audit jour, conformément & aux termes de leurs délégations, à quoi consentent tous les autres créanciers. Ledit François Coupans abandonne aussi à sesdits créanciers tous ses biens meubles contenus en l'état qu'il en a fait faire, & qu'il a représenté, qui est demeuré annexé à ces présentes, après avoir été signé & paraphé par ledit François Coupans, en présence des Notaires soussignés, pour être vendus incessamment à la requête & diligence des directeurs desdits créanciers qui seront ci-après nommés ; à l'effet de quoi il promet de les remettre en la possession de l'agent de direction, & le prix qui en proviendra, sera remis par ledit agent entre les mains de Me. N.... l'un des Notaires soussignés, pour en être aussi-tôt fait la distribution entre lesdits créanciers, à raison du sou pour livre de leursdites créances, en principaux, intérêts & frais.

Déclare & affirme ledit François Coupans, qu'il n'a point d'autres biens présentement que les immeubles ci-dessus mentionnés, & que les meubles compris audit état ; & au cas que lesdits créanciers lui en découvrent d'autres, il consent qu'ils s'en mettent en possession, & qu'ils demeurent compris dans le présent Abandonnement général, pour par eux les vendre comme ceux ci-dessus spécifiés.

Déclare & affirme en outre ledit François Coupans, qu'il n'a point d'autres créanciers que ceux nommés en l'état qu'il a fait, & qu'il a représenté, & qui est pareillement demeuré annexé à ces présentes, après qu'il l'a eu signé & paraphé en présence des Notaires soussignés, dans lequel il n'a pu comprendre que les principaux des sommes qu'il leur doit, & non les arrérages des rentes ou intérêts des sommes qui en produisent, ne le sachant point au juste.

Ledit François Coupans requérant au surplus sesdits créanciers de vouloir bien lui accorder une somme par année sur les revenus desdits biens immeubles jusqu'à la vente du dernier d'iceux, pour l'aider à subsister.

Lesdits sieurs créanciers ont accepté le présent Abandonnement auxdites conventions, & sous celles qui seront ci-après convenues, sans déroger ni innover par aucun d'eux aux privilèges & hypothèques qui leur sont acquis, sans approuver les créances les uns des autres, & sans que leur présence & signature au présent Contrat, ni la ratification de ceux qui sont à présent absens, ou l'homologation qui en sera faite avec eux, ou avec les refusans de le signer, ou l'énoncé du montant des créances portées dans ledit état, puissent leur donner plus ou moins de droit que celui qu'ils ont, suivant les titres en bonne forme qu'ils rapporteront, pour quoi ils font leurs protestations, réserves & défenses respectives les uns contre les autres.

Lesdits sieurs créanciers, pour établir une direction de leurs droits, déclarent qu'ils s'unissent, par ces présentes, pour ne faire qu'un seul & même corps de créanciers.

Pour directeurs de leurs droits, ils nomment lesdits sieurs Huin, Devance & Besson, lesquels ont dit qu'ils acceptent lesdites charges, à condition expresse, & non autrement, qu'ils ne seront aucunement garans, qu'ils ne feront aucunes autres poursuites que celles qu'ils jugeront à propos, & qu'ils n'en seront pas responsables; & que ce qui sera arrêté par deux d'entr'eux dans leurs assemblées, aura force, & vaudra de même que si tous l'avoient arrêté & signé, à quoi consentent tous lesdits créanciers, &, à cet effet, leur donnent tout pouvoir nécessaire.

condition fait qu'on ne regarde ceux-ci que

Lesdits créanciers nomment pour Notaire de leurdite direction ledit Me. N.... l'un des Notaires soussignés, lequel tiendra les cahiers des délibérations, & en la maison duquel lesdits directeurs s'assembleront le samedi, trois heures de relevée de chaque semaine, pour y délibérer sur les affaires de la direction, auxquelles assemblées chaque créancier pourra se trouver, si bon lui semble.

Lesdits créanciers nomment pour occuper dans les actions, instances & procès que ladite direction pourra avoir; savoir, pour celles du Châtelet, Me. F.... procureur audit Châtelet, & pour celles du Parlement Me. L.... procureur audit Parlement.

Et pour agent de la direction, aux appointemens de deux cent livres par an, la personne de Me. G.... demeurant rue de.... paroisse Saint-Sulpice, lequel agira sous les ordres desdits sieurs directeurs, fera la recette de tous les revenus de la direction, en donnera les quittances, & à mesure de sa recette en remettra les deniers audit Me. N. notaire, pour être distribués en la manière ordinaire.

Et ledit sieur G.... en qualité d'agent, retirera dudit François Coupans les meubles par lui abandonnés, contenus dans ledit état, dont il donnera sa reconnoissance & décharge audit François Coupans, & en demeurera chargé jusqu'à la vente qui en sera faite le plutôt qu'il se pourra, à la requête desdits sieurs directeurs, & le prix distribué ensuite entre lesdits créanciers, à raison du sou pour livre de leurs créances en principaux, intérêts & frais.

Sera fait, le plutôt qu'il se pourra, l'ordre desdits créanciers, qui sera arrêté à l'amiable en ladite direction, & chaque créancier sera tenu dans un mois du jour de l'homologation du présent Contrat, de justifier des originaux de ses titres auxdits sieurs directeurs, & d'en fournir des copies collationnées, en bonne forme, entre les mains dudit Me. N.... notaire, pour être colloqué suivant l'ordre de ses hypothèques; & faute par chacun desdits créanciers d'y satisfaire un mois après la sommation qui leur en sera faite, ledit ordre sera fait, clos & arrêté pour ceux qui auront fourni des copies de leurs titres, & les prix des ventes à eux distribués, &

comme des mandataires auxquels le débiteur a
donné pouvoir d'aliéner ses biens.

---

les négligens ou refusans seront rejettés, non compris &
déchus de tout droit, sans autre formalité.

Les ventes desdits immeubles seront faites, comme il est
dit ci-devant en ladite direction, après trois publications, de
quinzaine en quinzaine, au plus offrant & dernier enchérisseur, & seront les prix payés aux créanciers venans en ordre,
ou qui auront produit, soit par les acquéreurs desdits biens,
ou par ceux qui en seront chargés.

Lesdits créanciers consentent que ceux d'entr'eux qui ont
des délégations & transports pardevant Notaires, bien &
duement acceptés ou signifiés sur les revenus desdits immeubles, touchent les revenus échus jusqu'audit jour premier
avril dernier, soit par préférence ou par contribution au sou
la livre entr'eux, suivant leur droit.

Au moyen des présentes, & pour faciliter & produire leur
effet & exécution, lesdits créanciers déclarent donner main-
levée pure & simple de toutes les saisies, oppositions,
exécution de meubles, & autres effets, & généralement de
tous empêchemens quelconques qui ont été & se trouveront
faits à leur requête sur ledit François Coupans, consentant
qu'ils demeurent nuls comme non faits; bien entendu toutefois que la présente main-levée ne pourra préjudicier, ni
être opposée, comme déchéance, à ceux desdits créanciers
qui auront droit, en conséquence du consentement ci-dessus
donné, de toucher, en vertu de leurs délégations & transports, les revenus desdits immeubles échus jusqu'audit jour
premier avril dernier, pour quoi seulement les significations
desdits transports & délégations tiendront en leur force &
vertu entre les mains des débiteurs desdits revenus jusqu'au
payement entier.

Et sur la requisiton faite par ledit sieur François Coupans, de lui accorder une somme par an pour sa subsistance,
jusqu'à la vente du dernier desdits immeubles, lesdits créanciers ont déclaré qu'ils trouvent cette demande juste, &
qu'ils lui accordent & consentent qu'il lui soit payé par
chacun an, & par avance, de quartier en quartier également, à compter dudit jour premier avril dernier, la somme

Il faut tirer delà deux conféquences; l'une que

de quatre cens livres, fur les revenus defdits biens immeubles, franchement & quittement, fans aucune diminution ;
pour quelque caufe que ce foit, jufqu'au jour de la jouif-
-fance qui fera donnée à l'acquéreur du dernier defdits immeubles par l'adjudication qui lui en fera faite : & néanmoins
au cas que le dernier defdits immeubles produifît moins que
lefdites quatre cens livres par an, ledit François Coupans
fe contentera du produit dudit dernier immeuble à vendre,
déduction faite des charges & réparations, même de ladite
rente viagère de cinquante écus par an à prendre fur ladite
maifon rue Saint-Jacques, au cas que ladite maifon foit le
dernier defdits immeubles à vendre, le payement de laquelle
fomme fera fait par ledit Me. G.... audit François Coupans
fur fes fimples quittances; quoi faifant, il en demeurera
valablement déchargé, & ladite fomme lui fera paffée en
dépenfe fans difficulté. Ledit François Coupans agrée la
forme de direction ci-deffus établie entre les créanciers, &
les conditions fous lefquelles elle eft réglée, & promet,
dans le compte qui fera rendu à la fin d'icelle, d'allouer
comme frais de direction tous les frais & faux-frais qui y
feront employés, fur la feule affirmation defdits fieurs directeurs, ou des rendans compte; ce qui fera pareillement agréé
& alloué par ceux defdits intéreffés audit compte non venus
en ordre utile & non payés.

Pour fûreté de la garantie de l'Abandonnement général
ci-deffus fait, tous lefdits créanciers demeurent confervés
en tous leurs droits, privilèges & hypothèques, fans aucunement y déroger ni innover; & ceux defdits créanciers qui
ne feront pas colloqués utilement, & par conféquent n'auront pas été payés, pourront à la fin de ladite direction,
pour le payement de leurs créances, ou de ce qui leur en
reftera dû en principaux, intérêts, frais & dépens, s'adreffer
& fe pourvoir fur les biens que ledit François Coupans pourra
avoir dans la fuite; de forte que ledit François Coupans ne
pourra pendant la direction, vendre ni difpofer en aucune
manière des biens qui pourront lui avenir durant le cours
d'icelle.

Et pour faire homologuer ces préfentes où befoin fera ;

les créanciers n'étant pas acquéreurs, il n'eſt point dû de droits de centième denier ni de lods & ventes : l'autre, que le débiteur n'ayant pas

---

avec les refuſans de les ſigner ou ratifier, les parties donnent tout pouvoir à l'un ou à l'autre de leurſdits procureurs ci-devant nommés, ſelon la juriſdiction où ladite homologation ſera portée.

Car ainſi a été convenu entre leſdites parties, leſquelles, pour l'exécution des préſentes ont élu leurs domiciles irrévocables, ſavoir, ledit François Coupans en la maiſon de Me.... procureur en Parlement, ſiſe 1ue.... paroiſſe.... & leſdits créanciers, pour & au nom de leurdite direction, en la maiſon dudit Me. L.... procureur en Parlement & de ladite direction, ſiſe à Paris, rue du plâtre, paroiſſe Saint-Severin, auxquels lieux promettant, &c. obligeant, &c. renonçant, &c. Fait & paſſé à Paris, en l'étude dudit Me. N.... notaire, & ont ſigné à la réſerve de.... qui a déclaré ne ſavoir écrire ni ſigner, de ce interpellé.

Etat des meubles & effets appartenant à François Coupans qui ſe trouvent dans la maiſon qu'il habite & qu'il cede à ſes créanciers.

Dans la cuiſine. Une table, un tournebroche, &c.

Dans l'antichambre. Six chaiſes, &c.

Dans le ſalon. Une douzaine de fauteuils, &c. (*le détail des meubles.*)

Signé & parafé ſuivant le Contrat d'Abandonnement paſſés devant les notaires ſouſſignés cejourd'hui....

Etat des dettes paſſives qui ſera annexé à la minute du Contrat d'Abandonnement que François Coupans fait de ſes biens à ſes créanciers.

DETTES HYPOTHECAIRES.

Noms des créanciers.	Principaux.
M. Joli	15000 liv.
M. Derlin	12000 liv.
M. Huin	10000 liv.
M. Devance	9000 liv.
M. Beſſon	9000 liv.

perdu fa propriété, il peut jufqu'au moment de l'adjudication, reprendre fes biens en payant fes créanciers. Le parlement de Paris l'a ainfi décidé par arrêt du 16 feptembre 1760.

· C'eft auffi parce que le débiteur n'eft point dépouillé de fa propriété par le contrat d'abandonnement, que le contrôle de cet acte a été fixé à 5 livres feulement par l'article 2 du tarif du 29 feptembre 1722.

C'eft encore pour la même raifon, que par arrêt de la Cour des Aides de Paris, du 16 janvier 1693, il a été jugé que des directeurs de créanciers d'un privilégié qui avoit le droit de faire valoir une certaine quantité de terres, dans une paroiffe, fans payer la taille, pouvoient auffi faire valoir la même quantité de terres, fans être fujets à cette impofition.

L'abandonnement du bien ayant été accepté par les créanciers, ne peut plus être révoqué par le débiteur, ni par rapport au revenu, ni par rapport à la vente, quoique l'acte d'abandonnement ne foit en quelque manière qu'une procuration, & que toute procuration foit révocable de droit commun : la raifon en eft que cette forte de procuration doit être regardée comme une convention faite à titre onéreux &

DETTES IMMOBILIAIRES.

Créanciers.	Sommes dues.
Aux Bénédictins	900 liv.
Au Curé de Saint-Roch	600 liv.
A la Fabrique	200 liv.

Signé & parafé fuivant le Contrat d'Abandonnement paffé devant les notaires fouffignés cejourd'hui 15 mai, 1773.

obligatoire, de part d'autre. Les créanciers font procureurs conftitués dans leur propre affaire, & les Loix difent que celui qui eft intéreffé perfonnellement dans une affaire pour laquelle on lui a donné une procuration, eft regardé comme une forte de propriétaire, qu'on ne peut priver du droit qu'on lui a donné de difpofer de la chofe, conformément aux conventions qui ont été faites avec lui : c'eft pourquoi le débiteur ne peut rentrer dans la poffeffion de fes biens qu'en payant fes dettes.

Si l'héritier du débiteur qui a abandonné fes biens à fes créanciers, veut fe mettre en poffeffion des mêmes biens, les créanciers doivent faire déclarer le titre exécutoire contre lui, dans les lieux où l'ufage eft de procéder ainfi contre des héritiers, & enfuite agir comme ils auroient fait avec celui qui leur a abandonné fes biens.

Si le débiteur qui a fait l'abandonnement d'un fief à fes créanciers; vient à décéder pendant le tems que dure la direction, & qu'il laiffe un héritier en ligne collatérale, qui accepte la fucceffion, le relief eft dû pour la mutation du vaffal : mais il doit être payé par les créanciers qui font en poffeffion du fief.

L'édit du mois de décembre 1703, & la déclaration du 20 mars 1708 exigent pour la validité du contrat d'abandonnement, qu'il foit infinué au bureau des infinuations établi près du domicile du débiteur. Le droit dû pour cette infinuation eft fixé à 10 livres par l'article 16 du tarif des infinuations, du 29 feptembre 1722.

L'objet du débiteur qui abandonne fes biens

à ſes créanciers, étant d'obtenir d'eux des conditions avantageuſes, il faut pour que le contrat d'abandonnement ait ſon effet, qu'il ſoit accepté au moins par les créanciers des trois quarts des ſommes dûes, & qu'il ſoit homologué en juſtice avec ceux qni refuſent de l'accepter : c'eſt pourquoi il faut faire aſſigner ces derniers pour voir déclarer cet acte commun avec eux ; mais les créanciers privilégiés ne ſont point obligés de conſentir à l'homologation.

L'Abandonnement de biens ne libère le débiteur que juſqu'à concurrence de la valeur des biens qu'il abandonne, à moins que ſes créanciers ne lui aient fait remiſe du reſte : ainſi lorſqu'après l'Abandonnement, il lui ſurvient de nouveaux biens, ſoit par ſucceſſion ou autrement, on eſt endroit de le forcer au paiement de ce qui n'a point été acquité. C'eſt une erreur dans l'Encyclopédie d'avoir aſſuré le contraire : tout ce que le débiteur pourroit obtenir ſur ces nouveaux biens, ſeroit une penſion alimentaire.

Il y a plus ; il n'eſt pas même permis au débiteur de renoncer en fraude de ſes créanciers aux ſucceſſions qui peuvent lui écheoir : s'il le fait, ſes créanciers ont le droit, mais à leurs riſques, d'annuller ſes renonciations, & de le rendre héritier malgré lui. Cela eſt ainſi décidé par différens arrêts, & c'eſt la diſpoſition de l'article 278 de la coutume de Normandie. Cette exception à la règle, qui veut que *nul ne ſoit héritier malgré lui*, eſt fondée ſur ce que le débiteur ne doit point être autoriſé à nuire à ſes créanciers.

Il faut conclure de ce qu'on vient de dire, que s'il arrivoit que les biens abandonnés aux créanciers fuſſent portés à un tel prix, qu'il eût un reliquat après les créances acquittées, ce reliquat n'appartiendroit pas aux créanciers, mais au débiteur.

Les biens abandonnés à un corps de créanciers unis pour les vendre, & en recevoir le prix juſqu'à concurrence de ce qui leur eſt dû, ne ſont point affectés & hypothéqués aux dettes pour leſquelles ces créanciers ſont perſonnellement obligés : c'eſt comme on l'a vu, parce qu'ils ne ſont pas propriétaires, mais ſeulement mandataires de leur débiteur, qui conſerve ſa propriété juſqu'au moment de l'adjudication : ainſi les créanciers de ces mandataires n'ont contre eux, relativement à ces biens, que la voie d'oppoſition en ſous ordre après la vente des mêmes biens.

L'héritier bénéficiaire eſt déchargé envers les créanciers d'une ſucceſſion, quand il ne s'en eſt rien approprié & qu'il leur en a fait l'Abandonnement.

Un arrêt du Conſeil, du 20 octobre 1757, a jugé que des créanciers devoient le demi-droit de centième denier pour l'Abandonnement que leur débiteur leur avoit fait des loyers, tant échus qu'à échoir, & même de la jouiſſance d'une maiſon juſqu'à l'entier paiement de leurs créances. La déciſion eſt fondée ſur ce que cet Abandonnement de la jouiſſance étoit perſonnel à ces créanciers.

Il y a d'autres eſpèces d'Abandonnemens de biens, dons nous parlons aux articles DÉGUERPISSEMENT, DÉLAISSEMENT & CESSION.

Voyez auſſi, *l'édit de décembre 1703 ; la dé-*
claration du 20 mars 1708 ; le traité des fiefs
de Guyot ; le Traité de la vente des immeubles ;
Ferrière, ſur la coutume de Paris ; Pothier, ſur
la coutume d'Orléans ; &c.

ABANDONNEMENT AU BRAS SÉCULIER. C'eſt
l'acte par lequel un criminel condamné par le
juge eccléſiaſtique eſt livré au juge laïque.

Suivant le droit canonique, un clerc coupable
d'un crime grave, tel que l'héréſie, le vol, &c.
doit être dépoſé par le juge d'égliſe : ſi la dépo-
ſition ne le corrige pas, on doit l'anathéma-
tiſer ; & ſi après cette punition, il perſiſte encore dans le crime, on le dégrade en lui ôtant
toutes les marques de l'état eccléſiaſtique ;
enſuite on l'abandonne au bras ſéculier, c'eſt-
à-dire, qu'on le livre aux juges laïques pour
lui faire ſubir une punition corporelle.

Cette forme de procéder eſt inconnue en
France, depuis que la dégradation ſolemnelle
n'y eſt plus en uſage. Si un eccléſiaſtique s'y rend
coupable d'un crime qui ne ſeroit pas aſſez puni
par une peine canonique, l'inſtruction de ſon
procès doit ſe faire par le juge d'égliſe & par
le juge laïque. *Voyez* DÉGRADATION & CAS
PRIVILÉGIÉ.

ABATTAGE. C'eſt parmi les marchands de
bois, ce que coûtent les dépenſes faites pour
Abattre les bois qui étoient ſur pied.

C'eſt une règle établie en matière de vente
de bois, que les frais d'Abatage ſont à la charge
de ceux qui achettent les bois.

ABBAT LAIQUE, ou ABBÉ LAIQUE. La
coutume de Bearn donne ce nom à ceux qui poſſé-
dent les dixmes des paroiſſes & qui préſentent
aux cures.

Ragueau, dit que les poffeffeurs de ces dixmes
fe firent ainfi appeler autrefois à l'occafion des
grands feigneurs de France qui prenoient la
qualité d'Abbés à caufe des abbayes qu'ils poffé-
doient. Ce qui fortifie cette opinion, c'eft
qu'anciennement en Béarn & dans les pays voifins, les cures étoient appelées Abbayes, comme
on peut le voir dans *l'ancien for* de Navarre
où elles font défignées fous le nom d'*Abbadiados*.
Voyez *la coutume de Béarn* ; & *Marca, dans fon*
hiftoire de Béarn.

ABBAYE. Ce mot s'emploie en plufieurs
acceptions différentes : tantôt il fignifie une
maifon religieufe gouvernée par un Abbé ou par
une Abbeffe ; tantôt c'eft le quartier de la maifon
affecté pour le logement de l'Abbé ou de l'Abbeffe ;
enfin on comprend fous ce nom, le bénéfice
dont eft pourvu un eccléfiaftique fous le titre
d'Abbé, ou une religieufe fous le titre d'Abbeffe.

On appelle, *Abbaye en règle,* ou *régulière,*
celle où l'Abbé eft religieux de l'ordre & en
porte l'habit ; & *Abbaye en commende,* celle
dont l'Abbé eft un autre eccléfiaftique qu'un
religieux de l'ordre.

Les Abbayes de l'un & de l'autre fexe tiennent le premier rang entre les bénéfices réguliers.

Charles Martel, & avant lui, plufieurs de nos
rois avoient introduit en France la coutume de
donner les Abbayes & d'autres bénéfices aux
laïques, pour les recompenfer de leurs fervices ;
mais aujourd'hi les eccléfiaftiques feuls ont droit
aux biens de l'églife.

En vertu de la convention paffée à Bologne,
entre le pape Léon X & François I, en 1516,
le roi nomme à toutes les Abbayes d'hommes,

régulières ou en commande, à la réferve de celles qui font chefs d'ordre; comme Cîteau, Prémontré, Grammont, le Val-des-Écoliers, St. Antoine de Viennois, la Trinité dite des Mathurins, le Val-des-Choux & les quatre filles de Cîteaux, qui font Pontigny, la Ferté, Clairvaux & Morimont. Lorfque ces Abbayes font vacantes, les religieux profés doivent y pourvoir par élection, felon l'article III de l'ordonnance de Blois de 1579.

La congrégation de Saint Maur a joui jufqu'en 1764, de la nomination à cinq Abbayes de la congrégation de Chezal-Benoît, depuis l'union de ces congrégations; mais par un arrêt fameux rendu au parlement de Paris le premier feptembre de cette année, ces Abbayes, qui font Chezal-Benoît en Berry, St. Sulpice de Bourges, St. Alyre de Clermont, St. Vincent du Mans & S. Martin de Séez, ont été déclarées être à la nomination du Roi, comme les autres prélatures du royaume. Cet arrêt a jugé la même chofe par rapport à l'Abbaye de St. Auguftin de Limoges, à laquelle la congrégation de Saint Maur nommoit des Abbés triennaux, en conféquence d'une bulle d'Urbain VIII, & de lettres patentes de Louis XIII, enrégiftrées au grand confeil.

En Artois & en Flandres, les Abbayes font régulières & électives-confirmatives par les évêques ou par les chefs d'ordre. Les religieux préfentent trois fujets au Roi qui en choifit un, & l'évêque ou chef d'ordre confirme.

L'Abbaye de Sainte Geneviève de Paris, a confervé, depuis la réforme qu'on y a introduite,

duite, l'élection de son Abbé qui se fait tous les trois ans. .

Quelques autres Abbayes ont pareillement obtenu le droit d'élire leur Abbé.

A l'égard des Abbayes de filles, nos Rois y ont toujours nommé depuis le concordat, quoique la cour de Rome prétende que sous la dénomination générale d'Abbayes dans le concordat, celles de filles ne doivent pas y être comprises; aussi cette cour insère toujours dans les provisions quelle fait expédier, une clause qui suppose le consentement des deux tiers de la communauté donné par ballottes secrettes; mais quoique la prise de possession se fasse en vertu de ces provisions, on n'a aucun égard à la clause.

Dans les Abbayes d'hommes où l'élection a lieu, il faut que celui qui est élu soit âgé au moins de vingt-cinq ans; parce que le concordat n'a dérogé aux constitution canoniques pour l'âge des Abbés qu'en faveur de la nomination royale, & que l'ordonnance de Blois déjà citée, veut que ces constitutions soient observées dans le cas d'élection.

Avant la déclaration du Roi, du 30 août 1735, la jurisprudence étoit incertaine sur la question de savoir qui devoit nommer aux bénéfices auxquels l'Abbé auroit nommé, si l'Abbaye n'eût pas été vacante; mais cette déclaration règle cet objet. Elle attribue la nomination de ces bénéfices à l'ordinaire dans le diocèse duquel sont situés ceux qui viennent à vaquer, tant que le siege Abbatial n'est pas rempli.

La même déclaration conserve aux religieux le droit qu'ont quelques-uns de nommer alternativement avec l'Abbé. L'ordinaire ne peut exercer que les droits que l'Abbé exerceroit lui-même.

Les Abbayes triennales font affujetties à l'indult du parlement, comme les chapitres & communautés, à chaque mutation de règne.

Quand il s'agit de féculariser une Abbaye, ou une autre communauté régulière, l'ufage qu'on obferve en France eft d'obtenir du Roi, qui eft le confervateur des maifons religieufes, un brevet qui permette de folliciter à Rome la fécularifation : fur ce brevet, le pape accorde une bulle qu'on fait homologuer au parlement en vertu de lettres patentes. Telle eft la forme qu'ont fuivie les chapitres de Luçon & de Nifmes, lorfqu'on les a fécularifés.

Les membres d'une Abbaye ou autre communauté régulière fécularifée, qui ont fait les vœux folemnels avant la fécularifation, ne peuvent fuccéder à leurs parens, comme divers arrêts du grand confeil l'ont décidé ; mais l'ufage eft de permettre à ceux qui ont été ainfi fécularifés, de tenir des bénéfices féculiers & de laiffer recueillir leur fucceffion par leurs parens.

Les biens d'une Abbaye fe divifent en trois lots, dont l'un eft pour l'Abbé, le fecond pour les religieux, & le troifième pour les charges.

Quoique la jurifprudence du royaume varie fur les charges qui doivent être acquittées par le tiers lot, cependant on convient affez généralement que l'on doit y prendre les charges foncieres, telles que les cenfives & les droits envers les feigneurs des fiefs d'où relèvent les terres, les portions congrues des curés & des vicaires, au payement defquelles les dixmes font spécialement affectées; les réparations des églises, des paroisses, où les Abbés & les religieux font décimateurs, les réparations & réédifications de l'église Abbatiale & des lieux réguliers.

Lorsque l'office de facriftain est en titre, il fupporte les charges qui regardent la célébration de l'office divin, & le tiers lot foutient le fupplément; fi cet office n'eft pas en titre, le tiers lot en fupporte la charge entiere. Il en eft de même des aumônes établies par les fondations, ou par une ancienne coutume avant le partage des menfes. Le parlement remet ces aumônes à la confcience des Abbés; le grand confeil les oblige à donner aux religieux une certaine fomme, fuivant le revenu de l'Abbaye, pour l'acquit de ces aumônes.

Lorfqu'il a été fait une fois un partage canonique des biens de l'Abbaye entre l'Abbé & les religieux, les autres actes qu'ils paffent enfuite pour changer ou céder le tout ou partie des biens dont ils jouiffent, font fujets aux droits ordinaires. C'eft d'après ce principe qu'un arrêt du confeil du 10 octobre 1752 a condamné les religieux de l'Abbaye de Marmoutiers à payer le centième denier des biens que l'archevêque de Tours leur avoit abandonnés, moyennant une rente annuelle : ces biens étoient auparavant communs entre la menfe Abbatiale unie à l'archevêché de Tours & la menfe conventuelle; ainfi, on a jugé que ces biens n'avoient été attribués à la menfe des religieux que par une véritable aliénation dont la rente annuelle étoit le prix.

Un autre arrêt du confeil, du 25 mai 1756,

a ordonné d'après le même principe, que les droits de contrôle & de centième denier d'un échange fait en 1751, entre les religieux d'Honnecourt & leur Abbé, des biens dont ils jouiſſoient diviſément en vertu d'un partage de 1679, feroient payés fur le pied de la valeur entière des biens échangés.

Les biens aliénés d'une Abbaye ſe remettent en partage, ſans que les religieux puiſſent prétendre aucun rembourſement, lorſque l'aliénation a été faite par des baux emphitéotiques, dans leſquelles ont peut rentrer par anticipation, ou à l'expiration du terme. Si les religieux y rentrent par anticipation en payant une ſomme aux détenteurs, & que l'Abbé veuille les mettre en partage avant la fin du terme, il doit dédommager les religieux de ce qu'ils ont payé. Si les biens ont été aliénés pour cauſe de ſubvention, l'Abbé ne peut obliger les religieux de les rapporter en partage, qu'en leur rembourſant préalablement les deux tiers des ſommes, tant pour le principal que pour impenſes, améliorations, frais & loyaux-coûts.

La procédure de l'official pour faire obtenir des bulles d'une Abbaye à laquelle un eccléſiaſtique a été nommé par le Roi, conſiſte à recevoir en premier lieu la profeſſion de foi de cet eccléſiaſtique, & à lui en donner une atteſtation ſignée de lui, contre-ſignée du greffier de l'officialité & ſcellée du ſceau de l'ordinaire. L'official doit enſuite faire une enquête ſommaire compoſée de trois ou quatre témoins irréprochables qui dépoſent que le candidat a la naiſſance, les mœurs, la réputation, la conduite & la capacité requiſes pour les bénéfices & dignités ecclésiastiques : l'official signe avec son greffier le procès-verbal de cette enquête, & y appose le sceau de l'ordinaire de même qu'à la profession de foi.

S'il s'agit d'une Abbaye de filles, l'official doit se transporter au monastère où la religieuse nommée par le Roi fait sa résidence. Il fait venir les religieuses au parloir, & après leur avoir fait prêter le serment usité en cas pareil, il les interroge sur le temps qu'il y a que cette religieuse est professe ; si elle a exactement observé sa règle ; si elle a témoigné être satisfaite des engagemens contractés par sa profession ; si elle a été assidue aux offices divins & à la pratique des Sacremens ; si elle s'est dignement acquittée des charges qu'elle a eues dans le monastère ; si elles jugent qu'elle soit capable de gouverner le spirituel & le temporel de l'Abbaye à laquelle le Roi l'a nommée. Après avoir reçu les dépositions des religieuses sur tous ces chefs, l'official en dresse sommairement son procès-verbal qu'il leur fait signer. Ensuite il entend d'office trois ou quatre témoins irréprochables, sur la connoissance qu'ils ont que la religieuse a la naissance, l'âge, la piété, la prudence & la capacité requise pour gouverner l'Abbaye dont il s'agit ; il fait signer aux témoins leurs dépositions, & il termine son procès-verbal en attestant à tous ceux qu'il appartiendra & principalement à *notre Saint Père le Pape*, que cette religieuse a toutes les qualités requises pour être pourvue de l'Abbaye à laquelle le Roi l'a nommée.

Plusieurs Abbayes & maisons religieuses de filles ayant représenté au Roi & à son conseil,

que les commis des fermes fe préfentoient fouvent pour faire des vifites chez elles, fous prétexte qu'elles pouvoient avoir du faux fel, du
tabac & des marchandifes de contrebande, ou
pour faire l'inventaire de leurs vins & autres
boiffons, &c. Sa Majefté ordonna, par arrêt du
19 octobre 1734, que les commis des fermes
ne pourroient à l'avenir fous aucun prétexte,
demander à entrer dans les Abbayes ou autres
couvens de filles, à moins qu'il n'y eût des
foupçons de fraude bien fondés, & qu'ils feroient
tenus de fe contenter des certificats de l'Abbeffe
ou fupérieure & de quatre des plus anciennes
religieufes de chaque maifon, pour conftater
la quantité de boiffon quelles auroient recueillie,
ou fait façonner.

Le même arrêt porte que lorfqu'il y aura
foupçon de fraude bien fondé, & qu'en conféquence il s'agira d'entrer dans l'intérieur des
maifons dont nous parlons, les commis ne
pourront le faire qu'auparavant ils n'en aient
obtenu la permiffion de l'évêque diocéfain, ou
d'un de fes grands vicaires : ils doivent d'ailleurs
fe faire affifter d'un officier des élections, greniers à fel, ou des traites, dans les endroits
qui ne font pas à plus de trois lieues de diftance des fieges de ces juridictions; & dans
les autres endroits, du juge royal le plus prochain, ou du juge ordinaire des lieux. Ces juges
font tenus d'avertir un des prêtres de la maifon
de les accompagner dans les vifites à faire ; &
il doit être fait mention dans les procès-verbaux
de la préfence de ce prêtre ou des caufes pour
lefquelles il n'y en aura point eu.

Il faut néanmoins obferver que dans les cas

urgens, où la preuve de la fraude pourroit échaper, les commis peuvent, fans la permiffion de l'évêque ou de fon grand vicaire, entrer dans les maifons religieufes dont il s'agit, pourvu qu'ils foient affiftés d'un juge, & qu'ils aient inter-pellé un des prêtres de la maifon d'être préfent à la vifite.

L'arrêt dont on vient de parler a été revêtu de lettres patentes, & enrégiftré à la cour des aides de Paris, le premier décembre 1734. *Voyez les loix eccléfiaftiques de France ; l'ordonnance de Blois de 1539 ; la déclaration du 30 août 1735 ; la pratique de la jurifdiction eccléfiaftique ; l'arrêt du confeil & les lettres patentes du 19 octobre. 1734, &c. Voyez* auffi les articles CONCORDAT, ABBÉ, ABBESSE, COLLATION, COMMENDE, INDULT, SÉCULARISATION, FULMINATION, &c.

ABBÉ. C'eft en général le fupérieur d'une maifon religieufe érigée en abbaye.

Le mot *Abbé* tire fon origine d'un mot hébreu, qui fignifie *Père*. C'étoit dans l'origine un terme de tendreffe & d'affection parmi les Hébreux ; mais il devint dans la fuite un titre de dignité & d'honneur. Les docteurs Juifs l'affectoient ; & un de leurs plus anciens livres, qui contient les apophthegmes ou fentences de plufieurs d'entre eux, eft intitulé *Chapitre des Pères*. Le nom d'Abbé par conféquent n'eft pas moins ancien que l'inftitution des moines eux-mêmes. Les directeurs des premiers monaftères prenoient indifféremment les titres d'Abbés ou d'Archimandrites.

Les anciens Abbés étoient des moines qui avoient établi des monaftères ou communau-

tés, qu'ils gouvernoient, comme S. Antoine &
S. Pacôme ; ou qui avoient été préposés par les
instituteurs de la vie monastique, pour gouverner une communauté nombreuse, résidente
ailleurs que dans le chef-lieu de l'ordre ; ou
enfin, qui étoient choisis par les moines mêmes
d'un monastère, pour maintenir parmi eux l'ordre & la discipline. Ces Abbés & leurs monastères, suivant la disposition du concile de
Chalcédoine, étoient soumis aux évêques, tant en
orient qu'en occident. A l'égard de l'orient, le
quatrième canon de ce concile en fait une loi ; &
en occident, le 21e canon du premier concile
d'Orléans, le 19e du concile d'Epaune, le 22
du 2 concile d'Orléans, & les capitulaires de
Charlemagne ordonnoient la même chose, sur-
tout en France.

Mais le gouvernement des Abbés a été différent, selon les différentes espèces de religieux.
Parmi les anciens moines d'Egypte, quelque
grande que fût l'autorité des Abbés, leur première supériorité étoit celle du bon exemple &
des vertus : ni eux ni leurs inférieurs n'étoient
prêtres. En occident, suivant la règle de Saint
Benoît, chaque monastère étoit gouverné par
un Abbé, qui étoit le directeur de tous ses moines pour le spirituel & pour la conduite intérieure. Il disposoit aussi de tout le temporel,
mais comme *un bon pere de famille ;* les moines
le choisissoient d'entre eux, & l'évêque diocé-
sain l'ordonnoit Abbé par une bénédiction solem-
nelle : cérémonie formée à l'imitation de la
consécration des évêques. Les Abbés étoient
souvent ordonnés prêtres. L'Abbé assembloit les
moines pour leur demander leurs avis dans tou-

tes les affaires importantes , mais il étoit le maître de la décision ; il pouvoit établir un prevôt pour le soulager dans le gouvernement ; & si la communauté étoit nombreuse , il mettoit des doyens pour avoir soin chacun de dix religieux , comme le marque le mot *Decanus*. Au reste, l'Abbé vivoit comme un autre moine , excepté qu'il étoit chargé de tout le soin de la maison , & qu'il avoit sa mense , c'est-à-dire, sa table à part pour y recevoir les hôtes ; ce devoir ayant été un des principaux motifs de la fondation des abbayes.

Ces Abbés étoient réellement distingués du clergé , quoique souvent confondus avec les ecclésiastiques , à cause de leur degré au-dessus des laïques.

Dans ces premiers tems, les monastères étant éloignés des villes , & bâtis dans les solitudes les plus reculées, les Abbés n'avoient aucune part dans les affaires ecclésiastiques ; ils alloient les dimanches aux églises paroissiales avec les moines & le reste du peuple ; ou s'ils étoient trop éloignés , on leur envoyoit un prêtre pour leur administrer les sacremens : ce qui s'observa jusqu'à ce qu'il fût permis aux moines d'avoir des prêtres de leur propre corps.

Comme il y avoit parmi les Abbés plusieurs personnes savantes, ils s'opposèrent vigoureusement aux hérésies qui s'élevèrent de leur tems ; ce qui donna occasion aux évêques de les appeler de leurs déserts, & de les établir d'abord aux fauxbourgs des villes, & ensuite dans les villes mêmes. C'est de ce tems qu'on doit dater l'époque de leur relâchement. Ainsi les *Abbés* ayant renoncé à leur première fimplicité, ils commencèrent à être regardés comme une efpéce de petits prélats. Enfuite ils affectèrent l'indépendance de leurs évêques, & devinrent fi infupportables, que l'on fit contre eux des lois fort févères au concile de Chalcédoine & autres dont on a parlé.

. L'ordre de Cluny, pour établir l'uniformité, ne voulut avoir qu'un feul Abbé. Toutes les maifons qui en dépendoient, n'eurent que des prieurs, quelque grandes qu'elles fuffent, & cette forme de gouvernement a fubfifté jufqu'à préfent. Les fondateurs de Cîteaux crurent que le relâchement de Cluny venoit en partie de l'autorité abfolue des Abbés : pour y remédier, ils donnèrent des Abbés à tous les nouveaux monaftères qu'ils fondèrent, & voulurent qu'ils s'affemblaffent tous les ans en chapitre général, pour voir s'ils étoient uniformes & fidèles à obferver la règle. Ils confervèrent une grande autorité à Cîteaux fur fes quatre premières filles, & à chacune d'elles fur les monaftères de fa filiation; enforte que l'Abbé d'une mère églife préfida à l'élection des Abbés des filles, & qu'il pût avec le confeil de quelques Abbés, les deftituer s'ils le méritoient.

Les chanoines réguliers fuivirent à peu près le gouvernement des moines, & eurent des Abbés dans leurs principales maifons, de l'élection defquelles ils demeurèrent en poffeffion jufqu'au concordat de l'an 1516, qui attribua au roi de France le droit des élections pour les monaftères, auffi bien que pour les évêchés. On a pourtant confervé l'élection aux monaftères qui font chefs d'ordre, comme Cluny, Cîteaux

& fes quatre filles, Prémontré, Gramont, & quelques autres; ce qui eft regardé comme un privilége, quoiqu'en effet ce foit un refte du droit commun.

Les biens des monaftères étant devenus confidérables, ils excitèrent la cupidité des féculiers. Dès le V fiécle, en Italie & en France, les Rois s'en emparèrent, ou en gratifièrent leurs officiers & leurs courtifans. Envain les papes & les évêques s'y opposèrent-ils. Cette licence dura jufqu'au regne de Dagobert, qui fut plus favorable à l'églife : mais elle recommença fous Charles Martel, pendant le regne duquel les laïques fe mirent en poffeffion d'une partie des biens des monaftères, & prirent même le titre d'Abbés. Pepin & Charlemagne réformerent la plupart de ces abus, mais ils ne les détruifirent pas entièrement, puifque les princes leurs fucceffeurs donnoient eux-mêmes les revenus des monaftères à leurs officiers, à titre de récompenfe pour leurs fervices, d'où eft venu le nom de *bénéfice*, & peut-être l'ancien mot *beneficium propter officium ;* quoiqu'on l'entende aujourd'hui dans un fens très-différent, & qui eft le feul vrai, favoir, des *fervices rendus à l'églife.* Charles le Chauve fit des loix pour modérer cet ufage, qui ne laiffa pas de fubfifter fous fes fucceffeurs. Les rois Philippe I, & Louis VI, & enfuite les ducs d'Orléans , font appellés *Abbés du monaftère de S. Agnan d'Orléans.* Les ducs d'Aquitaine prirent le titre d'*Abbés de S. Hilaire de Poitiers.* Les comtes d'Anjou, celui d'*Abbés de S. Aubin ;* & les comtes de Vermandois, celui d'*Abbés de S. Quentin.* Cette coutume ceffa pourtant fous les premiers rois de la

troisiéme race ; le clergé s'oppofant à ces inno-
vations, & rentrant de tems en tems dans fes
droits.

Mais quoiqu'on n'abandonnât plus les revenus des abbayes aux laïques, il s'introduifit,
fur-tout pendant le fchifme d'occident une autre
coutume, moins éloignée en général de l'efprit
de l'églife, mais également contraire au droit
des réguliers. Ce fut de donner ces revenus en
commende à des clercs féculiers ; & les papes
eux-mêmes furent les premiers à en accorder,
toujours pour de bonnes intentions, mais qui
manquèrent fouvent d'être remplies. Enfin par
le concordat entre Leon X, & François I, la
nomination des abbayes en France fut dévolue
au Roi à l'exception d'un très-petit nombre,
comme on l'a dit.

Les Abbés fe divifent donc aujourd'hui principalement en *Abbés réguliers* ou titulaires, &
& en *Abbés féculiers*.

Les *Abbés réguliers* font de véritables moines
ou religieux qui ont fait les vœux & gouvernent
la communauté.

Parmi les Abbés réguliers on diftingue les
Abbés chefs d'ordre ou *de congrégation* & les *Abbés particuliers*.

Les *Abbés chefs d'ordre* ou *de congrégation*,
font ceux qui étant fupérieurs généraux de leur
ordre ou congrégation, ont d'autres abbayes
fous leur dépendance.

Les *Abbés particuliers* font des Abbés qui
n'ont aucune abbaye inférieure ou fubordonnée
à le ?ur.

Les *Abbés féculiers* font ceux qui poffédent
des béfices eccléfiaftiques fous le titre d'ab-

bayes anciennement régulières, & qu'on a fécu-
larifées par la fuite. De ces Abbés féculiers,
quelques-uns jouiffent de certains droits épifco-
paux, les autres font feulement honorés du titre d'*Abbé*, ou n'ont avec ce titre que le droit
de préfider aux affemblées d'un chapitre de cathédrale, par un foible refte de l'autorité que
l'abbaye donnoit avant qu'on en ôtât la régularité.

On met auffi au rang des Abbés féculiers, les
Abbés commendataires, qui font des eccléfiaftiques pourvus d'abbayes fans y être religieux.

On donne le nom d'*Abbés de régime* dans quelques nouvelles congrégations, à certains prieurs
clauftraux pour les diftinguer des véritables Abbés en titre.

Nous allons maintenant entrer dans quelques
détails fur ce qui concerne les Abbés réguliers
& les Abbés commendataires, felon la jurifprudence actuelle.

Des *Abbés réguliers*. Pour qu'un religieux puiffe être éligible lorfque l'abbaye eft vacante; il
faut 1°. qu'il foit âgé au moins de 25 ans.

2°. Il doit avoir fait profeffion dans l'ordre
où l'on doit élire un Abbé, à moins que l'ufage n'autorife le contraire, ou qu'il n'y ait dans
le monaftère aucun fujet capable : alors on peut
avoir recours aux religieux d'un autre monaftère, mais de la même règle.

3°. Quoiqu'il ne foit dit expreffément par
aucun canon qu'il faille être prêtre pour être
éligible, cependant quelques-uns ont prétendu
que la prêtrife étoit abfolument néceffaire aux
religieux qu'on vouloit élever à la dignité d'Abbé : Panorme & Barbofa ont embraffé ce fenti-

ment. D'autres ont cru qu'il fuffifoit d'être conftitué dans les premiers ordres facrés. Au refte, il eft peu de monaftères où les ftatuts ne terminent par leurs difpofitions le différent à cet égard.

4°. Pour être éligible, il faut être né d'un légitime mariage, ou fi l'on eft bâtard, avoir obtenu la difpenfe néceffaire à cet égard. Les papes avoient accordé aux fupérieurs de différens ordres, le pouvoir de difpenfer leurs religieux du défaut de naiffance pour être élevés aux dignités régulières, mais Sixte V révoqua ces privilèges : Grégoire XIV les a rétablis fous quelques modifications, c'eft-à-dire, qu'au lieu d'en donner l'exercice à chaque fupérieur indiftinctement, il ne l'a accordé qu'aux chapitres généraux & provinciaux.

5°. Celui qui eft irrégulier, infame, ou indigne ne doit point être élu.

6°. L'élection d'un Abbé doit être faite fuivant les ftatuts, règlemens & ufages de chaque ordre & même de chaque monaftère : ainfi, quoique par le droit commun l'élection de l'Abbé général appartienne à toute la congrégation, & celle des Abbés particuliers aux religieux de chaque monaftère, cependant fi la règle, la coutume ou l'ufage ont des difpofitions contraires, on doit s'y conformer.

L'Abbé qui a été élu doit après avoir confenti à fon élection la faire confirmer dans les trois mois.

Régulièrement c'eft à l'évêque qu'appartient le droit de confirmation, mais fi le monaftère eft exempt c'eft au pape.

Pie IV avoit ordonné par une conftitution

qu'aucun abbé, prélat ou autre dignitaire d'un ordre monaſtique , ne pourroient s'immiſcer dans l'adminiſtration ſpirituelle ou temporelle avant d'avoir été confirmés par le ſaint ſiége, & d'avoir reçu des bulles ſur leur confirmation; mais dans la ſuite différens ordres ont obtenu de la cour de Rome des privilèges qui, en les exemptant de la juriſdiction des ordinaires , attribuent aux religieux le pouvoir de faire ce que les canoniſtes appellent des prélats locaux ; c'eſt-à-dire , des généraux, des provinciaux qui ont dans l'ordre une autorité abſolue & indépendante : c'eſt pourquoi la plupart des Abbés reçoivent de ces généraux leur confirmation; mais ceux-ci la reçoivent eux-mêmes du pape, quand ils n'en ſont pas diſpenſés par un privilège particulier qui donne à leur élection une confirmation ſuffiſante , comme cela a été accordé à l'ordre de Cîteaux par Eugène IV, aux frères Mineurs , aux Minimes , &c.

Les Abbés élus & confirmés doivent recevoir la bénédiction de leur propre évêque ; cependant quelques-uns ont le privilège de la recevoir d'un autre prélat. Tamburin dit que les Abbés de l'ordre de Vallombreuſe peuvent être bénis par quelque prélat que ce ſoit; & cet auteur ajoute que Jean, Abbé de Cîteaux, obtint du pape le privilège de pouvoir bénir lui-même les Abbés & les Abbeſſes de ſon ordre. Au reſte les Abbés doivent régulièrement être bénis par ceux qui les confirment.

Il n'y a point de temps fixé par les canons pour demander ou recevoir cette bénédiction, qui d'ailleurs n'ajoute rien au caractère de l'Abbé : on ne la regarde même pas comme néceſſaire.

pour qu'il puiſſe bénir les moines qu'il a ſous ſa
juridiction ; mais dans l'uſage il ne pourroit, ſans
être béni, conférer des ordres, ni faire d'autres
fonctions ſpirituelles de cette eſpèce : au ſurplus,
ſi un Abbé déjà béni eſt transféré ou promu à une
autre Abbaye, la bénédiction ne ſe réitère point.

Les proviſions du pape tiennent lieu de confirmation à l'égard des Abbés qui ſont à la nomination du roi : il leur ſuffit de faire fulminer
leurs bulles par l'official.

Les Abbés ſont placés par les canoniſtes immédiatement après les évêques, & comme ceux-
ci, on les comprend ſous le nom de *prélats*.

Pluſieurs Abbés ont, par grace du ſaint ſiège,
le droit de porter comme les évêques, la mitre
& le bâton paſtoral, & de bénir ſolennellement,
mais dans leurs propres égliſes ſeulement, après
les vêpres, la meſſe & les matines, & non dans
les rues ni places publiques, à moins qu'ils n'en
aient un privilège particulier. Ils ne peuvent
d'ailleurs donner cette bénédiction en préſence
d'un évêque ou autre prélat ſupérieur ſans une
permiſſion expreſſe du pape.

Il y a des Abbés auxquels les papes ont accordé le privilège de porter les habits diſtinctifs
des évêques, comme le rochet, le camail, en
conſervant la couleur des habits de leur ordre.

Les Abbés qui jouiſſent de ces différens privilèges ont la préſéance ſur ceux qui n'en jouiſſent pas ; mais régulièrement ils n'en peuvent
uſer hors de leurs monaſtères qu'avec la permiſſion des évêques.

Il faut aux Abbés un privilège ſpécial pour
uſer du baldaquin : d'ailleurs ils ne peuvent avoir
comme les évêques un ſiége élevé près de l'autel;

cela

cela ne leur est permis qu'aux trois ou quatre fêtes de l'année où ils officient solennellement.

· Certains Abbés ont le droit comme les évêques, de bénir les ornemens de leurs églises, de consacrer même les autels & les vases qui servent au service divin, mais il leur faut pour cet effet un privilège particulier.

Les Abbés exempts auxquels les papes ont accordé les droits dont on vient de parler, conféroient autrefois communément les moindres ordres, non-seulement à leurs religieux, mais encore à ceux sur qui ils avoient le droit de juridiction ecclésiastique, mais cela a été défendu ou restreint par le Concile de Trente.

· Les Abbés réguliers ont droit de visite dans les monastères qui leur sont soumis & voix prépondérante dans les chapitres. Ces Abbés ont d'ailleurs, selon les canonistes, trois sortes de puissance, l'économique, celle d'ordre, & celle de juridiction, qu'ils exercent avec plus ou moins d'étendue. La première consiste dans l'administration du temporel du monastère : la seconde, à ordonner le service divin, recevoir les religieux à profession, leur donner la tonsure & quelquefois à conférer les bénéfices qui sont à la collation du monastère : la troisième, dans le droit de corriger les religieux, de prononcer contre eux des censures, les en absoudre & les condamner aux peines établies par les règles de leur ordre, & par les canons selon l'exigence des cas.

Mais il faut remarquer qu'aucune loi n'autorise les emprisonnemens ou détentions autrefois en usage dans les cloîtres, lorsque les Abbés réguliers exerçoient sur les moines une sorte de pouvoir despotique : on tient aujourd'hui pour

maxime que le gouvernement des supérieurs religieux doit s'exercer par les voies de la patien-
ce, de la douceur & de l'exhortation, & que
celles de rigueur & de contrainte en doivent
être bannies autant qu'il est possible. Au surplus
lorsque l'Abbé, dans l'exercice de la puissance
de juridiction, a condamné un religieux à quelque peine, celui-ci peut interjetter appel de la
sentence de son supérieur ; cet appel se porte de
degré en degré jusqu'au général de l'ordre, &
delà au saint siége qui, conformément aux libertés de l'église gallicane & aux privilèges du
royaume, doit nommer des commissaires françois pour le juger.

Ces sortes de jugemens sont aussi susceptibles
de l'appel comme d'abus quand il y a lieu. C'est
ce que le parlement de Paris a jugé par arrêt du
22 août 1760, rendu en faveur du père le Moine
contre l'Abbé général de Prémontré.

Dans cette affaire, le père le Moine accusoit
le prieur de l'Abbaye de Braine de mener une
vie libertine & scandaleuse, & le prieur, par
récrimination, accusoit le père le Moine de spo-
liation des biens de l'Abbaye. En conséquence
l'Abbé général de Prémontré, sans observer les
formalités prescrites par les ordonnances, rendit
le 23 août 1756, une sentence conçue en ces
termes :

« Déclarons ledit frère Michel-Alexandre le
» Moine, accusateur, calomniateur, violateur
» de la foi du serment, spoliateur des biens de
» l'Abbaye de Braine ; en conséquence le con-
» damnons à reconnoître publiquement, à ge-
» noux & tête nue, ses fausses accusations, à en
» demander pardon, à être ensuite enfermé ès

» prifons de l'Abbaye de Braine, y refter l'ef-
» pace de trois années, à y fubir pendant qua-
» rante jours la peine de très-griéve coulpe....
» & être émiffionné en notre Abbaye de Beau-
» port pour l'efpace de dix ans : le condamnons
» à être privé, tout le tems de fa vie, de voix
» active & paffive, & le déclarons inhabile à
» pofféder aucun office clauftral ou bénéfice, &
» à être toute fa vie, le dernier des prêtres »....

Le père le Moine appela comme d'abus de
ce jugement : fes moyens étoient que l'Abbé de
Prémontré n'avoit ni caractère ni juridiction
pour prononcer des peines femblables. « Un ju-
» gement correctionnel, difoit-il, ne doit effen-
» tiellement prononcer qu'une fimple pénitence,
» une punition paffagère infligée dans la vue de
» corriger & de rendre meilleur celui contre
» lequel elle eft prononcée; au-delà d'une pa-
» reille punition, le pouvoir du fupérieur monaf-
» tique ceffe; il doit implorer le fecours du bras
» féculier ». Il ajoutoit que la procédure faite
contre lui étoit irrégulière; qu'on n'avoit pas
obfervé les ordonnances; qu'il n'y avoit eu ni
audition de témoins, ni decret, ni recollement,
ni confrontation, &c.

Le général de Prémontré répondoit que l'on
n'avoit pas paffé les bornes de l'autorité correc-
tionnelle par la fentence; « qu'un religieux eft
» non recevable à appeler comme d'abus d'un
» jugement rendu par fon fupérieur, en fait de
» correction de mœurs & de difcipline réguliè-
» re ». Il citoit un arrêt du 17 mai 1603, qu'on
trouve dans les Plaidoyers de M. Servin; & un
autre arrêt du 5 août 1702, rapporté au Journal
des Audiences; il invoquoit le fuffrage de Fevret

& de Van-Efpen ; il ajoutoit que la forme préf-
crite en matière criminelle, n'avoit pas lieu pour
l'inftruction des affaires des cloîtres; qu'il fuffifoit que les faits fuffent éclaircis par les interrogatoires des accufés & des accufateurs, &c.

Mais la cour jugea qu'il y avoit abus dans la
fentence de l'Abbé général de Prémontré ; &
elle déchargea le frère le Moine des imputations à lui faites & des condamnations contre
lui prononcées. Il fut ordonné en outre que l'Abbé
général de Prémontré feroit tenu de donner une
obédience au frère le Moine, du confentement
du procureur général, pour une maifon du reffort de la cour fous la fauvegarde de laquelle ce
religieux y demeureroit, & qu'il lui feroit annuellement affigné 520 livres fur la menfe conventuelle de Braine.

On doit conclure de cet arrêt, que lorfqu'un
fupérieur régulier a une jurifdiction fuffifante pour
prononcer des peines graves ou infamantes ;
comme celles dont il s'agiffoit dans l'affaire du
frère le Moine, il ne peut, fans donner ouverture à l'appel comme d'abus, fe difpenfer d'obferver les formes preforites par les ordonnances
& auxquelles tous les tribunaux du royaume,
font affujettis dans l'inftruction des procès criminels.

Le même arrêt prouve encore que les religieux font en droit de fe plaindre aux cours par
la même voie d'appel comme d'abus, contre les
fupériers qui abufent de leur autorité.

En général la nomination ou préfentation aux
bénéfices dépendans d'une Abbaye, ne peut être
faite par l'Abbé régulier fans le concours des
religieux affemblés capitulairement, à moins que

l'Abbé n'ait pour cela un privilège, ou qu'il n'en ait acquis le droit par une prescription légitime.

Les Abbés religieux ne peuvent pas non plus admettre ou exclure seuls ceux qui se présentent à la profession solennelle.

Lorsque la mense de l'Abbé est séparée de celle des religieux, l'assignation donnée à l'Abbé seul, & les procédures faites contre lui ne peuvent faire de préjudice aux religieux; mais lorsque les menses ne sont point séparées, l'Abbé étant chargé de défendre les droits temporels de sa communauté, il peut être assigné seul pour lui & pour ses religieux.

L'article V de l'ordonnance d'Orléans assujettit les Abbés réguliers à la résidence comme les curés & les évêques, à peine de saisie de leur temporel.

L'Abbé régulier peut être privé de l'administration du temporel de l'Abbaye pour des causes graves & justes, comme quand il y a preuve de dissipation & qu'il ruine l'Abbaye. C'est une disposition des décrétales & la jurisprudence des arrêts y est conforme.

Des Abbés commendataires. Les Abbés commendataires sont regardés dans l'église comme des prélats & comme de vrais titulaires constitués en dignité ecclésiastique; ils prennent possession de leurs églises abbatiales comme on fait des autres églises : ils baisent l'autel, ils touchent les livres & les ornemens, ils prennent la première place au chœur, les religieux sont obligés de leur présenter de l'eau bénite, & de leur donner de l'encens; ils ont droit de porter la croix pectorale & le camail sur le rochet, malgré le règlement de l'assemblée du Clergé de France

de 1645, qui leur avoit interdit ces marques de
dignité, comme étant des fignes de jurifdiction
purement épifcopale ; enfin ils jouiffent des mêmes droits honorifiques que les Abbés réguliers,
& en leur qualité ils peuvent être juges délégués
& avoir féance dans les conciles.

Dans les Abbayes qui ont territoire & juridiction, les Abbés commendataires exercent les
fonctions de la juridiction fpirituelle & les peuples
les reconnoiffent pour leurs fupérieurs légitimes :
mais ils n'ont pas comme les Abbés réguliers, le
droit de faire la vifite & de connoître de la difcipline intérieure du monaftère ; c'eft au prieur
clauftral qu'appartient le droit de correction.

Les Abbés commendataires ne font ordinairement pas bénis & ils ne portent la croffe & la
mitre que dans leurs armes. Ils font tenus, fuivant les difpofitions du Concile de Trente, re-
nouvellées en France par différens Conciles, &
furtout par celui d'Aix de 1585, de fe faire ordonner prêtres dans l'année de leurs provifions.
L'article I X de l'ordonnance de Blois prefcrit
la même chofe, & ajoute que fi deux ans après
la poffeffion annale légitime & paifible, les pourvus ne font pas faits prêtres, leurs bénéfices feront vacans & impétrables.

Il arrive cependant parmi nous que beaucoup
de ces Abbés obtiennent en cour de Rome des
difpenfes fous le nom de *non promovendo*, qu'ils
font réitérer de tems à autres ; & quoique le
Concile de Trente ait encore défendu d'étendre
au-delà d'une année la difpenfe de *non promovendo*, obtenue dans les cas de droit, elle ne
laiffe pas d'avoir lieu, & le parlement de Paris
a jugé en 1683, que le pape pouvoit la réitérer
plufieurs fois.

Le pape & le roi peuvent d'un commun accord déroger à l'article du concordat qui fixe l'âge des Abbés commendataires à vingt-trois. ans accomplis.

Si un Abbé commendataire & à plus forte raison un régulier, se conféroit ou se faisoit conférer par son grand vicaire les bénéfices qui font à sa collation, on pourroit attaquer cette collation par la voie de nullité ; mais on peut posséder en commende deux prieurés dépendans de la même Abbaye.

La nomination & la destitution des officiers de justice appartiennent à l'Abbé : si les religieux ont une justice distincte, ils peuvent de leur côté instituer & destituer leurs officiers pour les terres qui font dans leur lot.

La disposition des places monacales appartient aussi de droit commun aux Abbés des maisons qui ne font pas en congrégation, à moins que les religieux ne justifient d'un usage & d'une possession contraires. Un arrêt du parlement de Toulouse du 9 juillet 1611, & un autre du parlement de Paris, du 11 février 1629, leur accordent de même la nomination aux bénéfices dépendans de leurs Abbayes, comme un droit honorifique qui est attaché à leur titre, mais cette jurisprudence n'a pas lieu par-tout.

Dans les monastères où la réforme a été introduite, & où les Abbés ont cédé aux religieux le droit de nommer aux places, ils peuvent obliger les supérieurs de la congrégation d'y mettre un certain nombre de religieux, & les arrêts les y ont condamnés, lorsqu'ils en ont fait refus. Cela a été ainsi jugé par arrêt du parlement de Paris, du 8 avril 1702.

C iv

Un Abbé qui a le brevet du Roi, & qui a obtenu un arrêt qui lui permet de prendre possession, à droit de préfenter aux bénéfices, & même de les conférer. C'eft ce qu'a jugé le grand conseil, par arrêt du 4 avril 1704.

Un arrêt du 22 novembre 1701, a jugé qu'un Abbé n'étoit pas tenu de pourfuivre l'homicide commis envers un de fes religieux.

Si un Abbé donne aux religieux quelques biens de la menfe Abbatiale, fes fuccesseurs font fondés à revenir contre cette donation. Cela a été ainfi décidé par un arrêt du 20 juin 1716, rendu au parlement de paris en faveur de l'Abbé de Saint-Mefmin d'Orléans, quoique la donation fut faite depuis plus de 80 ans. Voyez *les loix ecclésiaftiques de France; les mémoires du clergé; l'ordonnance de Blois; les arrêts d'Augeard; le dictionnaire des arrêts, par Brillon; le journal des audiences; du Perray, traité du partage des fruits,* &c. Voyez aussi les articles ABBAYE, ÉLECTION, CONFIRMATION, COMMENDE, CONCORDAT, MENSE, BÉNÉFICE, &c.

ABBESSE. C'eft la fupérieure d'une communauté de religieufes, fur lefquelles elle exerce une autorité à peu près femblable à celle d'un Abbé dans un monaftère.

Le nom d'Abbeffe a été donné à la fupérieure d'une communauté de filles, dans le même efprit qu'on donne le nom d'Abbé aux fupérieurs d'une communauté de religieux : c'eft la mère fpirituelle des religieufes; aussi appelle-t-on mères, les fupérieures de plufieurs couvens de filles qui n'ont pas le titre d'Abbayes.

Les vierges vivant en communauté religieufe ont eu le droit de nommer leurs Abbeffes quand les évêques ont cessé de les leur nommer, selon l'usage & le droit qu'ils en avoient anciennement.

Pour qu'une religieuse puisse être élue ou nommée Abbesse, il faut qu'elle ait dix ans de profession ou qu'elle ait exercé un office claustral pendant six années. C'est la disposition de l'article IV de l'édit du mois de décembre 1606; mais le Roi qui nomme aujourd'hui la plupart des Abbesses du royaume, y déroge quelquefois.

Les officiers de la daterie ont anciennement refusé d'admettre ces nominations du Roi, sous prétexte qu'elles ne sont pas autorisées par le concordat; mais aujourd'hui ils ne font plus aucune difficulté à cet égard. Il est vrai que dans les bulles ou provisions que la cour de Rome expédie aux Abbesses, elle ne fait aucune mention de la nomination royale, & qu'au-contraire elle y dit, que la pourvue a été élue par la communauté; mais nonobstant cette clause, l'Abbesse que le Roi a nommée est mise en possession sans demander l'avis ni le consentement des religieuses.

On ne suit point pour les Abbayes qui sont à la nomination du Roi, l'ordonnance d'Orléans qui veut que les Abbesses soient seulement triennales.

Dans les communautés où les religieuses jouissent du droit d'élire leurs Abbesses, c'est à l'évêque à présider à l'élection, à moins qu'elles ne soient soumises à d'autres supérieurs, en vertu de leurs règles ou de leurs privilèges. Lorsque la moitié des religieuses n'a pas donné sa voix à une même personne, les autres religieuses peuvent s'unir au plus grand nombre, même après le scrutin ; & s'il s'en trouve assez pour surpasser la moitié des voix, celle qui est élûe peut être confirmée par le supérieur, à la charge de faire juger l'appel, si les opposantes à l'élection & à la confirmation veulent le poursuivre. Pendant ce temps, la religieuse nommée gouverne le temporel & le spirituel de la maison ; mais elle ne peut ni aliéner, ni admettre des religieuses à la profession.

Les canonistes décident qu'une religieuse bâtarde ne peut être élûe Abbesse sans dispense. Le pape Gregoire XV a décidé que l'évêque pouvoit envoyer un simple prêtre pour présider à cette élection, comme s'il y présidoit lui-même ; le concile de Trente veut que le prêtre envoyé par l'évêque n'entre pas dans la maison, mais qu'il soit placé en dehors dans un endroit, où, à travers les grillages, il entende ou reçoive le suffrage de chaque religieuse.

L'Abbesse a les mêmes droits & la même autorité sur ses religieuses, que les Abbés réguliers ont sur leurs moines.

Les Abbesses ne peuvent à la vérité, à cause de leur sexe, exercer les fonctions spirituelles attachées à la prêtrise, au lieu que les Abbés en sont ordinairement revêtus. Mais il y a des exemples de quelques Abbesses qui ont le droit, ou plutôt le privilége de commettre un prêtre qui les exerce pour elles. Elles ont même une espece de jurisdiction épiscopale aussi bien que quelques Abbés qui sont exempts de la visite de leurs évêques diocésains.

L'Abbesse de Fontevraud, par exemple, a la supériorité & la direction, non-seulement sur ses religieuses, mais aussi sur tous les religieux qui dépendent de son Abbaye. Ces religieux font soumis à sa correction, & prennent leur million d'elle. .

. Le père Martenne, dans son traité des rits de l'église, observe que quelques Abbesses confessoient anciennement leurs religieuses ; & il ajoute que leur curiosité excessive les porta si loin, qu'on fut obligé de la réprimer.

St. Basile permet à l'abbesse d'entendre avec le prêtre les confessions de ses religieuses.

L'Abbesse a l'administration du temporel de l'Abbaye ; mais si elle en fait un mauvais usage, elle peut en être privée comme l'ont décidé différens arrêts. Un entr'autres, du 18 novembre 1681, a confirmé la nomination d'un laïque faite par l'évêque d'Autun, pour régir & administrer les biens & revenus de l'Abbaye de Saint-Andoche que l'Abbesse dissipoit : elle ne gardoit point la clôture ; on la voyoit aux promenades publiques ; & les religieuses, à l'exception de ses favorites, manquoient souvent du nécessaire.

Un second arrêt, du 9 décembre 1690, a ordonné l'exécution des réglemens faits par l'évêque de Meaux, pour l'administration du temporel de l'Abbaye de Jouarre, dont l'Abbesse abusoit d'une manière scandaleuse ; on fut même obligé de recourir à l'autorité de la cour, pour obtenir main-forte contre la rébellion & la sédition excitées par l'Abbesse qui ne vouloit pas se soumettre à l'exécution de l'arrêt, ni reconnoître le dépositaire des revenus de l'Abbaye, nommé par l'évêque.

Un troisième arrêt, du 17 août 1725, a confirmé l'ordonnance du cardinal de Noailles qui avoit nommé un économe pour régir les biens de l'Abbaye du Port-Royal de Paris, jufqu'à ce que l'Abbeffe eut rendu compte de fon adminiftration. La geftion de cette Abbeffe avoit été trouvée en très-mauvais ordre, par l'examen qu'en avoit fait un commiffaire eccléfiaftique nommé par une précédente ordonnance du même prélat. *Voyez les mémoires du clergé ; les loix eccléfiaftiques de France ; l'édit de décembre 1706 ; les lettres-patentes du 6 novembre 1641, enrégiftrées au grand confeil le 18 du même mois,* &c. Voyez auffi les articles AB-BAYE, COLLATION, CONCORDAT, &c.

ABBEVILLE. C'eft la capitale du comté de Ponthieu en Picardie. Il s'y tient tous les ans deux foires franches de deux jours chacune, & douze marchés francs pendant lefquels le gros ne fe perçoit point, mais feulement l'augmentation fur les vins qui y font vendus, pourvu qu'ils foient expofés en champ de foire & dans les marchés, l'exemption n'ayant plus lieu s'ils font vendus dans les caves ou les celliers.

Il y a une déclaration du Roi, du mois de mars 1411, qui porte que le comté de Ponthieu & la ville d'Abbéville ne feront point aliénés ni féparés du domaine de la couronne.

Les habitans d'Abbeville ayant obtenu, avant le règne de Louis XIV, l'exemption du droit de franc-fief, ils la réclamèrent de nouveau lors des recouvremens de 1672 & 1692 ; mais elle ne leur fut accordée qu'au moyen des finances qu'ils payèrent, parce que l'exemption de ce droit qui eft du domaine de la couronne, emporteroit une aliénation prohibée.

Les droits de franc-fief ayant été affermés en exécution de l'édit du mois de mai 1708, les habitans d'Abbeville pourfuivis pour le payement de ceux qu'ils devoient, demandèrent encore l'exemption; fur quoi ils obtinrent un arrêt du conseil, le 25 avril 1719, qui fixa à la somme de 16000 livres les droits de franc-fief qu'ils devoient depuis 1718; & à 1500 livres par an, ceux qu'ils devroient pendant le cours du bail qui subsistoit alors.

Par un autre arrêt du conseil, du 26 septembre 1730, tous les habitans d'Abbeville ont été déchargés des droits de franc-fief, pour tous leurs fiefs & terres nobles situés dans l'étendue de la généralité d'Amiens; & il a été ordonné qu'ils payeroient 16500 livres & les deux sous pour livre, pour indemniser les fermiers précédens de la non jouissance de ces droits; plus, qu'ils payeroient aux fermiers d'alors & à ceux qui leur succéderoient, 1500 livres par an, & les deux sous pour livre de cette somme, aux receveurs généraux des domaines de la généralité d'Amiens.

- Enfin la déclaration du roi du premier juin 1771, a révoqué le privilège dont il s'agit & ordonné que les habitans d'Abbeville qui étant rôturiers, ont joui jusqu'alors de l'exemption personnelle du droit de franc fief, seroient tenus de le payer à l'avenir pour raison de leurs biens nobles, à compter du jour de la publication de cette déclaration. Par ce moyen la ville d'Abbeville se trouve libérée de la somme qu'elle devoit annuellement selon l'arrêt cité. *Voyez les loix citées; le dictionnaire raisonné des domaines; le traité général des droits d'aides,* &c. Voyez aussi les articles GROS, AUMENTATION, FRANCFIEF, &c.

ABDICATION. C'est dans le droit civil, l'acte par lequel un père prive son fils de tous les droits paternels. Les effets de l'Abdication sont les mêmes que ceux de l'exhérédation. Il y a cette différence, que l'Abdication a lieu du vivant du père, & que l'exhérédation n'a d'exécution qu'après sa mort, en vertu des dispositions testamentaires.

La loi d'Athènes, où l'Abdication étoit particuliérement en usage, avoit des dispositions bien sages. Le père qui vouloit abandonner son fils par l'Abdication, ne pouvoit exercer ce droit en son propre nom, & par sa seule autorité. Il falloit qu'il obtint des juges qui connoissoient de cette matière, une sentence par laquelle il étoit dit, qu'un tel citoyen ne reconnoissoit plus un tel pour son fils. Cette sentence se publioit ensuite à son de trompe : deux formalités qui devoient rendre les Abdications aussi rares qu'elles sont odieuses. La loi vouloit encore que le père fût libre de reprendre son fils après l'Abdication ; & elle ne lui permettoit plus de l'Abdiquer une seconde fois. *Voyez* les articles TESTAMENT, EXHÉRÉDATION, &c.

ABDICATION, Se dit aussi de l'acte par lequel une personne se démet de la dignité ou de l'autorité dont elle est revêtue.

Il ne faut pas confondre l'Abdication avec la résignation : celle-ci se fait en faveur d'une tierce personne ; & l'autre, sans conditions & sans réserve.

ABDICATION, Se prend encore quelquefois pour abandonnement de biens. *Voyez* ABANDONNEMENT.

ABEILLAGE. On appelle ainsi dans plusieurs coutumes, un droit en vertu duquel le Seigneur a droit de prendre une certaine quantité d'abeilles, cire ou miel sur les ruches ds ses sujets.

ABEILLAGE, Se prend aussi quelquefois pour

le droit, en vertu duquel les Abeilles égarées
& non poursuivies appartiennent aux seigneurs
comme épave. *Voyez* ABEILLES.

ABEILLES. On appelle ainsi les insectes dont
on tire le miel & la cire.

· Suivant notre jurisprudence, le propriétaire
d'un essaim d'Abeilles a droit de le suivre par-
tout, & de le reprendre où il le trouve, sans
aucune permission du juge du lieu où l'essaim
s'est arrêté ; mais si un essaim d'Abeilles est
trouvé égaré, on le regarde comme une épave,
dont moitié appartient au seigneur, & l'autre
moitié à celui qui la trouvé. Si ce dernier dans
certaines coutumes, n'avertissoit pas le Seigneur,
non-seulement il perdroit sa moitié, mais il
seroit encore condamné à payer une amende
de 60 sous parisis.

Aux douzième & treizième siécles, nos Rois
donnoient en fief jusqu'aux essaims d'Abeilles
trouvés dans les forêts : on en a les preuves
à la chambre des comptes.

De ce que la coutume déclare immeubles
les poissons qui, dans un étang, jouissent de
leur liberté naturelle, Chopin, sur la coutume
de Paris, & le Brun, dans son traité de la communauté, ont conclu que les Abeilles devoient
aussi être pareillement réputées immeubles,
parce qu'elles jouissent de leur liberté naturelle
dans leurs ruches d'où elles sortent & où elles
rentrent quand il leur plaît : mais M. Pothier
critique avec raison cette conséquence. En effet,
si les poissons qui sont dans un étang sont
immeubles, c'est parce que l'étang avec lequel
ils sont censés ne faire qu'un seul & même
tout est un immeuble.

Une ruche, au contraire, avec laquelle les Abeilles qu'elle renferme ne font qu'un même tout, étant un meuble, les Abeilles doivent pareillement avoir la qualité de meuble. Voyez *le titre premier du second livre des inftitutes ; l'article 337 de la coutume du Bourbonnois ; la pratique des terriers ; la Thaumaffière, dans fes notes fur les anciennes coutumes de Lorris ; la coutume de Loudunois ; celles de Saint-Omer, de Tours, d'Auvergne, de La Marche, d'Anjou & du Maine ; le traité de la communauté de M. Pothier*, &c. Voyez auffi les articles ÉPAVE, MEUBLE, IMMEUBLE, &c.

ABENEVIS. Terme ufité dans la Breffe, pour fignifier la permiffion qu'un feigneur donne aux particuliers de convertir à leur ufage quelques droits publics, à la charge de lui payer un cens. *Voyez Philibert Collet, dans fon Traité fur les ftatuts de Breffe.*

ABIENNEURS. On appelle ainfi en Bretagne, les commiffaires, les fequeftres, les dépofitaires d'un immeuble où il y a des fruits à recueillir. *Voyez Hevin fur Frain.*

ABIGÉAT. On appelle ainfi le crime de ceux qui détournent & emmènent des beftiaux, comme bœufs, vaches, moutons, cochons, chevaux, ânes ou autres, pour fe les approprier.

La différence qu'il y a felon les loix Romaines entre un Abigéat & un fimple vol, fe tire du nombre des bêtes qu'on emmène. Il falloit au moins dix brebis ou quatre porcs, pour rendre coupable d'*Abigéat* ; mais il ne falloit qu'un bœuf ou un cheval. Cette différence dérive de la lettre même de la loi. C'eft qu'on peut emporter quelques brebis qu'on vole ; mais

s'il

s'il y a en dix, on préfume qu'il faut les faire marcher de même qu'un bœuf ou un cheval.

La peine de l'Abigéat, fuivant les loix Romaines, étoit à l'égard des perfonnes diftinguées, la relégation ; & à l'égard des autres, la condamnation *in opus temporarium*, & quelquefois même la peine de mort.

Lorfque ce vol étoit fait avec armes, il étoit puni de la condamnation aux bêtes.

En France, la peine de ce crime eft différente felon les circonftances, la manière dont il a été commis & la valeur du vol. On diftingue par exemple, s'il a été commis dans une étable ou en pleine campagne, avec violence, ou feulement par artifice.

L'article 627 de la coutume de Bretagne porte que ceux qui volent des chevaux, bœufs & autres bêtes de fervice & de labour doivent être punis de mort.

L'article 11 du chapitre 39 de la coutume de Loudunois contient une pareille difpofition contre les voleurs de chevaux ou jumens ; & l'article 12 ajoute que celui qui vole bœuf, vache, mouton, brebis, ou autre bête au pied fourché, doit avoir l'oreille coupée pour la première fois, & être pendu en cas de récidive : mais dans l'ufage, on condamne ordinairement ces fortes de voleurs à la peine des galères.

Lorfqu'on trouve des animaux égarés, & qu'on les conduit chez foi, il faut en faire la déclaration aux officiers des lieux, autrement on fe rend coupable de vol. Voyez *le Traité de la juftice criminelle, par M. Jouffe ; Bouteiller en fa fomme rurale ; Bouvot, au mot Larron ; le*

Traité de la police du commissaire Lamarre, &c. Voyez aussi l'article VOL.

AB INTESTAT. On appelle *succession ab intestat*, celle qui se trouve ouverte sans que le défunt ait fait aucun testament valable. Et *héritier ab intestat*, celui qui recueille une succession en vertu de la loi & non en vertu d'un testament. *Voyez* les articles *succession* & *héritier*.

AB IRATO. On appelle *testament ab irato*, celui qui est fait par un mouvement de colère ou de haine contre l'héritier présomptif, plutôt que par une envie sincère de gratifier celui en faveur duquel le testateur dispose de ses biens. On dit dans le même sens, *donation ab irato*.

Lorsque les faits de colère & de haine sont prouvés, & que l'héritier n'a pas mérité d'être exhérédé, la disposition est annullée comme injuste & comme ne partant pas d'une volonté libre : c'est ce qui a été jugé par différens arrêts. Un entr'autres du Parlément de Paris du 11 mars, 1704, a cassé le testament de la Dame de Goupigny, séparée de corps & de biens d'avec son mari, parce qu'elle avoit institué sa fille puînée, avec qui elle vivoit, légataire universelle, au préjudice de son fils & de sa fille aînée qui étoient restés avec leur père durant la séparation. On présuma que ce testament, qui étoit olographe, avoit été fait en haine de ce que ces enfans avoient suivi le parti du père.

Un autre arrêt rapporté au Journal des audiences, a déclaré nulle une donation faite à un fils, par son contrat de mariage, en haine de ce que sa sœur, fille des donateurs protestans, avoit après avoir été mariée, embrassé la religion catholique.

Un autre arrêt du 9 mai 1712, a caffé le teftament du lieutenant-civil le Camus, qui avoit fi bien mérité du public par fes lumières & fon intégrité, parce que ce magiftrat, en inftituant la Demoifelle de Nicolaï, fa petite fille, fa légataire univerfelle, au préjudice de M. de Nicolaï de Gouffainville, fon petit fils, avoit marqué une intention affectée d'exclure de fes biens tous ceux qui portoient le nom de Nicolaï. Il les laiffoit à fa petite fille, parce qu'elle devoit perdre ce nom ; & non content d'exclure de fa fucceffion fon petit fils, qui le portoit, M. le Camus étoit allé jufqu'à l'exclure de la fucceffion même de fa fœur, fermant ainfi toutes les avenues par lefquelles fon bien auroit pu entrer dans la maifon de Nicolaï. Un étranger n'étoit cependant point l'objet de fes bienfaits ; mais il a fuffi que la haine fe fût manifeftée, pour faire profcrire fon teftament.

Un autre arrêt plus récent rendu le 11 février 1746, a caffé le teftament de la Dame de Mouchy, dans lequel fe trouvoient plufieurs circonftances qui annonçoient de la colère, & même de la haine contre la Dame de Montaran, fa petite fille, réduite à fa légitime & exclue par le même teftament de la fucceffion de fa fœur, qui étoit fur le point de fe faire religieufe.

Lorfque la donation ou le teftament contiennent des termes injurieux on des imputations qui paroiffent faites par un principe de haine ou de colere contre l'héritier, il n'eft pas néceffaire en ce cas, de chercher hors de l'acte des preuves de la difpofition où étoit le donateur ou le teftateur : la pièce porte alors en elle-même un caractère de nullité.

Mais si dans l'acte qui prive les enfans des choses auxquelles ils devoient naturellement espérer de succéder, il ne paroît ni colère, ni haine; le juge les admet ordinairement à prouver, tant par titres que par témoins que ce sont ces passions qui ont conduit le testateur ou le donateur. Il ne suffit pas qu'il ait eu la précation de ne les pas caractériser dans son testament ou sa donation, c'est assez qu'elles soient développées dans sa conduite passée. Ainsi par arrêt du 24 janvier 1725, le Parlement de Paris a cassé le testament de la Dame Moulié en faveur de son petit fils, comme fait *ab irato* au préjudice de la Dame de Montebise, fille de la testatrice, contre laquelle elle avoit long-tems plaidé.

Cet arrêt fait voir qu'il est des cas où l'on regarde les procès comme une preuve de haine suffisante pour faire annuller un testament : mais il faut remarquer que pour cet effet, on a toujours exigé deux conditions; la première, que ces procès fussent des procès graves qui intéressassent la conduite ou l'honneur; & la seconde, que ces procès aient été en défendant de la part de l'héritier qui se plaint de la disposition. Car quand il n'a été question que d'un simple intérêt pécuniaire entre l'héritier & le testateur, & que l'héritier a toujours été demandeur, on n'a point regardé ces procès comme suffisans pour former une preuve ni même une présomption de haine. L'intérêt ayant donné lieu à la demande, le même motif se présume dans la défense; & tant qu'il y a un motif naturel & ordinaire, jamais la haine, moyen odieux, n'est supposée à la place de ce motif. Ces maximes sont établies sur différens arrêts; en voici quel-

ques-uns rapportés dans la collection de De-
nisart

· Le sieur Popart mourant avoit deshérité son
père, contre lequel il avoit eu de grands procès. Le père attaqua le testament comme fait
ab irato, & allégua pour preuve les procès qui
l'avoient brouillé avec son fils; mais la Cour
n'eut aucun égard à ce moyen, & le testament fut confirmé par arrêt rendu le 27 mars
1703.

· M. de Bethune avoit eu dix-huit procès contre son ayeule; elle disposa de ses biens en faveur des deux sœurs de ce seigneur. Celui-ci
attaqua le testament qui contenoit ces dispositions : il disoit que dix-huit procès formoient
une cause de haine bien apparente ; il ajoutoit
que son ayeule avoit refusé de le voir, & menacé de l'exhéréder ; mais par arrêt rendu le 10
mai 1710, le testament fut confirmé.

Un autre arrêt plus remarquable encore, est
celui que le Parlement rendit le 17 juillet 1717,
à l'occasion du testament de la marquise de
Soyecourt, contre la Dame de Boisfranc, sa
fille, connue depuis sous le nom de marquise
de Belle-Forière. Celle-ci qui avoit formé des
demandes multipliées contre sa mère, fut réduite à sa légitime par le testament de la Dame
de Soyecourt. Elle attaqua ce testament comme suggéré par la haine & la colère, mais
parce qu'elle avoit plaidé contre sa mère en
demandant, l'arrêt ordonna l'exécution du testament.

, Le moyen *ab irato* contre un testament ne
peut être proposé par des héritiers collatéraux,
à moins que le testament ne renferme des dis-

pofitions qui leur foient injurieufes. Il eft bien
permis aux teftateurs de difpofer des biens dont la
loi les a laiffés les maîtres ; mais en prononçant
une forte d'exhérédation contre leurs héritiers,
il leur eft défendu de les charger d'injures &
d'opprobres.

Il y a néanmoins felon Mornac, deux cas où
les difpofitions faites avec injure ou reproche,
pourroient être valables : l'un quand l'injure
eft renfermée entre le teftateur & l'héritier,
& qu'elle ne va qu'à reprocher l'ingratitude
ou les mauvais traitemens de celui-ci : l'autre,
quand l'injure, quoiqu'infamante, eft tellement
établie dans le public, que l'héritier ne peut
s'en purger.

Au premier cas, on regarde plutôt les expreffions du teftateur comme une plainte particulière, que comme une injure qu'il a voulu faire.
Mornac cite fur cela deux arrêts des 28 mars
1605, & 19 mars 1609.

Au fecond cas, les expreffions du teftateur ne
font pas regardées comme un deffein de diffa-
mer fon héritier ; on préfume que le teftateur a
feulement voulu rendre raifon de fa volonté.

Les donations faites par contrat de mariage
& en faveur du mariage ne peuvent être attaquées & détruites que très-difficilement par le
moyen *Ab Irato.* La raifon en eft qu'une donation de cette efpèce eft une convention entre le
donateur & le donataire par laquelle le donataire promet, en conféquence du don qui lui eft
fait, de livrer irrévocablement fa perfonne à une
autre qui s'engage auffi fur la foi du même don,
de lui livrer la fienne irrévocablement : & comme après la tradition que chacun des conjoints
a faite de fa perfonne, il n'y a plus de retour,

il eft impoffible de remettre au donateur, ou à fes repréfentans, ce qu'il a donné ; parce que ce n'eft pas feulement le donataire qui eft l'objet de la libéralité du donateur, c'eft au mariage que le don fe fait ; le donataire n'y prend part qu'autant qu'il eft une partie effentielle au mariage ; l'autre conjoint & les enfans qui doivent naître appartiennent également au mariage.

C'eft d'après ces principes que par arrêt du 8 mai 1720, le parlement de Paris a confirmé la donation faite par madame le Camus au marquis de Flamarens en faveur de fon mariage avec mademoifelle de Beauveau, tandis qu'il a déclaré nul le teftament de cette dame qui contenoit des difpofitions confidérables au profit du même marquis de Flamarens. La donation & le teftament étoient attaqués l'un & l'autre par le moyen *Ab Irato*, qui comme on vient de voir, n'a été admis qu'à l'égard du teftament. Voyez *Ricard, des donations ; d'Argentré fur la coutume de Bretagne ; les Plaidoyers d'Erard ; Henrys & Bretonnier ; les Arrêts de Maynard,* &c. Voyez auffi les articles DONATION, LEGS, TESTAMENT, EXHÉRÉDATION, &c.

ABJURATION. C'eft l'acte par lequel un hérétique renonce à fes erreurs & déclare avec ferment recevoir la foi catholique.

Dans les pays d'inquifition on diftingue trois fortes d'Abjurations, favoir, *de formali*, qui eft celle que fait un apoftat ou un hérétique, reconnu notoirement pour tel : *de vehementi*, celle que fait un fidèle vivement foupçonné d'héréfie : *de levi*, celle que fait un fidèle qui n'en eft foupçonné que légèrement. L'Abjuration *de levi* n'emporte pas comme les autres, l'interdiction des

fonctions même civiles, ni l'inhabilité pour pofféder des bénéfices.

L'Abjuration n'eft pas connue en France fous
les diftinctions que l'on vient de voir, parce
qu'il n'y a point d'inquifition. Les hérétiques
qui veulent rentrer dans le fein de l'églife romaine, font leur Abjuration entre les mains des
archevêques ou évêques qui en retiennent l'acte
en bonne forme. Avant l'édit de 1685, la déclaration du 10 octobre 1679 obligeoit les évêques à remettre les actes d'Abjuration aux gens
du roi pour qu'ils les fignifiaffent aux miniftres
& aux confiftoires des lieux où les convertis faifoient leur réfidence : mais cette formalité n'a
plus lieu depuis l'édit cité.

La déclaration du 17 juin 1683 porte que les
enfans de ceux qui auront fait Abjuration feront
inftruits dans la religion catholique, apoftolique
& romaine.

Les françois qui ont fait Abjuration de la religion prétendue réformée ne peuvent fortir du
royaume fans permiffion, fuivant la déclaration
du 11 février 1699.

Les religionnaires fugitifs ne peuvent rentrer
dans le royaume fans faire Abjuration, & fans
prêter ferment de fidélité.

L'*Abjuration* d'un religionnaire n'a point d'effet rétroactif pour recueillir une fucceffion échue
avant l'Abjuration ; c'eft ce qu'a jugé la grand'-
chambre du parlement, le 17 avril 1741, en
attribuant une fucceffion conteftée aux parens
qui étoient catholiques romains dans le tems du
décès. Voyez *les loix citées dans cet article.*

ABLAIS. Plufieurs coutumes, entr'autres
celles d'Amiens & Ponthieu, défignent fous ce

nom des blés coupés qui font encore fur le champ.

L'article 193 de la coutume d'Amiens défend d'enlever les fruits & Ablais quand ils font faifis, fans donner caution au feigneur pour fes droits.

L'article 107 de la coutume de Ponthieu défend de voiturer & emporter les Ablais avant le foleil levé, ou après le foleil couché, fans la permiffion du feigneur, à peine de foixante fous d'amende. Et l'article III de la même coutume défend au vaffal qui doit terrage d'emporter fes Ablais fans avertir le feigneur auquel ce terrage eft du, fous peine de foixante fous d'amende avec la reftitution du terrage.

ABLOQUIÉS. Terme de coutume qui fignifie fitués. La coutume d'Amiens, article 198 des droits feigneuriaux, défend aux tenanciers-cottiers de démolir les édifices *Abloquiés* & *folivés*, dans l'héritage qu'ils tiennent en roture, fans le confentement de leur feigneur, à peine d'amende, & ils font en outre tenus de remettre l'édifice dans le premier état.

ABOILAGE. Vieux mot qui fe trouve employé dans quelques coutumes où il a la fignification d'abeillage. *Voyez* ABEILLAGE.

ABOLITION. C'eft l'acte par lequel une chofe eft éteinte, abrogée, anéantie.

On appelle *Lettres d'Abolition* des lettres du fouverain expédiées en grande chancellerie, par lefquelles, dans la plénitude de fa puiffance, il afface, éteint un crime irrémiffible par fa nature, & fouftrait le coupable à la peine portée par la loi (*).

_____

(*) *Formule de Lettres d'Abolition.* Louis, par la grâce de Dieu, roi de France & de Navarre : à tous préfens & à ve-

L'article 4 du titre 16 de l'ordonnance de 1670, porte qu'il ne sera point accordé de lettres d'Abolition pour les duels, ni pour les assassinats prémédités, soit aux principaux auteurs ou à leurs complices, ni à ceux qui à prix d'argent ou autrement se louent ou s'engagent pour tuer, outrager ou excéder quelqu'un, ni à ceux

---

nir : Salut. Nous avons reçu l'humble supplication de.... faisant profession de la religion catholique, apostolique & romaine, contenant que.... & ainsi ayant été informé que.... il n'ose reparoître sans avoir obtenu nos Lettres d'Abolition qu'il nous a très-humblement fait supplier de lui accorder. A ces causes, voulant préférer miséricorde à la rigueur des loix, de notre grâce spéciale, pleine puissance & autorité royale, nous avons audit.... quitté, pardonné, remis, éteint & aboli, quittons, pardonnons, remettons, éteignons & abolissons, le fait & cas susdit, tel qu'il est exposé, avec toute peine, amende & offense corporelle, civile & criminelle qu'il peut, pour raison de ce, avoir encourue envers nous & justice ; mettons au néant tous décrets, défauts, sentences, contumaces, jugemens & arrêts qui peuvent avoir été rendus pour raison de ce, contre le suppliant, que nous avons remis & restitué, en sa bonne renommée & en ses biens non d'ailleurs confisqués, satisfaction préalablement faite à partie civile, si faite n'a été, imposons sur ce silence perpétuel à notre procureur général, & à ses substituts présens & à venir, & à tous autres. Si donnons en mandement, à.... que ces présentes nos Lettres d'Abolition, ils aient à enthériner, & du contenu en icelles faire jouir le suppliant pleinement, paisiblement & perpétuellement, à la charge par lui de se représenter & de se mettre en état pour l'enthérinement des présentes dans.... mois, à peine d'être déchu de l'effet d'icelles, car tel est notre plaisir, & afin que ce soit chose ferme & stable à toujours, nous avons fait mettre notre scel à cesdites présentes, donné à.... au mois de.... l'an de grâce.... & de notre règne....

qui ont procuré l'évasion des prisonniers détenus pour crime, ni pour rapt de violence, ni pour excès commis contre quelque officier de justice dans ses fonctions. Le même article ajoute que si l'on vient à expédier des Lettres d'Abolition ou de remission dans les cas dont on vient de parler, les cours pourront à ce sujet faire leurs remontrances & les autres juges représenter à M. le chancelier ce qu'ils jugeront convenable.

Il y a encore d'autres crimes, tels que ceux de lèze-majesté divine ou humaine, de sodomie, de parricide & de poison, pour lesquels le roi n'accorde point communément de ces sortes de lettres.

Les lettres d'abolition doivent être conformes aux charges & informations comme les autres lettres de rémission. C'est une disposition de l'article 1 du titre 16 de l'ordonnance de 1670.

Ces lettres sont conformes aux charges lorsque pour les obtenir, l'impétrant n'a exposé ni omis aucun fait qui change la qualité du crime. Autrement les lettres seroient obreptices ou subreptices, & les juges ne les entérineroient pas; parce qu'alors on présume que si le crime eût été indiqué au roi dans ses véritables circonstances, sa majesté ne les auroit point accordées.

Les lettres d'abolition qui s'accordent aux gentilshommes doivent être adressées aux parlemens; mais celles que les roturiers obtiennent sont adressées aux baillis, sénéchaux, ou autres juges qui ressortissent immédiatement aux parlemens.

Celui qui obtient des lettres d'abolition doit être prisonnier & écroué, & l'écroue attaché

fous le contre-fcel des lettres. Il doit auffi demeurer en prifon pendant toute l'inftruction,
& jufqu'à l'entérinement des lettres ; il eft de
plus défendu aux juges de l'élargir à caution ou
autrement, à peine d'interdiction & de payer
les condamnations qui pourroient intervenir
contre lui. C'eft ce que prefcrit l'article 15 du
titre 16 de l'ordonnance criminelle.

L'article 21 veut que ces lettres foient préfentées à l'audience par l'impétrant, tête nue
& à genoux, & qu'après qu'elles auront été lues
en fa préfence, il affirme qu'elles contiennent
vérité, qu'il a donné charge de les obtenir, &
qu'il prétend s'en fervir. On le renvoie enfuite
en prifon.

Il a néanmoins été dérogé quelquefois à ces difpofitions. Le duc de Vendôme étant en 1626
au château de Vincennes, & ayant obtenu en
1727 des lettres d'abolition pour entreprifes
faites contre le roi & fon autorité, fa majefté
commit en 1629 différens membres du parlement, pour faire ce qui étoit néceffaire en exécution de ces lettres. Ces commiffaires fe tranf-
portèrent en conféquence au château de Vincennes, où ayant donné lecture au duc de Vendôme des lettres d'abolition par lui obtenues,
& de la déclaration qu'il avoit envoyée au roi
pour les obtenir, il affirma que cette déclaration
contenoit vérité : il requit enfuite l'entérinement
des lettres, & le parlement de Paris les enté-
rina le 23 mars 1629.

Les lettres d'abolition s'accordent auffi quelquefois à des abfens : ainfi le roi ayant aboli le
crime dont la marquife de Verneuil avoit été
chargée, & l'ayant difpenfée de fe préfenter en

perſonne au parlement pour y demander l'entérinement de ſes lettres d'abolition, elles y furent
entérinées par arrêt du 6 ſeptembre 1605.

· De même, le maréchal d'Hocquincourt, gouverneur de Péronne, obtint des lettres d'abolition qui furent entérinées au parlement en ſon
abſence.

L'article 20 du titre 16 de l'ordonnance criminelle, veut qu'avant de paſſer à l'entérinement des lettres d'abolition, on les communique
avec le procès aux procureurs du roi.

Les lettres d'abolition peuvent s'obtenir,
même après un jugement en dernier reſſort,
·tant qu'il n'eſt point exécuté.

L'effet des lettres d'abolition eſt de remettre
la peine due au crime, mais elles ne préjudi-
cient jamais à l'intérêt civil des parties offenſées.

C'eſt une queſtion de ſavoir ſi ceux qui ont
été condamnés par un jugement contradictoire,
à quelque peine avec confiſcation de biens,
rentrent de droit dans la poſſeſſion de leurs
biens, lorſqu'ils viennent à obtenir des lettres
d'abolition, ou de rappel de ban ou de galères.

· Bacquet, en ſon Traité des droits de juſtice,
diſtingue entre les reſtitutions de juſtice & les
reſtitutions de grâce ; dans les reſtitutions de
juſtice, c'eſt-à-dire, celles où le crime eſt ré-
miſſible, le coupable doit rentrer dans ſes biens,
mais il doit les prendre en l'état où ils ſe trouvent, ſans pouvoir exiger aucune reſtitution des
amendes, intérêts civils & des fruits des immeubles. Cette opinion eſt favoriſée par l'article 28 du titre 17 de l'ordonnance de 1670.
.. Dans les reſtitutions de grâce, on doit encore diſtinguer ſi par les lettres d'abolition le

roi remet la peine feulement ; ou fi outre la
peine , il rétablit l'impétrant dans tous fes biens.
Au premier cas , le condamné ne recouvre pas
fes biens confifqués ; mais dans le fecond cas il
les recouvre , à la réferve des fruits , foit que
la confifcation appartienne au roi ou à un feigneur haut-jufticier , pourvu toutefois que le roi
ou le feigneur n'en aient pas difpofé. Le coupable doit auffi être déchargé de l'amende à laquelle il a été condamné , quand même il ne
feroit parlé dans les lettres que de la remife du
crime & de la confifcation ; c'eft ce qui a été
jugé par la chambre du domaine de Paris , au
mois de juillet 1702 , en faveur du fieur de Mef-
figot de Branzy.

. Ce qui vient d'être dit des confifcations doit
auffi s'appliquer aux fucceffions qui pourroient
être échues au coupable depuis fa condamnation , & avant l'abolition de fon crime.

. On penfe au-delà des monts que le Pape peut
accorder à tout eccléfiaftique des lettres de
grâce , de rémiffion ou d'abolition , & le rétablir dans fes fonctions & dignités , mais cette
opinion n'eft point reçue en France , où le roi
feul octroie de ces fortes de lettres.

Le Pape ni les évêques ne pourroient fans
abus , faire le procès à un eccléfiaftique auquel
le roi auroit accordé des lettres de grâce ou
d'abolition : mais cet eccléfiaftique pour être rétabli dans fes fonctions fpirituelles , doit prendre
du Pape des lettres de réhabilitation , lefquelles
doivent fe fulminer en France par le juge d'é-
glife qui a connu du crime. La fulmination qui
fe feroit de ces lettres à Rome feroit regardée
comme abufive.

On appelle *abolition générale*, les lettres d'abolition que le roi accorde quelquefois à une province, à une ville, à une communauté d'habitans, &c. pour crimes commis contre l'autorité royale, &c. La faveur de ces sortes de grâces s'étend jusqu'à ceux qui sont morts en combattant, ou faisant quelqu'autre action semblable contre l'état.

Mais les abolitions générales ne comprennent point les cas irrémissibles, comme le crime de lèze-majesté, celui d'assassinat prémédité, le crime de faux, & celui qui est commis par les juges dans les fonctions de leur office.

Quelques auteurs prétendent même que ces grâces générales ne doivent pas s'étendre à ceux qui se sont rendus plusieurs fois coupables du même crime, ou qui ont commis exprès les crimes remis, dans l'espérance de l'impunité. Voyez *Bacquet de droit de justice*; *Farinacius*; *Julius Clarus*; *Papon*; *Henris*; *Thevenau sur les ordonnances*; *les déclarations des 22 novembre 1683 & 10 août 1686*; *l'ordonnance de 1670*; *le traité de la justice criminelle de M. Jousse*, &c. Voyez aussi les articles RÉMISSION, PARDON, RÉHABILITATION, ENTÉRINEMENT, ACCUSÉ, CONTUMACE, CONFISCATION, &c.

ABONDANCE. Ce mot qui signifie grande quantité, s'emploie particulièrement, en parlant des choses nécessaires à la vie.

Ceux qui gouvernent un état doivent principalement s'occuper du soin d'y entretenir l'abondance, & ils ne doivent négliger aucune des précautions propres à empêcher la cherté des grains & des autres denrées, afin que les pauvres puissent se procurer leur subsistance. L'agriculture perfectionnée, protégée & honorée, & la multiplication du bétail font les moyens les plus furs qu'on puiffe employer pour remplir cet important objet.

Dans le cas de difette de grains, on doit en faire venir des lieux d'où l'on peut en tirer.

Comme la cherté eft quelquefois caufée par une ftérilité générale dans un état, il paroît qu'il feroit prudent dans les années d'abondance, de mettre en réferve une certaine quantité de grains pour foulager le peuple lorfque cette denrée vient à manquer. *Voyez* GRAINS.

ABONDER *plus grande fomme.* Expreffion qui fignifie payer plus qu'on ne doit, & qui eft employée dans les coutumes de Loudunois & de Tours, pour défigner la fraude dont l'acquéreur d'un héritage fe rend coupable, lorfque pour recevoir du retrayant une fomme plus confidérable, il lui fait une déclaration infidelle, & l'oblige par ce moyen s'il veut ufer du droit de retrait, à rendre plus d'argent qu'il n'en a réellement été débourfé pour le prix de l'acquifition, *vin de marché, frais & mifes.*

Ces deux coutumes veulent que l'acquéreur reftitue les deniers que le retrayant *aura trop abondés,* & qu'il foit en outre condamné à l'amende de foixante fous *pour le moins.* Il paroît par cette dernière expreffion que l'amende dans ce cas eft arbitraire. C'eft le fentiment de Dumoulin qui dit avoir vu condamner au parlement un acquéreur de cette efpèce en *foixante livres parifis.*

ABONNEMENT. Convention qui a réduit à un prix certain & à une quantité fixe, des chofes & des droits incertains.

Les abonnemens avec les fermiers de droits

du

du roi doivent être rédigés par écrit pour être obligatoires, & l'ordonnance des aides de 1680, défend d'en admettre la preuve par témoins.

Ces abonnemens ne peuvent être faits qu'avec les fermiers ou fous-fermiers, ou en vertu de pouvoirs particuliers : un directeur ne peut point faire d'abonnemens fans ce pouvoir, ou s'il en fait, le fermier peut les annuller.

Les directeurs qui font des abonnemens en vertu de procuration des fermiers, font tenus de faire enregifter ces procurations aux greffes des élections, felon les arrêts des cours des aides de Rouen & de Paris des 20 mars 1733 & 26 avril 1742.

Un arrêt du confeil du 5 janvier 1734, a défendu aux fous-fermiers, fous peine de mille livres d'amende, de faire des abonnemens dans les endroits qui ne font pas à plus de trois lieues des généralités dont ils ont la ferme.

Il eft pareillement défendu aux fous-fermiers des aides des généralités limitrophes du pays étranger ou des provinces réputées étrangères, de faire aucun abonnement des droits d'aides pour la vente en détail des boiffons dans les quatre lieues des limites de la frontière. C'eft ce que portent l'arrêt du confeil & les lettres-patentes du 14 juin 1746, enregiftrés à la cour des aides de Paris le 19 août fuivant.

Les perfonnes abonnées ne font point exemptes des vifites des commis, & les abonnemens ne doivent fe faire qu'à condition que ces vifites auront lieu, pour vérifier fi les claufes des abonnemens s'exécutent, fi les congés & lettres de voiture font dans les formes, &c.

Les abonnemens faits avec les fermiers ou

fous-fermiers font révoqués de plein droit lorfque le bail eft réfolu ou expiré.

Si les particuliers abonnés décèdent, ou l'un
des conjoints feulement, l'abonnement demeure
éteint, dès que le décès eft fignifié au fermier,
à moins que le conjoint furvivant ne juge à propos d'en continuer l'exécution, mais l'abonnement eft cenfé continué par le furvivant, fi la
fignification du décès n'eft pas faite dans le mois.
Cela eft ainfi décidé par les ordonnances de Paris
& de Rouen fur le fait des aides.

Si les particuliers abonnés font évincés fans
fraude des maifons où ils faifoient leur commerce, ils font déchargés de l'abonnement en
payant le quartier pendant lequel ils ont fouffert l'éviction; & fi elle arrive par cas fortuit,
on ne peut exiger d'eux que ce qui eft échu
au jour où les lieux ont été abandonnés : mais
en ce cas, l'abonnement reprend fa force dès le
moment du retour dans les fix mois de la fortie.

Ceux qui font abonnés à une certaine fomme
pour chaque année font tenus d'exécuter leur
abonnement pour l'année entière, lorfqu'ils ont
ceffé volontairement leur commerce avant
qu'elle foit finie, quand même la fomme feroit
divifée par quartiers, & qu'ils auroient fignifié
aux fermiers la ceffation de leur commerce,
mais ils doivent être déchargés pour les années
fuivantes, en fignifiant néanmoins leur réfolution
trois mois avant l'expiration de l'année dans laquelle ils renoncent à leur commerce. Cela eft
ainfi décidé par l'arrêt du confeil du 16 mai 1744.

Ceux qui font abonnés à raifon d'une certaine
fomme par muid font déchargés de l'abonnement par la ceffation de leur commerce, en la

faifant fignifier au fermier trois mois auparavant. Voyez *les lois citées*, & *le traité général des droits d'aides par M. le Febvre de la Bellande*.

· ABONNEMENT DE DIXMES. Quand il y a un abonnnement fait entre les gros décimateurs & les habitans d'une paroiffe, par lequel ceux-ci s'obligent de payer tous les ans par arpent une certaine fomme ou une certaine quantité de grains, il doit être exécuté.

L'ordonnance de 1561 confirme les tranfactions contenant abonnement pour dixmes.

La poffeffion fût-elle de cent années ne fuffit pas pour mettre les paroiffiens en droit de dire qu'ils ont été abonnés; il faut qu'ils aient un titre en bonne forme de l'abonnement, ou du moins d'anciennes preuves par écrit jointes à la poffeffion immémoriale qui faffent préfumer qu'ils ont eu un titre légitime.

Il eft facile en fuivant cette règle, de concilier les arrêts rapportés au fujet des abonnemens dans le journal des audiences, & qui paroiffent d'abord contradictoires: ils font des 17 juin 1623, 30 mars 1664, & 1er. avril 1688.

· Pour qu'un abonnement foit valable il doit être fait avec tous les habitans, ou du moins avec tous les propriétaires d'un canton : s'il n'étoit fait qu'avec un particulier, il feroit nul.

· Comme les dixmes font partie du patrimoine de l'églife, il faut auffi que l'abonnement qui s'en fait foit revêtu des formalités prefcrites pour l'aliénation des biens eccléfiaftiques, ou autorifé par un arrêt d'homologation.

· Un abonnement fait par tranfaction en 1645, pour la dixme du terroir de Mordeuil entre les habitans & l'abbé de Saint-Martin d'Epernay, décimateur de cette paroiſſe, & qui avoit été homologué par arrêt de la cour, fut attaqué par l'abbé & les religieux de cette abbaye, qui formèrent une tierce oppoſition à l'arrêt d'homologation. Ils diſoient que l'abbé, ſucceſſeur à l'abbaye, n'étoit pas obligé d'entretenir l'*abonnement* fait avec ſon prédéceſſeur; que l'*abonnement* étoit une eſpèce d'aliénation que le poſſeſſeur ne pouvoit pas faire; & ils citoient deux arrêts rendus, l'un au profit des minimes du bois de Vincennes, le 10 juillet 1608; l'autre le 23 décembre 1632, rapportés par Henrys.

Les habitans de Mordeuil répondoient que l'uſage de payer la dixme dans leur paroiſſe étant fondé ſur un abonnement autoriſé par une tranſaction homologuée par arrêt de la cour, il devoit ſubſiſter; ils citoient l'ordonnance de 1561 dont nous avons parlé, un arrêt du 10 juillet 1623, rapporté par Bardet, & deux arrêts du parlement de Toulouſe des 4 janvier 1673 & 30 juin 1676, qui confirmoient de ſemblables abonnemens; & par arrêt rendu le 10 mai 1728, l'abbé & les religieux de Saint-Martin d'Epernay furent déboutés de leur tierce oppoſition, & l'exécution de la tranſaction fut ordonnée.

Le grand conſeil n'a eu aucun égard à un *abonnement* de dixmes en grains, fait par une tranſaction du 2 juin 1678 entre le prieur de Chamalieres & le ſeigneur de Beauſſac, parce qu'elle n'étoit pas d'ailleurs paſſée avec le corps des habitans; & nonobſtant la poſſeſſion de plus de quarante ans, de payer en conformité de l'acte de 1678, qui devoit, ſelon le ſeigneur de Beauſſac, opérer une preſcription, quant à la quotité de la dixme, il a été condamné par arrêt du 24 mars 1745, à la payer conformément à l'usage du lieu, parce que sa possession n'étoit appuyée que sur un titre vicieux.

Quoique nous ayons dit que la possession même centenaire fût insuffisante pour autoriser les habitans d'une paroisse à soutenir qu'ils sont abonnés lorsqu'ils n'ont point de titre d'abonnement, il faut néanmoins distinguer entre les *grosses dixmes* ou *dixmes de droit*, & les *menues dixmes* ou *dixmes d'usage*. A l'égard des premières, on doit tenir pour constant que la possession immémoriale, dénuée de preuves par écrit, n'est pas suffisante à une communauté d'habitans pour faire présumer un *Abonnement* ; mais, par rapport aux menues dixmes, qui ne sont pas dues de droit, que les décimateurs ne peuvent exiger qu'autant qu'ils ont possession de les percevoir, & dont l'usage règle aussi la qualité, si de-tems immémorial elles n'ont été payées qu'en argent, cet usage immémorial doit être suivi.

La distinction que l'on vient de faire a été adoptée par un arrêt du grand conseil, du 11 septembre 1751, intervenu entre don Thibault, prieur de Beu-la-Vieuville, & les habitans de la paroisse de Beu. Ceux-ci étoient en possession immémoriale, non contestée, de ne payer la dixme de vin qu'en argent, à raison de huit sous par arpent de vigne, & de ne payer celle des bêtes à laine, qu'à raison d'un sou par bête. Le prieur prouvoit par d'anciens titres, qu'autrefois ces dixmes avoient été payées en nature, & soutenoit en conséquence que la possession immémoriale de ne les payer qu'en argent, sans titre d'*Abonnement*, étoit insuffisante. Par l'arrêt, les habitans de Beu ont été condamnés à payer

en nature, la dixme des vins, à raison du ving-
tième pot; il leur a été donné acte de leurs offres de continuer à payer la dixme des bêtes à
laine, à raison d'un sou par bête; & le prieur a
été débouté de sa demande à fin de payement en
nature de la dixme des agneaux & bêtes à laine.
*Voyez les loix eccléfiaftiques, Henrys, Bardet,
le journal des audiences,* &c. *Voyez* aussi les
articles DIXME, BIENS D'EGLISE, PRESCRIP-
TION, &c.

ABONNEMENT DE FIEF. On appelle *Abonnement* ou *Abournement de Fief*, une convention
que le seigneur dominant fait avec son vassal,
par laquelle il donne aux devoirs & preftations,
soit honorifiques, soit utiles ou casuels, des
formes & des conditions différentes de celles
qu'ils avoient par la concession.

Poquet de Livonière dans son Traité des Fiefs,
diftingue trois fortes d'Abonnemens : le premier
a lieu lorfque le seigneur convertit la mouvance
féodale en censive, en supprimant la foi & hommage, & confentant que l'héritage ne relève de
lui à l'avenir que moyennant un certain cens ou
autres devoirs qu'il impofe.

Le fecond a lieu lorsque le seigneur réduit
plusieurs hommages dus par un même vassal,
à un moindre nombre d'hommages, c'eft-à-
dire, lorsque de trois ou quatre fiefs fervans,
il n'en fait qu'un ou deux, réuniffant plusieurs
fiefs fous une même foi & hommage, & n'en
faifant qu'un même corps de fief.

Le troifième fe fait lorfqu'un seigneur réduit
à un moindre devoir les services, rentes ou
fervitudes qui lui font dus par fon vassal.

Tout Abonnement eft permis lorfqu'il ne dégrade point le fief dominant envers le suzerain, d'une manière prohibée par les coutumes où les fiefs sont situés.

Quand il n'y a ni dépié de fief, ni démembrement, l'Abonnement ne produit point de droits au seigneur suzerain, quand même il y auroit eu des deniers déboursés pour la diminution du devoir.

Mais est-il dû au roi des droits d'amortissement, lorsqu'un seigneur fait un Abonnement avec une communauté pour les droits féodaux dont elle est tenue envers lui ? M. du Bosc, dans sa Jurisprudence du conseil sur le droit d'amortissement, rapporte plusieurs décisions qui établissent que ce droit est dû lorsqu'une communauté ou d'autres gens de main morte s'affranchissent en tout ou en partie du payement des droits féodaux moyennant une somme déboursée, & qu'au contraire l'amortissement n'est point dû lorsqu'il n'y a qu'une conversion de ces mêmes droits féodaux en rente féodale.

C'est d'après ces maximes que par arrêt du conseil du 9 mai 1728, le fermier du roi a été débouté de la demande qu'il avoit faite d'un droit d'amortissement aux habitans de Beaumont, lesquels par transaction du 10 avril 1713, s'étoient affranchis de différens droits féodaux envers le marquis de Mirabeau leur seigneur, moyennant une pension féodale & perpétuelle de huit cent livres. Ces habitans firent voir que par cet Abonnement ils n'avoient acquis aucun immeuble, & que le domaine direct restoit toujours entre les mains du seigneur, au moyen de la rente féodale de huit cent livres.

Dans une autre affaire, le duc de Lesdiguières

E iv

avoit moyennant une pension féodale de 2000 livres, renoncé par deux transactions des années 1621 & 1646, aux droits féodaux que lui devoit la communauté de Callas ; cette communauté prêta quelque temps après à ce seigneur 38000 livres, dont l'intérêt de 1900 livres servoit au payement de la pension de 2000 livres.

La même communauté acquit ensuite du duc de Villeroi la justice de Callas, la pension de 2000 livres & les droits d'albergue & de cavalcade sur plusieurs biens de la viguerie de Beguer, moyennant 19000 livres d'une sorte & la cession qu'elle fit de sa créance de 38000 livres d'autre sorte. Le fermier ayant demandé le droit d'amortissement, un arrêt du conseil du 9 mai 1724 condamna les consuls & communauté de Callas à payer ce droit pour les acquisitions faites du duc de Villeroi.

Il faut remarquer que quoique par la conversion de la foi & hommage, des droits de relief & de quint en une simple rente féodale, le fief servant ne paroisse plus être qu'un bien de rôture sans caractère de fief, cependant quand dans l'Abonnement la rente est constituée comme représentative de ces mêmes droits de foi & hommage, relief, & mutation, l'héritage continue de se partager noblement entre ceux qui en héritent. Plusieurs coutumes ont à cet égard des dispositions expresses. Voyez *Pocquet de Livonière, traité des fiefs ; du Bosc, dans sa Jurisprudence du conseil, sur le droit d'amortissement ; le glossaire de Laurière, &c.* Voyez aussi les articles AMORTISSEMENT, DÉMEMBREMENT, FRANC-FIEF, FOI & HOMMAGE, &c.

ABORD. On appelle *droit d'Abord*, un droit

qui eſt dû, même en temps de foire, ſur le poiſſon de mer frais, ſec & ſalé, dans tous les ports, havres, rades & places des provinces & généralités où les aides ont cours, à l'arrivée des navires, barques & autres vaiſſeaux.

Ce droit ſe trouve fixé par le tarif ſuivant & doit pareillement être perçu ſur le poiſſon qui entre dans la province d'Anjou par la rivière de Loire ou par terre.

Droits d'abord ſur le poiſſon ſalé.

Les *adots* & les *ſeiches* doivent par millier trente-trois ſous ſix deniers.

Les *anchois, baleines, marſouins, melettes, ſardines, thons, thonnines,* & les autres poiſſons dont il n'eſt pas parlé dans le préſent tarif, doivent vingt ſous par cent peſant.

. Le baril de *harengs blancs* ou *ſaurés* doit vingt ſous ſix deniers.

Le baril de *maquereaux* doit vingt-ſept ſous.

Les *morues* ou *ſtocfiſchs* doivent vingt ſous par cent, compte marchand de 132 poiſſons.

Il faut excepter de cette diſpoſition les morues ſèches de pêche françoiſe, leſquelles par arrêt du conſeil du 30 février dernier, ſont déclarées exemptes de tous droits appartenans au Roi, tant à l'entrée dans les ports du royaume, que dans la circulation de province à province.

Les *morues vertes en piles* doivent trois livres ſept ſous trois deniers par cent, compte marchand de 132 poiſſons.

Les *nox* & *langues de morues* doivent vingt ſous par cent peſant.

Le *hambourg* (*) *de ſaumons* doit quarante ſous.

_____

(*) Le hambourg eſt une eſpèce de tonneau qui ſert à

Droits d'Abord sur le poisson frais.

Chaque panier ou mannequin de *poisson frais* doit treize sous cinq deniers.

Le panier d'*huitres à l'écaille* doit dix sous neuf deniers.

Le millier d'*huitres* doit une livre six sous onze deniers.

Le *saumon frais* & tout autre poisson qui n'est pas ordinairement contenu en panier doit, par pièce, treize sous cinq deniers.

Les maîtres des navires, barques, bateaux & autres bâtimens & tout voiturier, doivent déclarer au bureau de leur arrivée la quantité & la qualité du poisson dont ils sont chargés, & les noms des propriétaires & facteurs auxquels il est adressé : ils doivent pareillement représenter leurs chartes parties & lettres de voiture & souffrir la visite des commis pour vérifier leurs déclarations, le tout à peine de confiscation & de 500 livres d'amende (*).

Il est défendu sous les mêmes peines aux maîtres & voituriers de décharger leur poisson, & aux marchands & facteurs de le recevoir dans leurs maisons avant que la visite ne soit faite & que les droits n'aient été payés.

---

mettre des saumons salés & qui pèse ordinairement depuis 300 jusqu'à 350 livres.

(*) Il faut remarquer que dans le cas de contestation, les commis du fermier ne peuvent saisir que le seul poisson, & non les navires, charrettes, chevaux & équipages qui ont servi au transport, quoiqu'ils soient autorisés à saisir tout ce qu'en vient d'énoncer lorsqu'il s'agit des droits d'entrée & de sortie des cinq grosses fermes. La différence est fondée sur ce que l'ordonnance qui sert de fondement à la régie des droits d'abord & de consommation ne parle que de la saisie du poisson.

Lorsqu'il n'y a point de bureau au lieu de la première descente, les déclarations & représentations des chartes parties & lettres de voiture doivent être faites & les droits payés au plus prochain bureau, à peine de confiscation & de 500 livres d'amende contre les marchands & autres qui passeroient outre sans acquit.

Le droit d'Abord n'est du qu'une seule fois & le poisson gâté ou corrompu en est exempt.

Les pêcheurs des villes & côtes de Normandie doivent jouir de l'exemption du droit d'Abord sur le poisson de mer frais, sec & salé qui provient de leur pêche, à la charge néanmoins de faire les déclarations dont nous avons parlé, sous peine de confiscation du poisson & de 500 livres d'amende : il leur est d'ailleurs défendu d'acheter en mer des marchands & pêcheurs étrangers aucun poisson, à peine aussi de confiscation, de 500 livres d'amende, & d'être déchus de leur privilège pour le poisson qu'ils auroient pêché.

Les sujets du roi doivent jouir de la même exemption sur le poisson de leur pêche qu'ils font arriver sur des vaisseaux qui leur appartiennent, pourvu que des François composent au moins la moitié de l'équipage de chaque vaisseau.

Suivant un arrêt du conseil du 5 avril 1740, la morue pêchée par les habitans des sables d'Olonne & qu'ils apportent dans les ports de Normandie, n'est sujette qu'aux mêmes droits que payent pour ce poisson les pêcheurs de ces ports.

Les contestations qui surviennent à l'occasion du droit dont il s'agit doivent être jugées en première instance par les officiers des traites, & par appel à la cour des Aides. Voyez l'*ordon-*

nance du mois de juillet 1681 & le tarif y annexé ;
l'arrêt du conseil & les lettres-patentes du 27 mai
1746 ; le traité général des droits d'aides ; les observations sur le tarif des droits d'entrée & de sortie
des cinq grosses fermes, &c. Voyez aussi les articles CONSOMMATION, PÈCHE, POISSON, SOU
POUR LIVRE, &c.

ABORDAGE. C'est ce qui arrive à deux vaisseaux qui se heurtent ou s'accrochent.

L'Abordage cause souvent aux navires un dommage que doit payer le maître du navire qui y
a donné lieu.

Si l'Abordage a eu lieu sans qu'on puisse justifier qu'il y ait de la faute du maître ou des gens
de l'équipage du navire qui a causé le dommage,
l'ordonnance veut que ce dommage soit payé
également par le navire qui l'aura fait & par celui qui l'aura souffert.

L'article 8 du titre 12 du livre premier de
l'ordonnance de la marine de 1681 veut que
toute demande pour raison d'abordage soit formée vingt-quatre heures après le dommage reçu,
si l'accident arrive dans un port, havre, ou autre lieu dans lequel le maître puisse agir. Après
ce délai l'action n'est plus recevable.

Mais si l'Abordage arrive en pleine mer, ou
dans quelqu'autre endroit où le maître du navire
ne puisse point agir, le délai pour former la demande ne court que depuis l'arrivée du navire
dans un lieu où le maître puisse agir.

Lorsque le navire endommagé par l'abordage
est assuré, l'assureur est tenu d'indemniser le
propriétaire du navire si le dommage est arrivé
par cas fortuit, comme dans une tempête, ou
même lorsqu'il a eu lieu par la faute du maître
d'un autre navire, & dans ce dernier cas le pro-

priétaire du navire affuré doit céder à l'affureur fon action contre celui par la faute de qui eft arrivé l'abordage & contre fon commettant : mais .fi l'abordage avoit eu lieu par la faute du maître du navire affuré, le propriétaire de ce navire n'auroit aucune action à cet égard contre l'affureur, à moins que par une claufe expreffe de la convention, celui-ci ne fût tenu de la *baraterie du patron*, c'eft-à-dire de tous les événemens qu'on peut rapporter non-feulement au dol, mais encore à la fimple imprudence ou impéritie tant du maître que des gens de l'équipage. Voyez *l'ordonnance de la marine de* 1681 *; le journal des audiences ; le traité du contrat d'affurance, &c.* Voyez auffi les articles ASSUREUR, AVARIE, NAUFRAGE, &c.

ABOUQUEMENT. C'eft en terme de falines, l'entaffement d'un fel nouveau fur un monceau de vieux fel ; ce qu'il n'eft permis de faire, fuivant les ordonnances, qu'en préfence des officiers royaux prépofés à cet égard.

ABOURNEMENT. Voyez ABONNEMENT DE FIEF.

ABOUTISSANS. On appelle ainfi les confins d'un héritage, & l'on joint communément ce mot avec celui de tenans.

Suivant l'article 3 du titre 9 de l'ordonnance de 1667, une demande en défiftement d'héritage, en déclaration d'hypotheques ou autres charges réelles, doit indiquer les tenans & aboutiffans des terres en queftion, avec défignation de leur qualité & fituation, afin que le défendeur fache fur quoi il a à répondre.

Quoique le défaut de ces formalités donne lieu felon le même article, à la peine de nullité, cependant dans l'usage, cette nullité ne se prononce guère & l'on se contente d'ordonner que le demandeur sera tenu de cotter aux termes de l'ordonnance, par tenans & aboutissans, l'héritage qu'il revendique ou sur lequel il prétend une hypothèque, une rente fonciere, &c. & l'exploit comme nul est rejeté des dépens si le défendeur vient à y être condamné.

En matière de retrait lignager, les formalités indiquées dans l'article de l'ordonnance qu'on vient de citer, sont indispensables. On trouve néanmoins au journal des audiences un arrêt du premier février 1716, qui a jugé qu'un exploit en retrait lignager étoit suffisamment libellé lorsque le contrat d'acquisition y étoit daté. En effet quand le demandeur en retrait ne peut ignorer quel est l'héritage pour lequel la demande est formée, les formalités prescrites par cet article deviennent inutiles, ainsi qu'il a été jugé par l'arrêt cité ; ces formalités n'étant établies que pour faire connoître au défendeur quel est l'héritage dont on veut l'évincer.

Il suffit selon l'article IV du titre cité de l'ordonnance de 1667, de dire le nom & la situation d'une terre ou métairie ; mais il faut désigner les *tenans* & les *aboutissans* d'une maison.

L'ordonnance exige un détail scrupuleux des *tenans* & *aboutissans* des biens de roture dans les saisies réelles. Pour les fiefs & seigneuries, la coutume de Paris & plusieurs autres se contentent de l'expression de la saisie des manoirs principaux, avec leurs appartenances & dépendances. *Voyez* SAISIE RÉELLE, RETRAIT, FIEF, &c.

ABRÉGER *un fief.* C'est en démembrer une partie. Il faut remarquer que les mutations de propriétaires produifent au feigneur des droits féodaux : il abrège ou diminue fon fief, dès que les terres qui en relèvent paffent entre les mains de gens de main-morte ; parce que comme ceux-ci ne meurent jamais, ces terres ne changent pas de propriétaires, & il n'y a plus lieu au droit de mutation.

Ainfi le feigneur abrégeant fon fief, fe fait non-feulement préjudice, mais encore aux feigneurs fuzerains ; voilà pourquoi il faut le confentement du roi, comme fuprême feigneur pour ces fortes d'aliénations, qui ont donné lieu au droit d'amortiffement, par forme d'indemnité. *Voyez* AMORTISSEMENT, INDEMNITÉ, FIEF, DÉMEMBREMENT, &c.

ABRÉVIATEURS. On défigne ainfi des officiers qu'on appelle à Rome les prélats du parquet, parce que c'eft le lieu où ils s'affemblent dans la chancellerie.

Quoique fous ce nom de prélats du parquet on comprenne tous les Abréviateurs, ils font cependant diftingués les uns des autres par leurs fonctions, & en outre par les dénominations particulieres de prélats du grand parquet & de prélats du petit parquet.

Les prélats du grand parquet s'affemblent pour examiner fi les bulles font expédiées felon les formes prefcrites par la chancellerie & fi elles peuvent être envoyées au plomb. Ils font d'ailleurs chargés de dreffer les minuttes des lettres apoftoliques, &c.

Les Abréviateurs du petit parquet, quoiqu'en plus grand nombre que les autres, ne font autre chofe que de porter à ceux-ci les bulles qu'ils doivent examiner. Au refte il n'y a point de différence entre les *Abréviateurs* du grand & du petit parquet, quant aux prérogatives, & les bulles des papes donnent également aux uns & aux autres les qualités de nobles, de comtes palatins, de familiers du pape, &c. Voyez *Riganti, sur la première règle de chancellerie, le cardinal de Luca, in relat. cur. disc. van-espen, &c.*

ABRÉVIATION. C'est le retranchement qu'on fait de quelques lettres dans l'écriture, comme quand pour écrire *monsieur*, on écrit seulement M^r.

Parmi nous on réprouve les *Abréviations* dans les actes des Notaires & dans les testamens, sur-tout en ce qui concerne les noms propres, les dates, les sommes, & les autres parties essentielles des actes. Ce qui se met par &c. dans les minutes, se met au long dans la grosse, & ne peut s'étendre à des choses qui signifient plus que ce qui est dans le corps de l'acte : plusieurs arrêts ont condamné des notaires pour des clauses énoncées par des &c. dans leurs minutes.

Les mots après lesquels on met des &c. dans les minutes, sont ordinairement ceux-ci : *auquel lieu*, &c. *nonobstant*, &c. *promettant*, &c. *obligeant*, &c. *renonçant*, &c.

Auquel lieu, &c. signifie que dans les lieux où on a fait élection de domicile, les parties consentent que tout acte soit signifié.

Nonobstant, &c. signifie malgré le changement de demeure.

Promettant, &c. ces mots ne peuvent signifier que la promesse d'exécuter l'acte, ou de payer les frais, dommages-intérêts qui viendroient de l'inexécution.

Obligeant,

Obligeant, &c. ne donne que l'hypotheque des biens, & ne peut s'étendre à la contrainte par corps, fi elle n'eft ftipulée dans la minute.

Le mot *renonçant*, &c. ne peut pas s'entendre des renonciations aux bénéfices de droit.

En chancellerie romaine les *abréviations* font d'un très-grand ufage, on fufpecteroit même de faux parmi nous, tout acte où les mots qui s'écrivent ordinairement en abrégé, feroient écrits différemment. Comme les *Abréviations* rendent les bulles très-difficiles à déchiffrer, nous én donnons ici l'explication par ordre alphabétique, d'après le traité des ufages de la cour de Rome : cela ne peut être qu'utile aux gens d'églife & de juftice.

A.

A A.	*anno.*	Al. mõs	*altiffimus.*
A a.	*anima.*	Alr.	*alter.*
Aú de cã.	*auri de camera.*	Als. pns. gra.	*alias præfens gratia.*
Ab.	*abbas.*		
Abf.	*abfolutio.*	Altér.	*alterius.*
Abñc.	*abfolutione.*	Altũs.	*alterius.*
Abñs, abf.	*abfens.*	Anñ.	*annuatim.*
Abfolveñ.	*abfolventes.*	Anñ.	*annum.*
Accu.	*accufavio.*	Annéx.	*annexorum.*
A cén.	*a cenfuris.*	Appél. reñ.	*appellatione remotâ*
Adhéren.	*adherentium.*		
Admitt. admix- tén.	*admittentes.*	Ap. obft. reñ.	*appellationis, obftaculo re- moto.*
Ad no. præf.	*ad noftram præ- fentiam.*	Aplicañ, ap- cañ.	*apoftolicam.*
Adriór.	*adverfariorum.*		
Adriós.	*adverfarios.*	Apoftól.	*apoftolicam.*
Æft.	*æftimatio.*	Ap. féd. lég.	*apoftolicæ fe- dis legatus.*
Affect.	*affectus.*		
Affiñ.	*affinitas.*	Appátis, áptis.	*approbatis.*
Aiät·	*animarum.*	Approbát.	*approbatio- nem.*
Aiúm.	*animarum.*		
Al.	*alias.*		
Aliá.	*aliam.*	Approbeñ.	*approbatio- nem.*
Alienat.ne	*alienatione.*	Approbõ.	*approbatio.*
Alioqñõdo.	*alioquomodo.*	Arbõ.	*arbritrio.*

Arch. .	*archidiaconus.*	Atto , att,	*attento.*
Ap, arīpo. ar-chōpo.	*archiepiscōpo.*	Au.	*auri.*
		Aucte.	*authoritate.*
Archiēpus.	*archiepiscopus.*	Authorit.	*authoritate,*
Arg.	*argumentum.*	Audicñ.	*audientium.*
Asséq.	*assequuta,*	Augeñ. .	*augendam.*
Assequém.	*assequutionem.*	Augūi.	*augustini.*
Assequutió.	*assequutionem,*	Autheñ,	*authentica.*
Attáta.	*attentata.*	Aux.	*auxiliaires,*
Attátŏr.	*attentatorum.*	Auxō.	*auxilio.*
Atteūr.	*attento.*		

B.

B B.	*benedictus.*	Benealĭbus.	*beneficialibus.*
Beatiss.	*beatissime.*	Benéum.	*beneficium.*
Beatme. pr,	*beatissime pe-tar.*	Benélos.	*benevolos.*
		Benevōl.	*benevolentia.*
Bedti. benedti.	*benedicti.*	Benīgte.	*benignitate.*
Beñ.	*benedictionem.*	Bo. meiñ.	*bonæ memoriæ.*

C.

Cā. cam.	*camera.*	Cister.	*cisterciensis.*
Gaā, cā.	*causa,*	Clæ.	*claræ.*
Caīs. aṣum.	*causis anima-rum.*	Cla.	*clausula,*
		Clauf.	*clausa.*
Canice.	*canonicè.*	Clico.	*clerico.*
Canōcor.	*canonicorum.*	Clif.	*clausilis-*
Canoñ.	*canonicatum,*	Clunia. cla.	*cluniacensis,*
Canoñ. rég,	*canonicus regu-laris.*	Co. com.	*communem.*
		Cog. le.	*cognatio lega-tis.*
Canoñ, sec.	*canonicus secu-laris.*		
		Cog. spir,	*cognatio spiri-talis.*
Canūtus,	*canonicatus.*		
Caūria.	*cancellaria.*	Caga. cogn. co-gnoīa.	*cognomina,*
Capél.	*capella.*		
Capéls.	*capellanus.*	Cogén.	*cognomen.*
Capná.	*capellania.*	Cohão, ꜩ	*cohabitatio.*
Cār.	*causarum.*	Cogtus.	*cognomitus.*
Cárd.	*cardinalis.*	Coigis , cogtis , conf.	*consanguinita-tis.*
Cardīlis.	*cardinalis.*		
Cāf.	*causas.*	Coione.	*communione.*
Cauf.	*causa.*	Cōittatur,	*committatur.*
Ceā. Ecclef.	*censura Eccle-siastica.*	Collat.	*collatio.*
		Colléata.	*collegiata,*
Cenf.	*censuris.*	Colleg.	*collegiata.*
Cerdo.	*certo modo.*	Collitigañ.	*collitigantibus.*
Cefo.	*cessio.*	Colliñ.	*collitigantium.*
Ch.	*christi.*	Com.	*communis.*
Ci.	*civis.*	Comdam.	*commendam.*
Circuinpéoni.	*cirumspectioni.*	Comdus.	*commendatus.*

Commr. Epô.	committatur episcopo.	Consequeñ.	consequendum.
		Conservañ.	conservando.
Competeñ.	competentem.	Gonsñe.	concessione.
Coñ.	contra.	Consit.	concessit.
Conc.	consilium.	Conſtbus.	constitutionibus.
Conséone.	confessione.		
Conséori.	confessori.	Constitutioñ.	constitutiorum.
Coñcoue.	communicatione.	Coñsû.	consensu.
		Cont.	contra.
Coñlis.	conventualis.	Coéndarent.	commendarent.
Coñrius.	contrarius.	Coerétur.	commendaretur.
Conſ.	consecratio.		
Conſ. t. r.	consultationi taliter respondétur.	Cujiſcumq.	cujuscumque.
		Cujuslt.	cujuslibet.
		Cur.	curia.
Conſciæ.	conscientiæ.		

D.

D. n. pp.	domini nostri papæ.	Diſpâo.	dissipatio.
		Diſpen.	dispendium.
D. n.	domini nostri.	Diſpenſ.	dispensatio.
Dât.	datum.	Diſpenſâo.	dispensatio.
Deât.	debeat.	Diſpoſit.	dispositivè.
Decrô.	decreto.	Diverſor.	diversorum.
Decrûm.	decretum.	Divor.	divorcium.
Défeêti.	defuncti.	Dñi.	domini.
Deſivô.	definitivo.	Dñicæ.	dominicæ.
Denomiñ.	denominatio.	Dño.	domino.
Denominât. denoñ.	denominationem.	D. dûs. dôms.	dominus.
		Dom.	domini.
Derogât.	derogatione.	Dotat.	dotatio.
Deſup.	desuper.	Dotâte. dot.	dotatione.
Devolût. devôl.	devolutum.	Dr.	dicitur.
Dic.	diæcesis.	Dté.	dictæ.
Dic.	dictam.	Dtí.	dicti.
Digñi, digñ.	dignemini.	Duc. au. de ca.	ducatorum auri de camera.
Dil. fil.	dilectus filius.		
Dipn.	dispositione.	Ducat.	ducatorum.
Diſ. veſ.	discretioni vestræ.	Ducén.	ducentorum.
		Dûm. ret. dùm. viv.	dùm viveret.
Diſcteôni.	discretioni.		

E.

Eâ.	eam.	Ecclis. ecclicis	ecclesiasticis.
Eccl. rom.	ecclesia romana.	Eé.	esse.
		Effûm. effeêt.	effectum.
Eccleiûm.	ecclesiarum.	Ejuſd.	ejusdem.
Eccleſiaſt.	ecclesiastici.	Eleêt.	electio.
Ecclîa. eccl.	ecclesia.	Eñ.	enim.

Emõltum.	emolumentum.	Execrab.	execrabilis.
Eod.	eodem.	Exẽns.	existens.
Epõ.	episcopo.	Exĩt.	existit.
Epũs.	episcopus.	Exp.	exprimi.
Et.	etiam.	Expda.	exprimenda.
Ex.	extra.	Expís. expresse.	expressis.
Ex. Rom. cur.	extra romanam. ecclesiam.	Expñi.	exprimi.
		Exprimend.	exprimenda.
Ex. val.	existimationem valoris.	Exped.	expediri.
		Expẽda.	expedienda.
Exár. exíst.	existat.	Expedñi.	expedetioni.
Excõe.	excommunitatione.	Expref.	expressis.
		Expo. expresf.	expressio.
Exõis.	excommunicationis.	Extẽn.	extendendus.
		Extend.	extendenda.
Excom.	excommunicatio.	Extraordin.	extraordinariô.

F.

Facĩén.	facientes.	Fr.	frater.
Facín.	facientes.	Fraém.	fratrem.
Fact.	factam.	Franũs.	franciscus.
Famãri.	famulari.	Frat.	fraternitas.
Fel.	felicis.	Fruct.	fructus.
Fel. rec. pred. n.	felicis recordationis prædecessoris nostri.	Fructib. fruct.	fructibus.
		Frũm.	fratrum.
		Fundat.	fundatio. fundatum. fundat.
Festiũibus.	festivitatibus.		
Fñ. for. forf.	forsan.		
Foã.	forma.	Fundẽ. fund. ne fundaóne.	fundatione.
Fol.	folio.		

G.

Gener.	generalis.	Grad. affin.	gradus affinatis.
General.	generalem.	Grav.	gratiarum.
Gnãlis.	generalis.	Gtat.	gratia.
Gnãtio.	generatio.	Grat.	gratiosæ.
Gñli.	generali.	Gratifc.	gratificatione.
Gña. general.	generalifer.	Gratne.	gratificatione.
Gũra.	genera.	Gré.	gratiæ.
Grã.	gratia.	Grafe.	gratiosæ.

H.

Hab.	habere haberi.	Heantur.	habeantur.
Habeant.	habeantur.	Hét.	habet.
Habén.	habentia	Here.	habere.
Hactũs.	hactenus.	Hira.	habita.

Hœ.	*homine.*	Humil. humilt. humlr.	*humiliter.*
Homici.	*homicidium.*		
Hujuím.	*hujufmodi.*	Huōi. humōi.	*hujufmodi.*

I.

J.	*infra.*	Invocaône.	*invocatione.*
Januar.	*januarius.*	Invocot. invo-	*invocationum.*
Id.	*idus.*	caōrum.	
Igr.	*igitur.*	Jeés.	*joannes.*
Illor.	*illorum.*	Irregulte.	*irregularitate.*
Immun.	*immunitas.*	Is.	*idibus.*
Impetran.	*impetrantium.*	Jud.	*judicium.*
Imponen.	*imponendis.*	Jud. judm.	*judicium.*
Import.	*importante.*	Jur.	*juravit.*
Jncipi.	*incipiente.*	Juris patr.	*juris patrona-*
Infraptum.	*infra fcriptum.*		*tus.*
Infrafcrip, in-	*infra fcriptæ.*	Jurto.	*juramento.*
frape.		Jux.	*juxta.*
Incropta.	*intro fcripta.*		

K.

Kal. Kl.	*kalendas.*

L.

Laïc.	*laïcus.*	Litigiof.	*litigiofa.*
Laicor.	*laicorum.*	Lima.	*legitima.*
Latiff. latiñe.	*latiffime.*	Litt.	*littera.*
Legit.	*legitimè, legiti-*	Litterar.	*litterarum*
	mus.	Lŏ.	*libro.*
Legiña.	*legitima.*	Lre.	*litteræ.*
Liã.	*licentia.*	Lris.	*litteris.*
Lib.	*liber* vel *libro.*	Lte.	*licite.*
Lit.	*litis.*	Ltïmo.	*legitimo;*
Litig.	*litigiofus.*	Ludôus.	*ludovicus.*

M.

M.	*monetæ.*	Manib.	*manibus.*
Máa.	*materia.*	Mediet.	*medietate.*
Magift.	*magifter.*	Medtè.	*mediatè.*
Magro.	*magiftro.*	Menf.	*menfis.*
Mand.	*mandamus,*	Mir.	*mifericorditer*
	mandatum.	Mitãone.	*miferatione.*
Mand. q.	*mandamus qua-*	Mñiri.	*miniftrari.*
	tenus.	Mõ.	*modo.*

Mon. can. præm.	monitione canonicâ præmiffâ.	Movén.	moventibus.
		Mrímonium.	matrimonium.
Moñrium.	monafterium.	Mtmón.	matrimonium.

N.

Nri.	noftri.	Noft.	noftri.
Naa.	natura.	Not.	notandum.
Nativiteñ.	nativitatem.	Not. notã.	notitia.
Neceff.	neceffarius.	Notar.	notario.
Neceffar.	neceffariorum.	Nuto púbco.	notariopublico.
Neriã.	neceffaria.	Ntã.	noftra.
Neriôr.	neceffariorum.	Nûltus.	nullatenùs.
Nõ.	non.	Nuncúp.	nuncupatum.
Nobit.	nobilium.	Nuncupát.	nuncupationum.
Noën.	nomen.	Nuncupê.	nuncupatæ.
Noia. nôa. nom.	nomina.	Nûp.	nuper.
Noboft.	nonobftantibus.	Nûp.	nuptia.

O.

Obat.	obtinebat.	Oío. oíno.	omnino.
Obbít.	obitum.	Oiûm. om.	omnium.
Obit.	obitus.	Omû.	omnibus, omnino.
Obñeri.	obtineri.		
Obñet. obt.	obtinet.	Oppis.	opportunis.
Obft.	obftaculum.	Oppur. opport.	opportuna.
Obftánt.	obftantibus.	Or. orat.	orator.
Obt.	obtinet.	Orat.	oratoria.
Obtint.	obtinebas.	Orcè. orácè.	oratricè.
Octobr.	octobris.	Ordbûs.	ordinationibus.
Occup.	occupatam.	Ordîn. ordîo.	ordinario.
Oës.	omnes.	Ordís.	ordinis.
Offáli.	officiali.	Oídrís.	ordinariis.
Offiûm.	officium.	Orí.	oratori.
Oí.	omni.	Orís.	oratoris.
Oıb.	omnibus.	Orx.	oratrix.

P.

P p.	papæ.	Pbrêcida.	præbytericidæ.
Pa.	papa.	Pbri.	præsbyteri.
Pact.	pactum.	Pcêpit.	precipit.
Pûdlís.	præjudicialis.	Penía.	pœnitentia.
Pâni.	primam.	Peníaria.	pœnitentiaria.
Pariochial. parôlis.	parochialis.	Peniteñ.	pœnitentibus.
		Pens.	penfione.
Pbr.	præsbyter.	Penult.	penultimus.

Perindè val.	perindè valere.	Pr.	pater.
Perpûam.	perpetuam.	Præal.	præallegatus.
Perqo.	perquisitio.	Præd.	prædenda.
Persolven.	persolvenda.	Prædend.	prædendas.
Pet.	penitur.	Prad.	prædicta.
Pfessus.	professus.	Præser.	præfertur.
Pindè.	perindè.	Præm.	præmissum.
Pmissór.	præmissorum.	Præsen.	præsentia.
Pñ. Pûs.	præsens.	Præt.	prætendit.
Pñdit.	prætendit.	Prædius.	prædictus.
Pñt.	possunt.	Præsbyt.	præsbytaire.
Pâtia.	præsentia.	Prim.	primam.
Pâtium.	præsentium.	Primod.	primodicta.
Pñtôdum.	præntendostan-dum.	Priotûs.	prioratus.
		Procurat.	procurator.
Po. seu 1.	primo.	Prôr.	procurator.
Pôdtus.	primodictus.	Prori.	procuratori.
Pœn.	pœnitentia.	Prov.	provisionis.
Poinr.	possint.	Provióne.	provisions.
Pontus.	pontificatus.	Próxos.	proximos.
Pos.	possit, possessio-nem, possint.	Pledr.	prædicitur.
		Pt.	potest. prout.
Posses.	possessione, pos-sessor.	Pram.	prædictam.
		Ptrût.	petitur.
Possoñ.	possessionem.	Pub.	publico.
Possór.	possessor.	Purg. canon.	purgatio cano-nica.
Poten.	potentia.		
Ypûum.	perpetuum.	Pûidere.	providere.

Q.

Q.	que.	Qualit.	qualitatum.
Qd.	quod.	Quat. quatem.	quatenùs.
Qni. qôn.	quondam.	Quoadvix.	quoad vixerit.
Qmlt. quomolt.	quomodolibet.	Quodo.	quovis modo.
Qtnus. qtus.	quatenùs.	Quon.	quondam.
Qu.	quod.	Quor.	quorum.

R.

Rrtâ.	registrata.	Resignatioñ.	resignationem.
Rec.	recordationis.	Resigne.	resignatione.
Reg.	regulæ.	Resigo.	resignatio.
Regul.	regularum.	Risigér.	resignare.
Rchöne.	religione.	Resó.	reservatio.
Rescript.	rescriptum.	Restoris.	restitutionis.
Resdam.	residentiam.	Retroscript.	retro scriptus.
Reservat.	reservata, reser-vatio.	Regñet.	resignet.
		Rlaris.	regularis.
Resig.	resignatio.	Rlé.	regulæ.

Rlium.	regularium.	Romã.	romana.
Rñtus.	renatus.	Rtûs.	retro scriptus,
Robor.	roboratis.	Ruglari.	regulari.
Rom.	romanus.		

S.

S.	sanctus.	S. M. M.	sanctam mariam
S. p.	sanctum petrum.		majorem.
S.	sanctitas.	Sñia.	sententia.
S. R. E.	sanctæ romanæ	Sñta. Stã.	sancta.
	ecclesiæ.	Sñti. Sati.	sanctitati.
S. v.	sanctitati vestræ.	Sollic.	sollicitatorum.
S. v. o.	sanctitatis ves-	Solit.	solitam.
	træ orator.	Solut.	solutionis.
Sa.	supra.	Solutis. Solu-	solutionis.
Sacr. unc.	sacra unctio.	nõis.	
Sacror.	sacrorum.	Sortile.	sortilegium.
sæcul.	sæcularis.	Spealem.	specialem.
saluti , salri.	salutari.	Spealer.	specialiter.
Sanctit.	sanctitatis.	Spéali.	speciali.
Sanctme. pr.	sanctissime pa-	Spec.	specialis.
	ter.	Spo. Specif.	specificatior.
sartum.	sacramentum.	Spaũlibus.	spiritualibus.
Se. co. ex. val.	secundum com-	Spũ.	spiritu.
an.	munem existi-	Spûs.	spiritus.
	mationem va-	Stat.	status.
	lorem annum.	Subfãntlis.	substantalis.
Sec.	secundùm.	Subvent.	subventionis.
Seb. Ap.	sedis apostolicæ.	Succ.	successores.
Sen.	sententiis.	Succôres.	successores.
Sen. exco.	sententia excom-	Sumpt.	sumptum.
	municationis.	Sup.	supra.
Sentent.	sententiis.	Suppat.	supplicat.
Separat.	separatim.	Suppantĩs.	supplicantibus.
Sigta.	signatura.	Supplic.	supplicat.
Silem.	similem.	Supplicaõnis.	supplicationis.
Silibus.	similibus.	Suppñe.	supplicatione.
Simpl.	simplicis.	Suptum.	supradictum.
Singul.	singulorum.	Surrog.	surrogandus
sit.	sitam.	Surrogañ.	surrogardis.
Statès.	secularis.	Surrogãonis.	surrogationis.
Slm.	salutem.	Surrogat.	surrogandis.
Slorum.	singulorum.	Suspén.	suspensionis.

T.

Tangeñ.	tangendum.	Ténen.	tenendum.
Tant.	tantum.	Terno.	termino.
Temp.	tempus.	Test.	testimonium.
Tén.	tenore.	Testib.	testibus.

Thiã. Thēōlia.	*theologia.*	Tpōre.	*tempore.*
Tit.	*tituli.*	Tpús.	*tempus.*
Tli.	*tituli.*	Tercēn.	*tercentem.*
Tñ.	*tamen.*		

V.

V.	*vestra.*	Vest.	*vester.*
Vr.	*vester.*	Videb. videbr.	*videbitur.*
V. vræ.	*vestræ.*	Videl.	*videlicet.*
Vacan.	*vacantem , va-*	Viginti quat.	*viginti quatuor.*
	cantibus.	Ult.	*ultima.*
Vacaónum.	*vacationum.*	Ult. pos.	*ultimus posses-*
Vacatnis. va-	*vacationis.*		*for.*
caōnis.		Ulti.	*ultimi.*
Val.	*valorem.*	Ultús.	*ultimus.*
Venébli.	*venerabili.*	Ursis.	*universis.*
Verisilè.	*verisimilè.*	Usq.	*usque.*
Verusq.	*verusque.*		

X.

Xpri.	*christi.*	Xptñi.	*christiani.*
Xptiánorum.	*christianorum.*	XX.	*viginti.*

Les noms des diocèses s'abrègent ainsi : *Parisien. lugdunen. pa-*
risiensis , lugdunensis.

ABROGATION. C'est l'acte par lequel une loi, une coutume, un usage sont abrogés, au-nullés, anéantis. Il n'y a que le souverain qui ait le pouvoir d'abroger une loi. *Voyez* LOI, COU-TUME, &c.

ABROUTIS. Dans la juridiction des eaux & forêts, on appelle *bois abroutis* on *rabougris*, les bois défectueux, soit à cause que le fonds où ils ont crû est de mauvaise qualité, soit parce que le bétail en a détruit les bourgeons lorsqu'ils commençoient à croître.

Suivant l'article 16 du titre 3 de l'ordon-nance des eaux & forêts de 1669, les grands-maîtres qui dans le cours de leurs visites dans les forêts du roi, remarquent des endroits dégarnis ou peuplés de bois abroutis & rabougris peuvent y faire mettre de nouveaux plants aux frais du roi, & pourvoir à la conservation du jeune bois en faisant faire des fossés par adjudication au rabais. Mais l'article 3 du titre 27 porte que ces officiers feront mention dans leurs procès-verbaux des places vides qu'ils auront remarquées dans les forêts du roi pour être pourvu au repeuplement sur leur avis : & l'article 57 de l'édit de mai 1716 leur enjoint d'envoyer tous les ans au conseil un état des sommes qu'ils croiront devoir être employées à l'aménagement des forêts, pour être par sa majesté ordonné ce qu'au cas appartiendra. Ainsi les grands-maîtres ne doivent point prendre sur leur compte de faire repeupler les places dégarnies sans un ordre exprès du roi.

Quant aux recepages dont parle le même article du titre 3, relativement aux bois abroutis & rabougris, les grands-maîtres doivent envoyer au conseil des procès-verbaux pour être pourvu à ce qu'ils croient devoir être fait à cet égard.

L'article 45 du titre 15 de la même ordonnance enjoint aux adjudicataires des bois du roi de faire couper près de terre toutes les souches ou étocs des bois rabougris qui sont dans les ventes, à quoi les officiers doivent tenir la main, sous peine d'interdiction.

L'article 13 du titre 25 ordonne aux communautés d'habitans qui ont des bois abroutis, de les faire receper à leurs frais & de les tenir en défends comme les autres taillis, jusqu'à ce que le rejet ait au moins six ans. Il faut remarquer à ce sujet que les officiers commis pour faire faire les recépages, ne doivent pas permettre de cou-

per les arbres de belle venue qui peuvent se trouver dans les cantons à recéper.

ABSENT. C'est celui qui n'est pas dans le lieu
de sa résidence ordinaire.

L'absence du royaume ne fait encourir aucune
incapacité lorsqu'elle n'est pas accompagnée d'un
établissement marqué & déterminé en pays étranger. Ainsi l'Absent succède à ses parens françois
s'il est catholique romain ; mais il faut qu'il re-
vienne en france & qu'il y fixe son domicile,
car s'il reste sous une domination étrangère, il
est incapable de succéder dans le royaume.

On présume que l'Absent a quitté sa patrie
sans esprit de retour, lorsqu'il s'est fait naturali-
ser sujet d'une autre puissance chez laquelle il a
pris un établissement. Si pareille absence a lieu
sans la permission du roi, elle devient un crime
qui selon la déclaration du dernier mai 1685,
entraîne la peine des galères perpétuelles. Les Absens de ce genre doivent donc obtenir des lettres
de réhabilitation pour rentrer dans leurs droits.

L'ordonnance de 1667, titre 2, article 8,
veut que les Absens soient assignés dans leur dernier domicile connu, pour répondre sur les demandes formées contre eux. Et l'article 9 porte
que ceux qui n'ont ou n'ont eu aucun domicile
connu, seront assignés par un seul cri public au
principal marché du lieu de l'établissement du
siege où l'assignation sera donnée & sans aucune
perquisition de leurs personnes.

Avant cette ordonnance l'usage étoit de créer
un curateur aux Absens pour répondre aux demandes formées contre eux, mais cette formalité a été abrogée par l'article 8 qu'on vient de
citer.

Remarquez cependant qu'en lorraine on affigne encore aujourd'hui les Abfens au domicile du curateur en titre, conformément à l'article 15 du titre premier de l'ordonnance du duc Léopold, du mois de novembre 1707, & felon l'article 4 du titre des curateurs en titre de la même ordonnance, ces officiers doivent faire leur poffible pour inftruire les Abfens de ce qui fe paffe.

Les enfans qui naiffent pendant l'abfence d'un homme font cenfés légitimes, s'il n'y a pas preuve d'impoffibilité phyfique qu'il ait pu en être le père; preuve qu'on a fagement rendue très-difficile.

S'il s'agit de partager une fucceffion à laquelle un *Abfent* pourroit participer, la faveur de fes créanciers le fait fuppofer vivant, lorfqu'il y a fur fon fort une incertitude entiere fans aucun fait déterminant qui faffe préfumer fa mort, & il eft admis au partage comme s'il étoit préfent.

Les créanciers d'un *Abfent* recueillent auffi jufqu'à concurrence de leur dû, les droits utiles qui peuvent lui obvenir; mais en donnant caution de reftituer, au cas que la mort de leur débiteur feroit prouvée antérieure à l'échéance des droits qu'ils pourront avoir perçus. C'eft ce qui a été décidé par différens arrêts.

Un homme abfent eft cenfé vivant relativement à fes intérêts & à ceux de fes créanciers, tant qu'il n'a pas atteint l'âge de cent ans : mais cette préfomption n'eft admife que dans ces cas & lorfqu'il y a, comme on vient de le dire, une incertitude entiere fur fon fort fans aucun fait déterminant.

Les circonftances qui font abréger le délai de

la préſomption de mort, ſont lorſqu'il y a des
conjectures puiſſantes : comme ſi l'Abſent s'eſt
engagé & qu'il ait ceſſé de paroître depuis une
bataille dans laquelle il étoit ; ou s'il s'eſt em-
barqué & qu'on n'ait eu aucune nouvelle du
vaiſſeau ; dans ce cas, il eſt cenſé mort du jour
de la bataille ou de l'embarquement , parce
qu'un fait déterminant l'emporte ſur une préſomption de droit.

On n'admet point la préſomption de la mort
des Abſens même après qu'ils ont atteint l'âge
de cent ans, lorſque le conjoint d'un Abſent veut
ſe remarier : ainſi la femme d'un mari abſent &
le mari d'une femme abſente ne peuvent paſſer
à de nouvelles noces ſans prouver la mort naturelle de l'Abſent. C'eſt d'après ces principes que
deux arrêts des 28 Juillet 1691, & 12 juillet
1713 ont condamné aux peines de la bigamie
des maris qui avoient contracté de nouveaux
mariages ſans avoir des preuves légitimes de la
mort de leurs femmes abſentes.

Une femme qui ſous une fauſſe nouvelle de
la mort de ſon mari *Abſent* auroit contracté un
nouveau mariage , ſeroit obligée de quitter ſon
ſecond mari pour retourner avec le premier
dès qu'il reparoîtroit , mais les enfans du ſecond
mariage ſeroient légitimes comme ceux du premier. La même choſe auroit lieu ſi un homme
épouſoit une ſeconde femme ſur la fauſſe nouvelle de la mort de la premiere. C'eſt que des
enfans conçus ſur la foi d'un mariage dont les
époux ou du moins un des deux ignoroit la
nullité , ne peuvent ſans injuſtice être mis au
rang de ceux qui ſont le fruit de la débauche.

Les loix puniſſent le crime mais non l'erreur in-volontaire de celui qui eſt trompé.

Lorſque le mari abandonne ſa femme, elle peut ſe faire autoriſer par le juge à la pourſuite de ſes droits & actions perſonnelles : mais pour obtenir cette autoriſation, elle doit faire preuve de l'abſence.

La femme d'un mari *Abſent* eſt en droit après cinq ans, de répéter ſa dot. Quant à ſon douaire & à ſes pactions matrimoniales, elle ne peut les répéter qu'après dix ans : mais avant ce ter-me, elle peut demander une penſion qu'on ré-gle ordinairement à la moitié du douaire.

Une femme qui ſe ſeroit abſentée de la mai-ſon de ſon mari malgré celui-ci dont elle au-roit été reclamée, ne pourroit, depuis ſon ab-ſence, prétendre part dans la communauté après la mort de ſon mari. C'eſt ſur ce principe qu'un arrêt du 20 janvier 1672, rapporté au journal des audiences, a jugé que la veuve de Pierre le Roi qui avoit quitté ſon mari par légéreté, n'é-toit pas recevable à demander part dans la com-munauté.

Les héritiers préſomptifs d'un homme abſent obtiennent après un certain temps la permiſſion de prendre poſſeſſion de ſes biens & de les par-tager, mais ce partage n'eſt que proviſionnel, & ſi l'Abſent ſe repréſente, ſes biens doivent lui être rendus.

Le temps fixé pour être mis en poſſeſſion des biens d'un Abſent dont on eſt héritier préſomp-tif, varie ſuivant les juridictions. A Paris, cette poſſeſſion ne s'obtient qu'après trois ans d'ab-ſence prouvée par acte de notoriété ou autre pièce équivalente jointe à la requête préfentée au lieutenant-civil pour cet effet. La coutume de Hainaut fixe un pareil délai.

Les coutumes d'Anjou & du Maine autorifent l'héritier à fe mettre en poffeffion des biens de l'Abfent après fept ans fans nouvelles. Il en eft de même en Bretagne où l'on juge que l'Abfent eft cenfé vivant les fept premieres années, apres lequel temps il eft réputé mort.

Au parlement de Touloufe le partage provifionnel des biens de l'Abfent a lieu après neuf ans, felon les arrêts de Maynard. Catelan cite un arrêt de ce parlement rendu le 2 juin 1650, par lequel la jouiffance provifoire des biens d'un Abfent depuis neuf ans fut adjugée non à l'héritier inftitué, mais aux plus proches parens de l'Abfent.

A Bordeaux le partage provifionnel des biens de l'Abfent ne peut être demandé qu'après dix ans, & ce n'eft qu'aux héritiers qui font alors les plus proches, que ce droit appartient. Cela a été ainfi décidé par deux arrêts des 21 janvier 1700, & 2 juillet 1715.

Quand il n'y a point de loi qui détermine le temps pendant lequel les héritiers doivent attendre, c'eft l'ufage du lieu qu'il faut fuivre. Mais on peut dire en général qu'après dix ans d'abfence ou de la dernière nouvelle, les héritiers peuvent demander le partage provifionnel des biens de l'Abfent, en donnant bonne & fuffifante caution. Ils font difpenfés de cette caution après trente années d'abfence.

Lorfqu'avant le temps déterminé pour demander le partage provifionnel, les héritiers craignent que les intérêts de l'Abfent ne périclitent,

ils peuvent faire établir un curateur pour y veiller, à la charge de rendre compte soit à l'Absent en cas de retour, soit à eux lorsqu'ils jouiront de ses droits.

Comme la possession ne donne aux héritiers
présomptifs aucune propriété, mais une simple
administration dont ils sont comptables envers
l'Absent, en cas de retour, ils ne peuvent vendre, aliéner, ni hypothéquer les biens de l'Absent à son préjudice, avant qu'il ait atteint les
cent ans pendant lesquels la loi le fait présumer
vivant.

Lorsque l'Absent ne revient point, il est réputé mort du jour de son départ ou de la dernière nouvelle qu'on en a eue, ensorte que sa
succession est réputée ouverte dès ce temps-là:
les héritiers qu'il avoit alors sont présumés l'a-
voir recueillie dès ce moment, & quoiqu'ils décèdent dans les dix ans d'absence, ils ne laissent
pas de transférer leurs droits à leurs héritiers.
C'est ce qu'ont jugé les arrêts du parlement de
Paris du 23 mars 1688, & du parlement de Toulouse, des 5 avril 1677 & 23 mars 1679. Il en
résulte que dans ce cas l'Absent n'a point été
censé saisi, & qu'il n'a pas transmis à ses héritiers les successions qui lui étoient dévolues par
la loi depuis qu'on n'a point eu de ses nouvelles.

Mais si les coutumes fixent un temps pour la
présomption de mort, ou si les circonstances
donnent un fait déterminant, ce n'est que de
l'expiration de ce temps ou du jour de ce fait
qu'il est censé y avoir ouverture à la succession.
Il y a sur cette matière un arrêt du parlement
de Paris du 9 mars 1688, qui juge que dans la

coutume

coutume du Maine l'Abfent n'eft réputé mort qu'après fept ans.

Dans tous les cas, l'Abfent eft cenfé avoir tranfmis à fes héritiers les fucceffions qui lui font dévolues par la loi, jufqu'au jour qu'il eft réputé mort fuivant les coutumes, la jurifprudence & les circonftances.

Le tuteur d'un mineur abfent eft obligé de rendre compte de fon adminiftration aux héritiers préfomptifs de ce mineur lorfqu'ils font en droit de demander ce partage provifionnel de fes biens. C'eft ce qu'a jugé le parlement de Paris par un arrêt que rapporte Chenu dans fon recueil.

La poffeffion des biens d'un Abfent fe donne également à tous les héritiers qui font au même degré, à moins que l'un d'eux n'ait une procuration de l'Abfent ; dans ce cas c'eft le procureur fondé qui doit avoir feul l'adminiftration, comme l'a jugé le parlement de Touloufe par un arrêt du mois de mai 1564.

Quelques auteurs prétendent qu'on doit donner la poffeffion des biens de l'Abfent à l'héritier inftitué préférablement à l'héritier préfomptif. Ils appuient leur opinion fur un arrêt du parlement de Paris du 27 avril 1662, qui a permis d'ouvrir le teftament d'un Abfent, pour enfuite être ordonné ce que de raifon : mais cet arrêt ne doit pas être tiré à conféquence, parce qu'il y avoit de très-fortes préfomptions de la mort de l'Abfent.

D'autres foutiennent qu'un teftament ne pouvant avoir aucun effet qu'après la mort certaine du teftateur, on ne doit pas par conféquent donner la poffeffion des biens de l'Ab-

fent à l'héritier inftitué. Ils fondent leur avis
fur l'arrêt du parlement de Touloufe du 2 juin
1650 dont nous avons déja parlé.

La décifion de cet arrêt eft jufte, mais elle
reçoit deux exceptions & une limitation.

La première exception eft en faveur de l'héritier inftitué qui fe trouve en même temps l'un
des héritiers préfomptifs : ayant pour lui la vo-
cation de la loi & la volonté du teftateur, il
doit l'emporter fur les autres héritiers préfomptifs.

La feconde exception a lieu quand l'héritier
inftitué quoiqu'étranger, eft chargé de la procuration de l'Abfent : dans ce cas le double
droit qu'il tient du teftateur doit le faire maintenir dans l'adminiftration qui lui a été confiée.

Quoique l'héritier inftitué ne foit ni héritier préfomptif, ni porteur de procuration, il
faut néanmoins lui donner un jour la poffeffion
des biens de l'Abfent. M. Catelan eftime qu'il
faut d'abord la donner à l'héritier préfomptif,
& dix ans après à l'héritier inftitué; mais je
préférerois l'avis de M. Bretonnier qui penfe
qu'on ne doit donner la poffeffion des biens à
l'héritier inftitué que trente ans après le départ
de l'Abfent, ou après la dernière nouvelle que
l'on a eue de lui. Au refte en quelque temps
qu'on donne cette poffeffion à l'héritier inftitué,
fi dans la fuite il peut juftifier du décès de l'Abfent, l'héritier préfomptif doit être tenu de lui
rendre les fruits.

Ce qui vient d'être dit de l'héritier inftitué
doit s'appliquer auffi au légataire univerfel,
mais à l'égard des légataires particuliers, il paroît qu'il faut diftinguer entre les légataires de

corps certains & les légataires de quantités.
Les premiers doivent être traités comme les
légataires univerſels : à l'égard des autres, il
ſeroit dangereux de leur faire la délivrance de
leur legs après dix ans. Une caution ne ſuffiroit
pas pour aſſurer l'indemnité de l'Abſent s'il re-
venoit : il ſeroit trop embarraſſant & trop diſ-
pendieux pour lui de courir après les légataires
ou après leurs cautions : mais ſi les légataires
viennent à prouver le décès du teſtateur, il ſera
juſte de condamner les héritiers qui auront joui
des biens, à payer les legs avec les intérêts
depuis le décès du teſtateur. Il paroît juſte auſſi
que les legs ne deviennent point caducs & que
le droit paſſe aux héritiers des légataires pour
en jouir après un certain temps. Quelques-uns
penſent qu'on doit attendre pour cela que l'Abſent ait atteint l'âge de cent ans ; mais il n'y
auroit, ce ſemble, aucun inconvénient à faire
la délivrance des legs après trente ans d'abſence.
Un homme dont on n'a point de nouvelles pendant trente années peut être réputé véritablement mort.

A l'égard des fidéicommis, il faut diſtinguer
entre ceux qui ſont faits par l'Abſent, & ceux
qu'il eſt chargé de rendre. Quant aux premiers,
ils ſont univerſels ou particuliers. S'ils ſont univerſels il faut en porter le même jugement que
de l'inſtitution d'héritier ; & s'ils ſont particuliers, il faut leur appliquer ce qui a été dit
des legs.

Mais ſur les uns & les autres de ces
fidéicommis, il y a la difficulté de ſavoir s'ils
deviennent caducs lorſque l'héritier inſtitué dé-

cède avant qu'il se soit écoulé dix années depuis l'absence du testateur.

Cette difficulté est peu importante à l'égard des fidéicommis universels ; ils ne deviennent pas caducs par le prédécès de l'héritier institué, parce qu'alors la substitution fidéicommissaire se convertit en vulgaire & fait valoir le testament.

La difficulté semble plus considérable à l'égard des fidéicommis particuliers. Je crois néanmoins qu'on doit adopter l'opinion de M. Bretonnier qui pense qu'ils ne doivent pas être caducs. Il se fonde avec raison sur ce que dans le doute on doit favoriser la volonté du testateur, d'autant mieux que la mort de l'Absent est présumée avoir eu lieu le jour de son départ, ou de la dernière nouvelle qu'on a eue de lui. Ainsi quelque temps que l'on détermine pour l'exécution du testament d'un Absent, il y a lieu d'établir pour principe que les dispositions qu'il renferme ne doivent point devenir caduques.

Quant aux fidéicommis que l'Absent étoit chargé de rendre, les auteurs ne sont pas d'accord sur le temps où la restitution peut être demandée.

Ricard soutient que les fidéicommissaires appelés dans le cas de la mort de l'Absent ne peuvent intenter leur demande qu'après la centième année de sa vie, & que s'ils décèdent auparavant, les fidéicommis sont caducs à moins que l'on ne prouve que l'Absent est prédécédé. Mais alors la longue absence seroit un moyen par lequel on pourroit rendre caduques toutes les substitutions.

M. le préfident Favre penfe au contraire que dans le cas dont il s'agit le fidéicommiffaire eft bien fondé à demander l'ouverture du fidéicommis, ou du moins la régie des biens : & il en donne une bonne raifon; c'eft qu'une telle régie fe confie ordinairement à celui qui eft le plus intéreffé à la confervation des biens. On ne peut douter que cette dernière opinion ne foit préférable à celle de Ricard.

A l'égard des donations faites par un Abfent, il faut diftinguer entre celles qui font pures & fimples & celles qui font avec rétention d'ufufruit. Dans le premier cas il n'y a pas lieu de douter, parce que la propriété & l'ufufruit appartiennent au donataire. Dans le fecond cas, le donataire ne doit être mis en poffeffion des biens compris dans la donation qu'après dix années d'abfence; mais alors il doit être confidéré comme propriétaire de la chofe. C'eft l'avis de M. Bretonnier.

Comme ceux à qui l'on donne la poffeffion des biens d'un Abfent, font tenus de donner bonne & fuffifante caution de les lui rendre avec les fruits le cas échéant, il ne feroit pas jufte que cette caution demeurât éternellement engagée; mais quelle eft l'époque où elle doit être déchargée de plein droit ?

M. le premier préfident de Lamoignon avoit déterminé dans fes mémoires que l'engagemen de la caution ne devoit ceffer qu'après trente années à compter du jour de l'abfence ou de la dernière nouvelle; & dans fes arrêts il a reftreint ce temps à vingt années; mais le premier terme paroît plus légal.

Si les enfans d'un Abfent font mineurs & que

leur mère foit morte ou incapable d'aminiftrer les biens, il n'eft pas néceffaire d'attendre trois ans pour leur donner un tuteur, on peut le faire après une année d'abfence du père dont on n'a aucune nouvelle.

Un fils de famille quoiqu'abfent depuis dix ans, doit être inftitué héritier par le teftament de fon père, ou s'il revient, fon retour féra annuller le teftament. Peleus rapporte un arrêt du parlement de Paris qui l'a ainfi jugé.

Un fils de famille abfent eft réputé vivant pour régler la légitime, laquelle accroit à fes frères & fœurs au préjudice de l'héritier inftitué : Albert rapporte un arrêt du parlement de Touloufe qui l'a ainfi jugé ; mais il faut obferver que dans l'efpèce de cet arrêt, l'héritier inftitué étoit un étranger. Il en feroit autrement fi l'héritier inftitué étoit un des enfans : dans ce cas il auroit autant de droit que chacun des autres enfans, à la légitime de l'Abfent.

Le Brun qui dans fon traité des fucceffions, examine quand & comment la procuration d'un Abfent peut être révoquée, diftingue celle que l'Abfent a donnée à fon héritier préfomptif de celle qu'il a pu laiffer à un étranger. La première doit felon cet auteur, être exécutée jufqu'au retour de l'Abfent, ou jufqu'à ce qu'on foit fûr qu'il eft mort : mais fi la procuration a été donnée à un étranger, les héritiers préfomptifs peuvent la révoquer, lorfqu'il leur a été permis de fe mettre en poffeffion des biens de l'Abfent.

Le feigneur du fief dominant ne peut faifir féodalement le fief fervant à caufe de l'abfence du vaffal quelque longue qu'elle foit, lorfqu'il a perfonnellement fatisfait aux droits & devoirs ; & fi le vaffal abfent n'a pas fatisfait, fon héritier préfomptif qui a été mis en poffeffion de fes biens doit être reçu à fatisfaire pour lui. C'eft l'avis de Dumoulin dans fon traité des fiefs , & de Bafnage , fur les articles 120 & 197 de la coutume de Normandie.

Comme on tient pour maxime au confeil que toute jouiffance d'immeubles qui excède neuf années eft fujette au droit de centième denier , le fermier eft fondé à demander ce droit aux héritiers préfomptifs d'un Abfent , après neuf années d'abfence , à moins qu'ils ne produifent des nouvelles certaines de fon exiftence. Ce droit pourroit même être demandé plutôt fi des conjectures puiffantes telles que celles dont on a parlé pouvoient faire préfumer la mort de l'Abfent. Mais le fermier ne peut recevoir que provifoirement fous la caution de fon bail lorfque le droit eft payé dans les trente ans de l'abfence, & fauf à reftituer fi l'Abfent reparoît. On ne fauroit dire que le droit foit dû dans ce cas par l'héritier préfomptif pour la jouiffance qu'il a pu avoir, puifqu'il eft tenu de rendre non-feulement les biens , mais encore tous les fruits qu'il a perçus.

Si le fermier ne formoit fa demande qu'après vingt ans depuis le jour de l'abfence, & que ce fût même dans une coutume où l'Abfent eft réputé mort depuis le jour de fon départ, on ne pourroit néanmoins lui objecter aucune fin de non-recevoir tirée de la claufe de fon bail qui ne lui accorde que vingt années pour fes recherches ; parce que d'un côté le fermier n'a pas été en état d'agir avant le temps fixé pour répu-

G iv

ter l'Abſent mort, & que de l'autre on ne peut
fonder la fin de non-recevoir que ſur un jugement, un partage proviſionnel ou autre acte autentique qui auroit donné connoiſſance de l'ouverture au droit.

Divers arrêts du conſeil ont confirmé ces principes. Un entr'autres du 18 mai 1727 a condamné Geneviève Collet à payer le centième
denier des biens d'André de Saint-Denis abſent
deſquels on l'avoit autoriſée à ſe mettre en poſſeſſion, ſauf à rendre compte en cas de retour.

Un autre arrêt du premier mars 1732, a condamné Noël le Roux au payement du centième
denier des biens de Pierre Durand, abſent depuis vingt ans.

Par un autre arrêt du 28 février 1736, Remi
Brunet a été condamné au payement du centième denier des biens de ſon frère abſent, ſans
aucune certitude de mort. Il avoit été fait en
1734, ſuivant la coutume de Melun, un partage des loyers de vingt-neuf années des biens
de l'Abſent.

Un autre arrêt du 15 avril 1741 a caſſé une
ordonnance de l'intendant de Bourges, par laquelle il avoit déchargé le ſieur Deſcolombières
doyen des conſeillers du bailliage & ſiége préſidial de Bourges, du centième denier des biens
du ſieur de la Thomaſſière abſent depuis plus de
vingt ans, ſous prétexte qu'un homme n'eſt réputé mort qu'au bout de cent ans, & que ce
n'eſt qu'après ce terme que les héritiers de l'Abſent ſont en droit de ſe mettre définitivement
en poſſeſſion de ſes biens. Cet arrêt décide que
toute jouiſſance qui excède neuf années eſt ſujette au centième denier.

Le fils de famille qui eft majeur, peut fe marier après trois ans d'abfence de fon père, fans encourir la peine de l'exhérédation. Bretonnier qui cite à cet égard les difpofitions du droit, dit que fi la mère eft vivante, il faut fon confentement, & il ajoute que fi elle eft décédée, le mariage du fils de l'Abfent ne peut fe faire qu'avec l'avis des plus proches parens homologué en juftice. Mais fi le fils de famille avoit atteint l'âge de trente ans, cet avis ne feroit pas néceffaire, puifque dans ce cas le fils de famille pourroit fe marier même fans le confentement de fon père, après lui avoir fait des fommations refpectueufes pour l'obtenir.

Ce qui vient d'être dit fur le mariage du fils de famille doit auffi s'appliquer au mariage de la fille durant l'abfence de fon père, dont on n'a point de nouvelles. A Paris quand une mère femme d'un Abfent, trouve à marier convenablement fa fille mineure, elle y eft autorifée par le magiftrat qui prend à cet égard l'avis des parens paternels & maternels. On trouve dans le journal du parlement de Rennes un arrêt du 28 mars 1738, qui a ordonné que fuivant l'avis des parens, il feroit procédé au mariage d'une fille de vingt & un ans, dont la mere étoit morte & le père abfent depuis dix ans. Cet arrêt confirma une fentence qui ordonnoit qu'avant de paffer outre au mariage, le décès du père feroit conftaté.

Dans les parlemens où le mariage n'émancipe point, fi le père revient après le mariage de fon fils, il n'eft pas jufte qu'il reprenne la puiffance paternelle, pour jouir des biens de fon fils & de fa belle fille : fa longue abfence doit l'en faire priver, parce que peut-être les parens de la femme n'auroient pas confenti au mariage s'ils avoient cru que ce père dût revenir.

L'abfence du mari qui abandonne fa femme, a l'effet d'une féparation de biens exécutée, comme l'ont jugé différens arrêts, entr'autres un du parlement de Paris du 12 décembre 1754.

Lorfqu'un des conjoints eft abfent fans qu'on fache s'il eft mort ou vivant, la communauté eft provifionnellement diffoute du jour de la demande que les héritiers préfomptifs ont formée dans le temps légal contre le conjoint préfent pour obtenir la poffeffion des biens de l'Abfent : elle eft pareillement réputée diffoute du jour que le conjoint préfent agit à cet égard contre les héritiers de l'Abfent.

On ne fauroit prétendre que la communauté ait été diffoute plutôt, faute de pouvoir prouver le temps de la mort de l'Abfent qui en ait opéré la diffolution : au refte fi l'Abfent reparoiffoit, quelque partage qu'on eût fait des biens de la communauté, elle feroit cenfée n'avoir jamais été diffoute, & les héritiers qui auroient été mis provifionnellement en poffeffion de la part de l'Abfent, feroient tenus d'en rendre compte.

Abfence en matière de prefcription. Chez les Romains la préfence ou l'abfence en matière de prefcription, s'eftimoient felon les provinces où les parties avoient leur domicile : fi elles habitoient la même province, elles étoient cenfées préfentes, l'une relativement à l'autre, & on les réputoit abfentes, quand l'une habitoit une province différente de celle où demeuroit l'autre.

Parmi nous on répute préfens ceux qui demeurent dans un même bailliage ou fénéchauffée, quoique la chofe foit fituée ailleurs, & l'on regarde comme abfens ceux qui ont leur domicile en différens bailliages ou fénéchauffées.

La raifon de la différence eft que chez les Romains, il n'y avoit dans chaque province qu'un gouverneur qui rendoit la juftice à tous les fujets dans l'étendue de fon gouvernement, ou par lui-même ou par des juges délégués qu'il commettoit pour connoître des caufes légères. En France au contraire, il y a dans chaque province plufieurs bailliages ou fénéchauffées, & fouvent plufieurs coutumes.

En Artois, il fuffit de demeurer dans la province pour que les parties foient réputées préfentes entr'elles relativement à la prefcription, quoiqu'elles aient leur domicile en différens bailliages. Il y a à ce fujet un acte de notoriété du confeil d'Artois du 11 août 1683.

La même chofe a lieu en Poitou, fuivant un acte de notoriété de la fénéchauffée de Poitiers du 11 juin 1676.

Selon plufieurs auteurs, fi celui contre lequel on veut prefcrire eft préfent durant une partie du temps & abfent durant l'autre partie, il faut alors doubler le temps qui refte à écouler depuis fon abfence : par exemple, fi un homme étoit préfent pendant les dix ans que la loi requiert pour prefcrire un immeuble, la prefcription feroit accomplie ; mais s'il n'avoit été préfent que quatre ans, il en faudroit douze autres à caufe de fon abfence pour achever de prefcrire.

D'autres auteurs penfent que quand les parties ont été tantôt préfentes & tantôt abfentes, la preſcription de dix ans doit être admiſe , ſi en joignant le temps de préſence , il s'en trouve aſſez pour former cet intervalle ; mais qu'autrement il faut vingt ans complets , ſans diſtinguer le temps de préſence de celui d'abſence.

Le parlement de Provence juge par exception à ce qui vient d'être dit , qu'une poſſeſſion de dix ans entre préſens ou de vingt ans entre abſens , depuis l'ouverture d'un fidéicommis , ne ſuffit pas à l'acquéreur de bonne foi d'un bien ſubſtitué , pour acquérir la preſcription , & qu'il faut en ce cas une poſſeſſion paiſible de trente ans depuis l'ouverture de la ſubſtitution & la condition accomplie , parce que celui qui eſt appelé à la ſubſtitution a ce terme de trente ans pour agir contre les détenteurs & revendiquer les biens ſubſtitués. Il y a ſur ce ſujet un acte de notoriété donné par le parquet du parlement de Provence le 5 ſeptembre 1690.

L'article premier du titre 18 de la coutume générale de Lorraine ſoumet les Abſens à la même loi que ceux qui ſont préſens , & veut que la preſcription ſoit acquiſe contre les uns & contre les autres par l'eſpace de trente ans.

La preſcription ne court pas contre ceux qui ſont abſens pour le ſervice de l'état , & pendant dix ans à compter du jour de leur retour , ils ſont reçus à ſe pourvoir pour être reſtitués contre le dommage que leur a pu cauſer leur abſence. La même faveur a lieu pour leurs héritiers , & pour ceux qui ayant été pris par l'ennemi ſont dans l'eſclavage : mais il en ſeroit différemment de celui que ſon crime auroit fait condamner aux galères : la preſcription courroit contre ce dernier comme s'il étoit préſent.

Abfence d'officiers. Dans le cas d'Abfence du lieutenant général ou autre premier juge d'une cour de juftice, c'eft au lieutenant particulier & aux autres juges fuivant l'ordre du tableau, à faire les actes de juridiction volontaire & non contentieufe, mais ils ne doivent fuppléer cet officier qu'après trois jours d'abfence, ou après vingt-quatre heures, s'il s'agit d'une matière provifoire, ou de juridiction contentieufe. Cela eft ainfi prefcrit par les réglemens de 1689 pour Orléans & pour Angoulême.

En Lorraine les fonctions du lieutenant général d'un bailliage peuvent être fuppléées après vingt-quatre heures d'Abfence, & même plutôt lorf-que l'affaire eft urgente & de nature à requérir une prompte expédition. C'eft la difpofition de l'article 2 au titre des lieutenans généraux des bailliages, de l'ordonnance du duc Léopold, du mois de novembre 1707.

L'article 16 du réglement pour Orléans ne permet à l'officier qui doit fuppléer le lieutenant général, de faire les fonctions de commiffaire-examinateur, qu'après huit jours, à moins que ce ne foit pour entendre des témoins affignés en vertu de l'ordonnance du même lieutenant gé-néral. Ce réglement veut auffi que le lieute-nant particulier & les confeillers dans les actes où ils repréfentent le lieutenant général abfent, faffent mention des caufes pour lefquelles ils prennent connoiffance des affaires dont il s'agit.

Après le retour du lieutenant général, prin-cipal juge ou commiffaire, les affaires commen-cées en fon Abfence doivent être remifes au greffe pour qu'il les continue & les achève ; mais à l'égard de l'exécution des jugemens rendus à

l'audience où il n'aura ni préfidé, ni affifté, elle
doit appartenir à celui qui y aura préfidé ou affifté : cela eft ainfi décidé par deux arrêts du confeil, l'un du 18 juillet 1677 pour Tours, & l'autre du 16 mars 1705 pour Autun.

Quand le fcellé a été mis par le lieutenant
particulier ou autre juge du fiege en l'Abfence
du lieutenant général, celui-ci peut le lever à
fon retour ; mais il faut en ce cas que les fceaux
foient reconnus par le lieutenant particulier qui
en doit dreffer fon procès-verbal & fe retirer
enfuite. Cela eft prefcrit par un réglement pour
Orléans, du 30 octobre 1686, homologué par
arrêt du confeil du 31 août 1689.

Dans le cas d'Abfence du procureur du roi ou
du procureur fifcal d'une juridiction, les juges ne
peuvent commettre un autre procureur du roi ou
fifcal, mais les fonctions en doivent être exercées
par l'ancien avocat, & à fon défaut par l'ancien
gradué ou praticien du fiége. Différens arrêts l'ont
ainfi décidé. L'ordonnance du duc Leopold, du
mois de novembre 1707, obfervée en lorraine
& qui contient une pareille difpofition, veut en
outre que l'ancien avocat qui fuppléera le magiftrat dont il s'agit en cas d'Abfence ou autre
empêchement, foit tenu de lui repartager la
moitié des émolumens qu'il aura perçus, fi fes
fonctions ont été faites en ville & dans le lieu
de l'établiffement du fiége ; mais autrement le
tout appartient à l'ancien avocat.

Quand le maître particulier d'une maîtrife des
eaux & forêts eft abfent, le lieutenant doit en
remplir les fonctions, tant dans les bois pour
les vifites, affietes, ventes, adjudications &
récollemens, qu'à l'audience & à la chambre

du conseil pour le jugement des affaires ; mais il ne peut prétendre que les deux tiers des droits, taxations & émolumens que prendroit le maître particulier s'il étoit présent. C'est la disposition de l'article premier du titre 5 de l'ordonnance des eaux & forêts du mois d'août 1669.

Deux arrêts de réglement des 22 août & 30 décembre 1702, ordonnent que les lieutenans des maîtrises ne pourront suppléer les fonctions des maîtres particuliers qu'après trois jours d'Absence de ceux-ci, & qu'ils feront mention de cette Absence dans leurs procédures, à peine de nullité, de cinq cens livres d'amende & de tous dépens dommages & intérêts. Ces arrêts défendent sous les mêmes peines aux procureurs de se pourvoir devant les lieutenans, & au greffier d'instrumenter avec eux avant que les trois jours d'Absence soient écoulés.

. Les sentences que le lieutenant d'une maîtrise rend en l'Absence du maître particulier, doivent être comme les autres, intitulées du nom & des qualités du maître particulier. Divers arrêts l'ont ainsi décidé, entr'autres un du parlement de Paris, du dernier mai 1565, & deux du conseil des 10 août 1734 & 3 juin 1737.

. L'article 3 du titre cité de l'ordonnance de 1669, défend au lieutenant, à peine de privation de ses gages, de s'absenter du lieu où le siege de la maîtrise est établi, qu'il n'en ait auparavant averti le maître ou le garde-marteau, afin qu'ils pourvoient à l'administration de la justice en son Absence.

Lorsque le maître particulier & le lieutenant sont absens, le garde-marteau a droit d'administrer la justice à l'exclusion des avocats & praticiens, à moins que le roi, le grand-maître, ou son lieutenant en la table de marbre n'en aient autrement ordonné, ou qu'il ne soit question de juger sur ses rapports ; c'est la disposition de l'article premier du titre 7 de l'ordonnance citée.

Si le maître particulier, le lieutenant & le garde-marteau sont absens, le procureur du roi ou son substitut, a droit à l'exclusion de tout avocat, procureur ou praticien, d'administrer la justice dans les affaires où le roi & le public ne sont pas intéressés. Cela est ainsi réglé par l'édit d'avril 1696.

Lorsque le procureur du roi d'une maîtrise est obligé de s'absenter, il peut faire remplir ses fonctions par tel gradué qu'il juge à propos ; le parlement de Bretagne l'a ainsi ordonné par arrêt du 28 juin 1619. C'est aussi une conséquence de l'arrêt du conseil du 26 novembre 1697, qui ayant réuni les charges de substituts créées en avril 1696, aux offices des procureurs du roi, a laissé à ceux-ci la faculté de les désunir s'ils le jugent à propos.

Mais si le procureur du roi s'absente sans nommer un gradué pour le suppléer, le maître particulier ou le lieutenant peuvent y pourvoir par commission particulière sur chaque affaire dont l'exécution se poursuivra pendant l'Absence.

Quand le garde-marteau est obligé de s'absenter, il doit suivant l'ordonnance, avertir le maître particulier & le procureur du roi, afin qu'ils fassent remplir ses fonctions.

Lorsque les arpenteurs d'une maîtrise sont Absens, les officiers doivent demander ceux de la maîtrise voisine.

Les gardes ne peuvent s'absenter sans la permission

miſſion du maître particulier & du procureur
du roi. Lorſque cette permiſſion leur eſt accordée, il doit être commis à leur place ou le garde
du canton le plus proche, ou l'un des huiſſiers,
ou telle autre perſonne que les officiers jugent
à propos, & alors celui qui ſert doit jouir des
priviléges, exemptions & gages dont jouiroit
le titulaire. C'eſt ce qui eſt preſcrit par les articles 1 & 6 du titre 10 de l'ordonnance citée.

Les commis de la ferme générale ne peuvent
abandonner la régie qui leur eſt confiée qu'après
en avoir prévenu leurs commettans ou leur directeur, & qu'après l'inſtallation de leur ſuccef-
feur, duquel ils retirent une décharge de la remiſe de tous les regiſtres & papiers concernant
la manutention de l'emploi.

Ils ne peuvent pas non plus s'abſenter de leurs
bureaux ſous quelque prétexte que ce ſoit, qu'en
vertu d'une permiſſion de leurs commettans ou
du directeur, & après avoir confié leur régie
à quelqu'un dont ils répondent, qui ait la capacité & l'intelligence néceſſaires pour que le
bien de la ferme & le ſervice du public ne ſouf-
frent point de l'Abſence du commis ordinaire,
lequel eſt toujours reſponſable de tous les événemens de ſon Abſence.

Si le commis qui veut s'abſenter eſt établi
près d'un bailliage royal & chargé de l'inſinuation des donations entre-vifs, il doit avoir la
précaution de faire prêter ſerment devant le lieutenant général ou autre premier officier du ſiége, par celui qu'il met à ſa place, pour la validité des donations dont on pourroit requérir
l'inſinuation à ſon bureau pendant ſon Abſence.

Par arrêt du conſeil du 13 octobre 1722, il

Tome I. H

a été fait très-expresses inhibitions & défenses aux commis du contrôle des actes & droits y joints, d'abandonner la régie des droits, pour quelque cause & sous quelque prétexte que ce fût, sans ordre exprès & par écrit du fermier ou de ses cautions, à peine de tous dépens, dommages & intérêts qui pourroient résulter de leur absence, & d'être privés pour toujours de toutes sortes d'emplois.

Absence des gens de guerre. L'article 26 de l'ordonnance militaire du 13 juillet 1727, porte que l'intention du roi n'étant pas que les officiers absens par semestre ou congé, perdent leurs appointemens pour le temps que leurs régimens ou compagnies auront été en route, sa majesté ordonne aux commissaires des guerres, lorsqu'ils feront des revues des troupes qui auront ordre de marcher, de faire en même temps des procès-verbaux de l'Absence de ces officiers, dont ils seront tenus d'envoyer une expédition au secrétaire d'état ayant le département de la guerre, & d'en remettre un autre à l'officier chargé du détail de la troupe, pour servir à justifier l'Absence dont il s'agit, lorsqu'au retour des absens il fera faire le décompte de leurs appointemens.

Par l'article 27 de la même ordonnance, le roi veut que s'il arrive que quelques commandans de corps, majors, aides-majors ou officiers chargés du détail, fassent passer présens, des officiers absens, ou qu'ils prennent l'étape pour des charges vacantes, ils soient cassés & mis en prison pendant un an.

Par l'article 10 de l'ordonnance du 25 janvier 1729, concernant la levée des miliciens appelés aujourd'hui soldats provinciaux, il est voulu que si quelques-uns de ceux qui sont dans le cas de tirer au fort fe trouvent abfens au jour indiqué pour cet effet, ils foient par préférence déclarés miliciens; & que fi le nombre des abfens excède celui des miliciens que la communauté eft obligée de fournir, le fubdélégué faffe tirer en premier lieu fur les noms feuls des abfens, après cependant que les notables du lieu lui auront certifié que les abfens ont la taille & les qualités requifes pour le fervice; enfin que ceux que le fort aura épargnés foient défignés & enregiftrés pour fervir lors du premier remplacement, foit qu'ils fe marient ou non, dans quelqu'état ou profeffion qu'ils fe trouvent.

Suivant l'article 11 de la même ordonnance, après que le fort avoit été tiré à l'égard des abfens, il devoit enfuite êtré tiré entre les préfens pour affurer le fervice actuel; mais ceux fur qui le fort étoit tombé dans cette feconde opération, devoient devenir libres à mefure que ceux des abfens fur qui le fort étoit tombé, lorfqu'on avoit tiré pour eux, feroient repréfentés. L'intention du roi ayant été que dans ce cas le premier des abfens qui paroîtroit fût fubftitué à la place de celui des préfens qui auroit tiré le premier un billet noir, le fecond à la place de celui qui auroit tiré le fecond billet, & ainfi des autres.

Ces règles ont dans la fuite été changées, en ce que l'on ne fait plus tirer qu'entre les fujets qui font préfens, & que ceux que le fort défigne pour foldats provinciaux ne deviennent pas abfolument libres, en repréfentant pour fervir à leur place, ceux qui fe font abfentés le jour du tirage. L'ordonnance du 27 novembre 1765 & celle du 19 octobre 1773, ordonnent

que les intendans tiendront des états exacts des
abfens pour en faire faire la recherche aux frais
des communautés.

L'article 3 du titre 9 de la même ordonnance de 1773, permet aux garçons ou hommes auxquels le fort fera échu, de faire arrêter ceux qui n'auront point comparu pour tirer au fort, & fi ces derniers font de taille & de tournure propre au fervice, ils doivent être obligés de fervir pendant dix ans; mais ce n'eft pas à la décharge de ceux qui les ont fait arrêter : on abrège feulement la durée du fervice de ceux-ci qui ne font plus tenus à fervir que trois ans au lieu de fix.

L'article 4 du même titre porte que tout hom-qui aura fubi le fort, & qui ayant été préfenté & enregiftré comm foldat provincial, manquera de fe rendre au quartier d'affemblée au jour indiqué, fera contraint de fervir pendant dix ans au-delà des fix fixés pour le fervice ordinaire; à moins toutes fois d'une exoine valable, conftatée par un certificat figné du maire, du curé & de deux habitans de fa communauté.

Suivant l'article 5 les bas officiers grenadiers fufiliers & tambours des régimens de grenadiers royaux & des régimens provinciaux, ne peuvent s'abfenter fans congé de ces régimens lorf-qu'ils font affemblés ou pendant la route qu'ils ont à faire pour s'affembler, à peine d'être pour-fuivis & condamnés aux galères perpétuelles. L'ordonnance du premier décembre 1774 a con-firmé ces difpofitions.

Abfent en matière criminelle. C'eft celui dont on inftruit le procès par contumace.

L'accufé qui fur une pareille procédure eft condamné à mort, eft toujours cenfé vivant;

mais s'il ne se représente pas dans les cinq années, depuis l'exécution de la sentence rendue contre lui par contumace, les confiscations, amendes & condamnations pécuniaires sont censées contradictoires, & ont leur exécution, comme si elles avoient été ordonnées par arrêt.

Un tel *Absent* après ce délai, doit pour se purger, obtenir des lettres royaux qui lui accordent la faculté d'ester à droit.

Absent en matière canonique & bénéficiale. L'évêque est censé Absent s'il n'est pas dans son palais : il en est de même d'un bénéficier qui n'est pas dans le lieu où son bénéfice rend sa présence nécessaire.

Les Absens qui ont droit à l'élection d'un prélat ou d'un abbé électif, doivent y être appelés, ou ils pourroient la faire déclarer nulle ; mais s'ils consentoient dans la suite pour le bien de la paix, à l'élection qui auroit été faite, on ne pourroit point l'attaquer sous le prétexe que les Absens n'y auroient point été appelés.

A l'égard des premières dignités des cathédrales ou des collégiales, l'omission d'avoir appelé les Absens ne feroit pas infirmer l'élection, comme l'a jugé un arrêt du 17 décembre 1668, pour la dignité de grand-prévôt de l'église collégiale de Montfaucon en Anjou. La raison de la différence est que dans les élections du petit nombre de prélats ou abbés qui sont demeurés électifs en France, on doit observer la forme prescrite par le canon *quia propter*, fait sous le pape Innocent III, au quatriéme concile de Latran, & que les dignités des cathédrales & collégiales ne sont électives que *jure extraordinario*, soit par les statuts de l'Eglise, ou par une coutume immémoriale : en effet il y des églifes où ces dignités font collatives tandis que dans d'autres elles fe confèrent par élection.

Le droit commun du royaume eft d'appeler aux élections tous ceux qui ont droit de donner leur fuffrage quand ils font en France. Dumoulin dit que les églifes qui prétendent avoir à cet égard une coutume contraire doivent en faire la preuve.

Il fuffit d'avoir appelé à l'élection ceux qui doivent y donner leurs fuffrages : s'ils ne veulent pas s'y trouver, ou s'ils fe retirent après y avoir affifté, ils ne peuvent fous prétexe de leur abfence, donner atteinte à l'élection.

Les Abfens peuvent concourir à l'élection par procureur ; mais s'ils donnent leur procuration à quelqu'un qui ne foit pas du corps des électeurs, elle n'aura d'effet que par le confentement du collège.

Quand l'Abfent conftitue plufieurs procureurs pour élire à fa place, celui qui fe préfente le premier doit être préféré. S'ils fe préfentent tous en même-temps, le chapitre peut choifir entre eux, ou donner la préférence à celui dont la procuration eft la premiere en date.

La procuration que donne un Abfent à un tiers pour tenir fa place dans une élection, doit être infinuée avant que le procureur donne le fuffrage. Ceci eft fondé fur l'article 21 de l'édit des infinuations eccléfiaftiques du mois de décembre 691.

Le défaut de réfidence dans un bénéfice qui l'exige, ne rend pas le bénéficier abfent, privable de plein droit ; il faut que le bénéfice ait été déclaré vacant & impétrable, après trois citations de deux mois à autres. Le défaut de ces citations fit que le parlement de Dijon infirma en 1648, la sentence qui attribuoit la cure de Cruchot au sieur Giraud institué par l'évêque en l'absence du sieur Perrin, titulaire, qui étoit allé voyager à Jérusalem.

Les chanoines *Absens* sont privés des distributions manuelles & quotidiennes. Ils deviennent aussi privables des gros fruits, s'ils sont absens plus de trois mois dans l'année. C'est ainsi que l'a décidé le concile de Trente, adopté à cet égard dans le royaume. Le parlement de Paris a déclaré abusif un réglement contraire de l'église de Sens.

Il faut excepter de ces dispositions les évêques-chanoines, dont l'absence est toujours réputée légitime. Ainsi le parlement de Languedoc maintint, par arrêt du 18 juillet 1602, l'archevêque d'Albi dans le droit de percevoir tous les fruits du canonicat qu'il possédoit dans son église, soit qu'il fût présent à Albi, soit qu'il fût *Absent* pour le bien de son diocèse.

On doit en dire autant des deux dignitaires ou chanoines que les conciles de Rouen & d'Aix, tenus en 1581, & 1585, ont permis aux évêques de prendre à leur suite, & qui sont appelés commensaux. Le conseil d'état & le parlement de Paris ont, par divers arrêts, conformément à ces conciles, réputé présens les grands-vicaires & chanoines commensaux des évêques, contre les prétentions des chapitres d'Amiens, de Soissons, de Rouen, de Lizieux & de Rheims.

Les dignitaires & chanoines que les évêques emploient dans leurs diocèses aux prédications, missions, ou autres pareilles fonctions, perçoi-

vent auffi comme s'ils étoient préfens. Cette jurifprudence a été confirmée par un arrêt du confeil d'état de 1636, rapporté dans les mémoires
du clergé.

Il en eft de même des chanoines agens des
diocèfes, des agens du clergé, de ceux des chapitres & des députés aux états & chambres eccléfiaftiques des décimes, comme l'a décidé
entr'autres arrêts du confeil, celui du 19 octobre 1638, contre le chapitre de Chartres.

Quant aux chanoines, préfidens, confeillers
ou officiers dans les cours fouveraines, préfidiaux & bailliages, la jurifprudence n'a pas fuivi
üne route toujours uniforme; on va voir les
différences.

En 1365, Charles V ordonna que le greffier
du parlement de Paris percevroit les fruits des
bénéfices dont il étoit pourvu, quoiqu'il ne ré-
fidât pas.

En 1550, le parlement de Paris condamna le
chapitre du Mans à rendre à un de fes chanoines, confeiller de ce parlement, les gros fruits
& revenus de fa prébende, autres cependant
que les diftributions quotidiennes, quoiqu'il n'eût
pas fait le ftage requis par les ftatuts.

Le confeil privé jugea tout différemment en
1585 : il n'attribua à un chanoine de Meaux,
confeiller au parlement de paris, que la moitié
des gros fruits, & ce chanoine-confeiller fut
chargé par l'arrêt de réfider dans fon chapitre
pendant une partie des vacances du parlement,
à moins qu'il ne fût retenu pour le fervice de
la compagnie.

Dix ans après le parlement de Paris eut une
pareille queftion à juger entre le chapitre de Sens

& un chanoine de ce corps, conseiller au parlement de Rouen, & il prononça comme il avoit fait en 1550, en adjugeant au chanoine *Absent*, les fruits & revenus de sa prébende, autres que les distributions manuelles & quotidiennes.

Cette jurisprudence s'est soutenue, & elle paroît être la plus suivie dans le royaume, mais pour les officiers des compagnies souveraines seulement : car il s'en faut de beaucoup que la question soit aussi claire pour les conseillers des bailliages ou présidiaux.

Henrys, à la vérité, pense avec l'éditeur des mémoires du clergé, que ces juges devroient jouir, sur cet objet, des mêmes privilèges que les conseillers des compagnies souveraines ; mais on oppose un arrêt du parlement de Toulouse, qui, en 1644, a prononcé le contraire entre le chapitre d'Aufch & un des membres de ce chapitre, conseiller-clerc en la sénéchauffée de cette ville.

Les chanoines commensaux de la maison du roi, de la reine & des princes du sang ont la même faveur que les conseillers-clercs des parlemens.

Les chanoines malades sont toujours réputés présens, & ne doivent rien perdre : c'est le vœu de différens conciles & de tous les canonistes.

Il a cependant été rendu un arrêt au parlement de Paris en 1628, confirmatif d'une ordonnance capitulaire du chapitre d'Angoulême, qui avoit privé de ses distributions un chanoine qu'une maladie vérifiée par bons certificats, empêchoit, depuis deux ans, de résider & d'assister au service divin.

Le parlement de Grenoble a jugé que les *Ab-sens*, pour cause de peste, n'avoient rien à prétendre.

En 1669, le parlement de Paris a décidé que les chanoines *Absens* pour procès contre leurs chapitres, devoient être réputés présens pendant tout le tems de la durée du procès.

Cette jurisprudence est suivie.

Un arrêt du parlement de Toulouse du 3 décembre 1575, a jugé qu'un chanoine de l'église d'Ausch qui étoit trésorier ou administrateur de la maison-dieu de Toulouse, jouiroit pendant l'année de son administration de tous les fruits de sa prébende comme s'il étoit présent & qu'il fît le service dans son église. Ainsi l'on doit conclure qu'en général les chanoines trésoriers ou administrateurs des hôpitaux doivent être réputés présens tout le tems que dure leur administration.

On doit d'ailleurs suivre dans la décision des difficultés relatives à l'absence des bénéficiers, les statuts ou usages des églises fondés sur des causes légitimes & conformes aux canons & à la jurisprudence des arrêts. Voyez l'ordonnance de 1667 ; *la déclaration du dernier mai 1685 ; le Brun, des successions ; Charondas, en ses réponses; Ricard, des dispositions conditionnelles ; les questions alphabétiques de Bretonnier ; Henrys ; Maynard ; le journal du palais ; le journal des audiences ; les arrêts de Catelan ; les observations de M. Vedel ; M. le président Favre, dans son code de oblig. & act. def. les mémoires & les arrêtés du premier président de la Moignon ; le traité de la communauté de M. Pothier ; Duperray, des contrats de mariage ; les loix civiles ; les loix ecclé-*

fiastiques ; les arrêts de Papon ; le recueil de Chenu ; Dumoulin, traité des fiefs ; Basnage, sur la coutume de Normandie ; l'ordonnance des eaux & forêts, l'édit d'avril 1696, &c. Voyez aussi les articles ACCUSÉ, CONTUMACE, CURATEUR, SUCCESSION, LEGS, SUBSTITUTION, MORT, MARIAGE, HÉRITIER, PRESCRIPTION, CHANOINE, ELECTION, &c.

ABSOLUTION. C'est en matiere criminelle, un jugement par lequel un accusé est déclaré innocent, & comme tel, préservé de la peine que les loix infligent pour le crime ou délit dont il étoit accusé.

Chez les Romains, la manière ordinaire de juger se pratiquoit ainsi : la cause étant plaidée de part & d'autre, l'huissier crioit, *dixerunt*, comme s'il eut dit, *les parties ont dit ce qu'elles avoient à dire :* alors on donnoit à chacun des juges trois petites boules, dont l'une étoit marquée de la lettre A pour *l'absolution ;* une autre de la lettre C, pour la condamnation ; & la troisieme, des lettres N L, *non liquet, la chose n'est pas claire,* pour requérir le délai de la sentence. Selon que le plus grand nombre des suffrages tomboit sur l'une ou sur l'autre de ces marques, l'accusé étoit absous ou condamné, &c. S'il étoit absous, le préteur le renvoyoit, en disant *videtur non fecisse, il paroît que l'accusé n'a pas commis le délit ;* & s'il n'étoit pas absous, le préteur disoit, *jure videtur fecisse, il est prouvé que l'accusé est coupable.*

Dans Athenes la chose se pratiquoit autrement. Les causes en matiere criminelle étoient portées devant le tribunal des héliastes, juges ainsi nommés d'un mot grec qui signifie *le soleil,* parce qu'ils tenoient leurs affemblées dans un lieu découvert. Ils s'affembloient fur la convocation des thefmothetes, au nombre de mille, & quelquefois de quinze cents, & donnoient leur fuffrage de la maniere fuivante. Il y avoit une forte de vaiffeau fur lequel étoit un tiffu d'ofier, & par-deffus deux urnes, l'une de cuivre & l'autre de bois : au couvercle de ces urnes étoit une fente garnie d'un carré long, qui large par le haut, fe rétréciffoit par le bas, comme nous le voyons à quelques troncs anciens dans les églifes : l'urne de bois étoit celle où les juges jettoient les fuffrages de la condamnation de l'accufé; celle de cuivre recevoit les fuffrages donnés pour *l'Abfolution*. Avant le jugement on diftribuoit à chacun de ces magiftrats deux pieces de cuivre, l'une pleine & l'autre percée ; la premiere pour abfoudre, l'autre pour condamner ; & l'on décidoit à la pluralité des pieces qui fe trouvoient dans l'une ou l'autre des urnes.

Parmi nous, celui qui fait les fonctions de préfident dans une cour de juftice où l'on a inftruit le procès d'un accufé, recueille les voix des juges qui affiftent au jugement, & fi ceux qui opinent pour la condamnation ne font qu'égaux en nombre à ceux qui opinent pour l'Abfolution ; l'avis de ces derniers eft préféré, parce qu'en matiere criminelle on n'admet point de partage, & qu'on a toujours penfé qu'il valoit mieux abfoudre un coupable que de condamner un innocent.

Il faut auffi remarquer que fi la procédure fur laquelle le jugement d'Abfolution intervient, eft réguliere, l'accufé ne peut plus être recherché ni accufé de nouveau fur les cas qui lui avoient d'abord été imputés ; parce qu'on ne juge pas deux fois fur la même chofe.

ABSOLUTION, dans le droit canonique, fe dit de la levée des cenfures, excommunications, ou irrégularités.

Il y a *l'Abfolution à fævis*, *l'Abfolution des cenfures*, *l'Abfolution ad reincidentiam*, & *l'Abfolution ad cautelam*.

L'Abfolution à fævis eft la grace que le pape accorde par une fignature particuliere, en relevant quelqu'un de l'irrégularité qu'il a encourue, foit en affiftant à un jugement de mort, foit de quelque autre maniere.

L'Abfolution des cenfures, fe dit de la révocation de celles qui pourroient empêcher l'effet de la grace accordée.

L'Abfolution ad reincidentiam s'appelle ainfi, parce qu'elle ne fe donne qu'à la charge de remplir certaines conditons, à peine de retomber dans la cenfure, fi on ne les remplit pas. Il faut cependant une nouvelle fentence pour les effets de l'extérieur.

L'Abfolution ad cautelam, fe dit d'une Abfolution provifoire, mais prononcée cependant en connoiffance de caufe, pendant l'appel de l'excommunié.

· Suivant l'édit du mois d'avril 1695, les cours feules peuvent ordonner cette Abfolution, & après avoir vu les charges. L'effet de cette Abfolution n'eft qu'une liberté à l'excommunié d'efter en jugement.

Quand les cours eftiment qu'un eccléfiaftique appelant comme d'abus, doit être abfous *ad cautelam*, elles le renvoyent à cet effet à l'ordinaire dont l'official a prononcé l'interdiction. Si l'ordinaire, & les autres supérieurs refusent *l'Absolution ad cautelam*, la cour commet un dignitaire ecclésiastique pour la donner.

Si l'excommunication étoit prononcée contre un laïque dans les fonctions de sa charge, la cour en prononçant sur l'abus, ordonneroit que l'ordinaire seroit tenu, par saisie de son temporel, de lever l'excommunication. Plusieurs arrêts l'ont ainsi décidé, entr'autres, un du 7 Juin 1523, contre l'archevêque de Bordeaux, & un autre du 30 août 1700, contre l'évêque de St. Flour & ses officiers.

· Un prêtre absous par lettres de rémission du prince doit obtenir du pape des lettres de réhabilitation, lesquelles se fulminent devant le juge d'église qui a connu du crime, & non à Rome.

Le pape, ni les évêques ne peuvent procéder contre un ecclésiastique que le Roi a absous d'un crime capital. Voyez *l'ordonnance de 1670; l'édit de 1695; les preuves des libertés de l'église gallicane*, &c. Voyez aussi les articles RÉMISSION, PARDON, ENTHÉRINEMENT, &c.

ABSTÊME. On appelle ainsi une personne qui a une telle aversion naturelle pour le vin, qu'il ne lui est pas possible d'en boire. Les Abstêmes ne peuvent recevoir les ordres sacrés. *Voyez* ORDRE.

ABSTENSION. Quelquefois ce mot signifie en matiere civile, l'acte du juge qui ne veut pas connoître, ou qui s'abstient de connoître d'une affaire : mais on l'emploie ordinairement pour exprimer la renonciation tacite d'un héritier à une succession collatérale, car en succession directe, il ne fuffit pas de s'abftenir, il faut renoncer par acte autentique. C'est qu'en fucceffion directe, on est héritier néceffaire, & qu'en cette qualité on peut être pourfuivi & même condamné après l'expiration des délais pour renoncer; au lieu que lorfqu'en fucceffion collatérale, on est affigné comme héritier, il fuffit de déclarer qu'on s'abftient, mais dans ce cas il ne faut avoir fait aucun acte d'héritier, ou l'Abftenfion feroit inutile.

L'Abftenfion peut être fimple, fans acte, ou fe faire par acte, foit au greffe, foit par-devant notaire.

L'Abftenfion fimple fans acte ne produit aucun droit, quoiqu'elle procure un accroiffement en faveur des autres collatéraux qui font habiles à fuccéder. Ainfi par arrêt du 26 novembre 1724, le confeil a jugé en faveur du fieur du Rouvray, qui avoir recueilli la fucceffion du pere par l'Abftenfion du frere, que l'Abftenfion ne donnoit pas lieu au centième denier, à moins qu'elle n'eût été précédée d'un acte d'héritier.

L'acte d'Abftenfion fait au greffe étant un acte purement volontaire, doit être contrôlé dans la quinzaine de la date. Un arrêt du confeil du 28 juin 1723, a déclaré nul un acte d'Abftenfion, & condamné Vezel, greffier du bailliage de Beauvais à deux cens livres d'amende, faute d'avoir fait contrôler cet acte dans la quinzaine, & avant d'en délivrer une expédition.

Les actes d'Abftenfion doivent d'ailleurs être infinués, parce qu'ils font fujets aux mêmes règles que les renonciations.

Dans la coutume d'Amiens, & autres voifines, la part des puinés qui s'abstiennent de prendre le quint héréditaire des fiefs, ou qui l'ayant pris, décedent sans enfans, accroît aux autres puînés qui la veulent prendre, & non à l'aîné qui n'y peut rien prétendre, si tous les puînés ne meurent sans enfans. C'est ce qui a été jugé par arrêt du 4 janvier 1633. Voyez *Brillon, article quint ; Loyseau, traité des offices ; l'acte de notoriété du châtelet du 24 juillet 1706,* &c. *Voyez* aussi les articles SUCCESSION, HÉRITIER, RÉCUSATION, &c.

ABSTENSION DE LIEU, *en matière de délit.* C'est une peine qui se prononce ordinairement dans le cas d'injures & outrages entre gentilshommes ou officiers de robe, & par laquelle on condamne l'offenseur soit d'office, soit sur la requête ou plainte de l'offensé, à s'abstenir de paroître pendant un certain temps dans les lieux où l'offensé fait sa résidence ordinaire. Il est parlé de cette peine dans l'article 12 du règlement des Maréchaux de France, du 22 août 1653, concernant les réparations d'honneur, & dans l'article 6 de l'édit du mois de décembre 1704, touchant les injures ou voies de fait commises entre officiers de robe, &c.

Cette peine n'emporte aucune note d'infamie contre celui qui y est condamné.

ABUS. Ce mot dans son acception la plus générale & suivant l'étimologie du mot même, signifie tout ce qui est contre l'ordre établi ou l'usage : mais on l'emploie spécialement pour désigner les entreprises des ecclésiastiques contre la juridiction & les droits des laïques : alors pour arrêter l'Abus, on en interjette appel.

L'origine de la procédure qu'on suit aujourd'hui

d'hui fur les appellations comme d'abus n'eft pas fort ancienne, elle ne remonte guère au-delà du quinzième fiècle; mais le droit de recourir à l'autorité des princes fouverains lorfque les juges eccléfiaftiques abufoient de leur pouvoir, foit en prenant connoiffance des affaires qui n'étoient pas de leur compétence, foit en violant les canons, a été établi dès qu'il y a eu des princes chrétiens. Saint-Athanafe ayant été condamné par la faction des Eufébiens, dans le fynode de Tyr en 335, s'adreffa à Conftantin pour faire réformer le jugement qui avoit été rendu contre lui *par dol*, *par fraude* & *par artifice*, fans qu'il eût été entendu, & fans qu'on eût fuivi les règles canoniques : Eufebe, évêque de Dorilée, préfenta une requête à l'empereur Marcian en 451, fur tout ce qui avoit été fait contre lui dans le faux concile d'Éphèfe : il y déclare à l'empereur qu'il s'adreffe à lui pour obtenir juftice contre Diofcore d'Alexandrie, qui a fait des entreprifes criantes fur la foi & fur les évêques. Baffien d'Éphèfe s'expliqua de même dans une requête adreffée au même empereur, & qui fut lue dans le concile de Calcédoine. Juftinien qui s'eft déclaré en tant d'endroits le protecteur de la difcipline eccléfiaftique, dit expreffément que fi quelqu'un viole les faints canons, il fera puni par l'églife ou par l'empereur.

On trouve dans l'hiftoire de nos rois des deux premières races, qu'en plufieurs occafions les évêques ont eu récours à l'autorité fouveraine fur les matières eccléfiaftiques. Le concile de Francfort tenu en 794, & compofé des évêques de France, d'Italie, d'Aquitaine, approuva cet ufage en préfence du légat du pape Adrien I, qui y affifta. Le canon VI de ce concile porte que ceux qui auront à fe plaindre du jugement des Métropolitains, iront à la cour du roi avec des lettres du métropolitain, afin que le roi s'inftruife de l'affaire, & qu'il prononce fur la conteftation. Hildebert, évêque de Lifieux, ayant refufé de bénir un abbé de fon Diocèfe à moins qu'il ne fe foumît à certaines conditions qu'il vouloit lui impofer, les religieux fe plaignirent au roi Philippe I, qui ordonna à ce prélat de bénir l'abbé, & lui défendit d'introduire aucune nouveauté dans fon diocèfe.

Les rois confièrent fur ce fujet, une partie de leur autorité au parlement; & nous voyons dans un arrêt du 13 mars 1376, rapporté dans les preuves des libertés de l'églife gallicane, que le procureur du roi conclut à ce que l'évêque de Beauvais & fes officiers fuffent condamnés à une amende, pour réparer *les attentats & Abus faits au préjudice de la juridiction temporelle.*

On trouve dans le même livre un arrêt du 7 juin 1404, & un du 17 juin 1449 qui jugent des appels comme d'Abus. L'avocat du roi Bardin, qui portoit la parole dans le dernier, dit qu'on pouvoit appeller comme d'Abus de la juridiction eccléfiaftique à la temporelle, & qu'en cas d'Abus, *le roi y mettoit la main.* En 1487, le parlement jugea en faveur du chapitre de Beauvais, qu'il y avoit Abus dans un refcrit du pape Innocent VIII, qui défendoit au chapitre de procéder à l'élection d'un évêque. Après le concile de Bafle, on joignit à la qualification d'appel comme d'Abus au parlement, celle de contravention à la pragmatique. Cette qualification n'eut plus lieu après que le concordat eut été publié, & les appellations comme d'Abus devinrent beaucoup plus communes, & plus faciles à faire admettre qu'elles ne l'avoient été auparavant.

Le clergé de france reconnut lui-même en 1585, l'équité de la voie de l'appel comme d'Abus, lorsqu'il demanda que le roi réglât & déterminât le cas où cet appel devoit avoir lieu. On voit d'ailleurs qu'il a demandé plusieurs fois au roi, tant pour lui que pour les membres du corps, la permission de se pourvoir par la voie d'appel comme d'Abus. Les procès-verbaux & les séances des assemblés de 1625, de 1655, de 1657, & 1660 en fournissent des preuves.

Il ne faut cependant pas dissimuler que le Clergé ne se soit plaint plusieurs fois des appels comme d'Abus, & qu'il n'en ait demandé la suppression. En 1666 sur-tout, il représenta au roi par la bouche de l'évêque d'Amiens, » que » les appellations comme d'Abus causoient beau- » coup de désordre, que c'étoit une nouvelle » chicane inconnue en france avant les derniers » siecles : que les rois étoient à la vérité les » protecteurs des canons, mais qu'il y avoit » bien de la différence entre le recours au prince » & l'appel comme d'Abus : que si les empereurs » avoient quelquefois fait revoir les procès des » ecclésiastiques, ç'avoit été par des évêques & » non par des laïques : que cette jurisprudence » des appels étoit portée à un tel excès, qu'elle » détruisoit absolument l'autorité de l'église, » renversoit l'ordre judiciaire, nourrissoit la

» rebellion des eccléfiaftiques , & rendoit les
» prélats de miférables folliciteurs de procès:
» qu'il n'y avoit plus de règle certaine : qu'on
» donnoit le nom d'Abus, quand on vouloit, à
» toutes fortes de procédures, & que les cours
» qui étoient alors juges & parties, attiroient
» fous ce prétexte toutes fortes de caufes à leur
» connoiffance : que l'églife n'étoit point fu-
» balterne aux parlemens , & qu'ainfi , hors le
» cas d'entreprife fur la juridiction du roi, on
» ne devoit point fouffrir que les affaires jugées
» par les tribunaux eccléfiaftiques fuffent por-
» tées devant les féculiers ». .

Mais ces remontrances ne firent & ne durent
faire aucune impreffion. En effet nous avons
fait voir que dans les temps les plus reculés,
les princes ont interpofé leur autorité pour arrêter le cours des entreprifes de la juridiction
eccléfiaftique.

• C'eft d'ailleurs une erreur de dire que l'appel
comme d'Abus intervertit l'ordre des juridictions, en foumettant les matières eccléfiaftiques
à la décifion des cours fouveraines; cette voie
de droit opère tout le contraire. En effet elle
fert à diftinguer les deux puiffances, & à empêcher que l'une n'ufurpe fur l'autre. Le parlement qui prononce fur un appel comme d'Abus
ne décide point les matières eccléfiaftiques; il
n'examine que le fait, fi le juge d'églife a vexé
les fujets du roi, s'il a violé les canons & concordats reçus en france, les libertés de l'églife
gallicane, &c. & s'il reconnoit l'Abus, il fe
contente de prononcer que le juge d'églife a
abufé, & il renvoie la connoiffance du fond au
tribunal eccléfiaftique. Ainfi l'appel comme

d'Abus ne soumet les ecclésiastiques à la juridiction des parlemens, que dans les cas où ils sont responsables au roi de leur conduite.

C'est encore une erreur de supposer que les parlemens puissent donner le nom d'Abus à toutes sortes de procédures pour attirer sous ce prétexte, toutes sortes de causes à leur connoissance : nos rois ont marqué les cas où l'appel comme d'Abus peut avoir lieu, & ils ont défendu aux cours de l'admettre en d'autres circonstances. Ils ont d'ailleurs pris les précautions convenables pour que cette voie de droit ne pût pas être facilement employée pour favoriser l'injustice ou l'oppression. Aussi un ecclésiastique ayant prêché publiquement que les appellations comme d'Abus étoient plus dommageables à l'église que les hérétiques, & ayant prononcé une excommunication contre un particulier parce qu'il avoit appelé comme d'Abus d'une procédure faite par le juge ecclésiastique, le parlement de Paris, par arrêt du 30 juin 1623, dit qu'il avoit été nullement & abusivement procédé, ordonna que l'excommunication seroit levée dans quinze jours à peine de saisie du temporel, & défendit de procéder à l'avenir par telle voie au préjudice des loix fondamentales du royaume, de la souveraineté du roi & de l'obéissance à lui due par ses sujets, tant ecclésiastiques que laïques, à peine d'être procédé contre les contrevenans selon la rigueur des ordonnances.

Le chapitre général de cîteaux tenu en 1738, approuvé par un bref du pape du 21 mars 1739, & revêtu de lettres-patentes adressées au grand-conseil, avoit défendu à tous les

religieux de cet ordre de porter aux tribunaux
féculiers les affaires purement régulières : mais
l'enregistrement de ces lettres n'a eu lieu qu'à
la charge que l'article inféré dans la fection 20
concernant les affaires purement régulières, ne
pourra empêcher les fujets du roi de fe pourvoir par appel comme d'Abus dans les cas où il
peut y avoir lieu fuivant les ordonnances.

L'appel comme d'Abus a donc lieu dans tout
le royaume, & même dans les pays conquis : il
y a une déclaration du 8 janvier 1719, enre-
giftrée le 27 du même mois au parlement de
Flandre, par laquelle le roi ordonne que ces
fortes d'appels y auront lieu en la forme & de
la manière fuivie dans les autres parlemens du
royaume, notamment dans celui de Paris.

En Rouffillon on dit, *fe pourvoir par voie de
recours ;* & en Lorraine, *former oppofition à fins
de nullité*, ce qui eft la même chofe que ce que
fignifie dans le refte du royaume, *appeler comme
d'Abus*.

Les cas d'appel comme d'Abus dérivent de
quatre fources indiquées dans l'article 79 de nos
libertés. Les contraventions aux canons reçus
dans le royaume & dont parle l'article 41 de
nos libertés compofent la première : les contraventions aux concordats, aux édits ou ordonnances du roi, & aux arrêts des cours fouveraines compofent la feconde : les attentats aux
droits, franchifes, libertés & priviléges de l'é-
glife gallicane compofent la troifième, & les
entreprifes de juridiction, la quatrième.

*Contraventions aux canons reçus dans le royau-
me.* Par les articles 5 & 6 de nos libertés, la
puiffance du pape même eft bornée par les ca-

nons des anciens conciles reçus dans le royaume ; il n'y peut contrevenir fans Abus.

Les canons des conciles regardent ou la foi ou la difcipline. Il ne peut être dérogé en rien au premier point puifque la foi eft invariable. A l'égard des canons qui ne concernent que la difcipline ou l'ordre extérieur de l'églife, ils ne font fuivis en france que quand ils ont été reçus dans le royaume ; mais lorfqu'ils y font reçus, on ne peut y contrevenir fans donner lieu à l'appel comme d'Abus. Au refte le roi peut modifier ou interpréter ces canons comme il eft le maître de les admettre ou de les rejeter felon qu'ils lui paroiffent utiles au contraires au bien de l'état.

Contraventions aux édits, ordonnances, &c. Le roi a le droit, comme perfonne n'en doute, de faire des lois fur la police extérieure de l'églife, foit pour protéger les canons & maintenir ou réformer la difcipline, foit pour l'ordre de la procédure tant civile que criminelle. Par une conféquence néceffaire toute contravention aux édits & ordonnances de même qu'aux arrêts des cours auxquelles le fouverain a confié une partie de fon autorité, eft un Abus contre lequel on peut fe pourvoir par la voie d'appel devant les juges qui en doivent connoître.

Attentats aux droits, libertés &c. de l'églife gallicane. Les libertés de l'églife gallicane étant l'ancien droit commun de l'églife dans lequel la france a toujours fu fe maintenir en s'oppofant aux nouveautés qui pouvoient tendre à l'altérer, il eft clair que toute dérogation & toute atteinte à ces libertés eft un Abus contre lequel il y a lieu de fe pourvoir.

Entreprise de jurisdiction. Le juge d'église commet Abus toutes les fois qu'il entreprend sur la juridiction séculière, soit en prenant connoissance des causes qui ne sont pas de sa compétence, soit en excédant les bornes de son pouvoir. Réciproquement il y a Abus de la part du juge laïque lorsqu'il entreprend sur la juridiction ecclésiastique. Mais soit parce que les ecclésiastiques n'aiment point à recourir aux tribunaux séculiers pour faire réformer l'abus du juge laïque, soit parce qu'ils ont dans ce cas la voie de l'appel simple, on ne voit pas qu'ils fassent usage de la faculté qu'ils ont d'appeler comme d'Abus; ils s'adressent par préférence au souverain lui-même, lequel par la voie d'évocation arrête les poursuites dans les tribunaux séculiers, ou pourvoit à leurs entreprises par des arrêts dont les parlemens se plaignent quelquefois comme d'une chose contraire au bon ordre & même aux lois du royaume. On peut voir à ce sujet les fameuses remontrances du parlement de Paris du 9 avril 1753. Au reste, quand le juge laique est saisi d'une affaire, le juge d'église ne peut sans Abus procéder de son chef.

Par respect pour le pape on n'interjette point appel comme d'Abus directement des bulles, des brefs & des autres expéditions qui paroissent sous le nom de sa sainteté, mais on appelle de l'obtention, de la publication ou fulmination de la bulle, bref, &c. & par ce moyen on impute l'Abus à la partie.

L'appel comme d'Abus soit que l'Abus soit commis par le juge ecclésiastique ou par le juge laïque se relève devant les tribunaux séculiers, & à cause de l'importance de la matière, ce font les cours fouveraines qui en connoiffent à l'exclufion des juges inférieurs.

Les appellations comme d'Abus fur les affaires civiles font toujours portées à la grand'chambre, & fur les affaires criminelles à la tournelle criminelle. Ces appels fe mettent au rôle des plaidoiries ; mais quand ils ne viennent point à leur tour, ils ne font point appointés de droit comme les affaires ordinaires ; on les met à un autre rôle : cependant ils peuvent être appointés du confentement des parties & des gens du roi, ou quand la cour après avoir entendu la plaidoierie, ne trouve pas l'affaire difpofée à être jugée à l'audience. Tel eft l'ufage obfervé au parlement de Paris. Au refte M. le chancelier de Pontchartrain confulté par M. Riquet, préfident au parlement de Touloufe, fur la forme de procéder au jugement des appels comme d'*Abus*, lui fit la réponfe fuivante, datée du 11 juillet 1701.

« Rien ne vous oblige de faire mettre au rôle » les caufes où il s'agit d'appel comme d'*Abus* ; » vous pouvez, fans diftinction, les faire appe-» ler par placet, lors même que les appellations » font principales.

» A l'égard de celles qui ne font qu'incidentes, » elles fuivent naturellement les inftances prin-» cipales ; enforte que, fi la caufe principale eft » à l'audience, l'appel comme d'*Abus* doit y » être auffi porté ; & l'on doit plaider en même » temps fur l'une & fur l'autre.

» Si au contraire l'inftance principale eft ap-» pointée, l'appel comme d'*Abus* interjeté inci-» demment doit être réglé & joint à l'inftance par » un réglement qui s'arrête au parquet avec les » gens du roi, ou qui fe reçoit fur leur avis à

» l'audience de la grand'chambre, quand même
» l'inſtance principale ſeroit conclue aux en-
» quêtes.

» Il y a cependant des appellations comme
» d'*Abus*, qui, quoiqu'incidentes à des procès
» par écrit, doivent être regardées comme prin-
» cipales, & qui par cette raiſon ne doivent
» pas être jointes au procès par écrit; parce que
» le jugement du procès dépend en ce cas de
» l'événement de l'appel comme d'*Abus*.

» Si par exemple, dans un procès pendant aux
» enqêtes où les enfans d'un défunt ſont parties,
» on s'aviſoit de leur conteſter leur état, & d'in-
» terjeter appel comme d'*Abus* de la célébration
» du mariage de leur père, cet appel, qui dans
» une autre affaire ne ſeroit qu'un incident, de-
» viendroit néceſſairement le principal ; & il fau-
» droit en ce cas ſuſpendre le jugement du procès
» pendant aux enquêtes, porter l'appel comme
» d'*Abus* à la grand'chambre, & le faire juger
» préalablement ».

L'appel comme d'Abus peut être relevé par
arrêt ou par lettres obtenues en chancellerie.

Dans le premier cas il faut pour obtenir l'arrêt qui reçoit l'appel, & permet d'intimer, pré-
ſenter une requête & y joindre la ſentence contre laquelle on veut ſe pourvoir, & que le tout
ſoit communiqué au procureur-général.

Dans le ſecond cas, il faut une conſultation
de deux avocats qui trouvent l'appelant bien
fondé. Cette conſultation doit être attachée aux
lettres de relief d'appel comme d'Abus (*) qu'on

_____

(*) *Formule de lettres de relief d'appel comme d'abus.*
Louis, par la grace de Dieu, roi de France & de Navarre,

peut prendre en petite chancellerie, fuivant l'arrêt d'enregiftrement de l'édit de 1610. Mais pour prendre des lettres d'anticipation fur une appel comme d'Abus, il n'eft point néceffaire de les libeller ni d'avoir une confultation d'avocats.

Quand on objecte dans le cours d'une plaidoirie un acte fufceptible de l'appel comme d'Abus, il eft d'ufage d'interjeter cet appel incidemment fur le barreau; & dans ce cas, la formalité du fceau & de la confultation ne peut être obfervée.

Au parlement de Touloufe, on accorde des reliefs d'appel comme d'Abus fans confultation d'avocats, quoiqu'elle foit requife par l'édit de 1606.

Suivant l'article 36 de l'édit du mois d'avril 1695, les appellations comme d'Abus interjetées des ordonnances & réglemens faits par les archevêques & évêques dans le cours de leurs

---

au premier, &c. de la partie de.... nous a été expofé que.... (*ici l'on expofe les caufes & moyens d'Abus qui donnent lieu à l'appel,*) fur quoi ayant pris l'avis de.... avocats en notredite cour, dont la confultation eft attachée fous le contre-fcel de notre chancellerie, ils ont eftimé que l'expofant feroit bien fondé à interjeter appel comme d'Abus de ladite fentence rendue le.... par l'official de.... pour ce eft-il que nous te mandons à la requête de l'expofant, tu affignes à certain & compétent jour en notre cour de parlement à Paris.... pour procéder fur l'appel comme d'Abus interjeté par l'expofant, &, qu'il interjette par ces préfentes de la fentence de l'official de.... rendue entre lefdites parties le.... & en outre procéder comme de raifon, & fera déclaré que me.... procureur occupera pour l'expofant. De ce faire te donnons pouvoir. Car tel eft notre plaifir. Donné en notre chancellerie du palais, à Paris le.... &c.

vifites, ou des jugemens que ces prélats & autres juges d'églife peuvent rendre pour la célébration du fervice divin, réparation des églifes, achat d'ornemens, fubfiftance des curés, & autres eccléfiaftiques qui deffervent les cures, rétabliffement & confervation de la clôture des religieufes, correction des mœurs des eccléfiaftiques, & toutes autres chofes concernant la difcipline, ne doivent avoir qu'un effet dévolutif & non fufpenfif; c'eft-à-dire que ces ordonnances ou jugemens doivent être exécutés n'onobftant l'appel & fans y préjudicier.

Mais fi fous prétexte de vifite, de correction de mœurs, ou de maintenir la difcipline eccléfiaftique, les ordonnances & jugemens rendus par les ordinaires ou les juges d'églife renfermoient évidemment des contraventions à la police & aux loix de l'état, alors le parlement fur les conclufions du procureur-général feroit défenfe d'exécuter ces jugemens & l'appel feroit fufpenfif comme dévolutif; fans cela ce feroit accorder la provifion au trouble, tandis qu'elle n'eft due qu'à l'ordre & à la règle.

Il faut auffi remarquer que quand l'appel comme d'Abus eft interjeté par le procureur-général, il eft toujours fufpenfif, même en matière de correction, de difcipline eccléfiaftique, vifite épifcopale, &c. c'eft une maxime conftante fondée fur ces deux confidérations; 1°. que l'article 5 de l'ordonnance de 1539, en difant que les appellations comme d'Abus interjetées par les eccléfiaftiques en matière de correction & de difcipline, n'auront aucun effet fufpenfif, ne peut concerner les appels interjetés par le miniftère public : 2°. Que le roi n'accorde jamais la provifion contre lui-même, comme le fit voir folidement M. Joli de Fleuri avocat général, à l'occafion d'un arrêt du 4 juin 1704 rapporté au journal des audiences.

Dans le cas d'appel comme d'Abus de la procédure criminelle commencée contre un clerc, le parlement ne peut accorder de défenfes d'exécuter les décrets, même d'ajournement perfonnel, ni ordonner que le prifonnier fera élargi, que fur le vu des charges & informations : & quand il y a un décret de prife de corps, les eccléfiaftiques accufés ne peuvent faire aucune fonction de leurs bénéficices & de leur ordre, même après avoir obtenu des arrêts de défenfe, que l'appel n'ait été jugé définitivement, ou que le juge d'églife ne leur ait permis de faire ces fonctions. C'eft une difpofition de l'édit du mois d'avril 1695.

Le parlement de Dijon ayant déclaré abufive la procédure criminelle faite par l'official d'Autun contre un curé du même diocèfe, fous prétexte que l'official n'avoit pu inftruire le procès à l'accufé au préjudice d'un appel comme d'Abus, ni permettre de publier un monitoire fans le confentement du juge laïque, le délit étant du nombre des cas privilégiés ; l'accufateur fe pourvut contre cet arrêt au confeil du roi : il y repréfenta qu'aux termes des ordonnances l'appel comme d'Abus fans arrêt de défenfes, n'a point d'effet fufpenfif lorfqu'il s'agit de la correction des mœurs ; que l'ordonnance de 1670 permet à tous les juges d'accorder des monitoires, & que la déclaration de 1684 fait fubfifter les informations faites par l'official, avant que le juge royal ait été appelé. Le confeil d'état rendit en conséquence un arrêt le 12 mai 1700, par lequel il caſſa l'arrêt du parlement de Dijon & renvoya les parties au parlement de Paris, pour y procéder ſur l'appel comme d'Abus de la procédure faite à l'officialité d'Autun, & ſur l'appel ſimple des ſentences du lieutenant criminel de Sémur.

· On ne peut prendre à partie les archevêques & les évêques, pour les ordonnances qu'ils rendent ſur ce qui concerne la juridiction eccléſiaſtique, ni ſur ce qui a été ordonné par les officiaux, par rapport à la juridiction contentieuſe, quand pour répondre des dommages & intérêts il y a une partie qui a requis leur jugement, & qui le ſoutient ; à moins toutefois qu'ils n'aient commis quelques-unes des fautes qui donnent lieu à la priſe à partie, par rapport aux autres juges. C'eſt ce que preſcrit l'article 43 de l'édit de 1695 ; mais on les intime en leur propre & privé nom ſans les prendre à partie quand il y a un appel comme d'Abus interjeté des ſentences des officiaux rendues à la requête des promoteurs ; parce qu'on ne regarde pas les promoteurs comme capables, en cette qualité, de comparoître au parlement.

Les · appellations comme d'Abus regardant particulièrement l'intérêt public, & le miniſtère des procureurs généraux, elles ne ſont ſujettes ni à la déſertion ni à la péremption. Ainſi quelque longue que ſoit une poſſeſſion, fût-elle même de pluſieurs ſiècles, elle ne ſauroit couvrir l'Abus ni même faire préſumer un titre valable, s'il en paroît un qui ſoit vicieux. C'eſt ſur ce fondement que par arrêt du 26 janvier 1690, la cour a déclaré abuſive l'exemption de l'abbaye de Jouarre, nonobſtant une poſſeſſion de plus de sept siècles, fondée sur un titre simoniaque.

C'est par une suite de ces principes que les parties ne peuvent transiger sur l'Abus que du consentement des gens du roi qui font les parties principales dans ces sortes d'affaires : parce que l'Abus étant un trouble à l'ordre public, les parties ne peuvent le faire subsister par des conventions particulières.

C'est encore par une suite des mêmes principes qu'une partie peut interjeter appel comme d'Abus des jugemens ecclésiastiques, même après avoir procédé volontairement, & après trois sentences conformes. Mais celui qui pouvoit décliner la juridiction & qui ne l'a pas fait, doit être condamné aux dépens des procédures volontaires.

Remarquez néanmoins que quand on dit que l'Abus ne se couvre ni par le laps de temps, ni par la convention des parties, cela ne doit s'entendre que de l'Abus qui regarde la police extérieure de l'église, le droit public, les entreprises sur l'autorité royale, & sur les prérogatives & libertés gallicanes ; mais pour ce qui touche uniquement le droit des particuliers, l'*Abus* peut, en certains cas, être couvert par le consentement des parties. Ainsi quand il y auroit Abus dans le jugement qui releveroit de ses vœux un religieux profés, si les parens de ce religieux ont consenti à sa demande, ou s'ils ont partagé avec lui une succession, ils ne peuvent plus se pourvoir par la voie de l'appel comme d'Abus contre la sentence qui l'a rendu au siècle : c'est ce qui a été jugé par deux arrêts du parlement de Paris des 20 janvier 1634 & 22 avril 1649.

La raison de décider est que ceux qui acquiescent à la réclamation d'un de leurs parens contre des vœux solemnels, ne dérogent point au droit public ; ils renoncent seulement à leur propre intérêt & aux secours extraordinaires que les loix ont introduits pour l'utilité des familles.

Il en seroit différemment si les parens n'avoient pas couvert l'Abus par leur acquiescement & en consentant que le religieux fut relevé de ses vœux. Aussi quoique Clément Martin, après avoir obtenu une sentence qui le relevoit des vœux solemnels qu'il avoit faits dans l'ordre des capucins, eût vécu depuis en séculier dans sa famille pendant plus de vingt ans, & qu'il eût été marié deux fois pendant ce tems, il n'en fut pas moins exclus d'une succession & obligé de rentrer dans son monastère, par arrêt du parlement d'Aix du 18 mai 1679, lequel déclara abusive la sentence du juge d'église qui l'avoit rendu au siècle.

Le parlement en prononçant sur les appellations comme d'Abus, doit dire qu'il *n'y a Abus*, ou qu'*il a été mal, nullement & abusivement procédé, statué, ordonné* ou *célébré*. Dans le premier cas, l'appelant doit être condamné à soixante-quinze livres d'amende. Dans le second cas, si la matiere n'est point de la compétence du juge ecclésiastique, on renvoie par-devant le juge ordinaire séculier : mais si l'affaire doit être jugée par l'official, le parlement renvoie à l'évêque pour nommer un autre official que celui qui avoit rendu la sentence déclarée abusive, ou au supérieur ecclésiastique, si le jugement, ou l'ordonnance a été rendu par l'évêque. C'est la disposition de l'article 36 de l'édit de 1695.

Le

Le même édit ayant défendu de mettre les parties hors de cour fur les appels comme d'A-bus, c'eft une difficulté de favoir comment on doit prononcer lorfque l'intimé déclare qu'il ne veut pas fe fervir de l'ordonnance dont on a appelé. Le cas s'étant préfenté le 5 mars 1699 au parlement de Touloufe, on prit le parti de dire *qu'il n'y avoit pas lieu de faire droit fur l'appel comme d'Abus, attendu la déclaration faite par la partie, qu'elle ne prétendoit point foutenir l'ordonnance contestée.* Voyez *le traité de l'Abus par Fé-vret ; les mémoires du clergé ; l'édit de* 1695 *; les loix ecclésiaftiques de France ; les arrêts de May-nard ; le journal du palais ; le journal des audien-ces ; Loifel ; la jurifprudence canonique ; le com-mentaire de Dupuis fur les libertés de l'églife gal-licane ; Covarruvias ; la bibliothèque canonique de Bouchel ; l'édit de Fontainebleau de 1541 ; l'ordon-nance de Blois, &c.* Voyez auffi les articles APPEL, JURIDICTION, COMPÉTENCE, MARIA-GE, LIBERTÉS DE L'EGLISE GALLICANE, &c.

ABUS & MALVERSATIONS, *en termes d'eaux & forêts.* Les grands-maîtres en procédant à leurs vifites, peuvent faire toutes fortes de ré-formations & juger les délits, Abus & Malverfa-tions commis dans leur département, foit par les officiers ou les particuliers. C'eft la difpofi-tion de l'article 4 du titre 13 de l'ordonnance des eaux & forêts de 1669.

Suivant l'article 5 du même titre, les grands-maîtres doivent procéder contre les officiers par information, décret, arrêt de leur perfonne & de leur gages, inftruire ou commettre pour l'inf-truction & faire le procès nonobftant oppofi-tion ou appellation quelconque, jufqu'à fentence définitive incluſivement, ſauf l'exécution de cette ſentence s'il en eſt appelé.

Si pour la longueur de l'inſtruction ou pour d'autres raiſons, les grands-maîtres ne peuvent prendre connoiſſance des Abus & Malverſations commis par les officiers, l'article 40 de l'édit de mai 1716 veut qu'ils renvoient les procès aux maîtriſes pour y être inſtruits & jugés, à la charge de l'appel aux tables de marbre ou aux chambres des eaux & forêts établies près des parlemens.

Suivant l'article 6 du titre 3 de l'ordonnance citée, les grands-maîtres peuvent ſeuls & ſans appel deſtituer les gardes des forêts du roi, & autres dans leſquelles ſa majeſté a intérêt. A l'égard des Abus & Malverſations commis par les bucherons, charretiers, pâtres & autres ouvriers employés à l'exploitation & voiture des bois, les grands-maîtres peuvent, ſuivant le même article, faire le procès aux coupables en dernier reſſort, à la charge de les juger au préſidial du lieu du délit, au nombre de ſept juges au moins; mais ils ne peuvent juger aucune autre perſonne en matiere criminelle, qu'à la charge de l'appel.

La réparation des Abus & Malverſations que commettent les officiers dans leurs fonctions, a un tel privilége ſur les offices des coupables, qu'elle eſt préférée à toute autre créance hypothécaire, même à l'hypothéque de ceux qui ont prêté leurs deniers pour l'acquiſition de l'office. Cette juriſprudence qui paroît un peu s'échapper du cercle où les diſpoſitions ordinaires du droit circonſcrivent l'équité, eſt fondée ſur l'article 27 du titre 32 de l'ordonnance de 1669, &

fur deux ordonnances des années 1515 & 1518.

Les officiers des eaux & forêts repris pour Abus & Malverfations ne peuvent pas réfigner leurs offices pendant l'iftruction du procès. Cela a été ainfi jugé par arrêt du parlement de Rouen du 23 décembre 1527.

ABUS DES ROUTES DE REMONTE. Afin que les gens de guerre n'abufent pas des routes de remonte pour faire fubfifter aux dépens du roi des équipages particuliers, l'article 44 de l'ordonnance du 13 juillet 1727 veut que les maires, échevins, confuls, fyndics ou marguilliers des villes & lieux de paffage faffent faifir & arrêter les mules & mulets qui pourront leur être préfentés fur des routes de remonte ou de recrues, & qu'ils en donnent avis fur le champ au fecrétaire d'état de la guerre, lequel recevra les ordres de fa majefté tant fur la vente des mules & mulets faifis, que fur le châtiment du capitaine ou autre officier qui aura abufé de la route. Le roi déclare par le même article que le prix des mules & mulets vendus fera diftribué, favoir, les deux tiers à ceux qui auront fait la faifie, & l'autre tiers à l'hôpital du lieu ou du plus prochain.

ABUS *dans la maniere de tirer la milice.* L'article 13 de l'ordonnance du 25 février 1726 porte que s'il a été commis quelque fraude, ou qu'il y ait eu quelque Abus dans la maniere dont le fort aura été tiré pour défigner un milicien, celui qui en fournira la preuve fera payé de la fomme de cent livres par l'auteur de la fraude ou Abus, ou par la communauté qui y aura participé.

ACACIA. Sorte de drogue que vendent les

épiciers, & dont on diftingue deux'efpèces fous les noms d'*Acacia commun* & d'*Acacia vrai*.

- L'*Acacia commun* doit par cent pefant cinquante fous, & l'*Acacia vrai* fept livres dix fous pour droit d'entrée dans le royaume. Voyez *le tarif de 1664*, & les articles ENTRÉE, SORTIB, MARCHANDISE, SOU, &c.

ACAREMENT. Ce terme eft ufité dans quelques tribunaux voifins de l'Efpagne pour fignifier la confrontation que le juge fait des témoins aux criminels. On dit de même *Acarer* pour *confronter*. Voyez CONFRONTATION.

ACAZEMENT. Terme ufité dans quelques coutumes ainfi qu'*Acazer*, pour exprimer l'action d'inféoder ou de donner à rente.

Il faut remarquer que le feigneur direct ou foncier a non-feulement le droit d'acazer ou d'inféoder, mais celui au profit duquel eft fait l'*Acazement*, peut encore *fous-acazer*, à moins que fon titre ne le lui défende.

Il y auroit pourtant une différence entre l'*Acazement* & le *fous-Acazement*. Le premier emporteroit lods & ventes, & l'autre non. Voyez *le gloffaire du droit françois*.

ACCAPTE. C'eft le nom d'un droit feigneurial que payent les poffeffeurs des biens de rôture lorfque le feigneur vient à mourir. Ce droit n'eft guère connu que dans les provinces de Guyenne & de Languedoc.

Dans ces mêmes provinces on appele *arrière-capte*, un droit pareil au premier qui fe paye quand le poffeffeur du bien meurt.

Dans quelques feigneuries chacun de ces droits confifte dans le double du cens; dans d'autres, ils fe perçoivent fur les fruits des héritages.

Le droit d'Accapte eft fujet aux mêmes règles

& aux mêmes exceptions que les autres profits de fief.

L'Accapte &·l'arrière-capte ne font dûs que pour les mutations qui arrivent par mort , & non pour les mutations qui arrivent par vente & donation.

La mort d'un commandeur de Malte ne donne point ouverture au droit d'Accapte ; mais bien celle du grand-maître.

Les auteurs qui ont parlé du droit d'Accapte , disent qu'il n'est pas du nombre des droits seigneuriaux ordinaires ; qu'il n'est dû que quand il est fondé en titres, ou lorsqu'il y a coutume ou possession immémoriale. Voyez *les arrêts de May-nard ; d'Olive ; Henrys ; Ducange ; Catelan*, &c. Voyez aussi les articles MUTATION, RECON-NOISSANCE, &c.

ACCENSEMENT. C'est une convention par laquelle on prend un héritage à cens ou rente foncière.

L'Accensement proprement dit est le bail à cens ou rente foncière avec retention de foi. Il ne peut se faire qu'en convertissant en rôture l'héritage noble, ce qui forme un démembrement. Le propriétaire d'un fief qui relève d'un autre, ne peut faire à son préjudice ces démembremens que jusqu'à concurrence de ce qui est réglé par les coutumes.

Le roi peut aliéner par Accensement les petits domaines qu'il possède. Voyez DOMAINE, BAIL A CENS, RENTE FONCIERE, &c.

ACCEPTATION. C'est en général le consentement de celui auquel on fait des offres & qui les agrée, qui les reçoit.

L'*Acceptation* en matière bénéficiale est né-

K iij.

cessaire pour que la collation du bénéfice soit parfaite. Elle se fait de plusieurs manières, relativement au genre de vacance, & à la nature des provisions. En cas de résignation en cour de Rome, l'Acceptation est expresse, lorsque le résignataire est présent, & qu'il accepte. Si le résignataire ne signe point la procuration & qu'il emploie le ministère du banquier, l'Acceptation est *tacite*, comme celle de tout impétrant qui a recours au même ministère. Lorsque le pourvu reçoit les provisions des mains du collateur, son Acceptation est *personnelle*; elle sert dit Duperrai, à couvrir la vacance de droit: quand il prend possession, son Acceptation devient réelle, & sert à remplir la vacance de fait.

L'Acceptation d'un bénéfice conféré à un absent qui ne l'a point requis doit être prouvée: la seule présomption ne suffiroit pas. Il en est autrement des résignations & autres provisions en cour de Rome, qui ne se donnent qu'à la réquisition d'un orateur : dans ces cas l'Acceptation tacite & la présomption de l'Acceptation suffisent.

Celui qui n'est point présent à sa nomination à un bénéfice, ni à la résignation faite en sa faveur, ou qui ne l'a pas requis, n'est pas censé titulaire, & le bénéfice n'est pas présumé résider sur sa tête. Il pourroit néanmoins résigner son droit, parce qu'alors la résignation renfermeroit une Acceptation qu'on regarderoit comme suffisante.

On peut accepter par soi ou par procureur : si c'est par procureur, une procuration générale suffit, mais il faut au moins qu'il y soit parlé d'Acceptation de bénéfices quoiqu'ils n'y soient pas déterminés. S'il s'agit de bénéfices incompatibles ou conférés en vertu d'indult, de grades, &c. il faut une procuration spéciale, & même un proche parent ne pourroit pas accepter en ce dernier cas, parce que l'Acceptation peut porter préjudice au collataire.

L'Acceptation de la collation de l'ordinaire doit être faite dans les six mois de la vacance ; autrement le collateur pourroit empêcher le droit de dévolution : cependant il a été jugé au grand conseil le 17 mars 1723, que l'Acceptation d'un pourvu après les six mois des provisions, étoit bonne & préférable à des provisions intermédiaires. Mais il n'y a en cela aucune contradiction : on a voulu obliger le collateur à faire accepter sa collation par le pourvu, dans les six mois, pour ne pas donner lieu à la fraude au préjudice des supérieurs, & contre la disposition du chapitre 3 *de collusione detegenda ;* ainsi dès qu'on ne peut former ce soupçon contre le collataire, comme il a trois ans pour accepter ou pour répudier, ce feroit alors une injustice de le priver de ses droits. D'ailleurs ce feroit contrevenir à la disposition du chapitre *si tibi absenti* qui est la première loi sur cet objet : elle ordonne que quoique la collation non acceptée n'acquière pas le bénéfice au collataire, celui-ci en retire néanmoins cet avantage, que le collateur ne peut plus en disposer en faveur d'un autre à son préjudice, ou s'il n'y consent : le collateur peut seulement mettre le collataire en retard en lui prescrivant un délai pour accepter, passé lequel le collateur peut conférer à un autre ; mais jusqu'à ce qu'il ait conféré de nouveau, même après le délai expiré, le premier collataire peut accepter valablement pour lui.

On voit par ce qui vient d'être dit que la loi d'Acceptation de la collation dans les six mois, ne regarde particulièrement que le collateur : tant que le bénéfice conféré n'est pas accepté dans les trois ans, la collation demeure en suspens & après les six premiers mois la dévolution a lieu en faveur du collateur supérieur.

Il y a une règle de chancellerie, appelée *de præstando consensu*, qui défend d'expédier des lettres d'établissement de pension sans le consentement du débiteur de la pension. Ainsi quand une résignation est chargée d'une pension, sans que le résignataire y ait consenti, il faut demander au pape la dérogation à cette règle, ce qui ne souffre jamais de difficulté quand le résignant est paisible possesseur ; mais quand le bénéfice résigné sous la réserve d'une pension est en litige, le consentement du résignataire devient nécessaire, parce qu'on ne peut le charger d'un procès & d'une pension sans son consentement : il en est de même des pensions établies sans cause. Au surplus, il est d'usage de se contenter du consentement tacite du résignataire pour l'Acceptation d'une cession de droits en litige sous réserve de pension : la dérogation du pape à cet égard produit le même effet, parce que la pension ne doit avoir lieu que dans le cas d'une paisible jouissance.

Un résignataire ne peut accepter une seconde résignation du même résignant, à moins que la première n'ait été annullée pour être restée sans exécution pendant trois ans, ou qu'elle n'ait été expressément répudiée par le résignataire.

La résignation pure & simple qu'on appelle

démiſſion, opérant une vacance entière & conſommée dans le bénéfice du moment qu'elle eſt
admiſe, il n'eſt pas néceſſaire pour qu'elle ait
ſon effet que la collation du bénéfice qui eſt faite
en conſéquence, ſoit acceptée par le collataire.

L'Acceptation d'un bénéfice électif confirmatif
eſt abſolument néceſſaire pour la validité de l'é-
lection : ſi l'élu eſt abſent on lui donne un mois
de tems pour accepter ſon élection & trois mois
pour obtenir ſa confirmation.

ACCEPTATION, en matière de juridiction eccléſiaſtique, ſignifie une adhéſion aux conſtitu-
tions des papes ou autres actes, par laquelle ces
actes ont été reçus & déclarés obligatoires.

Il y a deux ſortes d'Acceptations, l'une ſolennelle, & l'autre tacite.

L'*Acceptation ſolennelle* eſt un acte formel,
par lequel l'acceptant condamne expreſſément
quelque erreur ou quelque ſcandale que le pape
a condamné.

Quand une conſtitution a été acceptée par tous
ceux qu'elle regarde plus particulièrement, elle
eſt ſuppoſée acceptée par tous les prélats du
monde chrétien qui en ont eu connoiſſance : &
c'eſt cet acquieſcement qu'on appele *Acceptation
tacite.*

En ce ſens la France, la Pologne, & d'autres
états, ont accepté tacitement la conſtitution
contre la doctrine de Molinos & des Quiétiſtes.
De même l'Allemagne, la Pologne & d'autres
états catholiques ont accepté tacitement la conſtitution contre Janſénius.

ACCEPTATION *d'une donation*, eſt le conſentement que donne le donataire à la donation qui
lui eſt faite.

Suivant l'ordonnance du mois de février 1731, l'Acceptation de la part du donataire est tellement essentielle dans les *donations* entre-vifs, que celles mêmes qui seroient faites en faveur de l'église, ou pour cause pie, ne peuvent engager le donateur, ni produire aucun autre effet, que du jour qu'elles ont été acceptées par le donataire ou par son fondé de procuration générale ou spéciale, laquelle procuration doit demeurer annexée à la minute de la *donation*.

Si le donataire est absent, & que la *donation* ait été acceptée par quelqu'un qui ait déclaré se porter fort pour lui, elle n'aura d'effet que du jour de la ratification expresse faite par le donataire par acte passé devant notaire, & dont il doit rester minute.

Autrefois le notaire acceptoit pour le donataire absent, mais l'ordonnance citée défend à tous notaires ou tabellions de faire ces sortes d'Acceptations, à peine de nullité.

L'Acceptation doit être expresse, sans que les juges puissent avoir égard aux circonstances dont on prétendroit induire une Acceptation tacite; & cela quand même le donataire auroit été présent à l'acte de *donation*, & qu'il l'auroit signé, ou qu'il se seroit mis en possession des biens donnés.

Lorsque le donataire est mineur de vingt-cinq ans, ou interdit par autorité de justice, l'Acceptation peut être faite pour lui par son tuteur ou curateur, ou par son père, sa mère ou autres ascendans, même du vivant du père ou de la mère, sans qu'il soit besoin d'aucun avis de parens pour rendre l'Acceptation valable.

Les donnations faites aux hôpitaux, & autres établiffemens de charité, doivent être acceptées par les adminiftrateurs ; & celles qui font faites pour le fervice divin, pour fondations particulieres, ou pour la fubfiftance & le foulagement des pauvres d'une paroiffe, doivent être acceptées par le curé & les marguilliers.

Par arrêt du 23 avril 1760, rendu entre les héritiers du curé de Mattigné & les marguilliers de cette paroiffe, le parlement de Paris a déclaré nulle une donation faite par le curé en 1747, d'une rente foncière & d'un terrain particulier pour fervir à la fondation & établiffement d'une maîtreffe d'école, par la feule raifon que la donation n'avoit pas été acceptée par les marguilliers & le fyndic de la paroiffe, lefquels avoient néanmoins parlé dans l'acte.

Les femmes mariées, mêmes celles qui feroient non-communes en biens, ou qui auroient été féparées par fentence ou arrêt, ne peuvent accepter aucune *donation* entre vifs fans être autorifées par leurs maris, ou par juftice, à leur refus : cette autorifation ne feroit cependant pas néceffaire pour les *donations* qui feroient faites à la femme à titre de *paraphernal*, dans les pays où les femmes peuvent avoir des biens de cette qualité.

Il y a encore plufieurs fortes de *donations*, dans lefquels l'Acceptation n'eft pas néceffaire ; favoir,

1°. Celles qui font faites par contrat de mariage aux conjoints, ou à leurs enfans à naître, foit par les conjoints mêmes, ou par les afcendans ou parens collatéraux, même par des étrangers.

2°. Lorſque la *donation* eſt faite en faveur du donataire & des enfans qui en naîtront, ou que le donataire eſt chargé de ſubſtitution au profit de ſes enfans ou autres perſonnes nées ou à naître, elle vaut en faveur de ces enfans ou autres perſonnes, par la ſeule Acceptation du donataire, encore qu'elle ne ſoit pas faite par contrat de mariage, & que le donateur ſoit un collatéral ou un étranger.

3°. Dans une *donation* faite à des enfans nés & à naître, l'Acceptation faite par ceux qui étoient déja nés au tems de la *donation*, ou par leurs tuteurs ou curateurs, père, mère, ou autres aſcendans, vaut également pour les enfans qui pourront naître dans la ſuite, encore que la *donation* ne ſoit pas faite par contrat de mariage, & que le donateur ſoit un collatéral ou étranger.

4°. Les inſtitutions contractuelles & les diſpoſitions à cauſe de mort, qui ſeroient faites dans un contrat de mariage, même par des collatéraux, ou par des étrangers ne peuvent pareillement être attaquées par le défaut d'Acceptation.

5°. L'Acceptation n'eſt point requiſe dans les contrats portant création de rentes perpétuelles ou viagères, quoiqu'ils contiennent des donations au profit de ceux ſur la tête deſquels les rentes ſont conſtituées, ou même au profit d'autres perſonnes qui n'en ont pas fourni la valeur. La chambre des comptes de Paris a rendu à cet égard le 17 juin 1758, un arrêt qui porte que les contrats de rentes viagères & de tontines conſtituées au profit d'un tiers, ſeront exécutés comme ils l'ont été jufqu'à préfent, fans être affujettis à l'Acceptation ni à l'infinuation.

Les mineurs, les interdits, l'églife, les hôpitaux, les communautés, ou autres qui jouiffent des priviléges des mineurs, ne peuvent être relevés du défaut d'Acceptation des *donations* entre-vifs ; ils ont feulement leur recours, tel que de droit, contre leurs tuteurs, curateurs, ou autres perfonnes qui ont pu être chargées de faire l'Acceptation. Mais la *donation* ne doit point être confirmée fous prétexte de l'infolvabilité de ceux contre lefquels ce recours eft donné.

ACCEPTATION *d'une fucceffion.* C'eft l'acte par lequel un héritier préfomptif déclare qu'il accepte la fucceffion à laquelle il eft appelé.

L'Acceptation d'une fucceffion oblige l'acceptant à toutes les dettes dont la fucceffion eft chargée, parce qu'il repréfente le défunt, & qu'il eft fubrogé à tous fes droits & actions.

Lorfque l'héritier fait un acte au greffe, ou par-devant notaire, pour déclarer qu'il accepte la fucceffion, cet acte eft fujet au contrôle dans la quinzaine de fa date, conformément à l'article 2 du tarif du 29 feptembre 1722, parce qu'il eft purement volontaire, & qu'il fe confomme par le feul confentement des parties, fans qu'il foit befoin du miniftère du jugè. Le droit de contrôle eft fixé par le même article à une livre. Cet acte n'eft point fujet à l'infinuation, comme quelques employés de la ferme déterminés par de mauvais principes, ont voulu le prétendre.

L'acte d'Acceptation de fucceffion fous bénéfice d'inventaire eft un acte connu dans le pays de

droit écrit. S'il n'y a point eu de lettres de bénéfice d'inventaire qui aient été préalablement
infinuées, l'acte d'Acceptation ou le jugement
qui permet de fe porter héritier bénéficiaire eft
fujet à l'infinuation, & il eft dû un droit pour
chacun des acceptans ou héritiers, conformément à l'article 14 du tarif des infinuations.

ACCEPTATION *de communauté.* C'eft l'acte par
lequel une femme ou fes héritiers acceptent la
communauté de biens qui étoit entre elle & fon
mari avant la diffolution du mariage.

Après la diffolution du mariage, la femme
ou fes héritiers ont la liberté d'accepter la communauté ou d'y renoncer, au lieu que le mari
n'a pas la liberté d'y renoncer, attendu que tout
eft cenfé de fon fait.

L'effet de cette Acceptation eft que la femme
ou fes héritiers prennent moitié dans les biens
de la communauté, & font tenus de la moitié
des dettes.dont elle eft chargée.

Les dettes immobiliaires créées avant le mariage ne font point une charge de communauté;
chacun des conjoints eft tenu d'acquiter celles
qui le concernent.

A l'égard des dettes mobiliaires auffi créées
avant le mariage, elles font à la charge de la
communauté, à moins qu'on n'ait ftipulé le contraire ; une telle claufe n'empêche pas néanmoins le créancier de fe pourvoir contre le
mari, & fur les biens de la communauté, quand
même ce feroit une dette perfonnelle de la
femme ; elle oblige feulement celui des conjoints dont la dette a été payée des deniers de
la *communauté,* d'en faire raifon à l'autre ou à
fes héritiers lors de la diffolution de la *communauté.*

Quant aux dettes contractées depuis le mariage foit mobiliaires ou immobiliaires, elles font toutes à la charge de la communauté : fi la femme n'y a pas parlé, elle n'y eft obligée qu'en cas d'Acceptation de la *communauté*, & elle ne peut être tenue que jufqu'à concurrence du bénéfice qu'elle tire de la communauté, pourvu qu'après le décès du mari il foit fait loyal inventaire : le mari au contraire eft toujours tenu folidairement des dettes de la communauté envers les créanciers, fauf fon recours contre les héritiers de fa femme pour la part à laquelle ils peuvent être obligés.

Si la femme s'eft engagée avec fon mari, elle doit remplir fon obligation, fauf fon recours contre les héritiers de fon mari pour ce qu'elle a été obligée de payer au-delà de la part qu'elle devoit fupporter des dettes.

Les frais de la derniere maladie du prédécédé font une dette de *communauté*; mais les frais funéraires ne fe prennent que fur la part du prédécédé, & fur fes biens perfonnels : le deuil de la veuve eft auffi à la charge de la *communauté*, foit qu'elle accepte ou qu'elle renonce.

Les dettes immobiliaires des fucceffions échues aux conjoints pendant le mariage, ne font point à la charge de la *communauté* ; & à l'égard des dettes mobiliaires la *communauté* n'en eft tenue qu'à proportion des meubles qu'elle a tirés de ces fucceffions.

Lorfque la femme ou fes héritiers acceptent la *communauté*, chacun commence par reprendre fes propres réels en nature ; enfuite on reprend fur la maffe de la *communauté* le remploi des propres aliénés, les deniers ftipulés propres, les récompenfes que les conjoints fe doivent pour leurs dettes perfonnelles qui ont été acquittées fur la *communauté*, ou pour les impenfes & améliorations faites fur leurs propres des deniers de la *communauté*.

Sur le furplus de la *communauté*, le furvivant prélève fon préciput en meubles ou en argent, felon ce qui a été ftipulé, fans être tenu de payer plus grande part des dettes pour raifon de ce préciput.

Dans la coutume de Paris, entre nobles, le furvivant a de plus le droit de prendre le préciput légal, qui comprend tous les meubles étant hors de la ville & des fauxbourgs de Paris, à la charge de payer les dettes mobiliaires & frais funéraires du défunt, pourvu qu'il n'y ait point d'enfans : & s'il y a des enfans, ils partagent par motié.

Après tous ces prélèvemens, le reftant de la *communauté* fe partage entre le furvivant & les héritiers du prédécédé, fuivant ce qui a été convenu par le contrat.

Lorfqu'il eft porté par le contrat de marige que les héritiers de la femme ne pourront prétendre pour tout droit de communauté qu'une certaine fomme, la diffolution de communauté étant arrivée par le décès de la femme, fes héritiers n'ont pas le choix d'accepter la communauté ou d'y renoncer, ils ne peuvent demander que la fomme fixée par la convention.

Au refte, la femme ou fes héritiers ne peuvent avoir le droit d'accepter la communauté ou d'y renoncer, que jufqu'à ce qu'ils aient confommé leur choix : lorfqu'ils ont pris une fois l'un des deux partis, ils ne peuvent plus varier.

Si toutefois la partie qui a renoncé à la communauté étoit mineure, elle pourroit en prenant des lettres de refcifion, être remife au même état qu'elle étoit avant fa renonciation, & en conféquence accepter la communauté & en demander le partage.

Les héritiers de la femme qui ont renoncé à la communauté étant majeurs peuvent auffi quelquefois être reftitués contre leur renonciation lorfqu'ils y ont été engagés par le dol du mari, comme quand il leur a caché la valeur de la communauté, en omettant de faire inférer dans l'inventaire des effets confidérables, ou en fuppofant des créanciers imaginaires.

Quoique régulièrement la femme ou fes héritiers ne foient plus recevables à accepter la communauté après y avoir renoncé, cependant fi cette renonciation avoit été faite pour fruftrer leurs créanciers, ceux-ci feroient admis à la faire déclarer frauduleufe, & à demander la part qui peut appartenir à leurs débiteurs dans les biens de la communauté.

La communauté s'accepte expreffément ou tacitement.

La femme accepte la communauté expreffément, lorfqu'après la diffolution de la communuté elle prend dans quelque acte la qualité de *commune.*

L'Acceptation eft tacite lorfque la femme fait quelque chofe qui défigne la volonté d'être commune.

Obfervez néanmoins que la femme ne pouvant être commune que par la volonté qu'elle a eue de l'être, & qu'elle a fuffifamment manifeftée, il faut pour qu'un fait de la femme ren-

ferme une Acceptation de la communauté, qu'
soit tel qu'il caractérise nécessairement en el
la volonté d'être commune. Telle est par exen
ple, la disposition que la femme auroit faite de
puis la dissolution de la communauté, de que
ques effets de cette communauté, sans avoir e
d'autre qualité pour en disposer, que celle d
commune. Tel seroit encore le payement qu'un
femme feroit de quelque dette de la commu
nauté à laquelle elle ne seroit point obligée e
son propre nom, & sans avoir d'autre qualit
que celle de commune pour faire ce payemen

Mais si en disposant des effets ou en payar
des dettes de la communauté, la femme a quel
qu'autre qualité que celle de commune, &
qu'elle soit par exemple, exécutrice testamen
taire de son mari, ou tutrice des enfans nés d
son mariage avec lui & héritiers du défunt, le
dispositions ou les payemens qu'elle aura fait
ne seront pas considérés comme une Accepta
tion de communaté, parce qu'elle aura pu le
faire en qualité d'exécutrice testamentaire d
son mari, ou de tutrice de ses enfans.

De même si une femme étoit obligée à l
dette de la communauté qu'elle a payée, ell
ne doit point être censée avoir fait acte d
commune en payant cette dette, parce qu'ell
a pu le faire par le seul motif de se libérer de s
propre obligation.

Remarquez aussi qu'une veuve, après la dis
solution de la communauté arrivée par la mor
de son mari, est de droit préposée à la garde &
conservation des effets de la communauté, avan
qu'elle se soit déterminée sur le choix qu'elle a
de l'accepter ou d'y renoncer; c'est pourquoi

tout ce qu'elle fait pour la conservation de ces effets, ou pour éviter quelque préjudice, ne doit pas passer pour acte de commune.

Ainsi lorsque la veuve d'un marchand en détail, ou d'un artisan, continue après la mort de son mari, de tenir boutique ouverte, & d'y débiter les marchandises de la communauté, elle n'est point censée faire acte de commune, parce qu'il paroît qu'elle a en vue de conserver les pratiques, pour que le commerce de la communauté ne reçoive aucun préjudice.

Mais quoiqu'une femme ne soit pas censée avoir accepté la communauté lorsqu'elle agit pour en conserver les effets ou les biens, il est toutefois de sa prudence de protester qu'elle n'a en vue dans ce qu'elle fait que cette conservation, sans préjudice des qualités qu'elle a à prendre. Il est même encore plus expédient qu'elle se fasse autoriser à cet égard par le juge de son domicile en lui présentant requête pour cette effet. Elle évitera par ce moyen toute contestation.

La femme ne fait pas non plus acte de commune, en consommant les provisions de ménage qui se trouvent dans la maison du défunt jusqu'à concurrence de ce qu'il en faut pour sa nourriture & celle de ses domestiques, parce que la veuve a droit de vivre aux dépens de la communauté depuis la mort de son mari, jusqu'à ce que l'inventaire soit achevé. C'est ce qui est attesté par un acte de notoriété du châtelet de Paris, du 21 juillet 1688.

La cession que la veuve fait de ses droits dans la communauté à des étrangers, renferme une Acceptation de la communauté, qui l'oblige envers les créanciers, sauf son recours contre les cessionnaires.

Il en seroit de même de la renonciation que la veuve feroit à la communauté en faveur de l'un des héritiers du mari préférablement aux autres : une telle renonciation seroit une vraie cession faite à cet héritier du droit de la veuve dans la communauté. Ainsi cette veuve n'abdiqueroit pas simplement son droit, elle en disposeroit encore, & par conséquent elle feroit un acte dont il faudroit induire l'Acceptation de la communauté, puisque personne ne peut disposer que de ce qui lui est acquis. Mais il en seroit autrement si la renonciation étoit en faveur des héritiers du mari indistinctement : cet acte ne pourroit être considéré que comme une simple renonciation, & ne pourroit pas faire supposer l'Acceptation de la communauté.

On demande si la veuve est censée faire acte de commune en recevant une somme d'argent des héritiers de son mari pour renoncer à la communauté ? La raison de douter est qu'il semble que par le moyen de l'argent qu'elle reçoit elle fait une vente ou cession de son droit à la communauté, laquelle cession renferme comme on l'a vu, une Acceptation de communauté : il faut néanmoins décider au contraire que cette renonciation à la communauté quoique faite pour de l'argent n'est proprement ni une vente ni une cession que la veuve fasse de son droit, puisqu'une cession seroit inutile à des héritiers qui tous les biens de la communauté demeurent par la seule renonciation de la veuve : c'est un contrat *do ut facias* : il en est d'une telle renonciation comme de celle que quelqu'un fait à une succeffion qui lui eft déférée, pour une fomme d'argent qu'il reçoit de fes cohéritiers, ou de l'héritier qui lui eft fubftitué : or fuivant la décifion de la loi 24 au digefte *de acquir. Hæred.* cette efpèce de renonciation ne renferme point un acte d'héritier. Il y a même raifon pour décider que la veuve qui a reçu de l'argent pour renoncer n'eft pas cenfée pour cela avoir fait acte de commune.

On a autrefois agité la queftion de favoir fi la femme ou fes héritiers peuvent prendre des lettres de bénéfice d'inventaire pour accepter la communauté, de même que les héritiers en prennent pour accepter une fucceffion ? Mais on a jugé pour la négative par arrêt de reglement du 8 mars 1605.

Un arrêt du parlement de Paris du 14 février 1701, ordonne que les notaires ou greffiers qui recevront des actes d'Acceptation de communauté en garderont minute. Ces actes font fujets au contrôle dans la quinzaine de leur date, mais ils ne doivent pas être infinués.

ACCEPTATION *de tranfport ou de délégation.* C'eft l'acte par lequel un homme s'oblige de payer ce qu'un autre a donné à prendre fur lui.

Cet acte forme un nouvel obligé contre lequel le créancier a une nouvelle obligation perfonnelle : ce qui donne lieu à un droit particulier de contrôle. Ainfi quand par l'acte de tranfport d'une rente le débiteur intervient, l'accepte & fe le tient pour fignifié, le ceffionnaire acquérant par cet acte une obligation contre ce débiteur, il eft dû un droit particulier de contrôle pour cette difpofition ; cela a été ainfi décidé par arrêt du confeil du 15 mars 1723.

· Suivant deux autres arrêts du conseil des 30 août 1728, & 10 mai 1731, si un débiteur charge son fermier de payer ce qu'il doit à quelqu'un & que le fermier intervienne & accepte la délégation, il est dû un second droit de contrôle quoique le fermier soit déja débiteur par son bail contrôlé, & qu'il ne fasse que changer de créancier.

ACCEPTATION *de lettre de change.* C'est l'acte par lequel une personne s'engage à payer une lettre de change dans le temps de l'échéance.

L'Acceptation d'une lettre de change doit être faite par écrit, l'ordonnance du mois de mars 1673 ayant abrogé l'usage de les accepter verbalement. L'Acceptation doit aussi se faire purement & simplement, car si on la fait conditionnellement on peut la regarder comme un refus, & en conséquence le porteur de la lettre de change est en droit de la faire protester.

Celui qui accepte une lettre de change, écrit simplement au bas de la lettre le mot *accepté*, avec sa signature. La date de cette Acceptation est inutile, parce que les dix jours pour le protêt courent du jour de l'échéance du terme fixé dans la lettre pour le payement : mais si la lettre est à un certain nombre de jours de vue, comme à trois, six, douze, quinze, &c. il faut nécessairement dater l'Acceptation, afin de constater l'époque depuis laquelle les jours de vue ont commencé à courir.

Lorsque celui sur lequel la lettre de change est tirée est créancier du porteur de cette lettre & qu'il met au bas, *accepté pour payer à moi-même*, cela ne doit point être regardé comme une Acceptation conditionnelle pourvu toutefois que la créance soit d'une somme liquide, &

qu'elle foit échue ou doive écheoir au temps de l'échéance de la lettre. Le refus d'un payement réel fait par cette forte d'Acceptation, procédant de ce que le porteur eft débiteur de celui fur qui la lettre de change eft tirée, il ne peut être exercé aucun recours contre le tireur qui a fourni la lettre.

De même fi un créancier du porteur de la lettre de change avoit fait faifir entre les mains du négociant fur qui elle eft tirée, ce qu'il doit ou pourra devoir par la fuite au porteur, le négociant doit alors accepter la lettre *pour payer à qui fera par juftice ordonné avec un tel faififfant.* Le porteur ou propriétaire de la lettre ne peut fe plaindre d'une telle Acceptation, parce que c'eft fon fait qui donne lieu à la reftriction qu'elle renferme.

Lorfque celui fur qui une lettre de change eft tirée, la retient fous prétexte de l'avoir égarée ou autrement, & qu'il la rend enfuite au porteur, fans écrire au bas aucune Acceptation, il ne faut pas croire comme quelques-uns l'ont prétendu que cette lettre foit cenfée acceptée: cependant s'il paroiffoit que la lettre n'a été retenue que par dol pour empêcher le porteur de fe pourvoir contre le tireur faute d'Acceptation, & que pendant ce temps le tireur eût fait faillite, celui fur lequel la lettre eft tirée & qui a ainfi amufé le porteur, doit être tenu de la payer comme s'il l'eût acceptée: mais c'eft du dol que nait cette obligation & non de l'Acceptation puifqu'il n'y en a pas eu. C'eft dans ce fens qu'on doit entendre l'arrêt que rapporte à ce fujet la *Serra au chapitre* 10.

Lorfque le porteur de la lettre de change

n'ayant pas trouvé chez lui le négociant fur lequel elle eft tirée, a laiffé cette lettre à fon facteur, & que le négociant après avoir écrit au bas fon Acceptation l'a rayée avant d'avoir rendu la lettre au porteur, cette Acceptation rayée n'eft d'aucun effet comme l'a jugé un arrêt que rapporte la *Serra* au chapitre cité. La raifon en eft que le concours de volontés qui forme un contrat, eft un concours de volontés que les parties fe font réciproquement déclarées ; fans cela la volonté d'une partie n'eft pas irrévocable. Pour que l'Acceptation rayée fût valable, il faudroit que le porteur prouvât qu'elle n'a été rayée qu'après que la lettre lui a été rendue, & que pour cet effet on lui a ravi ou volé la lettre.

On n'eft pas obligé de faire accepter les lettres payables à jour nommé, à ufances, ou en foire, parce que le temps de ces lettres court toujours jufqu'au jour de l'échéance ; cependant il eft de la prudence de les faire accepter, puifqu'on a par le moyen de cette Acceptation un débiteur de plus. En effet celui qui a une fois accepté une lettre de change doit la payer & il n'eft pas admis à dire qu'il n'a pas reçu de fonds appartenans au tireur. Il eft lié & engagé par fon Acceptation, fauf à lui à exercer fon recours contre le tireur. Il doit s'imputer la faute qu'il a faite d'avoir accepté, fans avoir reçu ce que les négocians nomment *provifion*, c'eft-à-dire, des fonds fuffifans pour acquitter la lettre à l'échéance.

C'eft d'après ces principes que par un arrêt du parlement de Paris du mois d'août 1733, le fieur de Châteauneuf tréforier provincial des guerres à Amiens & fermier des domaines de la marquise de Mézières en Picardie, a été condamné à payer au sieur Peyrot Devaux le montant des mandemens payables à son ordre & tirés par la dame de Mézières sur les fermages dont le sieur de Châteauneuf seroit débiteur à l'échéance de chaque année, lesquels mandemens ce dernier avoit acceptés nonobstant les saisies arrêts faites en ses mains dans le temps intermédiaire de l'Acceptation à l'échéance des fermages.

Par un autre arrêt du même parlement du 6 juillet 1736, les sieurs Chauchat & Maroy ont été condamnés à payer aux sieurs Daché & Lafille le montant de lettres de change dont ceux-ci étoient porteurs, nonobstant la banqueroute du tireur depuis l'Acceptation, & malgré la preuve fournie par les sieurs Chauchat & Maroy qu'ils n'avoient pas reçu les marchandises pour le prix desquelles ils devoient acquitter ces lettres.

Il subsiste néanmoins à Livourne un usage contraire qu'il importe de ne pas ignorer. Ceux qui sans avoir de fonds au tireur, y ont accepté des lettres de change dans un temps où ils n'étoient pas instruit de sa mort ou de sa faillite, ne.sont ni liés, ni obligés : cet usage a été attesté par divers actes de notoriété donnés par les avocats de Livourne & par des négocians Anglois & Hollandois dans l'affaire du sieur Dutremont contre le sieur Boutrebent ; & en conséquence de ces actes, le parlement de Paris par arrêt du 21 août 1759, a déchargé le sieur Dutremont négociant à Livourne, du payement de lettres de change tirées sur lui par le sieur Salle du Fesq la veille de sa mort, & que le sieur Dutremont avoit acceptées sans avoir reçu de fonds

& avant qu'il pût être instruit de cette mort.

. Le protêt faute d'Acceptation doit être fait dans le même temps qu'on présente la lettre lorsque celui sur qui elle est tirée refuse de l'accepter en tout ou en partie. Ce protêt a lieu tant pour les lettres de change payables à jour nommé que pour celles qui sont à usances ou à un certain nombre de jours de vue. Il faut néanmoins observer que dans les endroits où l'on est dans l'usage de ne pas faire accepter ou de ne le faire qu'après un certain temps, comme à Lyon, on doit s'en tenir exactement à ce qui s'observe dans ces places ; autrement un protêt fait au préjudice de cet usage seroit nul & ne produiroit aucun effet.

L'effet du protêt faute d'Acceptation est que le porteur de la lettre de change peut revenir contre le tireur, non pour lui faire rendre le montant de la lettre, parce qu'il ne peut exiger cette restitution qu'après avoir fait protester la lettre faute de payement, mais seulement pour l'obliger à faire accepter cette lettre ou à donner caution que dans le cas où elle ne seroit point payée à son échéance, il rendra la somme avec les changes & rechanges & frais de protêt, ce qui ne peut être refusé en justice.

Au reste quoique le porteur d'une lettre de change puisse la faire protester faute d'Acceptation aussitôt que celui sur qui elle est tirée refuse de l'accepter, il est néanmoins assez d'usage pour l'avantage du commerce & pour faciliter le payement des lettres à leur échéance, de ne point faire protester faute d'Acceptation les lettres de change à usances ou qui ne sont point tirées à vue ou à tant de jours de vue : on attend ordinai-

rement que le temps du payement de la lettre
foit échu, parce que dans les entrefaites celui
fur qui la lettre eft tirée peut recevoir des fonds
pour l'acquitter. Voyez *les lois eccléfiaftiques ;
Duperray ; Dupineau ; Pinfon ; les mémoires du
clergé ; le traité des collations de Piales ; l'ordonnance du mois de février* 1731 *; l'édit du mois
d'août* 1749 *; les arrêts de Louet ; le traité de la
communauté de M. Pothier ; l'ordonnance du commerce de* 1673 *; le traité du contrat de change,* &c.
Voyez auffi les articles RÉSIGNATION, BÉNÉ-
FICE, ÉLECTION, DÉMISSION, DONATION,
SUCCESSION, ACTE D'HÉRITIER, COMMU-
NAUTÉ, RENONCIATION, TRANSPORT, LET-
TRE DE CHANGE, PROTÊT, &c.

ACCEPTILATION. On donne ce nom à un
acte par lequel un créancier décharge un débiteur & le tient quitte quoiqu'il n'en ait reçu
aucun payement.

L'Acceptilation eft une forte de donation,
mais qui n'eft pas fujette aux formalités prefcrites pour les donations proprement dites: la fimple quittance du créancier eft fuffifante pour
qu'elle ait fon effet, à moins qu'elle ne foit
donnée pour fruftrer des créanciers légitimes.
Voyez *les inftitut. de Juftinien.*

ACCEPTION *de perfonne.* On appelle ainfi
une injufte préférence que l'on donne à une perfonne aux préjudice d'une autre.

L'Acception de perfonnes eft une chofe condamnée par-tout où l'on a quelque idée de la
juftice; mais au for extérieur elle n'eft pas toujours punie : elle ne l'eft parmi nous dans les
élections & dans les collations de bénéfices,
que quand l'élu ou le collataire a des qualités

personnelles qui de droit le rendent indigne du choix qu'on a fait de sa personne : les motifs de ceux qui l'ont choisi, quelque iniques qu'ils puissent être, ne sauroient lui nuire qu'autant qu'on les prouve & qu'ils sont tels que le choix paroît illicite ou simoniaque.

Une grande règle de notre droit public, est que le pape étant collateur forcé il ne peut faire Acception de personnes entre les impétrans qui s'adressent à lui pour obtenir des provisions de bénéfices. Voyez *Guimier*, *& les articles* COL-LATION, ÉLECTION, &c.

ACCÈS. Terme de jurisprudence canonique par lequel on exprime le droit qu'on accorde à quelqu'un pour posséder un bénéfice après la mort du titulaire actuel. Nous appelons coadju-teurs ceux qui obtiennent l'*Accès*.

Les *Accès* étoient autrefois très-communs ; mais le concile de Trente les a abrogés, en ré-servant néanmoins au pape le pouvoir de donner des coadjuteurs aux titulaires des abbayes, évê-chés & archevêchés, dans le cas d'une nécessité pressante, & en connoissance de cause.

ACCÈS, se dit aussi en parlant de ce qui se pratique au conclave, lorsque dans le scrutin aucun cardinal n'ayant eu le nombre de voix re-quis pour être élu pape, on redonne des bil-lets par lesquels on marque qu'on se range du côté d'un de ceux qui ont été proposés au scru-tin. Une religieuse peut aussi être faite abbesse à l'Accès.

Régulièrement le scrutin une fois publié dans une élection, les électeurs ne peuvent plus va-rier : mais cette regle souffre les deux excep-tions dont on vient de parler ; sur quoi il faut remarquer 1°. que dans l'élection d'une abbeſſe l'Accès n'exclut pas les oppoſitions & qu'au contraire il les exclut dans l'élection d'un pape. 2°. Que l'Accès dans l'élection d'un pape doit ſe faire ſecrètement, ſuivant la conſtitution de Grégoire XV, & que cela n'eſt pas abſolument requis dans l'élection d'une abbeſſe.

ACCESSION. Terme de droit public qui ſe dit du conſentement par lequel on entre dans un engagement déja contracté par d'autres puiſſances.

ACCESSION, ſignifie auſſi une maniere d'acquérir la propriété de certaines choſes qui s'uniſſent à celles qu'on poſſédoit déja.

Le droit romain diſtingue pluſieurs ſortes d'Acceſſions par leſquelles celui qui eſt propriétaire de la choſe principale le devient auſſi de celle qui eſt acceſſoire.

La première eſt celle qui nous attribue la propriété des choſes produites par celles qui nous appartiennent. Ainſi les fruits des arbres, les agneaux des brebis, &c. appartiennent à celui qui a la propriété des arbres, des brebis, &c.

La ſeconde eſt celle qui nous rend propriétaires des choſes faites d'une matiere appartenante à autrui.

Les juriſconſultes ont été partagés ſur la queſtion de ſavoir ſi ces ſortes de choſes devoient appartenir à l'ouvrier ou au propriétaire de la matière. C'étoit à ce dernier qu'elles devoient être attribuées ſelon les Sabiniens, qui ſe fondoient ſur ce qu'un corps ne peut pas ſubſiſter ſans matière.

Les Proculéiens au contraire, donnoient la propriété d'un ouvrage à celui qui avoit mis la matière en œuvre, parce que, diſoient-ils, c'eſt la forme qui donne l'exiſtence à la choſe.

Les jurifconfultes appelés *Erciscundi* diftin-guoient & vouloient que fi l'ouvrage fait de bonne foi par celui qui n'étoit pas propriétaire de la matière, pouvoit être remis dans fon premier état, il appartînt au propriétaire de la matière, & dans le cas contraire, à l'ouvrier.

Il paroît que l'opinion des Proculéiens eft la plus équitable, & celle qui doit être fuivie parmi nous, pourvu que l'ouvrier qui a employé de bonne foi la matière d'autrui en paye le prix au propriétaire. Si pourtant on trouvoit jufte d'adjuger l'ouvrage au propriétaire de la matière, il faudroit dans ce cas qu'il payât à l'ouvrier le prix de fon travail; au refte on conçoit que dans ces fortes de cas le juge doit avoir la liberté de décider relativement aux circonftances.

La troifième forte d'Acceffion eft l'alluvion. *Voyez* ALLUVION.

La quatrième eft l'acquifition des chofes jointes à celles qui nous appartiennent, foit pour leur fervir d'ornement, foit pour les achever ou perfectionner. S'il arrivoit, par exemple, qu'un tailleur doublât l'habit de Pierre avec le fatin de Paul, Pierre deviendroit propriétaire du fatin, mais Paul auroit une action pour répéter le prix de fon fatin tant au tailleur qu'à Pierre, parce que l'équité ne permet pas qu'on s'enrichiffe aux dépens d'autrui.

La cinquième forte d'Acceffion eft l'acquifition des îles qui fe forment dans un fleuve ou dans une rivière navigable, lefquelles fuivant le droit romain, appartiennent aux propriétaires des terres voifines des bords du fleuve de l'un & de l'autre côté.

En France, ces fortes d'îles appartiennent au roi par le feul titre de fa fouveraineté & perfonne n'y peut prétendre aucun droit fans un titre exprès & une poffeffion légitime. *Voyez* ÎLE.

La fixième efpèce d'Acceffion eft l'acquifition des chofes qui étant ajoûtées aux nôtres n'en peuvent plus être féparées fans détérioration; ainfi celui qui s'eft fervi des matériaux d'autrui pour bâtir fur fon fond devient propriétaire du bâtiment ; de même le propriétaire d'un fonds acquiert la propriété du bâtiment qu'un autre y a élevé avec fes matériaux. Dans l'un & l'autre cas les matériaux doivent être payés par le propriétaire du bâtiment.

. Il faut cependant remarquer que fi l'édifice qu'un poffeffeur de mauvaife foi conftruit avec fes matériaux fur le fonds d'autrui, ne convient pas au propriétaire du fonds, ce dernier peut obliger l'autre à remettre les lieux dans l'état où ils étoient auparavant. Voyez *les inftitutes de Juftinien ; les principes de la jurifprudence françoife*, &c.

ACCESSOIRE. Ce qui accompagne une chofe principale, ce qui s'y ajoute, ce qui s'y unit. Ainfi les fers d'un cheval & la bordure d'un tableau font des Acceffoires du cheval & du tableau.

On peut diftinguer deux fortes d'Acceffoires des chofes léguées ; 1°. Ceux qui fuivent naturellement la chofe & qui fans qu'on les exprime demeurent compris dans le legs. 2° Ceux qui n'y font ajoutés que par une difpofition particulière du teftateur; par exemple, le legs d'une montre en comprend la boîte, mais le legs d'une maifon ne comprend pas les meubles qui s'y trouvent, à moins que le teftateur ne l'ait exprimé.

Il y a des Acceffoires qui ne font pas féparés de la chofe principale, comme les arbres plantés dans un terrain, & ces fortes d'Acceffoires fuivent toujours la chofe léguée à moins qu'il n'y ait une difpofition contraire : il y a d'autres Acceffoires qui, quoique féparés des chofes, les fuivent auffi, comme les harnois des chevaux de carroffe & autres femblables : enfin il y a des chofes qui font telles qu'on peut douter fi elles font acceffoires ou non. Dans ce cas c'eft l'intention du teftateur indiquée par l'expreffion même ou par les circonftances & les ufages des lieux qui fait connoître fi une chofe eft Acceffoire ou fi elle ne doit pas l'être. Lorfque la difpofition du teftateur laiffe la chofe en doute, on peut déterminer ce qui doit être compris dans un legs comme Acceffoire par les règles particulières appliquées aux cas qu'on va expliquer.

Si un teftateur lègue une maifon fans aucune fpécification de ce qu'il entend comprendre dans ce legs, le légataire aura le fonds, le bâtiment & fes dépendances avec les peintures à frefque & les autres ornemens ou commodités qui felon l'expreffion de quelques coutumes *tiennent à fer & à clou*, ou *font fcellés en plâtre pour perpétuelle demeure*, parce que ces fortes de chofes font confidérées comme immeubles ; mais il n'y aura aucun meuble compris dans ce legs, excepté les clefs & les autres chofes dont l'ufage peut être auffi néceffaire.

Remarquez à ce fujet que fuivant la jurifprudence

dence actuelle, les glaces & les ornemens des maisons qui paroissent y avoir été mis par le propriétaire *pour perpétuelle demeure*, sont Accessoires du fonds, quand même ils ne seroient point scellés en plâtre. Ainsi ces sortes d'effets appartiennent au légataire, à l'héritier ou à l'acquéreur des maisons & bâtimens dont ils sont accessoires. Mais si ces glaces & ornemens ont été mis par un locataire, ils lui appartiennent toujours & ne peuvent être regardés comme accessoires du fonds, quand même ils seroient scellés en plâtre, parce qu'on ne sauroit présumer que ce locataire les ait fait poser pour perpétuelle demeure dans un fonds qui ne lui appartenoit pas.

Si celui qui a légué une terre par son testament, y fait ensuite quelques augmentations, soit en espace, soit en bâtimens, ces augmentations appartiendront, comme Accessoires, au légataire, à moins que le testateur n'en ait disposé autrement, parce qu'on ne présume pas que son intention ait été de séparer du legs ces augmentations pour les laisser sans la terre à son héritier.

Si le legs est d'un seul héritage, & que depuis le testament, le testateur y ait ajouté quelque fonds joignant, sans en avoir disposé avant sa mort, ce sera par la nature de l'acquisition qu'il faudra déterminer si l'augmentation doit appartenir à l'héritier comme séparée du legs, ou au légataire comme accessoire de l'héritage légué. Par exemple si l'acquisition est d'une petite portion de terrain pour arrondir un champ ou un pré, ou pour servir à prendre l'eau, ou à quelqu'autre usage semblable, ce sera un Accessoire du legs : mais fi le fonds acquis & fitué près de l'héritage légué eft d'une autre nature que cet héritage, comme fi l'un eft un pré & l'autre une vigne, l'acquifition appartiendra à l'héritier, comme féparée du legs, à moins que les circonftances ne faffent connoître que l'intention du teftateur a été qu'elle appartint au légataire comme Acceffoire.

Quand pour l'ufage d'un fonds légué, la fervitude d'un paffage eft néceffaire fur un autre fonds de la fucceffion, l'héritier doit fouffrir cette fervitude, parce que le légataire doit jouir de l'héritage légué comme en jouiffoit le teftateur.

Si un teftateur qui a deux maifons contiguës l'une à l'autre, en légue une & laiffe l'autre à fon héritier, le mur mitoyen de ces deux maifons devient commun aux deux propriétaires, & la fervitude réciproque fur ce mur eft comme un acceffoire qui fuit le legs.

Le legs d'une maifon de campagne ne comprend pas ce qu'il peut y avoir de meubles néceffaires pour la culture des héritages & pour les récoltes, mais il comprend les chofes qui tiennent au bâtiment comme les preffoirs & les cuves.

Si un teftateur léguoit une maifon avec l'ameublement, ce legs comprendroit tout ce qu'il y auroit de meubles deftinés pour l'ameublement de cette maifon, comme les lits, les tapifferies, les tableaux, les tables, les fauteuils & autres chofes femblables; mais s'il fe trouvoit dans cette maifon des tapifferies ou d'autres meubles en réferve, deftinés à être vendus, ou à l'ufage de quelqu'autre maifon, le légataire n'y pourroit rien prétendre. Si d'un autre côté quelques meubles de la maison léguée se trouvoient ailleurs dans le temps de la mort du testateur, par exemple, si des fauteuils, des tapisseries avoient été prêtés ou envoyés à l'ouvrier pour les raccommoder, ils ne laisseroient pas d'être compris dans le legs.

Lorsqu'en légant une maison, le testateur donne en termes généraux & indéfinis, tout ce qui pourra se trouver dans cette maison au tems de sa mort, sans en rien excepter ; ce legs renferme bien toutes les choses mobiliaires, & même l'argent ; mais il ne comprend pas les dettes actives, ni les autres droits du testateur fondés sur les titres conservés & trouvés dans la maison. C'est que ces titres ne font que les preuves des droits, & non pas les droits mêmes.

. Les fruits pendans par racines, ou qui font encore sur les arbres d'un héritage dans le tems de la vente, appartiennent à l'acquéreur comme Accessoire du fonds, à moins qu'il n'y ait une convention contraire. Mais il n'en est pas de même quand l'héritage est affermé : l'acquéreur ne peut alors demander que les loyers ou les fermages échus depuis la vente.

L'édifice bâti sur le fonds d'autrui appartient comme Accessoire au propriétaire du fonds. Les circonstances peuvent néanmoins quelquefois déterminer les juges à ordonner le remboursement de la valeur de l'édifice, ou d'une partie de cette valeur, en faveur de celui qui a bâti, sur-tout si c'est un fermier ou locataire, mais l'édifice ne doit point être détruit par voie de fait, malgré le propriétaire du fonds.

L'artillerie d'une maison forte est regardée comme une Accessoire du fonds. C'est le droit commun fondé sur les dispositions de plusieurs coutumes du Royaume.

Les Accessoires d'une chose ne font jugés tels que par l'usage qu'on leur donne, & non par leur valeur, qui peut excéder de beaucoup le prix de la chose même. Des harnois, par exemple, enrichis d'or & de pierreries, ne font que l'Accessoire d'un attelage de chevaux, quoique d'une valeur plus considérable que les chevaux, & ils appartiennent à celui auquel l'attelage est légué. Voyez *les loix civiles ; le journal des audiences, &c. Voyez* aussi les articles LEGS, TESTAMENT, EDIFICE, &c.

ACCINS ET PRÉCLOTURES. Termes par lesquels on désigne en quelques endroits les environs, appartenances & dépendances d'un lieu seigneurial qui fait partie du préciput de l'aîné.

Suivant l'acte de notoriété du châtelet, de 1699, s'il s'agissoit à Paris de régler ce qui doit appartenir à celui auquel on auroit donné un château avec *accins & préclôtures*, il faudroit entendre la maison seigneuriale, la cour, la basse-cour, fût-elle séparée par les fossés du château, ou par un chemin public, en outre les logemens, écuries, granges & greniers du fermier, avec les bâtimens & clos qui joignent immédiatement la maison ; mais si ces bâtimens & clos étoient séparés de la maison par une rivière ou un chemin public, ils ne feroient pas partie des Accins & Préclôtures ; dans ce cas là néanmoins, la basse-cour en feroit partie, parce qu'elle est pour l'usage du maître, & que les logemens, écuries, &c. dont nous venons de parler, font cenfés ne concerner que l'exploitation de la ferme ou des jardins.

Tel eft l'ufage du châtelet, mais il n'eft pas fuivi par-tout de la même manière, car en quelques endroits le chemin public qui fépareroit de la maifon les bâtimens & clos, n'empêcheroit pas qu'ils ne fiffent partie du préciput de l'aîné; tandis qu'ailleurs un fimple mur ou un foffé fuffifent pour qu'ils ne puiffent être compris. *Voyez l'acte de notoriété du chatelet de Paris du 12 novembre 1699; Chopin, fur la coutume d'Anjou; le gloffaire du droit françois; l'arrêt du 22 juin 1739, rapporté par l'Epine de Grainville, &c. Voyez* auffi les articles AÎNÉ , PRÉCIPUT, &c.

ACCORD. C'eft une convention par laquelle les parties en procès fe font conciliées en acceptant les arrangemens qu'elles fe font propofés. L'Accord eft une forte de tranfaction, & l'on fait ordinairement ufage de ce dernier mot, quand il s'agit d'objets confidérables. Ainfi *Voyez* TRANSACTION.

L'article 12 du tarif du 29 feptembre 1722, fixe le droit de contrôle de l'Accord fait entre un débiteur & fes créanciers. Si cet acte contient des remifes ou des termes en faveur du débiteur, le droit de contrôle doit être perçu fur le pied réglé par l'article cité, mais feulement fur ce qui refte du après avoir déduit la remife & l'acte doit en outre être infinué.

Si au contraire l'Accord ne contient ni remife ni terme, & qu'il ne renferme qu'une dérogation aux contraintes par corps que les créanciers ont obtenues, ou qu'ils pourroient obtenir, le droit de contrôle n'eft dû que fur le pied d'un acte simple, sauf à percevoir le droit sur le contrat qui se fait par la suite entre le débiteur & ses créanciers. Le conseil l'a ainsi décidé le 6 mai 1747, sur le mémoire du sieur Bourée, ancien receveur des tailles d'Angoulême.

Il est défendu aux commis des aides de faire aucun Accord pour raison de fraude & contravention, que ce ne soit par l'avis des directeurs ou commis aux recettes, & sur les procès-verbaux qu'ils en auront dressés, lesquels doivent être préalablement enregistrés sommairement par les mêmes directeurs & commis aux recettes dans un registre tenu à cet effet, cotté & paraphé par un des juges des fermes : on inscrit ensuite dans ce registre les Accords faits sur les procès-verbaux & les sommes provenant des condamnations prononcées ou de ces Accords. Ces défenses ont été faites principalement en faveur du fermier pour contenir les commis qui auroient pu malverser en s'attribuant le montant des Accords; mais lorsque les parties saisies ont voulu exciper de ces défenses pour revenir contre les Accords par elles faits avec les commis, elles n'ont pas été écoutées attendu que le seul cas où des lettres de rescision prises sur un Accord fait en conséquence d'un procès-verbal, puissent avoir lieu, est lorsqu'il y a lésion, & que le montant de l'Accord est plus fort que la somme à laquelle se seroient portés l'amende & le prix des choses sujettes à la confiscation. (*) Voyez *les arrêts du conseil*

(*) *Formule d'Accord pur & simple sur procès-verbal*
Je soussigné.... demeurant à.... m'oblige de payer à M...

des 6 *décembre* 1687, 25 *juin* 1712, 8 *novembre* 1723, 8 *février* 1737, 27 *juin* 1741, 13 *juillet* 1742, & 4 *février* 1744.

ACCORDAILLES. Ancien terme de palais; qui fignifie le confentement que donnent à un mariage les parens du futur époux & de la future époufe.

ACCORDEMENT. Terme de coutume qui comme le dit Ragneau, exprime la convention par laquelle le feigneur ayant droit de lods & ventes, tranfige de ce droit avec l'acquéreur de l'héritage qui y eft fujet. *Voyez les titres* 6 & 13 *de la coutume de Berri.*

ACCOUCHEMENT. C'eft la fonction par laquelle une femme fe délivre du fruit de la conception.

L'édit de Henri II, du mois de février 1556, veut que toute femme ou fille convaincue d'avoir célé fa groffeffe & fon Accouchement, fans avoir déclaré l'un ou l'autre, foit réputée avoir homicidé fon enfant, & pour réparation punie de mort, fi cet enfant fe trouve privé du baptême & de la fépulture, & que la mère ne pro-

---

fermier des aides de cette généralité entre les mains de fes prépofés à .... la fomme de .... à la première réquifition pour tenir lieu de l'amende & de la confifcation que ledit fieur fermier avoit lieu de prétendre contre moi en vertu du procès-verbal en date du .... au payement de laquelle fomme je m'oblige comme pour deniers royaux, & au moyen duquel payement ledit procès-verbal demeurera terminé, le tout après avoir été accepté par le fieur .... fon directeur à .... fait à .... le ....

Si l'Accord a lieu, il en doit refter un double au prévenu avec l'acceptation fignée du directeur.

duife aucun témoignage fuffifant qu'il étoit mort ou en vie lors de l'Accouchement.

Un arrêt du parlement de Paris du 21 avril 1625 a jugé qu'une fage-femme qui dans fa maifon avoit accouché une femme, & avoit fait trouver une nourrice à l'enfant, feroit chargée de payer les mois de la nourrice, jufqu'à ce qu'elle eut indiqué le père ou la mère de l'enfant.

Une déclaration du 20 février 1680, défend aux perfonnes de la religion prétendue réformée, de fe mêler de l'Accouchement des femmes. *Voyez* les articles GROSSESSE, NAISSANCE, BATARD.

ACCROISSEMENT. C'eft le droit qu'acquièrent un ou plufieurs héritiers d'une fucceffion, & un ou plufieurs légataires fur les poffeffions d'un ou de plufieurs co-héritiers ou colégataires qui n'ont pu jouir de leurs portions, ou qui y ont renoncé.

Ainfi lorfque de deux enfans l'un renonce à la fucceffion du père ou s'en rend indigne, l'autre acquiert par droit d'Accroiffement la portion qui auroit appartenu au premier fans fa renonciation ou fon incapacité.

La part qui fait Accroiffement fe partage en raifon de la portion que chacun prend dans le refte.

L'Accroiffement a toujours lieu entre les héritiers appelés par la loi du fang, foit qu'il s'agiffe d'une fucceffion directe ou qu'il foit queftion d'une collatérale. Dans ces cas la portion abandonnée ou qui ne peut être recuillie, groffit la maffe de l'hérédité, & fe partage avec le refte. Mais il en feroit différemment entre des héritiers qui ne tireroient pas leurs droits de la loi du fang. Si, par exemple, la fucceffion d'un particulier appartenoit par droit de deshérence à plufieurs feigneurs de diverfes feigneuries, & qu'un de ces feigneurs renonçât à ce qui lui feroit échu, la portion abandonnée n'appartiendroit point aux feigneurs des autres feigneuries, mais au premier occupant.

Il n'en feroit pas de même fi la fucceffion par deshérence étoit ouverte dans une feule feigneurie où il y eût plufieurs feigneurs; alors la part du co-feigneur renonçant appartiendroit aux autres par droit d'Accroiffement.

Quoique l'Accroiffement ait toujours lieu en fucceffion directe ou collatérale, il en eft autrement entre légataires.

Si le legs eft fait à plufieurs fans divifion, la part de celui qui renonce accroît aux autres; mais fi le teftateur a défigné la portion de chaque légataire, il n'y a plus lieu à l'Accroiffement.

Lorfqu'il s'agit d'une fucceffion teftamentaire, l'Accroiffement fe détermine d'après l'intention exprimée du teftateur. Dans l'hypothèfe qu'il auroit divifé fa fucceffion en deux ou plufieurs portions, pour deux ou plufieurs branches d'héritiers, la part de celui qui renonceroit feroit Accroiffement à la branche avec laquelle il auroit hérité : mais fi tous les héritiers d'une branche venoient à renoncer, alors leur part feroit acquife aux autres branches, fans que celles-ci puffent s'en tenir à leurs propres portions, & abandonner celle qui eft vacante, quelque onéreufe qu'elle pût être; parce que le droit à l'hérédité eft un droit univerfel qui comprend tous les biens & toutes les charges, & que ce droit eſt indiviſible, c'eſt-à-dire qu'on ne ſauroit être héritier d'une partie de la ſucceſſion, tandis que l'autre partie reſte vacante & ſans héritiers.

Si de deux héritiers teſtamentaires qui n'héritent pas par la loi du ſang, l'un renonce à la ſucceſſion ou eſt incapable de la recueillir, ſa portion appartient-elle au co-héritier teſtamentaire ou à l'héritier naturel que la loi déſigne pour ſuccéder lorſqu'il n'y a point de teſtament?

Cette queſtion eſt décidée par le droit romain en faveur du co-héritier teſtamentaire. Il paroît néanmoins qu'il ſeroit plus équitable d'appeler dans ce cas l'héritier du ſang.

La portion d'un enfant dont l'exhérédation ſubſiſte, accroît à l'enfant qui étoit lui-même exhérédé, comme aux autres héritiers, lorſqu'il a fait annuller à ſon égard l'exhérédation.

Si l'un des enfans deshérités avoit ſeulement différé d'agir ſans reconnoître la validité de l'exhérédation & ſans renoncer à la ſucceſſion, ſa portion n'accroîtroit point aux autres par ſon ſilence ; mais ceux-ci pourroient l'obliger à s'expliquer ; & alors s'il attaquoit l'exhérédation il faudroit en faire juger contradictoirement avec lui, la validité ou la nullité.

Dans l'hypothèſe où les co-héritiers d'un homme grévé de ſubſtitution, renonceroient à la ſucceſſion, les portions accrues à l'héritier grévé feroient-elles partie du fidéi-commis & le fidéi-commiſſaire feroit-il en droit de prétendre cet Accroiſſement? L'affirmative paroît inconteſtable, parce que l'accroiſſement ſe fait à la choſe, & que l'héritier grévé doit remettre tout ce qui peut lui échoir en qualité d'héritier.

Quoique le droit d'Accroiſſement ait toujours lieu entre les co-héritiers par la loi du ſang , il faut néanmoins remarquer que ſi l'un d'eux venoit à mourir après l'ouverture de la ſucceſſion ſans l'avoir connue ou avant de l'avoir acceptée , il tranſmettroit ſa part à ſes héritiers ſans que ſes co-héritiers puſſent la prétendre par droit d'Accroiſſement.

L'Accroiſſement n'a pas lieu dans les contrats ni dans les donations entre vifs : ainſi l'immeuble qui ſeroit vendu à deux perſonnes , ne pourroit être prétendu par celle qui garderoit la convention que l'autre auroit réſolue ; & dans le cas d'une donation entre-vifs à deux particuliers , le donataire qui refuſeroit , ne feroit pas *Accroiſſement* au donataire qui accepteroit. Cette diſpoſition change , ſi la donation eſt à cauſe de mort. La raiſon de la différence eſt qu'une donation à cauſe de mort eſt une volonté derniere qui eſt ſuſceptible d'une interprétation plus étendue & plus favorable qu'un acte entre-vifs.

L'Accroiſſement en matière d'uſufruit a ſes loix particulières. L'uſufruit d'un fonds légué à pluſieurs, mais ſans diviſion, ne ſe conſolide à la propriété qu'après la mort du dernier légataire qui jouit par *Accroiſſement* des parts de ſes prédéceſſeurs.

Il n'en eſt pas de même d'un fonds légué à pluſieurs ; chaque légataire ayant une fois accepté ſa part , elle n'accroît plus aux co-légataires en cas de décès ; elle paſſe aux héritiers du défunt.

Ricard s'eſt fait la queſtion ſuivante : un teſtateur inſtitue deux légataires : à l'un il lègue le fonds à l'autre l'usufruit : celui-ci renonce à son legs : le légataire de la propriété en jouira-t-il ?

Cette question n'est pas difficile à résoudre : il est clair que la renonciation du légataire de l'usufruit opère le même effet qu'opéreroit sa mort, la réunion de l'usufruit à la propriété.

En général les legs particuliers caducs appartiennent au légataire universel à titre d'Accroissement & non à l'héritier.

Mais il y a des cas où les legs particuliers caducs appartiennent à l'héritier & non au légataire universel : si le testateur, par exemple, après avoir fait des dispositions particulières, disoit, comme cela se pratique souvent, & *quant au surplus de mes biens je les laisse à :... que j'institue mon légataire universel ;* alors ce légataire ne pourroit avoir que ce *surplus*, parce que la lettre du testament s'oppose à l'Accroissement.

Le légataire universel des meubles & acquets d'un mari, devient propriétaire de la communauté entière, si la veuve y renonce.

S'il y a continuation de communauté entre un conjoint & les enfans de l'autre conjoint décédé, & qu'il meure un ou plusieurs de ces enfans, leurs parts appartiennent à ceux d'entre eux qui survivent, à l'exclusion du conjoint ; c'est la disposition de l'article 243 de la coutume de Paris.

Quelques-uns ont prétendu que si l'un ou plusieurs des enfans renonçoient à leurs parts, elles devoient appartenir au conjoint survivant à l'exclusion des autres enfans : ils ont fondé leur opinion sur un arrêt du 6 septembre 1687 rapporté au journal du palais, qui a en effet jugé que l'Accroiſſement n'avoit lieu en faveur des enfans que dans le cas de mort, & que dans le cas de la renonciation de l'un à la continuation de la communauté, ſa part appartenoit au père ou à la mère ſurvivant : mais cet arrêt a été rendu dans des circonſtances particulières, 1°. que le conjoint ſurvivant étoit mort : 2°. que de trois enfans il n'y en avoit qu'un qui demandât la continuation, non de ſon chef, car il y avoit renoncé, mais en qualité de légataire univerſel d'un autre enfant, ce qui rendoit ſa cauſe peu favorable. Ainſi la règle qui en cas de mort d'un enfant attribue aux autres enfans ſa part dans la continuation de la communauté, à l'excluſion du conjoint ſurvivant, doit opérer le même effet dans le cas de la renonciation d'un enfant, nonobſtant l'arrêt cité.

Si l'un des enfans entre dans un monaſtère & y fait profeſſion pendant la continuation de la communauté, ſa part accroit pareillement aux autres enfans, mais dans ce cas ils ſont obligés lors du partage avec le conjoint ſurvivant, de déduire ſur leur part ce qui aura été pris dans la communauté pour la dot religieuſe de leur frère ou de leur ſœur.

Le droit d'Accroiſſement n'a pas lieu en faveur des enfans, ſi celui d'entr'eux qui décède laiſſe lui-même des enfans. Ceux-ci ſont avec raiſon préférés à leurs oncles & à leurs tantes.

Si l'enfant mort durant la continuation de communauté laiſſe une veuve avec laquelle il étoit en communauté de biens, la portion qu'il avoit dans la continuation de communauté, n'accroit à ſes frères & à ſes ſœurs qu'à la charge de laisser à la veuve sa part dans les biens de cette portion qui sont entrés dans la communauté qu'il y avoit entre cette veuve & le défunt.

L'Accroissement n'a pas lieu en matière de douaire & la portion de ceux qui acceptent la succession de leur père reste dans la masse de cette succession, sans que les enfans douairiers y puissent rien prétendre.

Lorsqu'une femme ou ses héritiers renoncent à la communauté de biens qui subsistoit entr'elle & son mari, toute la masse appartient alors au mari, moins par droit *d'Accroissement* que par droit de *non décroissement*, puisque le partage de la communauté n'a lieu que quand elle est acceptée. Il n'est dû pour cette sorte d'Accroissement aucune espèce de droits seigneuriaux, pas même le centième denier, comme le conseil l'a décidé le 5 février 1729, parce qu'il n'y a point de véritable mutation, le mari étant censé avoir toujours été propriétaire de la totalité.

Ce principe doit pareillement être suivi en matière de succession. Celui qui recueille par Accroissement ne doit point d'autres droits que ceux dont il seroit tenu s'il étoit appelé par la loi ou par le testament pour recueillir le tout; parce qu'en effet il n'agit qu'en cette qualité: mais il faut que la renonciation de celui qui ne prend pas, soit pure & simple; car s'il avoit reçu quelque chose pour s'abstenir ou pour renoncer, ce seroit une cession.

Le conseil a décidé le 23 novembre 1748, qu'un mari & une femme étant légataires d'un usufruit pour eux & pour le survivant des deux, celui-ci doit un droit de mi-centième denier de la moitié dont il y a Accroissement en sa faveur par le décès de l'autre, nonobstant le droit qu'ils ont payé ensemble pour le legs.

Le conseil a pareillement décidé le 7 octobre 1751, que la dame veuve de M. de la Jonchere devoit le mi-centième denier de la moitié d'une terre dont elle & son mari avoient, étant séparés de biens, acquis l'usufruit pour eux & pour le survivant, à cause de l'Accroissement d'usufruit en faveur de cette dame par la mort de son mari.

Un particulier ayant fait à deux de ses sœurs une rente viagère de 300 livres à chacune avec Accroissement en faveur de la survivante pour jouir des 600 livres, elles ont prétendu ne devoir que 30 livres chacune pour l'insinuation de ce legs; mais le conseil a décidé le 8 juillet 1737, que l'un des droits seroit perçu sur le pied de trois mille livres & l'autre sur le pied de six mille livres.

Un autre arrêt du 22 juillet 1741 rendu au sujet d'une donation de 200 livres de rente viagère faite à un mari, à sa femme & à leur fille, a jugé qu'il étoit dû trois droits d'insinuation, l'un de sept livres sur le tiers, le second de dix livres sur la moitié, & le troisième de vingt livres sur la totalité.

Il résulte de ces décisions qu'il faut distinguer si l'objet susceptible d'Accroissement est de sa nature sujet au centième denier ou à l'insinuation suivant le tarif; dans le premier cas, le droit de centième denier n'est exigible que' lorsque l'Accroissement a lieu; & dans le second, le droit d'insinuation doit être perçu en même-tems que l'on insinue l'acte.

En Bretagne on appelle *Accroissement légal*, l'Accroissement que fait à l'aîné la part d'un de ses frères qui s'est fait religieux, ou celle de sa sœur mariée à moindre part. Mais il faut que tout ceci soit fait avant l'ouverture de la succession, pour qu'il y ait lieu à cette sorte d'*Accroissement*. Voyez *Bouguier, lettre C; Ricard, des donations; le Brun, traité de la communauté; Duplessis, traité de la communauté; Argou, institut. au droit françois; Basnage, sur la coutume de Normandie; Ferrières, sur celle de Paris; les loix civiles de Domat; le droit commun de la France; Hevin en ses remarques sur l'article 558 de la coutume de Bretagne,* &c. Voyez aussi les articles COMMUNAUTÉ, SUCCESSION, TESTAMENT, INSINUATION.

ACCROISSEMENT DE TERRE. Voyez ACCRUE, ALLUVION, ATTERRISSEMENT.

ACCRUE. Quelques coutumes emploient ce terme pour signifier ce qu'on appelle autrement *alluvion, atterrissement.* Voyez ces mots.

ACCRUE DE BOIS, se dit de l'augmentation que reçoit une forêt dont les bois s'étendent au-delà de son enceinte.

Les Accrues de bois suivant la coutume de Troyes, n'acquièrent que la possession actuelle au propriétaire de la forêt avec un commencement de prescription : mais le propriétaire du terrein de l'Accrue, ne perd son droit qu'après une prescription de trente années contre lui.

Suivant les coutumes de Sens & d'Auxerre, les Accrues appartiennent au seigneur haut-justicier comme biens vacans, si personne n'est en possession des héritages où elles se trouvent, autrement elles appartiennent aux propriétaires de ces héritages.

La coutume de Chaumont attribue les Accrues de bois au seigneur haut-justicier à qui appartient

tient la forêt voisine, pourvu que le terrain où elles sont ne soit pas distingué de cette forêt par quelque borne ou fossé, car dans ce cas il n'y auroit point d'Accrues.

Il suit de ces dispositions qu'il n'y a que le seigneur haut-justicier qui ait droit d'Accrues; qu'il ne peut se les approprier que par prescription, & qu'il n'a aucun droit sur celles qui sont séparées de la forêt par des bornes ou fossés. Ainsi l'on peut établir pour principe certain que les Accrues de bois appartiennent au propriétaire du terrain où elles se trouvent, à moins qu'il ne les perde par sa négligence, en laissant acquérir la prescription contre lui. Voyez *outre les coutumes citées, la coutume de Bourgogne, & les instituts coutumières de Loisel.*

ACCUSATEUR. C'est celui qui impute à un autre un crime ou délit & en poursuit la réparation en justice.

On distingue parmi nous deux sortes d'Accusateurs; savoir, les parties civiles & les procureurs du roi, ou les procureurs fiscaux des seigneurs qui sont parties publiques.

Nul autre que la partie publique ne peut être reçu Accusateur en France, qu'il ne s'agisse de son propre intérêt, ou de celui des personnes qui lui appartiennent ou qui lui sont confiées : encore l'Accusateur ne peut-il demander que la réparation civile ; c'est-à-dire, des dommages & intérêts : mais il requiert la jonction des gens du roi, qui gardiens parmi nous de l'intérêt public, ont seuls droit de conclure à la punition corporelle des coupables. Ceci n'empêche pas que chacun ne puisse révéler un crime dont il a la connoissance, quoiqu'il n'ait pas un inté-

rêt perſonnel dans la pourſuite de ce crime.
Dans ce cas, celui qui le révèle, a le nom de
dénonciateur.

Chez les Romains où l'accuſation étoit publique, un Accuſateur injuſte étoit noté d'infamie, & on lui imprimoit ſur le front la lettre K.
A Athènes, on le condamnoit à une amende de
mille dragmes, s'il n'avoit pas pour lui la cinquième partie des ſuffrages; c'eſt ce qui arriva
à Eſchine qui avoit accuſé Ctéſiphon.

Parmi nous, l'Accuſateur qui calomnie eſt
condamné à une réparation relative à la qualité
du fait & des circonſtances. Il peut même être
condamné au dernier ſupplice, quand l'accuſation eſt d'un crime capital & qu'il a ſuborné des
témoins pour faire juger coupable l'innocent
qu'il a accuſé.

Mais ſi l'accuſation n'eſt qu'imprudente, ſans
calomnie, l'Accuſateur ne peut être condamné
qu'aux dépens, dommages & intérêts de l'accuſé

Il peut même être exempt de ces dommages
& intérêts & de toute autre peine, ſi ſon accuſation ſe trouve fondée ſur une erreur juſte &
qu'elle ſe trouve juſtifiée par la bonne foi dans
laquelle il étoit, par ſon intérêt & par de fortes
préſomptions.

C'eſt ſur ce fondement qu'il a été jugé par
arrêt du 30 Mars 1694, rapporté par Augeard.
que la veuve & les enfans d'un accuſé qui avoit
péri dans l'accuſation & qui dans la ſuite avoit
été reconnu innocent, étoient mal fondés à
demander des dommages & intérêts contre les
Accuſateurs du défunt, attendu qu'ils ne l'a-
voient pourſuivi que ſur des indices preſſans &
pour venger le meurtre de leur mère.

Quand on ne condamne l'Accuſateur mal

fondé qu'aux dépens pour tous dommages & intérêts, l'accusé ou ses héritiers doivent être remboursés de toutes les avances par eux faites, sans avoir égard aux taxes portées par les règlemens, parce que l'innocence accusée doit être entièrement indemnisée ; sauf néanmoins à l'Accusateur à se pourvoir en restitution contre les officiers qui ont perçu des sommes plus fortes que celles fixées par les règlemens. Divers arrêts l'ont ainsi jugé, entr'autres un du parlement de Dijon de l'année 1760.

Les procureurs du roi ou fiscaux, dans le cas d'une accusation injuste, sont sujets comme les autres accusateurs téméraires, à être condamnés aux dommages & intérêts des parties accusées, & même à plus grande peine, selon la qualité du fait & des circonstances ; mais cela n'a guère lieu que quand ils ont formé leur accusation sans aucun commencement de preuve, ou sans avoir de dénonciateur, ou bien lorsque par un esprit de vexation ils ont pris des dénonciateurs inconnus, notoirement insolvables, ou de foi suspecte. Raimond Pélisson président au parlement de Chamberri ayant été condamné par arrêt du parlement de Dijon du 18 juillet 1552, à faire amende honorable pour de prétendues faussetés & malversations commises dans les fonctions de sa charge, subit cette peine publiquement : mais son innocence ayant été reconnue dans la suite, il fut déclaré absous par arrêt du parlement de Paris du 11 octobre 1556, & Taboué procureur général au parlement de Chamberri, son Accusateur, fut condamné à la même peine qu'il lui avoit fait subir, & de plus à être pilorié aux halles de Paris, &c.

C'eſt en conſéquence de l'action attribuée à l'accuſé innocent contre les procureurs du roi ou fiſcaux, qu'il peut après le procès jugé en ſa faveur, les obliger à nommer leurs dénonciateurs. La même juriſprudence a lieu envers les promoteurs des officialités.

Il arrive quelquefois que les deux parties prétendent l'une & l'autre être accuſatrices. Dans ce cas, il faut immédiatement après les interrogatoires, décider qui doit reſter accuſé ou Accuſateur, ſans que les juges puiſſent faire diverſes inſtructions, ni procéder à des recollemens & confrontations ſur diverſes informations reſpectives, à peine de nullité, répétition de frais, &c. Voyez ſur cette matière, *Farinacius, tract. de accuſat. Le dictionnaire des arrêts au mot dépens ; les loix eccléſiaſtiques d'Héricourt, chapitre 21 de la procédure criminelle ; Carondas, en ſes notes ſur la pratique criminelle de Lize ; Imbert, en ſes inſtit. foren. Le règlement du 10 juillet 1665 rapporté au journal des audiences ; Covarruvias, dans ſa pratique criminelle ; l'arrêt du 5 mars 1604, rapporté par le Preſtre ; celui du 3 août 1718, rapporté par Lacombe ; le traité de la juſtice criminelle ; l'ordonnance de 1670 ; l'ordonnance du duc Léopold, du mois de novembre 1707,* &c. Voyez auſſi les articles, ACCUSATION, ACCUSÉ, DÉNONCIATEUR, PLAINTE, &c.

ACCUSATION. C'eſt l'imputation qu'on fait à quelqu'un d'un crime pour en pourſuivre contre lui la vengeance ſuivant les peines établies par les loix du royaume. Telle eſt l'Accuſation publique (*).

_____

(*) *Forme d'une Accuſation du procureur du roi ſur*

Ce terme fignifie auffi quelquefois l'action par

une *dénonciation , & ordonnance du juge en conféquence.*
A MONSIEUR LE LIEUTENANT CRIMINEL, &c.

Vous remontre le procureur du roi, &c. qu'il lui a été
dénoncé que, &c. (*il faut enoncer ici tous les faits portés
en l'acte de dénonciation.*) & comme un tel crime ne doit
demeurer impuni, requiert ledit procureur du roi, (ou fifcal) qu'il lui foit permis de faire informer du contenu en
la préfente requête, circonftances & dépendances contre
ledit B.... & fes complices; pour ce fait & l'information à
lui communiquée, être par lui requis ce qu'il appartiendra,
à.... ce .... (*ce qui eft figné du procureur du roi.*)

(*Le juge met au bas de cette requête fon ordonnance ,
portant permiffion d'informer à-peu-près en ces termes.*)

Vu la préfente requête, nous avons au procureur du
roi donné acte de fa plainte, & permis de faire informer
pardevant nous, (ou *pardevant tel commiffaire ,*) des faits
contenus en icelle, circonftances & dépendances; pour
l'information faite & communiquée audit procureur du roi,
être ordonné ce qu'il appartiendra. Fait le ....

*Autre Accufation du procureur du roi , contre plufieurs
particuliers , dans le cas d'un vol avec effraction , & autres vols , &c.*

A monfieur le Lieutenant criminel, &c.

Vous remontre le procureur du roi en ce fiège, qu'ayant
appris que la nuit du dimanche au lundi 7 de ce mois, on
étoit entré, par un trou, &c. en la maifon de A.... où
il auroit été pris, &c.... dont il a le même jour fait dreffer
procès-verbal en votre hôtel ; (*mettre enfuite les autres
faits ;*) par exemple, *le procès-verbal de perquifition faite
en la maifon de* B.... par lequel il paroît que les nommés
Savoyard & Langevin, font prévenus d'être les auteurs dudit vol, au moyen d'effets volés chez ledit A.... & mis en
dépôt chez ledit B.... par lefdits *Savoyard & Langevin ;*
que cette recherche, au lieu de diminuer le foupçon qu'on
avoit contre ledit B.... au fujet du vol en queftion, n'avoit
fervi qu'à l'augmenter avec d'autant plus de raifon, que
ledit B... & fa femme, par leurs réponfes aux demandes qui
leur ont été faites lors dudit procès-verbal, fe font contre-

laquelle quelqu'un fe plaint en juftice pour obte-

---

dits à différentes fois, répondant tantôt d'une façon, & tantôt d'une autre. (*Marquer enfuite les autres motifs de foup-*
çon contre B.... comme ceux tirés du féjour defdits Sa-
voyard & Langevin chez ledit B.... au tems du vol ; d'une
lettre trouvée chez ledit B.... & des contradictions de B...
au fujet de cette lettre ; de la manière dont elle eft conçue
& des expreffions myftericufes qui s'y trouvent.) Mais ce
qui achève de démontrer que ce foupçon n'eft point deftitué
de fondement, c'eft le voyage fecret & nocturne que lefdit
Savoyard & Langevin ont fait en cette ville, le 31 dud
mois de décembre dernier, fans ofer y féjourner, ni venir
réclamer deux paniers de marchandifes pour eux laiffés à la
garde dudit B..., & fans que la femme dudit B.... à qui
fuivant qu'il a été rapporté audit procureur du roi, vous avie
donné ordre dans la même journée de vous avertir auffi-tô
que lefdits étrangers viendroient chez elle, vous ait informé
de leur arrivée, qu'elle n'a pas dû ignorer, les ayant vus &
leur ayant parlé. (*Ajouter encore les autres motifs tirés de*
la mauvaife réputation de B.... & fa femme ; la conduit
qu'ils tiennent dans la ville, à l'égard des inconnus qui
viennent continuellement loger chez eux, & autres.)

Dans ces circonftances, ledit procureur du roi vous obferve, Monfieur, que ce font ces mêmes particuliers, o:
quelques-uns de leur troupe, qui font les auteurs du vol fai
chez le nommé A..., ainfi que des autres vols faits depu
quelques tems en cette ville, & dans les villes & paroiffe
circonvoifines, avec vrilles, & crochets de fer, &c..., &
que pour dérober au public la connoiffance de leurs crimes
ils changeoient fouvent de vêtemens ; de manière que led
B.... & fa femme, & lefdits étrangers doivent être regardé
comme les auteurs defdits vols ; les uns pour les avoir fairs
& les autres pour les avoir recélés, & avoir vendu les effe
& marchandifes volées. Que d'ailleurs la femme dudit B...
a vendu en cachette plufieurs mouffelines & autres effets de
mercerie ; & que ledit B.... & fa femme, qui étoient ci-
devant pauvres, font maintenant à leur aife & en bonn
pofition. Et comme il eft du devoir du miniftère public d'ar-

nir la réparation des torts que lui ont occafionnés les crimes ou les délits d'une ou de plufieurs perfonnes. C'eft ce qu'on appelle plus convenablement plainte.

Chez les Romains il n'y avoit point d'accufateur public pour les crimes qui réclament
la vindicte publique. Chaque citoyen foit qu'il
y fût perfonnellement intéreffé ou non, pouvoit pourfuivre le coupable lorfqu'il en avoit
obtenu la permiffion du préteur, à qui il fal-

rêter le cours de femblables vols, &c. par une punition
exemplaire, ledit procureur du roi vous donne la préfente
requête, en forme de plainte contre lefdits B.... & fa femme, & contre lefdits *Savoyard, Langevin* & leurs complices, tendante à ce qu'il vous plaife, Monfieur, ce confidéré, lui en donner acte, & lui permettre d'informer pardevant vous, de tous les faits y contenus, circonftances &
dépendances, pour l'information faite & à lui communiquée, être requis ce qu'il appartiendra.

(*Au bas de cette plainte, le juge doit donner acte de la
plainte, &c. comme ci-deffus.*

*Autre plainte du procureur du roi, en conféquence d'un
délit, fans Accufation contre les auteurs du délit, comme
n'étant pas connus.*

Vous remontre le procureur du roi, qu'il a eu avis que le
jour d'hier, fur les dix heures du foir, il a été commis un
meurtre, (*ou un vol avec effraction;*) *défigner la nature
du vol, ou meurtre, avec fes circonftances, ainfi que l'endroit où il a été commis.*) Et comme il eft important de
connoître les auteurs de ce crime, vous requiert ledit procureur du roi, qu'il lui foit permis de faire informer du
contenu en la préfente requête, circonftances & dépendances, même d'obtenir & faire publier monitoires de droit;
pour le tout à lui communiqué, être requis ce qu'il appartiendra. A.... ce....

(*Le juge doit mettre au bas de cette requête fon ordonnance, portant permiffion d'informer, à-peu-près comme ci-
deffus, en y ajoutant la permiffion d'obtenir monitoires.*)

N iv

loit qu'il préfentât requête pour cet effet. Cette
formalité avoit lieu pour que le préteur re-
fufât l'Accufation qui feroit intentée par les
efclaves, les affranchis & les infâmes, contre
leurs maîtres, leurs patrons, ou quelques
autres perfonnes. Le préteur pouvoit également rejeter l'accufation formée contre un am-
baffadeur, un abfent, ou un magiftrat en
charge. Enfin l'objet de cette requête étoit que
le juge, avant d'admettre l'Accufation, pût examiner fi elle étoit recevable, eu égard à la qualité de l'accufateur & de l'accufé. Mais quand
il n'y avoit point d'obftacle à ce que l'Accufation fût reçue, la partie s'infcrivoit en dépofant
fon libelle d'Accufation entre les mains du greffier. Alors le juge donnoit une permiffion de
faire affigner la partie accufée; & cette affignation n'étoit pas pour venir plaider, mais feulement pour conftater le chef d'accufation en préfence de l'accufé. Le défendeur pouvoit propofer des fins de non recevoir, s'il en avoit quelques-unes. Mais s'il fe reftreignoit à confeffer ou
à nier le fait, le préteur donnoit les délais pour
faire les preuves. On venoit enfuite plaider; &
c'étoit alors que commençoit véritablement
l'Accufation.

Depuis le premier moment que l'Accufation
étoit intentée, l'accufé étoit uniquement occupé
du foin de fe défendre : il ne paroiffoit plus en
public avec fes habits ordinaires; il fe revêtoit
d'une robe de deuil; & dans ce trifte équipage,
il alloit mendier les fuffrages de fes juges, en
tâchant de les attendrir par un extérieur capable
d'exciter la compaffion. Mais comme c'eût été
là une foible reffource pour fe juftifier d'une

Accusation grave & bien fondée, l'accusé prenoit des défenseurs à qui il confioit ses intérêts. Un accusé avoit ordinairement quatre défenseurs. Le premier étoit appelé *patronus* ; & c'étoit lui qui plaidoit la cause. Le second étoit nommé *advocatus*, & sa fonction consistoit à assister à la plaidoirie, & à fournir les moyens de défenses. Le troisième & le quatrième sont indiqués par Asconius Pædianus sur la première Verrine de Cicéron, sous le nom de *procurator* & de *cognitor*.

Après les délais expirés, lorsqu'on en étoit venu au jour auquel l'accusateur & l'accusé devoient se présenter devant le juge, on les assignoit l'un & l'autre : si l'accusé refusoit de comparoître, on le condamnoit par défaut : si au contraire c'étoit l'accusateur qui ne se présentoit pas, on effaçoit le nom de l'accusé de dessus le registre des Accusations, & on le renvoyoit absous. Mais lorsque les deux parties se trouvoient à l'audience, l'accusateur déclaroit le genre d'action suivant lequel il vouloit poursuivre l'accusé ; & après avoir entendu les parties on procédoit à l'audition des témoins & à l'examen des preuves par écrit.

Parmi nous l'Accusation publique ne peut avoir lieu qu'à la requête des procureurs du roi, & des procureurs fiscaux des seigneurs ou autres parties publiques.

Cette Accusation est indispensable dans tous les délits graves où le public est offensé, & contre lesquels la loi prononce des peines afflictives ou infamantes ; mais si le délit est léger & n'est pas de nature à mériter l'animadversion publique, ces officiers ne sont point obligés d'agir

& même ils doivent garder le filence. Il eft donc très-important qu'ils fachent diftinguer les délits que la loi exige qu'ils pourfuivent, de ceux qui n'intéreffent pas le public & où leur miniftère n'eft point requis.

Les délits qu'ils doivent pourfuivre font 1°. tous ceux qui offenfent la majefté divine, tels que l'héréfie, le blafphême, le parjure, le facrilége, l'abus des facremens, le trouble fait au fervice divin, &c.

2°. Les délits qui offenfent le fouverain, tels que les crimes de lèze-majefté, la fabrication & expofition de fauffe monnoie, les levées de troupes fans commiffion du roi, les affemblées illicites, les féditions & émotions populaires, les malverfations & prévarications d'officiers dans leurs fonctions, le péculat, le crime de concuffion, la rebellion aux ordres & mandemens du roi & de la juftice, le recèlement des voleurs & gens condamnés & décrétés par la juftice, les entreprifes de ceux qui par violence empêchent l'établiffement des gardiens & commiffaires, ou l'exécution des jugemens, &c.

3°. Tous les crimes qui troublent l'ordre & la tranquillité publique, tels que le vol avec violence, le délit de ceux qui par force ou à main armée chaffent les particuliers des biens qui leur appartiennent ou dont ils font en poffeffion ; qui emprifonnent ces particuliers, les frappent, les maltraitent, les engagent par force & violence au fervice du roi, enlèvent des femmes ou filles, &c. L'ufurpation des dixmes, & des biens des bénéfices, les monopoles, le duel, l'ufure, la polygamie, l'incefte, les crimes contre nature, le maquerellage, la proftitution publique, l'exposition d'enfans, le recèlement de grossesse, l'enlèvement de bornes, la soustraction des titres des biens des villes & communautés faite par les seigneurs dans la vue de s'emparer de ces biens, &c.

4°. Différens délits privés tels que l'homicide, le larcin, le recèlement des choses volées, l'abigéat, les banqueroutes frauduleuses, le faux, le stellionat, l'incendie, le viol, les blessures notables, l'impéritie grossière, les libelles diffamatoires, l'Accusation calomnieuse, &c.

L'Accusation publique n'a pas lieu en matière d'adultère, à moins que le mari ne favorise la débauche de sa femme.

Il en est de même des délits légers tels que seroit le vol d'un chien.

Le ministère public ne doit point agir non plus contre un enfant qui a volé son père, ni contre une femme qui a volé son mari, mais les complices peuvent être poursuivis criminellement.

Le recèlement fait par une veuve ou par des héritiers des biens d'une communauté ou d'une succession ne peut être poursuivi que par la voie civile, mais on peut agir extraordinairement contre les tiers ou complices.

Le délit des intendans, receveurs, fermiers ou autres qui dissipent les deniers de leur maniement ou recette, ne peut être poursuivi criminellement pour raison de cette dissipation.

Les aubergistes dans la maison desquelles on a volé les choses qu'on leur avoit confiées, ne peuvent être poursuivis que civilement pour raison de ces vols, à moins qu'ils n'y aient participé par eux-mêmes. Il faut en dire autant des voituriers fur la voiture defquels on a volé les effets qu'ils s'étoient chargés de conduire.

Les délits commis par des animaux, comme des chevaux, des bœufs, des chiens, &c. ne peuvent être pourfuivis que civilement contre les maîtres de ces animaux, à moins que ces maîtres ne les aient excités, ou qu'il n'y ait eu de leur part une négligence groffière.

. Lorfque le délit eft de nature à faire prononcer quelque peine afflictive, le miniftère public eft obligé d'agir quand même la partie offenfée auroit tranfigé avec le coupable.

Il n'eft pas néceffaire qu'il y ait des preuves convaincantes pour former une Accufation publique ; il fuffit d'avoir des raifons apparentes pour déférer le crime à la juftice.

L'accufation peut avoir lieu pour raifon de plufieurs crimes en même tems contre le même accufé ; ou pour raifon du même crime contre plufieurs accufés, ou pour raifon de plufieurs crimes contre plufieurs accufés : c'eft même ce qui doit être lorfque les accufés font complices d'un même crime ou que les crimes font connexes.

Les parties publiques peuvent auffi ajouter à leur première accufation lorfqu'elles découvrent de nouveaux complices, ou que quelqu'un des accufés eft prévenu de quelque nouveau crime qui n'étoit pas encore venu à leur connoiffance ; ou quand le crime pour lequel l'accufé étoit pourfuivi vient à changer de nature, comme lorfque la bleffure d'un offenfé qu'on ne croyoit par mortelle, vient à occafionner la mort de cet offenfé.

Les procureurs du roi, ni les procureurs fif-

caux des juſtices ſeigneuriales, ni les ſeigneurs
de ces juſtices à qui les amendes & confiſca-
tions appartiennent, ne peuvent faire aucune
compoſition pour raiſon des crimes dont ils ſont
obligés de faire la pourſuite ; cela leur eſt expreſſément défendu par les ordonnances, à peine,
contre les ſeigneurs, de privation de leurs juſtices. La même choſe eſt défendue aux juges, à
peine de privation de leurs charges & d'autres
punitions exemplaires.

L'accuſation doit être formée devant le juge
ſupérieur lorſque l'accuſé a commis pluſieurs
crimes en diverſes juridictions, ou que les accuſés ont différens domiciles. Voyez *l'hiſtoire de
la juriſprudence romaine par M. Terraſſon ; le
traité de la juſtice criminelle par M. Jouſſe ; l'ordonnance de Blois ; l'ordonnance criminelle du duc
Léopold, du mois de novembre 1707 ; l'ordonnance criminelle de 1670 ; l'ordonnance de 1356,
rapportée par Fontanon ; la déclaration du 13
août 1371, l'ordonnance du mois de novembre
1554 ; Papon en ſes arrêts, livre 23, titre 11 ;
l'arrêt du parlement de Beſançon du 6 ſeptembre
1718*, &c. Voyez auſſi les articles Accusateur, Accusé, Plainte, &c.

ACCUSÉ. C'eſt celui auquel on impute
un crime vrai ou ſuppoſé, & qui en conſéquence eſt décrété ou d'aſſigné pour être ouï,
ou d'ajournement perſonnel, ou de priſe de
corps.

En général toute perſonne capable d'eſter en
jugement peut être accuſée & pourſuivie criminellement pour raiſon du crime ou délit qu'elle
a commis. Le mineur même ainſi que le pupille
qui eſt proche de l'âge de puberté, peuvent être

accufés & pourfuivis criminellement fans être affiftés de leur tuteur ou curateur, parce qu'ils font capables de dol : mais cette règle n'a lieu que dans les grands crimes, & fi le procès vient à être civilifé, il faut néceffairement mettre en caufe le tuteur ou le curateur.

Le fils de famille peut pareillement être accufé & pourfuivi criminellement fans être affifté de fon pere, & la femme fans l'être de fon mari.

Outre la peine afflictive, le mineur, la femme ou le fils de famille accufés peuvent être condamnés à des dommages & intérêts envers le plaignant, mais ni le pere, ni le tuteur, ni le mari n'en fauroient être tenus à moins qu'ils ne foient eux-mèmes parties dans le procès. Les biens mêmes de la femme & ceux de la communauté ne peuvent être faifis pour raifon de ces dommages & intérêts, qu'en confervant au mari fes droits. Cependant fi ce dernier a pris la défenfe de fa femme accufée, il fera tenu civilement des dommages & intérêts auxquels elle aura été condamnée. Un arrêt de 1710 rapporté par le Preftre, l'a ainfi jugé. Il en eft de même du père qui autorife fon fils accufé, comme l'a décidé le parlement de Dijon, par arrêt dû 2 août 1755.

Ceux qui font morts civilement, comme les condamnés au banniffement ou aux galères à perpétuité, peuvent auffi être accufés & pourfuivis criminellement pour raifon des délits par eux commis. Il en eft de même des efclaves & des religieux.

A l'égard des furieux & des infenfés qui commettent quelques crimes, comme ils n'agiffent pas librement, ils ne peuvent être accufés ni pourfuivis criminellement ; cependant s'il arrivoit qu'il y eût lieu de fe pourvoir contre eux, non pour la peine, mais pour raifon du dommage qu'ils auroient caufé, il faudroit alors agir contre leurs parens ou contre leur curateur. Boniface rapporte un arrêt du 24 janvier 1654, qui a condamné en pareil cas des parens à des dommages & intérêts pour un coup d'épée donné par un infenfé.

On doit donner un défenfeur aux Accufés pourfuivis criminellement, lorfqu'ils font hors d'état de fe défendre : tels font les fourds & muets, les étrangers qui ne favent pas le françois, & ceux à la mémoire ou aux cadavres defquels on fait le procès.

On doit regarder comme une règle générale en matière criminelle, que les Accufés font tenus de fe préfenter en perfonne devant le juge en conféquence du décret prononcé contre eux, foit pour fubir l'interrogatoire, foit qu'ils veuillent décliner la juridiction du juge devant lequel ils font traduits ou qu'ils aient d'autres exceptions à propofer. Cette maxime a lieu nonfeulement à l'égard des délits pourfuivis à la requête du miniftère public, mais encore pour les délits pourfuivis à la requête des parties civiles.

Il y a néanmoins différens cas où la règle qu'on vient d'établir ceffe d'avoir fon application.

Le premier eft quand l'Accufé fe trouve dans l'impoffibilité de fe préfenter, foit à caufe d'une maladie, foit parce qu'il eft prifonnier ou renfermé dans quelque maifon de force. Il peut dans ces circonftances propofer fon exoine par un procureur fondé de procuration spéciale; & l'on ne doit point le regarder comme contumace tant que ses moyens d'exoine subsistent.

Le second cas a lieu à l'égard de l'Accusé banni de l'endroit où le decret ordonne qu'il comparoîtra. Comme il ne sauroit alors obéir à justice sans s'exposer aux peines prononçées contre ceux qui enfreignent leur ban, il peut proposer cette excuse, & le juge doit y avoir égard, & ne point procéder contre l'Accusé qu'il n'ait obtenu un sauf-conduit.

Le troisieme cas est celui où l'Accusé n'a pu avoir connoissance du décret à cause d'une longue absence faite de bonne foi long-temps après le délit commis, & avant le décret rendu contre lui. On reçoit alors les parens de l'Accusé à proposer en son nom cette excuse, & le juge accorde un délai plus ou moins long suivant les circonstances, pendant lequel l'Accusé est tenu de se présenter; mais si après le délai écoulé il ne comparoît pas, on peut le contumacer.

L'Accusé présent peut proposer dans le cours de l'instruction toutes les exceptions & défenses qu'il juge utiles ou nécessaires pour sa justification.

Le mineur peut non-seulement proposer ses exceptions & défenses par lui-même, mais son pere & son tuteur peuvent aussi en proposer pour lui. Il en est de même du mari à l'égard de sa femme, du monastere pour les religieux & du maître pour son esclave.

Quoique l'Accusé contumace ne soit admis à proposer aucune défense par procureur, ni alléguer ses priviléges non plus que ses fins de non-recevoir, parce qu'avant toutes choses,

il

il doit obéir au décret, cependant le père, la mère, le mari, la femme, le fils ou le tuteur de ce contumace, doivent être reçus en leur nom à prendre fa défenfe, en forte que les reproches par eux fournis contre les témoins, les appellations, allégations de faux & autres moyens qui tendent à établir l'innocence de l'Accufé, ne doivent point être rejetés lorfqu'ils font foutenus par de bonnes preuves, & le juge au contraire doit y avoir égard en jugeant le fond du procès. Cela eft fondé fur ce que les parens font cenfés défendre en quelque façon leur propre caufe. C'eft ce qui a été jugé par arrêt felon Airault : telle eft auffi l'opinion de Cujas & de Farinacius ; & en effet l'ordonnance de 1670 admet les parens à purger la mémoire d'un Accufé décédé & condamné par contumace.

Les parens & autres défenfeurs de l'Accufé peuvent auffi par une requête établir la nullité de la procédure ; mais la récrimination ne peut être propofée ni par l'Accufé, ni par fes proches parens ou autres défenfeurs, lorfqu'il eft contumace. Ce fentiment paroît confirmé par un arrêt du 3 mars 1668, rapporté par Boniface, qui a jugé que le père devoit repréfenter fon fils accufé du crime de rapt, pour pouvoir être admis à faire déclarer non recevable la fille qui l'accufoit.

Cependant par un autre arrêt du 10 décembre 1678, rapporté par le même Boniface, il a été jugé que le père d'un fils mineur accufé du crime de rapt, pouvoit accufer en fubornation les parens de la fille, fans être tenu de repréfenter fon fils abfent.

La différence entre ces deux cas confifte en ce que dans le premier, la défenfe ou exception suppose la preuve du délit, & qu'il s'agit seulement de faire déclarer l'accusateur non-recevable en sa plainte, au lieu que dans le second cas la défense a pour objet d'attaquer la preuve même du délit.

Lorsqu'il est question de récuser les juges, on n'admet pas les proches parens de l'Accusé contumace à proposer ces récusations. Cela a été ainsi jugé par arrêt du 19 mars 1611 rendu par la chambre de l'édit de Grenoble.

On ne les reçoit pas non plus à opposer pour l'Accusé l'exception de la chose jugée si d'ailleurs elle n'est notoire, ni la prescription, quand même elle seroit notoire.

Tout ce que nous avons dit à l'égard de la défense de l'Accusé contumace, doit à plus forte raison être appliqué au contumace mineur. Il paroît même que le tuteur ou les proches parens de celui-ci peuvent être reçus à proposer les récusations, l'exception de la chose jugée & la prescription.

Si l'Accusé est impubère & incapable de dol, son père ou son tuteur peuvent opposer ce moyen par une requête, sans que l'Accusé soit tenu de se présenter pour obéir au décret.

En général on ne donne point de conseil aux Accusés. L'article 8 du titre 14 de l'ordonnance de 1670, porte que *les Accusés, de quelque qualité qu'ils soient, seront tenus de répondre par leur bouche, sans le ministère de conseil qui ne pourra leur être donné, même après la confrontation, nonobstant tous usages contraires que cet article abroge.*

Ces mots *de quelque qualité qu'ils soient,* ont été mis parce que notre histoire rapporte des exemples de personnes qualifiées à qui l'on a donné un conseil en leur faisant leur procès. Ainsi lorsquen 1560, on fit le procès au prince de Condé, prisonnier dans Orléans, la princesse de Condé présenta une requête au roi pour qu'il lui plût donner au prince son mari quelques personnes capables de le conseiller, ce qui fut accordé à cause de la qualité de l'Accusé. Le roi lui permit de faire venir de Paris pour cet effet, Pierre Robert & François de Marillac, fameux Avocats.

Le prince de Condé avoit aussi demandé qu'avant de répondre il lui fût permis de parler à la princesse sa femme, au cardinal son frère & au roi de Navarre, en présence de telle personne qu'il plairoit au roi de nommer, mais il obtint seulement la permission de leur écrire ses intentions.

Anne Dubourg, conseiller clerc au parlement, qui fut condamné à mort par arrêt du 21 décembre 1559, avoit aussi obtenu l'avocat Marillac pour conseil dans le procès qui lui fut fait.

On interdit tout conseil à l'Accusé, parce que comme il ne s'agit ordinairement dans les procès criminels, que de faits que personne ne connoît mieux que ceux qu'on accuse d'en être les auteurs, le conseil qui leur seroit donné ne pourroit servir qu'à leur suggérer des moyens propres à altérer la vérité de ces mêmes faits & à éloigner la punition du crime.

Il y a néanmoins des cas où l'ordonnance permet aux Accusés de se faire assister de conseil, mais seulement après l'interrogatoire prêté: tels sont ceux où il s'agit de crime de péculat, de concussion, de banqueroute frauduleuse, de vol de commis ou associés en fait de finance ou de banque, de fausseté de pièces, de supposition de part, & d'autres délits qui concernent l'état des personnes.

' La raison pour laquelle l'Accusé peut alors avoir un conseil, c'est que dans ces sortes de crimes la défense peut dépendre de pièces que l'Accusé n'avoit poit en sa possession lors de son interrogatoire ; que pour le recouvrement de ces pièces il peut avoir bsoin de conseil, & qu'enfin ce conseil peut lui fournir des moyens de droit tirés de ces mêmes pièces, ou de la qualité du délit qu'on lui impute.

Dans les crimes qui se commettent à l'audience, en présence des juges, & qui s'instruisent sur le champ, l'usage du parlement de Paris est aussi de donner un conseil à l'Accusé.

Au reste il paroît que les Accusés, même de crimes les plus graves, peuvent après leur interrogatoire consulter ceux qui font les fonctions d'avocats & procureurs des prisons, pour présenter des requêtes ou mémoires concernant les procédures, les délais & autres choses de ce genre.

Le juge ou commissaire devant lequel l'Accusé comparoît pour demander son renvoi, ne peut obliger cet Accusé à subir interrogatoire, il doit seulement dresser procès-verbal de cette demande pour être communiqué au procureur du roi & à la partie civile s'il y en a une ; & en cas de contestation, cela forme un incident sur lequel le siege prononce s'il y a lieu au renvoi ou non ; mais si le juge devant lequel l'Accusé est cité étoit absolument incompétent, cet Accusé ne seroit pas tenu de se présenter devant lui : il faudroit seulement qu'il appelât du décret pour se mettre à couvert des pourſuites de ce premier juge.

L'Accusé priſonier ne peut demander ſa liberté qu'après avoir ſubi interrogatoire & après le jugement de compétence ſi c'eſt le cas de la régler. Quand ces formalités ſont remplies, il dépend de la prudence du juge de retenir l'Accuſé en priſon ou de l'en laiſſer ſortir, & s'il lui accorde ſa liberté, il peut l'obliger à donner caution de ſe repréſenter ou lui impoſer telle autre condition que les circonſtances peuvent exiger.

En général, quand l'Accuſé a été décrété de priſe-de-corps, & que le crime eſt de nature à mériter une peine afflictive, il eſt plus prudent de laiſſer l'Accuſé en priſon que de l'élargir, parce qu'étant en liberté, il peut gagner les témoins, détourner les peuves, être inſtruit de tout ce qui ſe paſſe, & enfin rendre, quoique coupable, l'accuſation ſans effet.

L'Accuſé doit être jugé par le juge de l'endroit où le délit a été commis. On doit après la capture, & dans les vingt-quatre heures au plus tard, le conduire aux priſons du lieu s'il y en a, ſinon aux plus prochaines.

L'Accuſé qui eſt conſtitué priſonnier doit être interrogé par le juge du lieu dans les vingt-quatre heures de l'empriſonnement. L'ordonnance criminelle & pluſieurs autres réglemens le recommandent expreſſément aux juges. Mais cette diſpoſition eſt aſſez mal obſervée, & il n'arrive que trop fréquemment, par la négligence des juges, que les Accuſés ſoient des huit jours dans les priſons & même plus long-temps, avant d'être interrogés.

Quand de plusieurs Accusés de mêmes crimes ou de complicité, les uns sont absous ou déchargés, & les autres condamnés à quelque peine afflictive, les premiers juges ni le procureur du roi ou procureur fiscal ne peuvent faire mettre en liberté ceux qui sont absous : ils doivent au contraire envoyer tous ces Accusés à la conciergerie du palais, pour y être jugés ensemble. Le parlement de Paris l'a ainsi jugé par arrêt du 25 juin 1677, qui a fait défenses tant au procureur fiscal qu'au bailli de Hery, de mettre en liberté un Accusé absous lorsqu'il y en a d'autres convaincus & condamnés. Le parlement de Toulouse a ordonné la même chose par arrêt rendu en forme de réglement le 23 novembre 1743: c'est aussi la disposition des articles 7 & 8 du titre 26 de l'ordonnance de 1670.

Au reste ce qui vient d'être dit ne doit s'entendre que des cas où l'appel est de droit; car si l'appel n'est pas nécessaire & qu'il ait été interjeté par l'une des parties, celles qui n'appellent pas ne sont pas obligées de se transporter devant le juge supérieur à moins qu'il ne l'ordonne ainsi.

Si quelqu'un a été Accusé de crime & renvoyé absous, les juges ne doivent pas permettre qu'on forme contre lui une nouvelle accusation, parce qu'en matière criminelle rien ne se réitère.

Le ministère public ne peut pas même rendre une nouvelle plainte des faits qu'une partie civile a déja déférés à la justice, sur-tout quand la plainte de la partie civile a été suivie d'une instruction. Si le ministère public trouve l'accusation grave, & que la partie civile l'abandonne, il peut poursuivre l'instruction du procès, sans néanmoins qu'il puisse faire réitérer les dépositions des témoins ouïs à la requête de la partie civile.

C'est d'après ces principes que par arrêt du 21 mars 1736, il a été fait défense au procureur du roi d'Angoulême de rendre aucune plainte pareille à celle qu'il avoit rendue contre le sieur Rechou curé de Gurat, laquelle contenoit les mêmes faits que ceux dont la dame de Vassogne avoit accusé ce curé & sur lesquelles il avoit été décrété d'assigné pour être ouï. L'arrêt déclare nulle toute la procédure.

Si cependant il y avoit de nouveaux faits, le ministère public pourroit en rendre plainte ; mais il ne pourroit pas joindre dans la plainte les anciens faits déja discutés par une première procédure, il devroit seulement alors requérir la jonction de cette premiere procédure à la nouvelle accusation.

On peut regarder comme une règle générale qu'un Accusé prévenu de crime, même capital, ne perd point son état tant qu'il n'y a pas de condamnation prononcée contre lui : ainsi il peut recevoir tout ce qui lui est dû & en donner quittance ; il peut aussi passer toutes sortes de contrats, & par conséquent emprunter, vendre, aliéner ses biens, & ces actes ne font pas nuls par eux-mêmes. Il est vrai que leur validité dépend de l'événement de la procédure qui s'instruit contre l'Accusé : ils seront valables si le jugement définitif ne condamne pas l'Accusé à une peine capitale, ou s'il vient à mourir avant que l'arrêt de sa condamnation lui ait été prononcé. Ces actes seront au contraire nuls si l'Accusé vient à être condamné à une peine capitale & que l'arrêt lui en ait été prononcé.

Au reste pour connoître plus particuliérement si les aliénations faites par un Accusé sont valables ou non, il faut distinguer si elles sont faites à titre gratuit ou à titre onéreux; & si elles sont faites à titre gratuit, comme une donation, il faut encore considérer le temps où elles ont été faites.

Les aliénations à titre gratuit faites par un Accusé depuis l'accusation formée contre lui sont nulles, lorsque l'accusation a été suivie d'une condamnation à quelque peine capitale: mais si ces aliénations sont antérieures à l'accusation, elles doivent valoir pourvu qu'elles ne soient point faites en fraude du fisc ni de la partie civile.

Les aliénations faites à titre onéreux par l'Accusé sont valables lorsqu'elles sont antérieures à l'accusation, ou même tant qu'on ne connoît pas celui qu'on accuse d'être l'auteur du crime qui fait l'objet de l'accusation : ce que l'on ne connoît que par l'exécution du décret rendu contre l'Accusé. Mais cette règle n'a lieu que dans le cas où l'aliénation a été faite de bonne foi & non en fraude du fisc ou des créanciers.

L'aliénation est pareillement valable quoique faite de mauvaise foi par l'Accusé, lorsque l'acquéreur n'a point été participant de la fraude; ou du moins on doit rendre à celui-ci les deniers qu'il a payés pour le prix de la vente.

Les aliénations faites par l'Accusé depuis son crime & même depuis le décret rendu contre lui sont aussi valables & ne peuvent être attaquées comme nulles par le fisc lorsqu'elles sont fondées sur quelque motif d'équité ou de nécessité, comme pour payer les dettes de l'Accusé, lui procurer des alimens, ou fournir aux frais nécessaires à sa défense dans l'instruction de son procès.

On présume l'aliénation frauduleuse lorsqu'elle est faite généralement de tous les biens de l'Accusé; lorsqu'elle a été faite sans cause ou à vil prix; quand l'acquéreur est un proche parent de l'Accusé; lorsque celui-ci est resté en possession des biens par lui donnés & en a perçu les fruits, &c.

La quittance d'une légitime ouverte, mais que le débiteur ne devoit payer que dans un terme éloigné, donnée le 16 février 1722 par le sieur Rossignol Accusé dès la veille d'un crime capital, dont il fut par la suite reconnu coupable, a été déclarée nulle par arrêt du 4 août 1742, & le débiteur de la légitime a été condamné à payer les intérêts civils aux accusateurs en déduction de ce qu'il devoit à l'Accusé.

Il étoit évident dans cette affaire que la quittance de légitime n'avoit été donnée que pour frustrer les parties civiles des dépens, dommages & intérêts qui devoient leur être adjugés comme une suite nécessaire de la conviction de l'Accusé.

On demande si un bénéficier Accusé de crime capital peut résigner son bénéfice pendant la poursuite d'un procès & avant la condamnation? Tournet en ses arrêts décide qu'il le peut non-seulement avant la condamnation intervenue contre lui, mais même pendant l'appel : il ajoute que c'est la commune opinion, à moins que le crime ne soit si abominable qu'il fasse vaquer le bénéfice de droit & de fait. Tel est aussi le sentiment de Guimier sur la pragmatique sanction, quoique Dumoulin soit d'un avis contraire. Mais il faut faire à ce sujet une distinction importante; c'est que si le bénéficier Accusé de crime capital a été prévenu & mis en cause par un dévolutaire, ou par le collateur ordinaire, il ne peut plus résigner son bénéfice : cela a été ainsi décidé par deux arrêts du parlement de Paris, l'un du 25 décembre 1625, & l'autre du 11 juillet 1726. Si au contraire le bénéficier Accusé a résigné son bénéfice à une personne capable avant d'avoir été prévenu, cette résignation est valable quand même elle ne seroit faite qu'après la condamnation & pendant l'appel. C'est ce qui a été jugé par un arrêt du 27 juillet 1694 rapporté au journal des audiences.

Il faut néanmoins pour la validité de la résignation dans ce dernier cas, que le délit de l'Accusé ne soit pas du nombre de ceux qui font vaquer le bénéfice de plein droit, comme l'hérésie, le crime de leze-majesté, l'assassinat prémédité, le rapt, l'inceste spirituel, la simonie & autres qui sont marqués par le droit canon.

L'ecclésiastique Accusé & condamné par sentence dont il y a appel ne peut prétendre ni requérir en vertu de ses grades aucun bénéfice, malgré cette maxime établie en matière criminelle, que *l'appel anéantit la sentence.* Un arrêt du 19 décembre 1647, rapporté par Soefve, l'a ainsi jugé.

Celui qu'on accuse d'un crime capital & qui par l'événement du procès est déclaré coupable, est incapable de recueillir les successions qui peuvent lui écheoir depuis l'accusation formée contre lui. Il faut en dire autant des legs & donations qu'on peut lui faire. Différens arrêts l'ont ainsi jugé, entr'autres celui du 16 juillet 1676, par lequel la marquise de Brinvilliers condamnée à mort, fut déclarée indigne des successions de son père, de ses frères & de ses sœurs pour avoir empoisonné son père & ses deux frères.

Il faut cependant excepter les legs faits pour alimens, & le parlement de Paris a décidé par arrêt du 5 septembre 1699, qu'un condamné aux galères perpétuelles ou au bannissement perpétuel pouvoit recevoir des legs pour alimens.

Ce qui vient d'être dit des Accusés condamnés à une peine capitale suivie de prononciation, a pareillement lieu à l'égard des Accusés condamnés par contumace à une peine qui emporte mort civile, lorsqu'ils décèdent dans le cours de cinq années à compter du jour de la sentence ou jugement de contumace : ils sont alors réputés morts civilement du jour de l'éxécution de cette sentence ou jugement.

Il a même été jugé que la mort civile d'un Accusé condamné par contumace & depuis condamné contradictoirement après s'être représenté, devoit avoir son effet dès le jour de l'éxécution du premier jugement rendu par contumace; mais cette jurisprudence quoiqu'autorisée par différens arrêts paroît opposée à l'article 18 du titre 17 de l'ordonnance de 1670, qui porte que les défauts & contumaces sont mis au néant par la représentation de l'Accusé, sans qu'il soit nécessaire d'interjeter appel du jugement de contumace. Ainsi cette dernière disposition doit être suivie.

C'est d'après ces principes que l'arrêt du 25 mars 1709, rapporté au journal des audiences, a jugé que le mariage d'un Accufé condamné à mort & décédé fans s'être repréfenté dans les cinq années de la contumace, ne produifoit aucun effet civil : mais il en eut été autrement fi l'Accufé fe fût repréfenté durant les cinq années, parce que pendant cet efpace de tems la mort civile refte en fufpens. C'eft pourquoi par arrêt du 17 mars 1716, il a été jugé que la fille d'un condamné par contumace à une peine de mort civile, ne pouvoit durant les cinq ans de la contumace demander la part de fon père dans la fucceffion de fon aïeul, & que c'étoit le cas d'ordonner le féqueftre, en accordant à cette fille une penfion fur la portion féqueftrée.

Les Accufés condamnés à la peine de mort, ou à celle des galères, ou à fubir la queftion, font préfumés être appelans du jugement qui les condamne, quand il n'eft pas rendu en dernier reffort. Ainfi quand il n'y auroit point d'appel à *minimâ* de la part du miniftère public, il n'en faudroit pas moins conduire les Accufés fous bonne & fûre garde dans les prifons du parlement ou autre cour fupérieure du reffort, parce qu'alors l'appel fe fupplée & qu'il eft même défendu aux juges de recevoir en pareil cas l'acquiefcement des condamnés.

Quand après le jugement d'un Accufé de crime il y a appel à *minimâ* de la part de la partie publique, les premiers juges ne peuvent pas ordonner que l'Accufé fera mis en liberté par provifion. Un arrêt rendu le 24 mars 1760 a fait défenfe au bailli du duché de Guife d'ordonner en pareil cas que les Accufés feroient mis en liberté en faifant leur foumiffion de fe repréfenter. Voyez *Papon en fes arrêts, livre 7, titre* 1;

Carondas en ses notes sur l'article 223 de la coutume de Paris ; les coutumes de Normandie, de Berry, de Bourbonnois, de la Marche, de Poitou & de Saintonge ; Renusson, traité de la communauté ; le traité des matières criminelles de M. Jousse ; l'ordonnance de 1670 ; l'ordonnance du duc Léopold du mois de novembre 1707 ; la collection de jurisprudence ; Airault, en son instruction judiciaire ; l'Arrêt de règlement du parlement de Paris du 10 juillet 1665 ; l'arrêt du 23 août 1663 rendu entre les officiers du présidial d'Angoulème & rapporté au journal des audiences ; le Prestre, en ses arrêts ; le Bret, traité de la souveraineté ; le Grand, sur la coutume de Troyes ; Ricard, des donations ; le traité des collations ; Rebuffe, de pacif. possess. Richer, traité de la mort civile ; Auzanet, en ses arrêts ; &c.
Voyez aussi les articles ACCUSATION, ACCUSATEUR, PLAINTE, EXOINE, CONTUMACE, RECOLLEMENT, CONFRONTATION, INTERROGATOIRE, COMPÉTENCE, MORT CIVILE, &c.

ACHAT. C'est un traité par lequel on acquiert la propriété d'une chose quelconque moyennant un prix convenu.

On appelle aussi *Achat*, la chose achetée. Et *livre d'Achat*, le livre dans lequel les marchands enregistrent les effets qu'ils achetent.

L'*Achat* suppose nécessairement une vente, parce que comme il ne peut y avoir de vente sans *Achat*, il n'y a point d'*Achat* sans vente : d'où ce contrat donne lieu en droit à l'action *ex empto* contre le vendeur, & à l'action *ex vendito* contre l'acheteur.

Par la première, l'acheteur conclut à ce que le vendeur lui délivre la chose vendue, ou l'en fasse jouir aux offres d'en payer le prix.

Par la seconde, le vendeur conclut à ce que

l'acheteur ait à payer le prix de la chofe vendue aux offres de la lui délivrer ou de l'en faire jouir.

Il y a cette différence entre l'échange & l'*Achat*, que celui-ci fe fait pour un prix d'argent, & celui-là en donnant un effet ou une denrée pour une autre effet ou une autre denrée.

On dit au palais, qu'*Achat paffe louage*, pour fignifier que celui qui a acheté un héritage, & qui en eft invefti, peut jouir malgré le bail fait à un tiers, fauf au locataire à fe pourvoir pour fes dommages & intérêts.

Régulièrement l'acheteur ne peut intenter l'action *ex empto* contre le vendeur qu'il ne lui offre le payement de la totalité du prix convenu, car s'il n'en offroit qu'une partie il ne feroit pas recevable à demander que la chofe vendue, ni même la moindre partie de cette chofe lui fût délivrée. La raifon en eft que le vendeur a droit de retenir par forme de nantiffement ce qu'il a vendu pour la fûreté du payement de tout ce qui lui eft dû. L'acheteur eft ici dans le même cas qu'un débiteur qui auroit donné des effets en nantiffement à fon créancier : ce débiteur ne pourroit répéter aucun de ces effets fans payer toute la fomme pour laquelle ils auroient été donnés en nantiffement.

. Ce qu'on vient de dire s'applique non-feulement à l'acheteur, mais encore à fes héritiers, lorfqu'après fa mort, l'action d'Achat fe trouve divifée entr'eux. Un de ces héritiers ne fera point admis à demander la part qui lui revient dans la chofe vendue, s'il n'offre de payer le prix entier de la vente, fauf à lui à répéter à fes cohéritiers les parts dont ils font tenus.

Il faut néanmoins obferver que le juge peut quelquefois modérer la rigueur du principe qu'on

vient d'établir lorſque l'équité paroît le demander, comme dans le cas qu'on va propoſer :
un boulanger achète cent ſetiers de blé pour une
certaine ſomme payable en enlevant ce blé : ce
boulanger n'ayant pas encore tout ſon argent
qu'il compte avoir dans dix ou douze jours, demande qu'il lui ſoit permis d'enlever ſix ſetiers
de ce blé deſquels il a beſoin pour entretenir
ſon commerce juſqu'à ce qu'il puiſſe payer le
tout, & il offre de délivrer pour cet effet une
ſomme plus forte que la valeur des ſix ſetiers :
il eſt certain qu'il y auroit dans ce cas une ſorte
d'inhumanité à rejeter la demande, en s'arta-
chant trop ſcrupuleuſement au principe de droit
qui ne permet pas à l'acheteur de demander une
partie de la choſe vendue avant d'avoir payé le
prix du tout.

Ce principe n'a pas lieu lorſque par la convention le vendeur a accordé à l'acheteur un terme
qui n'eſt pas expiré. Cependant ſi depuis la convention l'acheteur avoit ſouffert dans ſa fortune
un dérangement qui fût tel que le vendeur cou-
rût riſque de perdre le prix de ſa marchandiſe,
il pourroit n'onobſtant le terme accordé, ſe défendre de la livrer à moins que l'acheteur n'of-
frît ou le payement, ou une caution ſuffiſante.

Remarquez qu'il n'y a que le terme de droit
porté par le marché qui puiſſe autoriſer l'acheteur à exiger la choſe vendue avant d'en avoir
payé le prix ; un terme de grâce n'auroit pas cet
effet. C'eſt pourquoi l'acheteur qui a obtenu des
lettres de répi ou des lettres d'état pour leſquelles on lui a accordé un certain temps pour
payer ſes dettes, n'eſt pas en droit d'exiger la
choſe achetée ſans la payer. L'effet de ce terme
ſe borne à empêcher les pourſuites qu'on vou-

droit exercer contre lui pour le contraindre.

A défaut de tradition, de même qu'en cas d'éviction, le vendeur est ordinairement tenu des dommages & intérêts de l'acheteur, lesquels consistent dans tout ce que celui-ci perd ou manque de gagner par rapport à la chose même qui a fait l'objet du marché.

Ce qu'il en a couté à l'acheteur au-delà du prix convenu, fait partie de ces dommages & intérêts ; tels sont les frais de contrat, de centième denier ; les profits payés aux seigneurs, les frais de voyage pour voir l'héritage, &c.

Ce que la chose vaut de plus qu'elle ne valoit au temps de l'Achat, par l'augmentation de prix survenue sur les marchandises de même espèce entre aussi dans les dommages & intérêts: c'est pourquoi si vous vendez à quelqu'un cent muids de vin pour cinquante écus le muid, & que depuis le marché le vin ait enchéri de cinquante francs par muid, vous devez à défaut de livraison, payer à l'acheteur ces cinquante francs d'augmentation par muid, pour lui tenir lieu du profit qu'il auroit fait si la marchandise achetée lui eût été livrée.

L'action dont il s'agit ne s'étend communément qu'aux dommages & intérêts que l'acheteur a soufferts par rapport à la chose même qui lui a été vendue, & non à ceux dont l'inexécution du marché n'a été que la cause éloignée. Si par exemple, quelqu'un a vendu de l'avoine à un laboureur, le dommage que le défaut de livraison lui a occasionné dans ses chevaux qui n'ayant pas été nourris sont devenus étiques, ne pourra être exigé du vendeur, parce que ce dommage n'a point été prévu par la
vente

vente & qu'on ne fauroit dire que le vendeur ait entendu fe foumettre à le payer.

Il en feroit différemment fi par les circonftances il paroiffoit que les dommages & intérêts foufferts par l'acheteur autrement que par rapport à la chofe même qui lui a été vendue, ont été prévus lors du marché & que le vendeur s'y eft foumis au moins tacitement, en cas d'inexécution de fon engagement. On peut donner pour exemple le traité par lequel un charpentier averti de la ruine imminente d'une maifon, auroit vendu des étais qu'il fe feroit obligé de livrer & de pofer dans le jour pour prévenir le dommage : fi le charpentier a négligé de livrer les étais dans le temps marqué & que faute d'avoir été étayée la maifon fe foit écroulée, il doit être tenu de la perte caufée par cet écroulement ; car quoique le dommage ne concerne pas la chofe même qui a été vendue, il paroît néanmoins qu'il a été prévu lors du traité & que le charpentier s'y eft tacitement foumis, s'il venoit à ne pas remplir fon engagement, puifqu'il a été averti de la ruine imminente de la maifon, & que le deffein de prévenir cette ruine a été l'objet principal du traité.

Quand le vendeur a été mis en demeure de livrer la chofe vendue dans le temps auquel il devoit la livrer, & que poftérieurement cette chofe a été détériorée, même par une force majeure, il doit faire raifon à l'acheteur de ce que la chofe vaut de moins par rapport à cette détérioration.

Ceci n'auroit cependant pas lieu fi l'acheteur n'eût pu éviter de fouffrir la détérioration dans le cas même où le vendeur n'auroit apporté aucun retard à lui livrer la chofe. Par exemple, fi depuis que quelqu'un a été mis en demeure de délivrer une métairie par lui vendue, il eft furvenu une inondation qui en a gâté les terres, l'acheteur ne fera pas fondé à demander qu'on l'indemnife de ce dommage, parce qu'il l'auroit également fouffert quand même le vendeur n'auroit apporté aucun retard à remplir fon obligation.

Si le retard du vendeur a engagé l'acheteur dans des dépenfes néceffaires qu'il n'auroit pas faites fans ce retard, le vendeur eft tenu d'en indemnifer l'acheteur. Par exemple, fi étant à Paris j'ai acheté de vous deux chevaux pour mettre à mon carroffe & qu'après vous avoir mis en demeure de me les livrer, j'aie été obligé pour vaquer à mes affaires de louer des carroffes dont je n'aurois pas eu befoin fi vous m'euffiez livré mes chevaux, vous devez m'indemnifer en me rembourfant ce que j'ai été obligé de dépenfer au delà de ce que m'auroit couté la nourriture des chevaux pendant le temps que vous avez été en demeure de me les livrer.

De même fi vous m'avez vendu une maifon dans une ville où je voulois m'établir, & qu'au temps marqué pour m'en remettre les clefs, vous ayez été en demeure de le faire, vous devez m'indemnifer de ce qu'il m'en aura couté pour me loger ailleurs jufqu'à ce que vous ayez eu rempli votre obligation.

- Obfervez toutefois que les dépenfes dans lefquelles un acheteur prétend avoir été engagé par défaut de tradition, doivent s'eftimer avec modération, & autant feulement qn'elles paroiffent vraifemblables & avoir été néceffaires.

En général toutes fortes de chofes peuvent être achetées & vendues, à moins que le commerce n'en foit impoffible ou défendu. Ainfi l'on peut vendre & acheter non-feulement des chofes corporelles comme des meubles, des immeubles, des animaux, des fruits, mais encore des chofes incorporelles, comme une dette, une hérédité, une fervitude & tout autre droit.

On peut acheter plufieurs chofes en même temps & pour un feul prix, comme toutes les marchandifes qui font dans une boutique ou dans un vaiffeau, tous les grains qui font dans un grenier, tous les vins qui font dans une cave, &c.

Lorfque les denrées ou autres marchandifes font achetées en gros, la vente eft parfaite auffitôt qu'on eft convenu de la marchandife & du prix parce qu'on fait précifément ce qu'on a acheté : mais fi le prix eft règlé à tant pour chaque pièce, pour chaque livre, pour chaque mefure, la vente n'eft parfaite que dans ce qui eft compté, pefé, mefuré ; parce que le délai pour faire ces opérations eft comme une condition qui fufpend la vente jufqu'à ce qu'on fache ce qui eft acheté & vendu.

Les chofes dont l'acheteur réferve la vue & l'effai ne font vendues qu'après qu'il eft content de l'épreuve.

Tout ce qui fait partie de la chofe vendue ou qui en eft un acceffoire entre dans l'Achat, à moins qu'il n'y ait une convention contraire entre le vendeur & l'acheteur. Ainfi les arbres qui font dans un héritage, les échalas d'une vigne, les clefs d'une maifon, &c. appartiennent à celui qui a acheté l'héritage, la vigne, la maifon, &c.

Les chofes détachées d'un bâtiment mais dont l'ufage y eft acceffoire, comme la corde & les feaux d'un puits, les robinets d'une fontaine, &c. & les chofes qui n'ont été détachées que pour être remifes font partie de la vente & appartiennent à l'acheteur : mais il en feroit différemment fi ces chofes avoient feulement été deftinées à l'ufage du bâtiment & qu'elles n'y euffent point été employées. Au refte, pour juger en particulier des cas où ces fortes de chofes doivent appartenir à l'acheteur, il faut en confidérer l'ufage, la deftination, le lieu où elles étoient lors de la vente, l'état des lieux vendus & s'attacher fur-tout à ce qui peut caractérifer à cet égard l'intention des contractans.

Les acceffoires d'une chofe mobiliaire & qui peuvent en être féparés, font partie de l'Achat ou n'en font pas partie felon les circonftances. Si par exemple on expofe en vente un cheval fans fon harnois, l'acheteur n'aura que le cheval nu ; mais fi le cheval eft expofé avec fon harnois, l'un & l'autre appartiendront à l'acheteur à moins qu'il n'en foit autrement convenu.

Si l'on achète l'un ou l'autre de deux chevaux ou de deux autres chofes, fans déterminer lequel du vendeur ou de l'acheteur aura le choix, le vendeur pourra donner le cheval ou la chofe qu'il voudra, parce qu'il eft alors regardé comme un débiteur ayant le droit de fe libérer de la manière qui lui paroît la plus avantageufe.

Comme le contrat de vente ne requiert point pour fa perfection qu'il foit rédigé par écrit, on faifoit chez nous autrefois comme chez les Romains, des ventes de chofes fort confidérables

sans en rédiger aucun acte par écrit & la preuve
pouvoit s'en faire par témoins ; mais cette jurisprudence a été changée par l'ordonnance de
Moulins de 1566, laquelle a ordonné par l'article 54 que la preuve par témoins ne seroit plus
admise à l'égard des objets qui excéderoient la
somme de cent livres. Divers arrêts ont jugé
conformément à cette ordonnance. Cependant
l'ordonnance du mois d'avril 1667 maintient les
juges & consuls des marchands dans l'usage de
recevoir, s'ils le jugent à propos, la preuve
par témoins à quelque somme ou valeur que la
demande puisse monter : cette exception est fondée sur la faveur du commerce & sur ce que
les livres où les marchands écrivent leurs marchés font un commencement de preuve par écrit.

Un arrêt du 29 novembre 1707, fait défenses
à tous particuliers d'acheter des effets ou marchandises que ce ne soit de personnes connues,
ou qui donnent cautions & répondans de connoissance & qualité non suspectes, à peine contre
les contrevenans de répondre des choses volées,
& d'être poursuivis comme receleurs.

Un autre arrêt du 11 août 1721 a confirmé
une sentence de Senlis qui, en même temps
qu'elle avoit condamné à mort un voleur,
avoit aussi condamné la veuve d'un orfévre de
Compiègne, à rendre & restituer à la personne
volée, une tasse d'argent, ou 35 livres qu'elle
l'avoit achetée ; lui a fait en outre défenses de
plus à l'avenir acheter de gens inconnus & sans
répondans ; lui a enjoint de garder les réglemens, & d'avoir un registre pour inscrire la
marchandise qu'elle vendoit & achetoit, &c.

Un troisième arrêt du 16 avril 1737, rendu

en forme de réglement par la tournelle criminelle, faisant droit sur les conclusions du procureur-général du roi, « ordonne que les or-
» donnances, arrêts, réglemens de la cour &
» sentences de police, ensemble les statuts con-
» cernant l'orfévrerie, seront exécutés selon
» leur forme & teneur : en conséquence enjoint
» à tous orfévres, tant de la ville de Paris
» qu'autres, d'être exacts à tenir, chacun à leur
» égard, bon & fidéle registre des matières &
» ouvrages d'or & d'argent qu'ils acheteront &
» vendront, sur lequel ils écriront fidélement
» la qualité & quantité de ces marchandises
» avec les noms & demeures de ceux auxquels
» ils les auront vendues, ou de qui ils les au-
» ront achetées, pour être ledit registre re-
» présenté toutes fois & quantes ils en seront
» requis : leur fait défenses d'acheter aucune
» pièce de vaisselle d'argent armoriée ou non
» armoriée, quand même il n'y auroit pas de
» de recommandation, si ce n'est de personnes
» qui leur soient connues, ou qui leur don-
» nent des répondans à eux connus, & domi-
» ciliés, à peine d'être procédé extraordinaire-
» ment contr'eux, si le cas y échet ; de répon-
» dre des dommages intérêts des parties & de
» restitution des choses volées ; leur enjoint aussi
» de retenir les vaisselles ou autres pièces d'or-
» févrerie qu'on leur proposera d'acheter, lors-
» qu'elles seront suspectes d'avoir été volées,
» ou lorsqu'elles auront été recommandées ; &
» d'en faire leur déclaration ».

La jurisprudence qui résulte des réglemens
qu'on vient d'indiquer est confirmée par un arrêt
récent dont voici l'espèce :

. Le sieur de Vulder négociant à Dunkerque
s'étant apperçu qu'on lui avoit volé une montre
à boîte d'or qu'il avoit achetée depuis quelques jours, fit courir des billets dans la ville
de Dunkerque chez tous les horlogers pour
les avertir de ce vol, & envoya le signalement
de sa montre au sieur Herbout son correspondant à Saint-Omer, en le priant de faire aussi
courir des billets chez les horlogers de cette
Ville. Le sieur Herbout apprit que le sieur Roland horloger à Saint-Omer avoit acheté la montre : celui-ci offrit même de la remettre à condition qu'on lui rendroit neuf louis qu'il disoit
en avoir payés : mais parce qu'il l'avoit achetée d'un particlier qu'il ne connoissoit pas, sans
l'avoir inscrite sur son registre & sans avoir exigé
du vendeur un répondant domicilié & connu, il
fut condamné à rendre au sieur de Vulder les
douze louis que la montre répétée avoit couté
à ce dernier, parce qu'alors Roland qui en avoit
disposé ne pouvoit plus la représenter. Roland se
défendoit en disant qu'il avoit acheté la montre
dans le temps d'une foire établie à Saint-Omer
en vertu de lettres-patentes ; que d'ailleurs le
sieur de Vulder avoit consenti par une lettre
écrite au sieur Herbout qu'il disposât de la montre : mais le sieur de Vulder répondoit qu'il étoit
prouvé que sa montre, quoiqu'achetée par Roland en temps de foire, avoit été achetée d'un
Juif qui l'avoit portée *dans la boutique* de Roland ;
ce qui par conséquent n'étoit pas de la part de
ce dernier, ce qu'on appelle acheter en foire,
c'est-à-dire, sur la place où se tient la foire ;
2°. que la lettre qu'il avoit écrite au sieur Herbout, provenoit de l'erreur où quelques prati-

ciens peu inftruits l'avoient jeté, en lui difant qu'il ne pourroit récupérer fa montre qu'en rendant à Roland le prix qu'il difoit l'avoir payée; mais que cette erreur dans laquelle on l'avoit induit, ne pouvoit lui préjudicier, la jurifprudence des arrêts de la cour étant entièrement pour lui. Voyez *les lois civiles ; Bouvot, tome 2 article vente ; traité du contrat de vente par M. Pothier; Bouchel, en fes arrêts ; Boiceau, en fon traité de la preuve par témoins*, &c. Voyez auffi les articles VENTE, LOUAGE, GARANTIE, EVICTION, ARRHES, &c.

ACIER. Sorte de fer parfaitement pur & plus dur que le fer ordinaire.

L'Acier non ouvré, de quelque pays qu'il vienne, doit à l'entrée du royaume une livre huit fous par cent pefant, conformément au tarif de 1664 & à l'arrêt du confeil du 23 janvier 1717, lequel a dérogé aux arrêts des 25 novembre 1687 & 2 avril 1701 qui avoient augmenté le droit fixé par le tarif.

Cette efpèce d'acier doit à la fortie du royaume vingt-deux fous par cent pefant.

Quant à l'acier ouvré, voyez QUINCAILLERIE. Voyez auffi les articles ENTRÉE, SORTIE, MARCHANDISE, SOU, &c.

ACOLYTE. Ce nom fut donné dans les premiers fiécles de l'églife aux jeunes clercs qui fuivoient & fervoient les évêques. Leurs fonctions ordinaires, outre le fervice de l'autel, étoient encore de porter les lettres que les églifes s'écrivoient, & de donner aux fidéles les eulogies ou pains bénits, que l'on envoyoit en figne de confraternité & de communion.

On ne voit pas que l'églife grecque eût des Acolytes; mais l'églife latine en eut dès les premiers temps. A Rome, on en diftinguoit de trois fortes, les *Palatins*, les *Stationaires*, les *Régionaires*. Les premiers fervoient le pape dans fon palais ; les feconds étoient attachés au fervice d'une églife particulière : les *Régionaires* fuivoient les fous-diacres, & les aidoient dans les fonctions qu'ils exerçoient en différens quartiers de la ville.

Nous appelons aujourdhui Acolyte un jeune clerc promu à l'un des quatre ordres mineurs qui précèdent le fous-diaconat & que l'on nomme vulgairement *les quatre moindres*. Ses fonctions ordinaires font de fervir à l'autel le prêtre, le diacre & le fous-diacre, de porter les cierges & de préparer l'encens, le feu, l'eau & le vin pour la meffe. On appelle auffi communément Acolytes dans les églifes, ceux qui rempliffent ces fonctions, fans être promus à l'ordre d'*Acolytes*. Voyez *les lois eccléfiaftiques*. Voyez auffi les articles CLERC, ORDINATION, &c.

ACORUS. Sorte de racine que vendent les épiciers.

L'Acorus doit à l'entrée des provinces des cinq groffes fermes, par cent pefant, deux livres dix fous felon le tarif de 1664. *Voyez* DROGUERIE, & les articles ENTRÉE, SORTIE, MARCHANDISE, SOU, &c.

ACQUÉREUR. C'eft celui qui eft devenu propriétaire d'un immeuble par vente, échange, legs, donation ou autrement.

Les jurifconfultes diftinguent en matière de prefcription deux fortes d'Acquéreurs ; l'Acquéreur de bonne foi & l'Acquéreur de mauvaife foi.

L'Acquéreur de bonne foi eft celui qui a ac-

quis de quelqu'un qui n'étoit pas propriétaire,
mais qu'il croyoit propriétaire.

L'Acquéreur de mauvaise foi est celui qui a
acquis de celui qu'il savoit bien n'être pas propriétaire.

La différence entre ces deux Acquéreurs, est
que le premier prescrit valablement, & l'autre
non.

Celui qui se rend Acquéreur d'une portion de
droit ou autre chose commune à plusieurs personnes, entre dans les engagemens formés relativement à cette chose, sans qu'il faille aucune
convention à cet·égard.

Un particulier qui juge à propos de ne pas
paroître Acquéreur de certains biens, peut en
faire l'acquisition sous le nom d'un tiers, lequel
stipule dans le contrat qu'il acquiert pour lui ou
pour son ami élu ou à élire. On dit *son ami élu*,
parce qu'il peut se faire que l'acte d'élection soit
antérieur à l'acquisition.

Mais quel est le terme fixé pour l'élection à
faire ? Dans le pays de droit écrit elle doit avoir
lieu dans quarante jours après l'acquisition; &
si on la faisoit après, elle seroit considérée comme une nouvelle vente sur laquelle le seigneur
pourroit demander des droits seigneuriaux. Dans
quelques coutumes il y a un an pour faire l'é-
lection, & le seigneur ne peut demander ses
droits qu'après ce temps.

A l'égard des biens que l'on vend en justice,
l'acquisition s'en fait ordinairement par un procureur qui s'oblige de déclarer dans la huitaine
la personne pour laquelle il a fait l'enchère. Il
doit faire cette déclaration au greffe de la juridiction en exprimant le nom, les qualités & la
demeure de celui pour qui il a acquis le bien.

Si le procureur néglige de satisfaire à ces obligations, il doit payer le prix du bien comme en ayant fait l'acquisition pour lui-même.

· Lorsque l'adjudication se fait à la barre de la cour ou pardevant des commissaires, le procureur doit sous la même peine, faire signifier dans la huitaine sa déclaration au domicile du receveur des consignations.

Autrefois les gens de main morte faisoient beaucoup d'acquisitions d'immeubles sous des prête-noms d'amis élus ou à élire dans la vue d'éviter le payement des droits d'indemnité & d'amortissement; mais pour prévenir ces fraudes, le roi, par l'article 14 de l'édit du mois d'août 1749, a défendu à toutes personnes de prêter leurs noms aux gens de main morte pour acquérir des biens, à peine de 3000 livres d'amende.

· Indépendamment des droits dûs par un Acquéreur pour son acquisition, il est encore tenu du payement des droits seigneuriaux & de centième denier dûs pour les mutations antérieures, par la raison que ces droits sont réels; mais il n'est pas tenu des droits de franc fief dûs par ses vendeurs, parce que ces droits sont plus personnels que réels.

Dans le cas où l'Acquéreur d'un immeuble est évincé par la voie du retrait, il doit être remboursé non-seulement de ce qu'il lui en a couté pour son acquisition, mais encore des dépenses nécessaires auxquelles il a été obligé pour empêcher le dépérissement de l'héritage. Telles sont les réparations faites aux bâtimens. Mais si les dépenses faites par l'Acquéreur n'avoient point été nécessaires, il ne pourroit pas en prétendre le remboursement, quand même elles seroient utiles au retrayant. La raison en est qu'il ne doit pas être permis à l'Acquéreur de rendre la condition du retrait plus onéreuse par ces dépenses, & d'empêcher aussi les lignages qui n'auroient pas la commodité de les rembourser, d'exercer le droit du retrait que la loi leur accorde. C'est pour cela que la plûpart des coutumes, & entr'autres celles de Paris & d'Orléans, défendent aux Acquéreurs de faire aucune innovation ni amélioration sur l'héritage sujet au retrait, pendant le tems du retrait.

Mais si les dépenses faites sans nécessité ne peuvent être répétées au rétrayant, il doit être permis à l'Acquéreur d'enlever ce qui peut être enlevé sans détériorer l'héritage, à la charge de remettre les choses au même état qu'elles étoient lors de l'acquisition. Par exemple, si un Acquéreur avoit mis des chambranles de marbre & des glaces aux cheminées d'une maison dont on vient à exercer le retrait sur lui, il pourra emporter ses chambranles & ses glaces en rétablissant les cheminées dans leur ancien état. C'est la disposition de plusieurs coutumes, entr'autres de celles de Laon & de Châteauneuf.

Cependant si sans pouvoir en tirer aucune utilité l'Acquéreur détruisoit les améliorations qu'il a faites, s'il effaçoit des peintures, par exemple, uniquement pour empêcher le rétrayant d'en profiter, il ne seroit pas excusable; & quand il offriroit de remettre les choses comme il les a reçues, il pourroit être condamné aux dommages & intérêts du rétrayant.

. Pour faire ajouter foi aux dépenses nécessaires dont l'Acquéreur devoit être remboursé, il lui suffit de représenter les mémoires & les quittances des ouvriers qui les ont faites, à moins que le retrayant n'offre de prouver qu'elles font fuppofées. Au refte, pour éviter les conteftations fur ce fujet, il eft de la prudence de l'Acquéreur, lorfque les réparations néceffaires font confidérables, de n'y travailler qu'après avoir fait nommer d'office par le juge, un expert pour les vifiter & les eftimer.

Lorfque l'Acquéreur a trouvé un tréfor dans l'héritage fujet au retrait avant la demande, doit-il rendre au retrayant la partie du tréfor que les lois adjugent au propriétaire de l'héritage dans lequel il eft trouvé? La raifon de douter eft 1°. que cet Acquéreur, lors de la découverte du tréfor, étoit propriétaire du fond. 2°. Que les fruits perçus avant la demande appartiennent à l'Acquéreur qui n'eft point tenu de les rendre au lignager. La raifon de décider que l'Acquéreur doit rendre cette portion du tréfor au retrayant, eft qu'elle n'eft pas un fruit de l'héritage, mais une efpèce d'acceffoire acquis au propriétaire : l'Acquéreur qui n'avoit qu'un droit momentanée de propriété dans l'héritage, n'a pu acquérir qu'un pareil droit dans l'acceffoire. C'eft fuivant ce principe qu'un mari qui par le droit Romain étoit propriétaire du fond dotal durant le mariage, devoit néanmoins après la diffolution du mariage rendre à la femme avec le fonds dotal le tréfor qu'il y avoit trouvé lorfque le mariage fubfiftoit & par conféquent tandis qu'il étoit propriétaire. Ajoutez qu'un tréfor trouvé eft une bonne fortune qui provient du marché de l'héritage : or le retrayant prenant le marché pour fon compte & avec tous les rifques, il eft jufte qu'il en ait auffi tous les bénéfices.

L'Acquéreut eſt tenu de faire raiſon des dégradations ſurvenues par ſa faute dans l'héritage depuis qu'il en a pris poſſeſſion juſqu'au moment où il l'a remis au retrayant.

En cela l'Acquéreur relativement au retrayant diffère du poſſeſſeur de bonne foi relativement au propriétaire. Le poſſeſſeur de bonne foi n'eſt tenu des dégradations par lui faites avant la demande qu'autant qu'il en a profité ; parce qu'il n'a contracté envers le propriétaire , aucune obligation de lui rendre l'héritage , ni par conſéquent de le lui conſerver, & qu'il a pu abuſer d'une choſe dont il croyoit avoir la propriété incommutable. Mais celui qui acquiert un héritage ſujet à retrait , ſait ou doit ſavoir qu'il contracte en l'acquérant, l'obligation de le rendre à ceux des lignagers qui voudront en exercer le retrait, & par conſéquent celle de le leur conſerver.

Le ſeigneur auquel ſont dûs les lods & ventes ou autres profits, peut bien les demander à l'Acquéreur avant le retrait, mais auſſitôt que le retrait a eu lieu, il ne peut plus les demander qu'au retrayant.

Il n'en eſt pas de même de l'amende encourue par l'Acquéreur faute d'avoir notifié au ſeigneur ſon acquiſition dans le temps preſcrit par la coutume ; il ne ceſſe pas malgré le retrait, d'être débiteur de l'amende ; parce que le retrait en anéantiſſant dans la perſonne de l'Acquéreur la vente qui lui a été faite , ne détruit pas la faute qu'il a commiſe envers le ſeigneur, cette amende ne peut pas non plus être à la charge du retrayant, parce qu'il ne doit pas ſouffrir du délit ou quaſi-délit de l'Acquéreur.

Si avant le retrait le seigneur fait des poursuites contre l'Acquéreur pour être payé des profits, & que pendant le cours de ces poursuites l'héritage ait été retiré, l'Acquéreur en dénonçant ce retrait au seigneur doit être renvoyé de ces poursuites, sauf au seigneur à se pourvoir contre le retrayant ; mais l'Acquéreur doit être condamné envers le seigneur aux dépens faits avant la dénonciation.

Il suit que si avant le retrait les profits ont été payés au seigneur par l'Acquéreur, celui-ci ne peut pas les répéter au seigneur, mais il a le droit de s'en faire rembourser par le retrayant.

Si le retrait est exercé par un lignager que son office ou sa dignité exemptent de payer les profits ou droits seigneuriaux pour les acquisitions qu'il fait dans les mouvances du roi, Guyot dit dans son traité des fiefs, que ce lignager entre dans tous les droits de l'Acquéreur, & qu'il subit toutes les charges auxquelles il étoit sujet, en sorte qu'il doit rembourser à l'Acquéreur les profits par lui payés, & que si ces profits n'ont pas été payés, le retrayant les doit au fermier du domaine, parce que ce n'est pas le retrait qui y a donné lieu, c'est l'acquisition faite par un non-privilégié.

Mais cette opinion n'est pas fondée, parce qu'au moyen du retrait, le retrayant est subrogé à l'Acquéreur, en telle sorte que si celui-ci n'avoit pas payé les profits, il n'y auroit, comme nous l'avons dit, d'action que contre le retrayant qui est réputé avoir acquis d'abord : le retrait fait passer les biens au retrayant comme s'il avoit acquis immédiatement du vendeur ; l'Acquéreur intermédiaire est considéré comme s'il n'avoit pas acquis ; aussi n'est-il sujet à aucune garantie. Concluons donc que si l'acquisition reste au privilégié retrayant, l'exemption des profits a lieu en sa faveur : c'est pourquoi si ces profits ont été payés par l'Acquéreur évincé, le fermier du domaine doit les lui rendre, ou au retrayant privilégié, si celui-ci les a remboursés à l'Acquéreur.

Si au contraire l'Acquéreur est privilégié, & qu'il soit évincé par un retrayayant sans privilége, il est certain que les profits sont dus par ce retrayant : mais doivent-ils être payés au privilégié ou au fermier du domaine ? Il faut sans difficulté, les payer au fermier du domaine parce que l'exemption accordée au privilégié ne peut être considérée comme une aliénation qui l'autorise à exiger les profits appartenans au roi. D'ailleurs l'Acquéreur privilégié évincé par un retrait lignager n'a eu qu'une propriété momentanée, laquelle est totalement anéantie par l'effet du retrait qui rend le retrayant seul véritable Acquéreur. Ce privilégié ne peut donc se prévaloir de sa possession intermédiaire pour exiger autre chose que le remboursement de ce qu'il a été obligé de payer. L'idée de l'exemption dont il auroit joui si son acquisition avoit subsisté, ne se réalise pas au point de produire un privilége actif.

Il est vrai que par un édit de François I donné à Chenonceaux en 1545, il fut ordonné que les secretaires du roi de la grande chancellerie seroient francs & quittes des droits ou profits pour raison des biens dont ils exerceroient le retrait lignager sur un premier Acquéreur ; & que tous les profits leur seroient pareillement

acquis

acquis foit qu'ils fuffent *vendeurs, acquéreurs, retrayans, convenus par retrait lignager, ou autrement, &c.*

Mais cet édit qui excède les bornes d'un privilége en accordant une conceffion & un don, étoit un titre qui concernoit uniquement les fecrétaires du roi du grand college & qui ne devoit naturellement fubfifter que durant le règne de François I. Néanmoins les difpofitions de cet édit ont donné lieu à différens privilégiés de former la prétention de s'approprier les profits dus au roi, lorfqu'ils étoient évincés de leurs acquifitions par un retrait lignager.

On trouve au journal des audiences un arrêt du parlement de Paris, par lequel le fieur René Parain, fecrétaire du roi, adjudicataire de la terre de Courtabeuf, mouvante du roi, de laquelle il avoit été évincé par Jofias de Rouen ceffionnaire du retrait féodal, fut débouté de fa prétention d'exiger les droits féodaux comme un profit de fa charge ; & le college des fecrétaires du roi qui étoit intervenu, fut pareillement débouté de fon intervention.

Un autre arrêt du parlement de Paris du 18 décembre 1668, obtenu par le marquis d'O, & les princeffes de Carignan, a jugé que les fecrétaires du roi Acquéreurs de biens dans le domaine du roi ne pouvoient prétendre les profits contre le retrayant lignager, lorfqu'ils étoient dus au roi ou aux engagiftes. Cet arrêt a été rendu contre le fieur Truchot fecrétaire du roi, qui avoit acquis les terres de Francouville & de Roffay dans la mouvance du roi, defquelles il fut évincé par le retrait lignager du marquis d'O. Il prétendoit les profits feigneuriaux comme lui étant acquis par le privilége de fa charge, mais il fut débouté de fa demande & condamné aux dépens. •

Différens auteurs qui ont agité cette queſtion, n'ont fait aucune difficulté de la réſoudre conformément aux arrêts dont on vient de parler.

Il y a néanmoins un arrêt du parlement de Paris du 14 mai 1714, confirmatif d'une ſentence du bureau des finances de Poitiers, par laquelle le fermier du domaine avoit été débouté d'une demande de lods & ventes, formée contre le ſieur Hallou de la Galinière, qui avoit exercé le retrait lignager d'un bien mouvant du roi acquis par le ſieur Bretonnière de Maiſon-Neuve, préſident au même bureau des finances de Poitiers : le retrayant avoit payé ces profits à l'Acquéreur, & l'arrêt a déclaré ce dernier fondé à les retenir comme choſe à lui appartenante.

Cet arrêt eſt certainement oppoſé aux principes & aux termes mêmes de le conceſſion des priviléges des tréſoriers de france : auſſi les auteurs qui en ont parlé ont-ils tous adopté la maxime contraire.

Au reſte tout ce qu'on vient de dire relativement aux acquiſitions des privilégiés ne peut plus recevoir aucune application tant qu'il ne ſera pas dérogé à l'arrêt du conſeil d'état du roi du 26 mai 1771, lequel révoque tous les priviléges d'exemption des droits ou profits dus au roi pour les mutations des biens qui ſont dans les mouvances de ſa majeſté. Voyez *les lois civiles ; l'arrêt de règlement du parlement de Paris du 26 août 1678 ; l'édit du mois d'août 1749 ; le traité des retraits de M. Pothier ; Tiraqueau & Grimaudet ; le journal des audiences ; les notes ſur*

Dupleſſis ; Dumoulin ſur Paris ; Guyot, traité des fiefs ; Poquet de Livonière, Soefve, dans ſes queſtions : les principes de la juriſprudence fran- çoiſe ; le dictionnaire raiſonné des domaines ; l'ar- rêt du conſeil d'état du 26 mai 1771, &c. Voyez auſſi les articles ACQUÊT, RETRAIT, PRES- CRIPTION, VENTE, AMORTISSEMENT, DO- MAINE, &c.

ACQUÊT. C'eſt un bien immeuble dont on a acquis la propriété par achat, donation, ou autrement que par ſucceſſion.

Le droit écrit ne diſtingue pas entre les Ac- quêts & les propres ; mais le droit coutumier y établit de grandes différences, comme on le verra.

Ce que l'héritier préſomptif recueille à titre de ſucceſſion lui tient nature de propre. Il n'en eſt pas de même des legs ou donations qu'on peut lui faire en ligne collatérale : ces legs ou donations ne ſont pour lui que des Acquéts.

Le ſieur Turmenies de Nointel ayant legué des propres à ſa ſœur, qui étoit en même tems ſon héritière pour un tiers, elle accepta le legs ſans prendre la précaution de renoncer à la ſuc- ceſſion. Etant décédée, il fut queſtion de ſavoir ſi les biens qu'elle avoit recueillis comme léga- taire, étoient Acquêts ; on les jugea tels par arrêt rendu le 8 juillet 1733, ſur les concluſions de M. Gilbert, avocat général ; l'arrêt confirma la ſentence des requêtes du palais qui avoit jugé de même.

Ainſi il eſt décidé par-là non-ſeulement que l'héritier collatéral qui prend un propre à titre de légataire, le poſſède comme Acquêt, mais encore que l'acceptation du legs emporte une renonciation tacite à la qualité d'héritier. Les héritiers des propres de la demoiselle de Turmenies convenoient que les legs d'immeubles en collatéral ne formoient que des Acquêts à l'égard du légataire : mais ils difoient que pour appliquer ce principe, il falloit » qu'il n'y eût » aucun mélange de la qualité d'héritier avec » celle de légataire ; ils ajoutoient que, quand » les deux qualités font réunies, celle qui vient » de la loi prédomine, & imprime fur les biens » une qualité de propre que le légataire ne peut » effacer ».

Mᵉ. Normant répondoit que, quand les deux qualités concourent, aucune d'elles ne prédomine, & que chacune produit les effets qui en dépendent.

» Il arrive tous les jours, difoit l'avocat cité » qu'un héritier préfomptif inftitué légataire particulier, n'ayant affaire qu'à un légataire univerfel, contre lequel les deux titres peuvent concourir, prend celui d'héritier pour retenir » les quatre-quints des propres, & celui de » légataire pour conferver la chofe léguée ».

Dans ce cas là les quatre-quints des propres confervent leur qualité ; & ce qui eft pris à titre de légataire, ne forme qu'un Acquêt. La cour adopta ces moyens.

Mᵉ. Ferrand débiteur envers la demoifelle Ferrand fa fille pour reliquat de compte de tutelle & pour d'autres objets lui donna en payement la terre de Villemilan pour 85 mille livres. La demoifelle Ferrand ayant fait un legs univerfel à l'abbé de Bouillé, celui-ci prétendit que la terre de Villemilan faifoit partie du legs: l'héritier des propres foutint au contraire qu'elle

lui appartenoit comme propre paternel ; mais
par arrêt du 5 juillet 1746, la cour jugea que
cette terre étoit Acquêt pour le tout & qu'elle
faisoit partie du legs universel.

Cette jurisprudence se trouve confirmée par
un autre arrêt du parlement de Paris du 14 juillet
1766.

On a mis en question si les biens du fils auxquels le père succède sont propres ou simplement Acquêts au père héritier ? Plusieurs auteurs
sont d'avis que quand le père succède par droit
de réversion aux immeubles qu'il avoit donnés,
ils conservent la qualité soit de propres soit d'Acquêts qu'ils avoient avant la donation.

D'autres pensent au contraire que les immeubles donnés au fils par le père étant propres entre les mains du fils, ils ne cessent point de l'être
lorsque du fils ils retournent au père par voie
de succession.

Cette dernière opinion paroit d'autant mieux
fondée, qu'il seroit étrange que la succession qui
fait des propres les éteignit dans le cas dont il
s'agit. Aussi le sentiment contraire a-t-il été
rejeté par l'arrêt du parlement de Paris rendu le
premier septembre 1762, entre M. le duc de
Luxembourg, héritier du duc de Rochechouart,
décédé six mois après son père le 21 décembre
1743.

La duchesse de Beauvilliers avoit donné au
prince de Tonnay Charante, son petit fils, le
comté de Chaumont par contrat de mariage du
28 avril 1730 ; le donataire étant mort sans enfans en 1731, la donatrice succéda aux choses
par elle données, conformément à l'article 313

de la coutume de Paris, qui forme le droit commun des pays coutumiers.

Incidemment à une demande en indemnité, formée par M. de Luxembourg & autres contre M. le duc de Mortemart & confors, il a été question de favoir, fi la terre de Chaumont étoit un propre dans la fucceffion de madame de Beauvilliers, pour qui elle étoit Acquêt, lorfqu'elle l'avoit donnée au prince de Tonnay Charante? M. de Luxembourg la foutenoit Acquêt, & M. de Mortemart la foutenoit *propre*, à caufe du terme *fuccédent* qui fe trouve dans l'article 313 de la coutume de Paris.

L'arrêt cité a jugé que cette terre étoit un propre.

En Ponthieu les biens donnés entre vifs ou par teftament aux enfans puinés font réputés Acquêts, & il eft permis à ces enfans d'en difpofer par vente, donation entre vifs ou legs, fans que l'héritier puiffe s'en plaindre : mais fi les biens ainfi donnés fe trouvent dans la fucceffion des donataires, ils font confidérés comme propres & appartiennent au plus proche parent collatéral de la ligne d'où viennent les biens, à l'exclufion des afcendans.

Dans les autres pays coutumiers, les immeubles donnés en ligne directe ne forment jamais d'Acquêts.

Tous les biens font communément réputés Acquêts dans le royaume, fi le contraire n'eft prouvé ; & en Normandie ils font réputés propres, fi l'on ne juftifie qu'ils font Acquêts.

Il eft de droit commun en pays coutumier, s'il n'y a des ufages contraires, que les Acquêts d'un défunt appartiennent à l'héritier le plus prochain. Ainſi les pères & les mères héritent de cette partie.

Dans les provinces régies par le droit écrit, les frères & les ſœurs ſont appelés concurremment avec les pères & les mères.

En Auvergne, les Acquêts appartiennent à l'héritier préſomptif le plus prochain.

Dans la plupart des coutumes il eſt libre aux majeurs jouïſſans de leurs droits de diſpoſer de leurs Acquêts en tout ou en partie, par vente, donation ou teſtament : mais les pères & les mères doivent réſerver la légitime à leurs deſcendans.

Les Acquêts d'immeubles faits avant le mariage n'entrent point en communauté ſans une convention expreſſe.

En Normandie, ſi quelqu'un a aliéné des propres, les Acquêts qu'il fait leur ſont de droit ſubrogés & tiennent la même nature que ces propres. Ainſi ces Acquêts appartiennent à l'héritier qui auroit ſuccédé aux propres aliénés.

On demande ſi les biens confiſqués donnés & remis par le roi aux héritiers du coupable ſont Acquêts ou propres à ces héritiers ?

Les auteurs diſtinguent entre le don fait aux héritiers directs, & celui qui eſt fait aux héritiers collatéraux.

Dans la première eſpèce, les biens conſervent la même qualité qu'ils avoient auparavant, & ſont *propres* aux héritiers directs ; c'eſt le ſentiment de Dumoulin, de Chopin & autres, ſuivis par le Brun & par Renuſſon : ces auteurs rapportent tous un arrêt du 26 janvier 1556, qui l'a ainſi jugé.

Dans la deuxième efpèce, les biens donnés aux collatéraux du condamné, leur font fimplement Acquêts : c'eft l'efpèce de l'arrêt de Vatan, du 15 juin 1640, rapporté au journal des audiences.

Si l'on jugeoit rigoureufement il femble que l'on ne devroit faire aucune différence entre la ligne directe & la ligne collatérale ; parce que dans l'un & dans l'autre cas, les enfans & les collatéraux tiennent tout de la libéralité du roi, lequel a bien voulu faire la remife d'un droit qui lui étoit acquis.

Mais comme on confidère que les enfans ont une forte de droit fur les biens de leur père, la libéralité que le roi exerce en leur faveur, paroit fondée fur la nature & fur ce droit ; deforte que les enfans font toujours cenfés tenir les biens confifqués de leur qualité d'enfans, en vertu du droit primitif qu'ils y avoient & que le roi a bien voulu ne pas leur enlever ; ce qui ne fe fuppofe pas à l'égard des collatéraux, par rapport auxquels le roi exerce une pure libéralité.

Le Brun rapporte cependant un arrêt du 2. janvier 1691, appellé l'arrêt d'Heucourt, qui a jugé que les biens confifqués, remis par le roi aux enfans du condamné, étoient Acquêts en leur perfonne. Il dit, à la vérité, qu'il y eut des circonftances particulières dans les lettres de don ; mais il n'en rapporte aucune preuve.

Une rente que le père conftitue à fa fille pour fa dot, eft Acquêt à la fille, parce qu'un propre eft ce qui a été poffédé par quelqu'un, & qui a depuis paffé à fes héritiers ; & l'on ne peut pas dire que la rente ait jamais appartenu au père puifqu'il en étoit débiteur. La cour l'a ainfi jugé par arrêt rendu en la grand'chambre, le famedi 19 mars 1763, fur les conclufions de M. l'avocat général de S. Fargeau, en faveur de madame Brayer, légataire univerfel de fa belle-fœur, contre MM. Pajot père & fils qui demandoient la diftraction des quatre - quints d'une rente conftituée en dot à la teftatrice par M. Pajot fon père.

La femme ne peut rien prétendre aux Acquêts faits par le mari durant la féparation des conjoints régulièrement ordonnée, à moins qu'ils ne fe foient reconciliés, parce qu'alors la communauté eft cenfée n'avoir pas été difcontinuée.

Dans la coutume du Maine où il eft permis aux conjoints qui n'ont point d'enfans, de fe donner leurs Acquêts & conquêts, on ne doit entendre par ces termes *Acquêts & conquêts* que les Acquêts faits durant le mariage, & non ceux qui l'ont précédé.

Les Acquêts fe règlent felon la coutume du domicile de l'acquéreur par rapport à la communauté. Ainfi dans le cas où des conjoints domiciliés à Lyon pays de droit écrit, s'y feroient mariés fans avoir ftipulé de communauté entre eux, l'héritage acquis par le mari ou par la femme dans une coutume où la communauté a lieu de droit, ne feroit pas pour cela partageable entre le furvivant & les héritiers du pré-décédé. La raifon en eft que les coutumes n'opèrent leur effet que relativement à ceux qui ont contracté fous leur empire : mais elles n'ont aucune autorité à l'égard de ceux qui étant établis dans le Lyonnois ou autre lieu régi par des difpofitions contraires, s'y font mariés.

Si d'un autre côté l'Acquêt fait par l'un des

conjoints est situé dans un pays où la communauté n'a pas lieu de droit, & que les conjoints se soient mariés & établis en pays coutumier, l'Acquêt sera commun entre eux, parce que quand il n'y a point de stipulation de communauté dans un contrat de mariage, c'est la loi du domicile qu'il faut suivre & non celle de la situation des biens pour connoître s'ils entrent en communauté ou s'ils n'y entrent pas.

En Bresse il est d'usage de stipuler entre les futurs conjoints l'association aux Acquêts & conquêts, ce qui n'est pas une véritable communauté comme celle des pays coutumiers ; car ne se fait point de mise actuelle en communauté de la part des futurs conjoints, on ne stipule point de préciput pour le survivant, ni de faculté pour la femme de renoncer à cette association. Sous le nom d'Acquêts on n'entend autre chose en cette matière que les biens meubles & immeubles échus par succession collatérale. Les conquêts sont les biens meubles & immeubles acquis pendant le mariage.

Dans la coutume de Metz on appelle *Acquêts de gagière*, les acquisitions par lesquelles on déclare qu'on acquiert à ce titre de *gagière* : ce terme ne s'y trouve pas, le bien acquis est de droit un bien de fonds dont les dispositions ne sont pas libres, au lieu qu'en lui imprimant cette qualité de gagière, on en peut disposer comme on dispose des meubles, & il est réglé de même soit par la coutume, soit par les dispositions particulières des contractans, des donateurs, ou des testateurs. Voyez le *Brun, des successions* ; *Renusson traité des propres* ; *la collection de jurisprudence* ; *les arrêts de Bouguier* ; *les arrêts d'Auzanet ; le recueil d'Augeard ; le droit commun de la France ; le recueil des questions de droit de Bretonnier ; le traité des gains nuptiaux,* &c. Voyez aussi les articles NOUVEL ACQUÊT, COMMUNAUTÉ, SUCCESSION, PROPRE, RÉSERVES COUTUMIÈRES, ACHAT, ACQUÉREUR, ACQUISITION, &c.

ACQUIESCEMENT. C'est le consentement que l'une ou l'autre des parties ou toutes ensemble donnent à une proposition, à une clause, à une condition, à un jugement, ou à quelqu'autre acte que ce soit.

L'appel d'un jugement n'est pas recevable lorsque les parties y ont acquiescé. Il n'est pas même nécessaire pour cela que l'Acquiescement soit formel, tel que seroit un acte par lequel la partie condamnée renonceroit à l'appel, c'est assez qu'on puisse le présumer par la conduite de la partie, comme si elle demande du tems pour payer ou pour exécuter la sentence de condamnation.

On ne considère pas comme un Acquiescement ce qui ne vient que du fait du procureur : ainsi lorsqu'après une sentence qui civilise une instance criminelle, un procureur signifie à l'autre le nom des témoins pour procéder en conséquence, cela n'est pas regardé comme un Acquiescement de la part de la partie lorsque la sentence ne lui a pas été signifiée. C'est ce qu'a jugé le parlement de Toulouse par arrêt du 24 janvier 1748, rendu entre le sieur Cambon chirurgien & le sieur Armengaud trésorier de France.

Lorsqu'après la sentence les procureurs liquident les dépens, cette opération ne doit pas

non plus être regardée comme un Acquiescement de la part de la partie qui se prétend lésée,
quand même son procureur auroit dit qu'il procède en conséquence d'un pouvoir spécial à lui
donné, à moins qu'il ne conste en effet de ce
pouvoir. Cela a été ainsi décidé par arrêt du
même parlement rendu le 29 mars 1734 entre
M. Coriolis abbé de Crucz & le prieur de son
abbaye.

Il a aussi été jugé au parlement de Touloufe
en 1731, qu'un Acquiescement donné par erreur
ne nuisoit pas. Le nommé Jean Martel s'étoit
rendu appelant d'une sentence du sénéchal de
Montpellier; mais ayant mal pris le sens de cette
sentence, il se désista de son appel & présenta
une requête au sénéchal dans laquelle il prit des
conclusions condamnées par la sentence : on lui
opposa la sentence; il reconnut alors qu'il l'avoit
mal entendue & il en appela de nouveau : en
vain on lui opposa son Acquiescement, la cour
ne s'y arrêta pas. Voyez *l'ordonnance de 1667*
titre 27, article 5. Voyez aussi les articles APPEL
SENTENCE, &c.

ACQUISITION. C'est l'action par laquelle on
devient propriétaire d'une chose quelconque.
Ce mot se dit aussi de la chose même qu'on a
acquise.

Les Acquisitions qui se font après la dissolution d'une communauté par la mort d'un des
conjoints, ne laissent pas de faire partie de cette
communauté, si elles précèdent l'inventaire des
effets communs.

Les Acquisitions d'immeubles donnent ouverture à des droits seigneuriaux, tels qu'ils sont
réglés par les coutumes des lieux,

Ces Acquifitions d'immeubles ont été affujetties à l'infinuation par l'article 24 de l'édit du mois de décembre 1703 ; pour le falaire de laquelle infinuation il eft dû le centième denier.

Les droits de contrôle & de centième denier font dûs fur le prix porté aux contrats, en obfervant que les charges impofées à l'acquéreur ou dûes fur les biens contribuent à former le prix.

Il faut que l'Acquifition d'immeubles foit infinuée dans l'étendue de la juftice royale de la fituation des biens ; enforte que l'infinuation faite dans un bureau établi près d'une juftice feigneuriale eft bonne pourvu que ce bureau foit dans l'étendue de la juftice royale : fuivant les articles 19 & 24 de l'édit de 1703 , cette infinuation ne pouvoit être faite qu'à l'endroit où étoit le fiége des bailliages & autres juridictions royales ordinaires, dans le reffort defquels les biens étoient fitués : mais il fut permis par l'article 22 de la déclaration du 19 juillet 1704 , d'établir des bureaux dans l'étendue du reffort de chaque fiége royal ; ce font les bureaux d'arondiffement, où l'on peut valablement infinuer les Acquifitions des biens fitués dans ce reffort.

L'obligation de faire infinuer les Acquifitions d'immeubles n'a pas lieu en Lorraine non plus que l'impofition du centième denier.

Les Acquifitions d'immeubles fous fignature privée doivent, après avoir été contrôlées, être infinuées dans les trois mois de leur date à peine du triple droit de centième denier, conformément aux édits des mois de décembre 1703 , & octobre 1705 , qui prononcent cette peine contre tous les acquéreurs qui ne font pas infinuer leurs titres dans ce délai.

En Lorraine les Acquifitions d'immeubles fous fignature privée font nulles fi elles ne font pas rédigées devant notaire dans la quinzaine de leur date & que l'une ou l'autre des parties n'ait point intenté d'action en juftice à cet égard.

Les Acquifitions faites par le roi dans les directes & mouvances des feigneurs ne font point affujeties aux loix prefcrites pour les Acquifitions que font les particuliers. Le roi étant le feigneur des feigneurs de fon royaume ne fauroit être tenu d'aucun devoir de foi & hommage envers qui que ce foit, enforte que lorfqu'il acquiert des immeubles à quelque titre que ce puiffe être, les mouvances particulières font éteintes. Il eft à la vérité tenu d'indemnifer les feigneurs particuliers, parce qu'il ne feroit pas jufte qu'ils fuffent privés de leurs droits utiles fur les immeubles qui dépendent de leurs feigneuries, mais par le moyen de cette indemnité, les parties fous inféodées acquifes par le roi font rappelées à la mouvance immédiate de la couronne d'où elles font originairement forties, & où elles doivent perpétuellement refter, quelque difpofition qui en foit faite.

Il n'eft point dû de droit de contrôle ni de centième denier pour les Acquifitions faites par le roi, parce que le fouverain ne doit point être fujet aux impôts établis pour fon ufage & pour les befoins de l'état.

Il eft défendu aux gens de main-morte de faire aucune Acquifition d'immeubles, droits réels, rentes foncières ou non rachetables, même de tentes conftituées fur des particuliers, qu'ils n'en aient auparavant obtenu la permiffion par lettres-patentes enregiftrées au parlement ou à la cour fouveraine dans le reffort defquels les biens à acquérir font fitués.

Cette défenfe eft fondée fur ce que les Acquifitions des gens de main-morte deviennent à plufieurs égards préjudiciables à l'état & au commerce. Auffi le fouverain frappé des inconvéniens qu'elles entraînent a-t-il déclaré par fon édit du mois d'août 1749, qu'il n'accorderoit plus de lettres-patentes pour cet effet qu'après s'être fait rendre compte de la nature & de la valeur des biens dont il fera queftion ainfi que de l'utilité ou des inconvéniens de l'Acquifition. Et de peur que la religion du roi ne foit furprife par de faux expofés, fa majefté veut par l'article 11 de l'édit cité que les lettres-patentes qu'elle aura accordées ne puiffent être enregiftrées que fur les conclufions de fes procureurs généraux, après qu'il aura été informé de la *commodité ou incommodité* de l'Acquifition, & qu'il aura été donné communication de ces lettres aux feigneurs hauts-jufticiers & autres de qui les biens à acquérir font tenus immédiatement foit en fief ou en roture. Les cours peuvent d'ailleurs avant de procéder à l'enregiftrement des mêmes lettres, les communiquer à toute autre perfonne dont elles croiront devoir prendre l'avis ou le confentement.

Lorfque des biens de la qualité de ceux qu'il eft défendu aux gens de main-morte d'acquérir, viennent à leur échoir en vertu des droits acquis aux feigneuries qui leur appartiennent, ils font obligés d'aliéner ces biens dans un an à compter du jour qu'ils leur auront été dévolus, sans qu'ils puissent les faire passer à d'autres gens de main morte ni en employer le prix à acquérir d'autres biens de la même qualité. Pour obliger les gens de main-morte à se conformer à cette loi, il est ordonné que s'ils négligent d'y satisfaire dans le délai prescrit, la réunion des biens à eux échus aura lieu au profit du domaine, si la seigneurie dont ces biens dépendent est dans la mouvance immédiate du roi; si au contraire elle relève d'un seigneur particulier, celui-ci aura la faculté de demander la réunion des mêmes biens à son domaine : mais si ce seigneur laisse écouler une année sans faire usage de la faculté qui lui est attribuée, les biens dont il s'agit se trouveront réunis de plein droit au domaine, ensorte que le fermier de cette partie des droits du roi sera alors autorisé à faire les poursuites & diligences nécessaires pour s'en mettre en possession.

S'il arrivoit que des gens de main-morte vinssent à acquérir des biens de l'espèce de ceux dont on vient de parler soit par échange, vente, adjudication, donation, transport, même en payement de ce qui pourroit leur être dû, ou à quelque autre titre onéreux ou gratuit, non-seulement ces actes seroient nuls, il seroit encore interdit aux gens de main-morte de répéter les sommes qu'ils pourroient avoir données pour leurs Acquisitions.

Les Acquisitions de ce genre ainsi annullées, les particuliers auxquels elles doivent naturellement retourner par la loi du sang, sont les enfans ou les héritiers présomptifs de ceux qui ont fait l'aliénation : aussi sont-ils autorisés à réclamer

les

les biens dont il s'agit avec restitution de fruits ;
& cette réclamation peut se faire non-seulement
après la mort mais même du vivant de celui qui
a aliéné.

Si par négligence ou par d'autres considéra-
tions particulières, les enfans ou les autres héritiers présomptifs n'exercent pas les droits que
la loi leur attribue, les seigneurs dans la mouvance desquels les biens acquis par les gens de
main-morte sont situés, peuvent demander d'ê-
tre mis en possession de ces biens avec restitution de fruits à compter du jour de la demande.
Cependant si les héritiers viennent à réclamer
dans l'an & jour du jugement qui aura mis les
seigneurs en possession, ceux-ci seront tenus de
leur céder la propriété des héritages ; mais après
l'an & jour révolus sans réclamation, les seigneurs demeurent propriétaires incommutables.

Si les seigneurs sont eux-mêmes gens de main-
morte ou qu'à l'exemple des héritiers, ils gar-
dent le silence, le procureur général est alors
tenu de requérir qu'il soit ordonné par la cour
que les biens dont il s'agit seront vendus au plus
offrant & dernier enchérisseur, pour le prix en
être confisqué au profit du roi & appliqué par
sa majesté à quelques œuvres pies ou ouvrages
publics. Mais avant cette vente judiciaire on
doit rendre un arrêt préparatoire qui fixe un
délai pour y procéder, & l'on appose des affiches en conséquence : par ce moyen les parties
intéressées à la réclamation sont constituées en
retard, & leur négligence ne peut plus avoir
aucune excuse.

Quoiqu'il soit défendu aux gens de main-
morte d'acquérir des rentes sur des particuliers

sans avoir obtenu auparavant des lettres-patentes qui leur en accordent la permission, ils ont la liberté d'en acquérir sans cette formalité, sur le roi, sur le clergé, sur les diocèses, sur les pays d'états, & sur les villes ou communautés. La raison de la différence est qu'en acquérant des rentes constituées sur des particuliers, les gens de main-morte pourroient par cette voie oblique s'emparer des biens sur lesquels elles seroient hypothequées, & qu'on n'a pas les mêmes inconvéniens à craindre au sujet des rentes constituées sur le roi, le clergé, &c.

Il est défendu à toutes personnes de prêter leurs noms à des gens de main-morte pour acquérir des biens de l'espèce de ceux dont l'Acquisition leur est interdite, à peine d'une amende de trois mille livres, applicable, savoir, un tiers au dénonciateur, un tiers au roi & l'autre tiers au seigneur dans la mouvance duquel les biens seront situés.

En considération de la faveur que méritent les églises paroissiales, leurs fabriques, les hôpitaux & les autres établissemens de charité, la déclaration du 20 juillet 1762 ordonne que les dispositions de dernière volonté par lesquelles on leur donnera des rentes, biens fonds & autres immeubles, feront exécutées sous les conditions suivantes :

1°. Les rentes pourront être remboursées par les débiteurs sur le pied du denier vingt, s'il n'y a point de principal déterminé, quand même elles auroient été stipulées non-rachetables. De plus les héritiers & représentans du donateur auront la liberté de retirer ces rentes dans l'an qui courra du jour de l'ouvriture de la succession.

2°. Les héritiers de ceux qui auront donné des immeubles, pourront pareillement retirer ces immeubles dans le même délai, à la charge d'en payer la valeur aux légataires suivant l'évaluation qui en sera faite.

3°. Si les débiteurs ou les héritiers du donateur négligent de rembourser les rentes ou de payer la valeur des immeubles dans le délai fixé, les administrateurs des hôpitaux & autres établissemens dont on a parlé, seront tenus d'aliéner ces rentes ou immeubles dans l'an & jour qui courra depuis l'expiration du délai accordé aux débiteurs & aux héritiers pour les racheter, ou retirer. Si l'on néglige de satisfaire à cette obligation, il y aura lieu à la peine prononcée contre les autres gens de main-morte qui se maintiennent plus d'un an dans la possession des immeubles à eux échus en vertu des droits acquis aux seigneuries dont ils sont propriétaires, de quoi les administrateurs seront garans & responsables.

La déclaration citée déroge à l'article 17 de l'édit du mois d'août 1749, lequel défend de faire aucune disposition de dernière volonté pour donner aux gens de main-morte des biens de l'espèce de ceux qu'ils ne peuvent posséder sans en avoir obtenu la permission par lettres-patentes ; mais cette dérogation n'est qu'en faveur des hôpitaux & des autres établissemens dont on vient de parler & elle ne s'étend point aux autres gens de main-morte, à l'égard desquels la loi subsiste dans toute sa force.

Un édit du mois de juin 1769 a permis aux communautés laïques & ecclésiastiques séculières ou régulières de Lorraine de se rendre adju-

dicataires des biens des jéfuites de cette province, à la charge néanmoins qu'elles fe pour-
voiront en conféquence de leurs Acquifitions
pour obtenir les lettres d'amortiffement néceffaires. Voyez *les édits de décembre 1703, octobre
1705, de décembre 1669 & du mois d'août 1749;
les déclarations des 9 juillet 1738, premier juin
1739, & 20 juillet 1762; l'arrêt de règlement de
la chambre des comptes de Lorraine du premier
août 1698; la déclaration du duc Léopold du 7
mai 1724; l'édit du mois de juin 1769,* &c. Voyez
auffi les articles INSINUATION, INDEMNITÉ,
ACQUÊT, CENTIÈME DENIER, AMORTISSE-
MENT, &c.

ACQUIT. C'eft une efpèce de quitance ou
billet imprimé, fur du papier timbré, qui eft
expédié & délivré aux marchands, commiffion-
naires, ou voituriers, par les commis, receveurs
& contrôleurs des bureaux des cinq groffes fermes établies aux entrées & forties du royaume
ou des provinces réputées étrangères.

Il y a de quatre fortes d'Acquits, qui font
l'*Acquit de payement,* l'*Acquit à caution ou de
précaution,* l'*Acquit à caution de tranfit* & l'*Acquit ou le certificat de franchife.*

L'*Acquit de payement* fait mention de la qualité, quantité, poids ou valeur des marchandifes, du nombre des caiffes, balles & ballots où
elles font renfermées; de leurs marques & nu-
méros, des plombs qui y ont été appofés, de
la fomme qui a été payée pour les droits d'entrée ou de fortie; du nom du marchand pour
le compte duquel les marchandifes font envoyées; du lieu où elles doivent êtres déchar-
gées, & de la route que les voituriers doi-

vent tenir. Cet Acquit de payement doit fuivre la marchandife jufqu'au dernier bureau où
elle doit être vue & examinée par les commis
des fermes, pour connoître fi les droits ont
été bien ou mal reçûs ; & s'ils ont été mal reçûs, en faire payer le fupplément par les marchands à qui elle appartient.

On marque auffi dans cette forte d'Acquit le
tems pendant lequel les marchandifes doivent
paffer au dernier bureau ; lorfqu'il eft écoulé,
l'Acquit demeure nul & ne peut être reçu par
les commis, à moins qu'il n'y ait eu quelque
empêchement légitime juftifié par un procès-
verbal en bonne forme. Il eft de plus défendu
aux voituriers de paffer par d'autres bureaux,
que par ceux marqués dans les acquits ; ils font
auffi tenus de conduire directement les marchandifes à tous les bureaux de leur route, & d'y
repréfenter leurs acquits, pour y faire mettre
un vu ; & enfin ils doivent les laiffer au dernier bureau, ou après que les ballots, caiffes
ou balles ont été ouverts & vifités, les commis leur délivrent fans frais, un brevet de contrôle. Les voituriers font encore obligés de repréfenter leurs acquits fur la premiere réquifition qui leur en eft faite par les commis ou gardes
qu'ils trouvent fur leur route ; ceux-ci peuvent
même retenir les Acquits, en délivrant pareillement un brevet de contrôle aux voituriers, fans
néanmoins que l'ouverture & vifite des balles
fe puiffent faire ailleurs que dans les bureaux ;
& alors on peut feulement vifiter les marchandifes qui ne l'ont pas encore été, y ayant défenfes pour celles qui l'ont déja été, de les
ouvrir ailleurs qu'au dernier bureau.

L'*Acquit à caution* ou *de précaution* se délivre par les commis des traites à un particulier qui se rend caution qu'une balle de marchandises sera vue & visitée par les commis du bureau du lieu pour lequel elle est destinée, & que les droits y seront payés, s'il en est dû, & à cet effet la balle est cordée, ficelée & plombée au bureau où l'Acquit est délivré, pour qu'elle ne puisse être ouverte, ni les marchandises changées dans la route qu'elle doit tenir. Lorsque la balle est parvenue au lieu de sa destination, & que les marchandises ou autres choses qui y sont contenues, ont été vues & visitées par le commis visiteur, le receveur & le contrôleur, sur le vu du visiteur, en font payer les droits qui peuvent être dûs, & mettent la décharge au dos de l'Acquit, qu'on renvoie ensuite à la caution, pour le représenter aux commis qui le lui ont délivré, afin qu'ils la déchargent de son cautionnement.

Les soumissions faites pour les Acquits à caution qui se délivrent dans les bureaux des fermes, sont déclarées exemptes du contrôle des actes, quand même il seroit formé des demandes en conséquence.

Si le marchand qui fait l'envoi des marchandises consigne les droits au lieu de donner caution, il doit en être fait mention dans l'Acquit à caution.

Un arrêt du conseil du 10 janvier 1708 fait défense au juge des traites de Langres, & à tous autres, de rendre aucune sentence ou jugement pour servir d'acquit à caution, à peine de nullité & de répondre en leur propre & privé nom des dommages & intérêts du fermier.

Il ne doit être donnné qu'un seul Acquit de payement ou à caution pour tous les ballots & marchandifes qui appartiennent à un même marchand, lorfqu'ils font conduits par un même voiturier & adreffés auffi à un même marchand.

Il eft dû cinq fous par les marchands, voituriers ou autres pour chaque Acquit de payement ou à caution, & cinq fous pour le certificat de defcente; fi les droits fur les marchandifes comprifes dans l'Acquit montent à trois livres : mais fi ces marchandifes font au-deffous de trois livres & qu'elles vaillent au moins vingt fous, les droits d'Acquit & de certificat de defcente ne font que de deux fous fix deniers par acte. Il eft défendu aux commis de percevoir aucun droit, lorfque les marchandifes font au-deffous de la valeur de vingt fous : il n'eft dû dans ce cas que le prix du papier.

Outre les droits que l'on vient de fpécifier, les commis doivent percevoir les fous pour livre établis fur les droits des fermes, & dont nous parlons à l'atticle Sou.

L'*Acquit à caution de tranfit* fe délivre pour faire partir des matières ou marchandifes exemptes de droits, foit à l'entrée, foit à la fortie du royaume. Ces marchandifes doivent être ouvertes au dernier bureau dénommé dans l'acquit : fi la déclaration qu'en a faite le propriétaire fe trouve fidèle, l'Acquit eft alors renvoyé déchargé à celui qui s'eft cautionné ; & fur la repréfentation qu'il fait de cette décharge, fon cautionnement n'a plus d'effet.

L'*Acquit de franchife* porte exemption de droits fur les marchandifes achetées en foires franches de Lyon ou autres, pour paſſer à l'étranger. Afin que cette franchiſe ait ſon effet, il faut un certificat des officiers de la ville, que les marchandiſes ont été achetées en temps de foire ; que les ballots qui ſont plombés & déſignés, ne contiennent rien de prohibé, qu'elles ſoient ſorties de la ville avant la fin de la foire, & du royaume avant la foire ſuivante. *Voyez l'ordonnance des cinq groſſes fermes du mois de février 1687, l'arrêt du conſeil du 4 février 1738, les obſervations ſur le tarif de 1764, l'arrêt du conſeil du 29 mars 1773, &c.* Voyez auſſi les articles Déclaration, Visite, Congé, Commis, Marchandises, Entrée, Sortie, Foire, Sou, &c.

Acquit patent, ſe dit d'un ordre ou mandement que le roi donne pour faire payer par ſes receveurs ou tréſoriers une certaine ſomme à celui qui en eſt porteur.

Les Acquits patens doivent être vérifiés en la chambre des comptes, & contrôlés.

Les payemens qui ſe font en conſéquence des Acquits patents, doivent être mis au dos.

Quoique l'ordonnance de 1557 défende aux tréſoriers & receveurs de payer aucune ſomme en vertu d'Acquits patents, néanmoins ils ne laiſſent pas encore aujourd'hui de payer en conſéquence, lorſque ces Acquits ſont en bonne forme, c'eſt-à-dire ſignés & contre-ſignés, vérifiés à la chambre & contrôlés.

Acquit de comptant eſt le nom qu'on donne aux lettres-patentes que le roi fait expédier au garde du tréſor royal, pour les ſommes délivrées manuellement à ſa majeſté, afin qu'elles lui ſoient paſſées, ſans difficulté, par la chambre des comptes qui ne doit pas exiger que cet officier justifie autrement l'emploi de ces sommes.

ACTE. Ce terme s'applique en général à tout ce qui est procédure & à toutes les conventions qui se rédigent par écrit dans la société.

Les Actes se divisent en authentiques ou privés. Les *Actes authentiques* sont ceux qui portent avec eux le caractère de l'autorité publique, & qui ont été rédigés par le ministère d'officiers publics.

Les *Actes privés* sont ceux qui ne sont signés que par les particuliers.

Les *Actes authentiques* sont judiciaires, ou passés par-devant notaires. Les judiciaires sont tous ceux qui se font en justice pour la poursuite d'une action, jusqu'au jugement définitif.

Les Actes passés par-devant notaires sont tous les contrats, baux, obligations, transactions, quittances, procurations, décharges rédigées par ces officiers.

Il faut remarquer qu'entre les Actes passés par-devant notaires, & ceux passés sous signature privée, il y a ces différences, que les premiers étant revêtus de la forme qui leur donne une exécution parée, peuvent être exécutés par-tout le royaume, qu'ils emportent hypothèque du jour de leur date, qui est certaine, même contre des tiers ; & qu'il n'est pas besoin que ceux qui les ont souscrits, les aient reconnus, parce qu'ils sont censés vrais jusqu'à l'inscription de faux.

Tout cela s'entend des Actes qui ne sont pas prohibés, & dans la rédaction desquels on a observé les formalités voulues par la loi.

A ces différences près, les Actes sous seing-privé, obligent les contractans comme ceux qui font paffés par-devant notaires. Mais il faut que ceux-ci foient reconnus par ceux qui les ont foufcrits, avant d'obtenir le caractère d'autenticité que les autres acquièrent dès le moment de la rédaction.

Obfervez que le miniftère des notaires eft indifpenfable pour la rédaction de quantité d'Actes, qui feroient nuls, s'ils étoient fous fignature privée, comme on le verra fous le nom particulier de chacun de ces Actes.

Nous ne prétendons confidérer ici les diverfes fortes d'Actes que fous les rapports généraux qui font communs à tous les Actes d'une même efpèce.

Des Actes des notaires. Il eft fort important pour les juges, pour les parties & pour ceux qui les défendent, de connoître les formalités effentielles des Actes qu'on doit paffer devant notaires.

Le premier point eft que le notaire qui reçoit l'Acte foit créé & établi pour la ville ou le lieu dans lequel les parties fe trouvent lorf-qu'elles contractent ; autrement l'Acte eft nul, ou n'a felon les circonftances que la valeur d'un écrit fous feing-privé.

Les Actes paffés devant notaires doivent être rédigés en langue françoife, excepté ceux qui font deftinés à être envoyés à Rome. C'eft la difpofition de l'article 3 de l'ordonnance de 1539, de l'article 35 de l'ordonnance de 1563, & de l'article 27 de celle de 1629.

Louis XIV a ordonné la même chofe par un édit du mois de février 1700, pour les Actes qui fe paffent dans le Rouffillon defquels plufieurs s'écrivoient en catalan, & Louis XV en renouvellant cette loi a établi par la déclaration du 24 mars 1754, la peine de nullité contre les Actes qui ne seroient pas écrits en langue françoise ; au reste cette déclaration n'a dû faire loi que trois mois après avoir été promulguée.

Le nom d'un des contractans resté en blanc, rend l'Acte absolument nul, lorsqu'il est laissé pour être rempli à la volonté de celui pour qui l'Acte est passé ; par exemple, le nom du créancier ou du débiteur omis dans une obligation, la rend nulle. Il y a plusieurs arrêts, ordonnances ou réglemens conformes : ce principe ne fait point de difficulté.

Les procurations sont exceptées de cette règle.

Outre le nom de famille & de baptême, il y a des qualités qu'il est essentiel de marquer, comme si une femme est autorisée de son mari, si les parties contractent en leur nom, ou comme fondées de procuration, ou comme tuteurs.

On doit mettre le domicile réel des parties, le lieu & la paroisse où elles habitent. On doit pareillement marquer le domicile des témoins. Quelquefois on indique dans l'Acte un lieu autre que celui de la résidence d'une partie où elle consent que les assignations, sommations ou autres procédures nécessaires pour l'exécution de la convention soient signifiées ; c'est ce qu'on appelle le domicile élu ; Les Actes qui y sont signifiés après la mort même des parties, peuvent valoir contre les héritiers, quand on n'a point borné le temps de ce domicile ; le plus sûr est cependant de s'adresser au domicile réel & ordinaire.

Le lieu & la maison où l'Acte se rédige doivent être désignés. Les ordonnances l'exigent ainsi pour rendre le faux plus difficile à commettre & plus facile à prouver. L'omission de cette formalité pourroit en plusieurs cas faire déclarer un Acte nul, sur-tout s'il y avoit des présomptions de faux ou de fraude.

Le notaire doit dater l'Acte & marquer s'il se passe avant ou après midi.

La signature de l'Acte par les parties est indispensable. Si l'une des deux ne sait signer, le notaire doit expressément en faire mention. Cela est ainsi prescrit par les ordonnances d'Orléans & de Blois.

Auparavant, il n'étoit pas absolument nécessaire que les parties signassent les Actes passés devant notaires : c'est pourquoi par arrêt du 27 mars 1733, rendu contre Guichard traiteur, en faveur de la fabrique de la Madelaine en la cité, le parlement de Paris a ordonné l'exécution d'un Acte du 25 novembre 1469, qui n'étoit signé que des notaires & dans lequel il s'agissoit d'une servitude. Mais depuis les ordonnances citées, différens Actes ont été déclarés nuls parce qu'il y manquoit la signature d'une des parties, quoique d'ailleurs ils fussent signés des notaires & des témoins.

Il faut néanmois remarquer que les loix qui exigent la signature de toutes les parties, des notaires & des témoins pour la perfection & la validité de Actes, ne doivent pas s'appliquer rigoureusement aux quittances : la signature du créancier suffit pour leur faire opérer la décharge du débiteur. C'est pourquoi le parlement de Paris a jugé valable une quittance de trente mille livres donnée devant Laideguive, notaire à Paris, par le sieur Perseval de la Brosse, qui l'avoit signée seul. Le sieur le Gras, qui paroissoit avoir payé les 30000 livres à la vue des notaires, étoit dit présent à la quittance, & ne l'avoit pas signée ; le notaire en second ne l'avoit pas signée non plus, & le sieur de la Brosse disoit n'avoir rien reçu : cependant la quittance a été jugée valable, par arrêt du 5 août 1749.

Mais, comme il paroissoit dans cette affaire que le sieur de la Brosse avoit signé cette quittance dans l'espérance que Laideguive lui en remettroit le montant, l'arrêt lui permit de *se pourvoir pour se faire admettre au nombre des créanciers unis de Laideguive.*

Le sieur Perseval de la Brosse se pourvut en cassation, & prétendit qu'une pareille quittance n'opéroit pas la libération du sieur le Gras. Il se fondoit sur la disposition de l'ordonnance de Blois, article 165, sur l'avis de Despeisses, &c. Sa requête avoit été admise ; mais par arrêt du 21 juillet 1752, il fut débouté de sa demande en cassation.

S'il y a deux notaires présens à l'Acte, il ne faut point de témoins ; mais s'il n'y a qu'un notaire il faut deux témoins. Quelques parlemens exigent toujours des témoins.

Les parties doivent signer les premières, les témoins ensuite, & la signature du notaire doit terminer l'Acte.

Le père & le fils, l'oncle & le neveu, le beau-père & le gendre, le frère & le beau-frère ne peuvent servir ensemble de témoins dans un Acte : cela a été ainsi jugé par un arrêt du 4 mai 1550, rapporté par Guénois ; cependant cela n'opéreroit la

nullité de l'Acte que dans le cas où il y auro
de violens foupçons de faux ou de fraude.

Il eſt défendu aux notaires d'employer pou
témoins dans un acte, leurs enfans, leurs clercs
leurs domeſtiques, ni des gens qui n'aient pa
atteint l'âge de vingt ans.

La préſence des témoins eſt néceſſaire pen
dant tout le temps que l'Acte ſe rédige, à pein
de nullité pour les teſtamens, & à l'égard d'u
autre Acte ils doivent au moins être préſen
lorſque les parties le ſignent.

C'eſt une maxime certaine qu'un Acte auqu
il manque la ſignature de quelqu'un des nota
res ou des témoins, n'eſt pas authentique &
ne peut être conſidéré que comme un écrit ſou
ſeing-privé, quoiqu'il ſoit ſigné des parties con
tractantes & revêtu d'ailleurs de toutes les au
tres formalités néceſſaires. Il a même été jugé
par arrêt du 15 février 1597 rapporté par le
Preſtre, qu'une des parties pouvoit ſe départi
d'un contrat pour la perfection duquel il n
manquoit que la ſignature des notaires.

Le fait étoit que les parties après avoir ſigné
la minute de l'Acte ſortirent pour aller pren
dre des arrangemens ſur les arrérages d'une ren
te : lorſqu'elles revinrent au domicile des no
taires, l'une d'elles s'oppoſa à ce que l'acte fû
ſigné par ces officiers, parce qu'elle ne vouloi
plus l'exécuter ; & ſur la conteſtation qui s'é
leva à ce ſujet, l'oppoſition fut admiſe & l'Acte
annullé.

Il y a néanmoins lieu de croire que des cir
conſtances particulières ont déterminé les ju
ges dans cette affaire ; car un contrat ſigné par
les parties & auquel il ne manque, pour qu'il

soit parfait, que la signature des notaires, doit au moins être regardé comme un Acte sous seing-privé dont on peut demander l'exécution en justice comme on pourroit le faire d'un billet sous seing-privé. Au reste pour empêcher que de pareilles contestations ne s'élèvent, un notaire qui a passé un Acte doit le signer sur le champ après les parties & en leur présence.

L'authenticité attribuée aux Actes passés par-devant notaires, est fondée sur l'exactitude que ces officiers, dépositaires de la foi publique, sont censés apporter dans la rédaction de ces Actes: cette exactitude consiste principalement à écrire fidélement les conventions des contractans sans y rien ajouter ni diminuer que de leur consentement.

C'est pour cela que tout ce qui ne se trouve pas écrit dans le corps de l'Acte n'en fait point partie si le notaire ne l'a pas fait parapher par les contractans ; ainsi les additions non paraphées qui se trouvent à la marge d'un Acte ne font aucune foi & ne peuvent opérer aucun effet.

Ce qui est raturé dans le corps d'un Acte doit être nécessairement approuvé par les parties, & à la fin de l'Acte, il doit être fait mention de l'approbation & du nombre de mots qui ont été rayés. Il est d'ailleurs expressément défendu d'écrire dans les interlignes.

Quoiqu'il soit permis aux parties contractantes de changer ce qu'elles veulent dans l'Acte qu'elles ont passé, cependant quand cet Acte est une fois signé d'elles, des témoins & du notaire, il est entiérement parfait, & il faut un autre Acte passé avec les mêmes formalités & entre les mêmes parties pour pouvoir y ajouter ou diminuer la moindre chose.

Dans la règle exacte les notaires doivent connoître les parties & les témoins, de peur que dans les Actes on ne suppose une personne à la place d'une autre : L'ordonnance de Louis XII de 1498 l'exige ainsi de ces officiers, à peine de privation de leur office : mais comme il seroit très-difficile & souvent impossible aux notaires d'acquérir cette connoissance, sur-tout dans une ville comme Paris, on ne punit pas le notaire qui a erré à cet égard lorsqu'il a été de bonne foi & qu'il a été trompé lui-même. Il en seroit différemment s'il y avoit dol de sa part; on le puniroit alors très-sévérement.

Le notaire doit lire à haute voix l'Acte avant de le faire signer, & faire mention qu'il l'a lu; mais cette formalité ne peut être de rigueur que dans les testamens ou dans les Actes passés entre gens qui ne sont pas lettrés, parce qu'alors la surprise est facile.

Il est défendu aux notaires de donner communication de leurs minutes & d'en délivrer des expéditions à d'autres qu'à ceux qui sont nommés dans les Actes ou à leurs héritiers, à moins que cela ne leur soit ordonné par le juge : mais ces minutes doivent être communiquées aux procureurs généraux lorsqu'elles peuvent intéresser le roi, le public ou les hôpitaux.

Les notaires ne peuvent déchirer aucune minute, même du consentement des parties, sans en dresser un Acte. Un particulier qui prétendoit être l'héritier de son parent défunt, ayant prouvé qu'un notaire, après la mort du testateur, avoit déchiré un Acte dont on ne retrouve pas les morceaux, ce notaire fut, par arrêt du 3 avril 1677, condamné conjointement avec ceux

ceux qui avoient eu part au déchirement, aux dommages & intérêts de la partie. En vain le notaite allégua que la pièce déchirée n'étoit qu'un simple projet, il ne fut point écouté.

Les ordonnances obligent les notaires à garder minute de tous les Actes translatifs de propriété, & de tous ceux dont il naît une obligation perpétuelle, comme vente, transaction, mariage, testament, donations, &c. La plûpart des Actes qui n'obligent que pour un temps se délivrent en brevet, à moins qu'ils ne forment une obligation réciproque entre les parties, & qu'ils ne doivent être faits doubles. A Paris ils se délivrent quelquefois en brevets doubles.

Lorsqu'on veut faire mettre en forme exécutoire un Acte délivré en brevet, il faut le rapporter chez le notaire qui l'a passé ; il fait mention sur le brevet du jour qu'on le lui rapporte, le garde pour minute, délivre la grosse, & la signe. Il faut que ce soit le même notaire qui a signé l'Acte.

Si ce notaire est mort, ou n'est plus en charge, on porte le brevet au notaire que l'on juge à propos de choisir pour remplir les mêmes formalités.

Il y a au châtelet de Paris un officier destiné à certifier le tout, & à mettre ce qu'on appelle l'ITA EST.

Les grosses des Actes doivent êtres expédiées en parchemin, signées du notaire, scellées & écrites tout au long.

Ce qui se met par &c, dans les minutes, se met au long dans la grosse, & ne peut s'é-

Tome I.　　　　　　　　　　S

tendre à des chofes qui fignifient plus que ce qui eft dans le corps de l'Acte ; comme nous l'avons dit à l'article ABRÉVIATION.

Les notaires ne peuvent délivrer une feconde groffe ou expédition qu'après une ordonnance du juge.

- Lorfqu'une partie a perdu la groffe d'un Acte, le juge n'ordonne jamais qu'on en délivrera une feconde qu'à la charge que la partie adverfe fera appelée. Cette règle eft fondée fur ce qu'on fe contente ordinairement lorfque l'on fait quelque payement à compte d'une obligation ou d'un autre Acte, de faire écrire la fomme en marge de la groffe du créancier qui peut feindre de l'avoir perdue, pour qu'il ne refte aucun veftige du payement.

Lorfqu'une des parties s'oppofe à ce qu'on délivre une feconde groffe, le juge ordonne communément que cette partie fera la preuve des payemens par elle allégués, & d'après la folidité ou l'infuffifance de cette preuve, il permet ou défend l'expédition de la feconde groffe.

- Qui perd fa groffe perd fon hypothèque, felon la jurifprudence fuivie au parlement de Paris ; mais cette jurifprudence, quoique fondée fur l'ordonnance de 1539, n'eft pas générale. L'article 199 du règlement de 1666 du parlement de Rouen y eft contraire.

La jurifprudence du parlement de Dijon eft pareillement contraire, fuivant une atteftation donnée par l'ordre des avocats le 18 avril 1714.

- Si la minute & la groffe d'un Acte fe trouvoient différentes, la minute feroit foi.

Dès qu'un Acte a été produit en justice il devient commun aux deux parties.

Celui qui produit un Acte est censé l'approuver tant pour les choses qu'il contient pour lui, que pour celles qu'il contient contre lui.

L'ordonnance de 1667 défend d'admettre la preuve par témoins contre le contenu des Actes, mais elle peut être admise lorsqu'il y a un commencement de preuve par écrit.

Lorsqu'on se plaint de la fausseté d'un Acte, on ne peut l'attaquer que par la voie de l'inscription de faux & il fait foi tant que les juges ne l'ont pas déclaré faux. Ils doivent même en ordonner l'exécution provisoire, à moins que de fortes présomptions ne les engagent à décider autrement.

Lorsqu'un Acte est simulé & qu'il est fait pour éluder une loi ou pour tromper un tiers, on admet la preuve par témoins de cette simulation, parce que la loi en voulant prévenir le faux dans les témoignages, n'a pas prétendu l'autoriser dans les Actes.

Un seigneur peut être admis à prouver par témoins que dans un contrat de vente on a déguisé le prix pour frauder ses droits.

Les Actes des notaires doivent être contrôlés dans la quinzaine de leurs dates, & il est défendu à ces officiers d'en délivrer aucun aux parties que cette formalité ne soit remplie.

Les notaires sont aussi obligés de faire insinuer les Actes sujets à cette formalité, à l'exception des substitutions, des donations entre vifs & des Actes concernant des immeubles situés hors du ressort de ces officiers. L'insinuation de ces fortes d'Actes eſt à la charge des parties ; mais le notaire doit avertir celles-ci de remplir cette formalité & faire mention de l'avertiſſement dans l'Acte.

Si un Acte paſſé pardevant notaires eſt réſilié même dans la quinzaine de ſa date, il n'eſt pas moins ſujet au contrôle dans le délai ordinaire à la diligence du notaire ; parce que le droit eſt acquis dès l'inſtant de la ſignature qui donne la perfection à l'Acte.

Lorſqu'un Acte infecté de quelque vice qui le rend nul, eſt refait de nouveau, les droits de contrôle & d'inſinuation ſe payent une ſeconde fois, parce qu'ils ſont le ſalaire d'une formalité dont on ne peut ſe diſpenſer : mais il n'en eſt pas de même du droit de centième denier : ce-lui-ci eſt un droit réel dû pour la mutation, & par conſéquent on ne doit pas le payer de nou-veau ſi le ſecond Acte ne fait que confirmer la tranſlation de propriété ſtipulée par le premier ſans augmentation de prix.

C'eſt d'après ces principes que par arrêt du conſeil du 4 juillet 1724 il a été décidé que le droit d'inſinuation étoit dû pour une ſeconde ſéparation entre mari & femme, quoique la pre-mière qui avoit été mal faite eût été inſinuée.

Il y a eu pluſieurs autres déciſions du même genre, qui ne laiſſent aucun doute ſur cette ma-tière : il ſuffira de rapporter les deux ſuivantes.

L'oncle des ſieurs Baudenet leur avoit donné entre-vifs le 28 avril 1734 des fonds de la valeur de 14880 livres & pluſieurs rentes : comme on avoit omis quelques formalités, il fut fait le 17 mai ſuivant un nouvel Acte ſur lequel les droits

de contrôle, d'infinuation & de centième denier
furent perçus en entier; mais le confeil ordonna
par arrêt du 11 feptembre 1734 que le droit de
centième denier feroit reftitué.

Un inventaire ayant été déclaré nul à caufe
de l'iucompétence des officiers qui l'avoient fait,
l'intendant de Languedoc ordonna la reftitution
des droits de contrôle & d'infinuation perçus
pour cet Acte, parce que le nouvel inventaire
fait pour remplacer l'autre avoit été contrôlé
& infinué; mais le confeil par arrêt du 15 juin
1752, caffa l'ordonnance de l'intendant & décida que les droits de contrôle & d'infinuation
n'étoient point reftituables, parce que le contrôle étoit dû dans la quinzaine à peine de nullité de l'Acte & que le droit d'infinuation étoit
le falaire du commis chargé d'infinuer l'Acte.

Actes fous feing privé. Nous avons dit au commencement de cet article que les Actes fous-feing
privé obligeoient les contractans comme font
les Actes pardevant notaires, mais les premiers
ne font pleinement foi en juftice que du jour
qu'ils y ont été reconnus par ceux qui les ont
fignés.

L'omiffion de date dans les Actes fous feing
privé n'eft point une nullité. Il faut même obferver que lorfqu'ils ont une date on la regarde
en juftice comme incertaine parce qu'il dépend
toujours de la partie qui les figne de les antida-
ter : c'eft pourquoi on dit communément de ces
Actes, qu'*ils n'ont point de date :* pour leur en
affurer une, on eft obligé de les faire contrôler
ou de les dépofer chez les notaires.

La reçonnoiffance des Actes fous feing privé

peut fe faire pardevant tous les juges ordinaires
foit royaux, foit feigneuriaux, pourvu qu'ils
foient compétens.

Un créancier ne fauroit en vertu d'un Acte
fous feing privé, obtenir aucune condamnation
contre celui qui l'a foufcrit, qu'il n'ait auparavant conclu à la reconnoiffance de l'Acte & fait
ftatuer fur cette reconnoiffance.

Il y a à cet égard une différence entre celui
qui a lui-même foufcrit l'Acte & fes héritiers ou
fucceffeurs. Ceux-ci pouvant n'être pas inftruits
de la manière dont fignoit le défunt, ne font
point obligés de reconnoître ou de dénier précifément fa fignature lorfqu'ils font affignés pour
cet effet, & fur la déclaration qu'ils font que
cette fignature ne leur eft pas connue, le juge
en ordonne la vérification : mais celui qui a lui-
même foufcrit l'Acte ne pouvant ignorer fa manière de figner, doit fans détour reconnoître ou
dénier fa fignature, & s'il ne la dénie pas, le
juge en prononce la reconnoiffance.

Les Actes fous feing privé n'emportent hypothèque que du jour qu'ils ont été reconnus;
mais fi la fignature eft déniée & enfuite reconnue, l'Acte a hypothèque du jour de la dénéga-
tion, parce qu'il ne feroit pas jufte que les chi-
canes d'un débiteur fiffent perdre l'hypothèque
au créancier.

Par l'édit du mois d'octobre 1705 il eft ordonné que tous les Actes paffés fous feing privé
feront contrôlés avant qu'ils puiffent être employés à former aucune demande en juftice, &
les droits payés fuivant la qualité des Actes &
à proportion des fommes y contenues, comme

s'ils étoient originairement passés devant notaires, à peine de nullité des mêmes Actes & de 300 livres d'amende pour chaque contravention tant contre les parties qui s'en feront servies que contre les huissiers & sergens qui auront agi en conséquence : il est aussi défendu aux juges royaux & à ceux des seigneurs de prononcer aucun jugement sur ces sortes d'Actes sans s'être assurés auparavant qu'ils sont contrôlés & les droits acquittés, à peine de nullité des jugemens & de 300 livres d'amende contre les juges, laquelle amende doit pareillement avoir lieu contre les procureurs qui auront occupé dans les instances & contre les huissiers ou sergens qui auront mis les jugemens à exécution. Il est encore ordonné que dans les jugemens portant reconnoissance ou condamnation qui interviendront sur des Actes sous seing privé, il sera fait mention du contrôle de ces Actes comme cela se pratique à l'égard du contrôle des exploits, à peine contre les greffiers de 300 livres d'amende pour chaque contravention.

Les dispositions de l'édit cité n'ont pas lieu pour les lettres de change ni pour les billets à ordre & au porteur des marchands, négocians & gens d'affaires ; ces Actes sont dispensés du contrôle par l'édit même, & le tarif du 29 septembre 1722 exempte aussi de cette formalité les billets de marchands à marchands causés pour fournitures de marchandises de leur commerce réciproque, & les extraits des livres entre marchands pour fourniture de marchandises concernant leur négoce seulement. Mais il faut remarquer que selon l'arrêt du 7 février 1719, ces sortes

d'Actes ne font exceptés de la loi commune que
quand les demandes auxquelles ils donnent lieu
font formées dans les juridictions confulaires.
Diverfes décifions du confeil ont confirmé tout
ce qu'on vient d'établir.

Un arrêt du 9 mars 1706 a défendu aux contrôleurs des exploits de contrôler à l'avenir aucun exploit fait en exécution & pour raifon
d'Actes fous feing privés qu'ils ne fe foient affu-
rés du contrôle de ces Actes & du payement
des droits, à peine de trois cens livres d'amende
pour chaque contravention.

Les notaires, les greffiers & autres officiers
qui ont droit de rapporter des Actes, n'en peuvent paffer aucun en conféquence de ceux qui
font faits fous feing privé, que ces derniers ne
foient contrôlés : ils ne peuvent non plus recevoir en dépôt aucun Acte fous feing privé ni
l'annexer à leurs minutes qu'il ne foit revêtu de
la même formalité. Ils doivent d'ailleurs faire
mention du lieu & de la date du contrôle des
Actes fous feing privé, du nom du contrôleur
& du droit reçu ; le tout à peine de nullité de
leurs Actes & de 300 livres d'amende pour chaque contravention.

Il eft vrai que par l'arrêt du confeil du 28 novembre 1716 il a été permis aux notaires de
rapporter & énoncer dans leurs Actes d'autres
Actes fous fignature privée, quoique non contrôlés, pourvu qu'ils ne foient pas annexés aux
minutes ; mais cela ne s'entend que d'une énonciation fimple d'Actes cités par exception, ou
pour fervir d'explication, & non pas de ceux
dont on tire une induction active, & qui font le

principe & la bafe de ceux que l'on paffe devant notaires. Les Actes primitifs & originaires qui font le principe de l'Acte notarié & qui font néceffaires pour fon exécution entière, ou qui font dans le cas d'être exécutés conjointement, doivent être néceffairement contrôlés avant qu'ils puiffent fervir à paffer d'autres Actes.

C'eft d'après cette jurifprudence qu'un arrêt du confeil du 7 feptembre 1720 a déclaré nulle une procuration fous feing privé ainfi que le contrat de conftitution paffé en conféquence devant le Douaren notaire en Bretagne, à la minute duquel la procuration étoit annexée fans avoir été contrôlée, & a condamné ce notaire à trois cens livres d'amende, fauf aux parties à fe pourvoir contre lui pour les dommages & intérêts réfultans de la nullité prononcée.

Un autre arrêt du 14 mars 1721, a condamné les fieurs Bouron & le Prévôt, notaires à Paris chacun à deux cens livres d'amende, l'un pour avoir reçu en dépôt deux Actes non contrôlés, & l'autre pour avoir paffé un contrat de vente en conféquence d'un écrit fous feing privé qui étoit le titre de propriété du vendeur, & avoir annexé cet écrit à la minute du contrat fans qu'il fût contrôlé.

Les Actes fous feing privé & les autres pièces que l'on ne produit que par exception, pour établir une défenfe, fans en fignifier de copie & fans en tirer aucune induction active, ne font pas fujets à la formalité du contrôle. C'eft ce qui réfulte des décifions du confeil des 3 août 1715, 13 mars 1721, & 18 mars 1722.

Il en eft de même de tous les Actes produits

en juftice pour le foutien de la recette & de la dépenfe des comptes, pourvu qu'ils ne contiennent d'autres difpofitions que celles qui ont rapport à ces comptes & qu'il ne foit fait en conféquence aucun exploit, fignification, demande ou autre Acte de procédure. Cela eft ainfi décidé par les arrêts du confeil des 29 avril 1721, 22 juillet 1728, & 27 Juin 1730.

Un autre arrêt du confeil du 29 juillet 1732, a auffi déclaré exempts de contrôle les endoffemens des billets à ordre, dans les cas mêmes où ces billets font fujets à cette formalité.

Les lettres miffives produites qui ne contiennent ni obligation, ni matière fur laquelle il foit formé quelque demande, font pareillement exemptes de contrôle, mais il a été jugé par arrêt du 10 juin 1729, qu'un Acte dont on prétendoit fe fervir pour prouver la qualité d'un particulier, & pour en tirer par conféquent une induction active, devoit être préalablement contrôlé.

Les curés & les autres eccléfiaftiques, les juges, les avocats, les notaires, les greffiers, les procureurs, les huiffiers & les autres gens de pratique & de loi ne peuvent écrire aucun Acte fous feing privé où ils ne font pas parties principales, à peine de nullité de l'Acte & de 200 livres d'amende pour chaque contravention & contre chaque contrevenant. Il eft pareillement défendu fous les mêmes peines à toutes fortes de perfonnes quelles qu'elles foient, de fervir de témoins dans des Actes de cette efpèce, à moins que ce ne foit pour attefter les marques appofées aux quittances des mariniers & matelots relativement aux armemens qui se font pour le compte du roi. C'est en conséquence de ces principes établis par différentes loix, que par arrêt du conseil du 13 septembre 1695, un ecclésiastique a été condamné à deux cens livres d'amende pour avoir fait & signé un accord sous seing privé en conséquence du pouvoir qui lui avoit été donné par la partie de poursuivre l'instance ou de transiger à telles conditions qu'il jugeroit à propos.

Par un autre arrêt du conseil du 23 février 1706, le sieur Canas & le sieur Mathelin notaires ont été condamnés, le premier à 200 livres d'amende & l'autre à 800, pour avoir écrit des Actes sous seing privé pour autrui.

Un autre arrêt du conseil du 12 mai 1750 a réformé une ordonnance de l'intendant d'Amiens en ce qu'elle n'avoit condamné qu'à dix livres d'amende le sieur Maubaillarcq avocat, pour avoir écrit & rédigé un Acte sous seing privé contenant règlement & partage, & a prononcé contre cet avocat l'amende de deux cens livres. En vain il se défendit en disant que cet Acte ne devoit être regardé que comme un projet rédigé en qualité d'avocat pour que les parties pussent connoître leurs droits ; que la profession d'avocat étoit libre, indépendante & non publique comme celles des notaires, des greffiers, &c.

Un autre arrêt du 5 octobre 1728 a condamné le sieur Bréard, ancien tabellion, & les nommés Hauvel & le Deslié à deux cens livres d'amende chacun, le premier pour avoir écrit un Acte sous seing privé pour autrui, même depuis qu'il

avoit ceffé d'être tabellion, & les deux autres
pour l'avoir figné comme témoins.

Par une ordonnance contradictoire de l'intendant de Rouen du 21 novembre 1749, le nommé Jean Monfray fimple habitant de la campagne a été condamné à mille livres d'amende pour
avoir écrit & rédigé cinq Actes où il n'étoit point
partie, de même qu'au payement des droits de
ces Actes qui ont d'ailleurs été déclarés nuls fauf
le recours des parties contre lui pour les dommages & intérêts réfultans de la nullité prononcée : cette ordonnance a en outre fait défenfes à
tout officier public & à toute autre perfonne
d'écrire & de rédiger des Actes fous feing
privé lorfqu'ils n'y auront aucun intérêt perfonnel, fous les mêmes peines d'amende, de
nullité, de reftitution de droits & de dommages
& intérêts.

Enfin un arrêt du confeil du 29 juillet 1756,
a caffé une ordonnance du lieutenant particulier
de Mortain, & condamné les nommés Rageot
& Hébert au payement des droits de deux Actes
qu'ils avoient écrits pour autrui & à l'amende.
Le lieutenant particulier les avoit déchargés attendu leur bonne foi, l'ignorance populaire à
cet égard, le filence des contrôleurs, & l'idée
générale que les règlemens ne concernoient que
les perfonnes publiques.

Ces dernières décifions paroiffent étendre à
tous les particuliers indiftinctement les défenfes
faites aux eccléfiaftiques & aux officiers de judicature d'écrire des Actes fous feing privé pour
autrui, mais il eft important de donner une explication à cet égard.

. Il eſt certain que les parties qui ſavent ſigner peuvent faire ſous leur ſignature privée les Actes que des loix poſitives n'ont pas ordonné de paſſer pardevant notaires : il ſeroit par conſéquent ridicule de prétendre que ces Actes ne puſſent être êcrits que de la main des contractans : ceux-ci peuvent inconteſtablement ſe ſervir d'une main étrangère, pourvu que ce ne ſoit pas celle d'un eccléſiaſtique ou d'un homme revêtu d'un caractère public. Ce n'eſt donc que quand les parties ne ſavent pas ſigner qu'il eſt défendu à toutes ſortes de particuliers ſans exception d'écrire pour elles des Actes ſous ſeing privé.

· En Lorraine, il n'y a aucune loi qui défende aux perſonnes revêtues d'un caractère public, d'écrire des Actes ſous ſeing privé pour autrui, dans les cas où ces Actes ne doivent pas être paſſés devant notaires. Toute perſonne peut de même ſervir de témoin pour atteſter la marque d'un débiteur au bas d'un billet ou autre Acte dont l'objet n'excède pas deux cens francs barrois : mais ſi la ſomme étoit plus conſidérable, le créancier & les témoins encourroient l'amende de trois cens francs & l'Acte ſeroit déclaré nul, conformément à la déclaration du duc Leopold du 7 mai 1724.

Actes judiciaires. Ces Actes ſont de juridiction contentieuſe ou de juridiction volontaire.

Les lieutenans généraux ou autres premiers juges ne peuvent régulièrement faire en leur hôtel aucun Acte de juridiction contentieuſe ; & il leur eſt défendu d'y donner des audiences extraordinaires & de ſe taxer des vacations pour des Actes de cette nature. Ainſi toutes les affaires contentieuses en général doivent être jugées au siège par tous les juges qui le composent.

Cette règle souffre néanmoins quelques exceptions : 1°. les affaires provisoires, par exemple, & qui requièrent célérité, peuvent être jugées par le lieutenant général ou autre premier juge seul, en son hôtel, sans l'assistance des autres officiers, les jours que le siège ne s'assemble pas. Telles sont les causes où il s'agit de l'élargissement de personnes emprisonnées pour dettes, de la main-levée de marchandises, meubles, chevaux & bestiaux saisis, du payement que des hôteliers ou des ouvriers demandent à des étrangers pour leur avoir fourni de la nourriture, des habits, &c. & en général lorsqu'il y a du péril en la demeure.

2°. Lorsque dans les appositions & levée de scellé, & dans les confections d'inventaire les parties forment des contestations, les commissaires, les notaires & les procureurs qui y assistent peuvent si les parties le requièrent, se rendre à l'hôtel du lieutenant général ou autre premier juge pour y faire décider ces contestations : mais il doit les juger sans frais & sans se taxer aucune vacation, quand même il se transporteroit sur les lieux où les scellés sont apposés & où l'on travaille aux inventaires.

3°. Le lieutenant général d'Orléans, par une attribution particulière, connoît des causes qui concernent les octrois & deniers patrimoniaux de la ville d'Orléans & les peut juger seul en son hôtel.

4°. L'article 33 du règlement d'Autun du 16 mars 1705, porte que le lieutenant général con-

noîtra feul avec le bailli des convocations de ban
& arrière ban, des taxes & impofitions faites
en conféquence, modérations & décharges, revues, élections d'officiers, examens des comptes
des tréforiers & receveurs du même ban & arrière ban, circonftances & dépendances.

D'autres règlemens néanmoins portent que
les diftributions & redditions des comptes de
deniers tant de l'arrière ban que d'emprunts,
levées, réparations, munitions & autres chofes
femblables, fe feront à la chambre du confeil
avec les confeillers.

A l'égard des inftances & procès concernant
le ban & arrière ban, ils doivent fe juger, non
par le lieutenant général feul, mais par tous les
officiers du fiège, & s'ils font appointés, le
rapport doit s'en faire à la chambre.

Il en eft de même des commiffions & renvois
faits par les cours fouveraines, ou par le confeil, des lettres de terrier, & autres, dont l'a-
dreffe eft faite au lieutenant général ; ces commiffions, en ce qui eft de juridiction volontaire
& d'inftruction, appartiennent au lieutenant général ; mais s'il furvient quelque conteftation,
ou inftance à ce fujet, elles doivent fe juger par
tous les officiers du fiège.

Pour favoir fi tous les juges qui connoiffent
de certaines affaires contentieufes, peuvent connoître de la juridiction volontaire de ces mêmes
affaires, il faut diftinguer les Actes qui font d'inftruction, ou incidens néceffaires pour parvenir
au jugement de l'affaire, & les Actes qui en font
indépendans. Dans le premier cas, les juges qui
ont la connoiffance de certaines affaires, doivent
néceffairement connoître de tous les Actes de

juridiction volontaire qui font partie de l'inftruction, ou qui en font une dépendance nécef-faire; mais ils ne peuvent connoître des autres. Et cette règle regarde non-feulement les juges ordinaires dont le pouvoir eft limité à une certaine fomme, comme font les préfidiaux, les juges auditeurs, &c. mais encore tous les juges extraordinaires en général, tels que font les élus, les juges confuls, &c.

Le lieutenant général ou autre premier juge peut faire feul en fon hôtel plufieurs Actes de juridiction volontaire, comme les élections de tuteur & de curateur, les émancipations, les réceptions de cautions, les informations de vie & de mœurs, les réceptions de ferment en exécution de fentence, les enquêtes, les interrogatoires en matière civile, les taxes de dépens, &c.

En cas d'abfence du lieutenant général, c'eft au lieutenant particulier ou aux autres juges fuivant l'ordre du tableau à faire les Actes de juridiction volontaire & non contentieufe, mais ils ne peuvent y vaquer qu'après trois jours d'abfence du lieutenant général & après 24 heures fi la matière eft provifoire.

Les Actes de juridiction volontaire peuvent fe faire pendant le tems des vacations & aux jours de féries du palais.

On peut auffi faire ces fortes d'Actes la nuit & après le foleil couché.

Les Actes de juridiction volontaire doivent être expédiés avec le greffier du fiège, à l'exception néanmoins des légalifations & des certificats de vie qui peuvent s'expédier par le juge feul.

Dans tous les cas d'inftruction ou d'Actes de
juridiction

juridiction volontaire, où il survient quelque contestation ou différent, le lieutenant général ou le juge qui en fait les fonctions, doit dresser son procès verbal des dires & prétentions des parties pour en faire son rapport à la chambre, où il doit renvoyer les parties à l'audience pour leur être fait droit.

Les Actes judiciaires ne doivent pas être contrôlés ; mais ils peuvent être sujets à l'insinuation & au droit de centième denier selon les dispositions qu'ils renferment.

Un arrêt du conseil du 10 août 1737 a ordonné la restitution d'un droit de contrôle perçu sur une licitation faite en justice entre des cohéritiers ; parce que sur la contestation des héritiers il avoit été ordonné que les biens seroient vendus ou licités en justice, & que par conséquent il n'avoit pas été libre aux parties de procéder à cette vente pardevant notaires.

Un autre arrêt du 15 décembre 1731 a jugé que les cautionnemens fournis pour l'exécution d'une sentence prononcée exécutoire nonobstant l'appel en donnant caution, ne sont pas sujets au contrôle.

Au reste, il ne faut pas confondre les *Actes judiciaires* avec les *Actes volontaires reçus en justice*. Ceux-ci sont de nature à être passés devant notaires & ne sont pas du ressort du juge qui ne peut statuer que sur les contestations régulièrement portées devant lui, sans pouvoir régler aucune convention volontaire entre les parties.

Cependant l'usage de faire rédiger des conventions volontaires dans la forme d'Actes judiciaires est ancien. L'idée que de pareils Actes

sont stables l'a introduit ; & le dessein de se sous-
traire au payement des droits des notaires, & à
ceux du contrôle & autres, l'a continué de différentes manières, soit en simulant une contestation, sur laquelle on fait admettre un expédient, contenant les conventions volontaires des
parties ; soit en obtenant sur de pareilles contestations un renvoi devant des avocats, dont on
rapporte ensuite l'avis pour le faire homologuer,
&c.

Mais ces expédiens, ces avis, & toutes les
autres conventions, dans quelque forme qu'elles
soient rédigées, sont de véritables transactions
qui doivent être contrôlées avant d'être admises
par le juge si elles sont signées des parties, sinon
le jugement qui les admet doit être contrôlé
dans la quinzaine de sa date, à la diligence du
greffier.

Il est de principe qu'il n'y a d'exempt du contrôle que les Actes & jugemens qui ne sont pas
de convention, & où par conséquent le ministère du juge est nécessaire, & que tous ceux qui
sont volontaires & de nature à pouvoir être passés pardevant notaires doivent être contrôlés
dans la quinzaine, quoique faits en justice en
quelque forme que ce soit.

Un arrêt du conseil du 6 juin 1724 a déclaré
nulle une transaction reçue par les juges consuls
de Lille, rédigée en forme de sentence, ainsi
que ce qui s'étoit ensuivi, faute de l'avoir fait contrôler dans la quinzaine, & a condamné les juges, les parties & le greffier aux amendes en-
courues, & solidairement à la restitution des
droits de contrôle. Voici l'espèce dont il s'agissoit : Deschamps négociant à Lille, débiteur

de Duval marchand à Paris, pour lettres de change, s'étoit réfugié à Valenciennes; sa femme chargée de sa procuration s'accommoda avec Duval; l'accommodement fut fait verbalement à l'audience des consuls, sans assignation, en s'obligeant à payer à Duval une somme en différens effets; ce qui fut homologué par sentence rendue sur le champ. Pour donner la perfection à cet accommodement, Duval offrit une caution & un certificateur qui furent reçus par une autre sentence trois jours après, & acceptés par une troisième sentence. L'arrêt a jugé que tous ces Actes étant volontaires avoient dû être contrôlés dans la quinzaine de leur date.

Un autre arrêt du conseil du 10 octobre de la même année, rendu par forme de règlement, ordonne que les greffiers & autres officiers de justice, devant lesquels il sera fait des adjudications & autres Actes de nature à pouvoir être également reçus pardevant notaires, seront tenus de les faire contrôler dans la quinzaine de leur date, sous peine de nullité, de restitution des droits & de 200 livres d'amende pour chaque contravention.

Il a aussi été décidé par arrêt du conseil du 15 décembre 1731 que les sentences rendues à l'audience, portant Acte des offres, sont sujettes au contrôle lorsqu'elles contiennent quittance, & qu'il en est de même des jugemens portant condamnation du consentement des parties, lorsqu'elles y apposent leur signature.

Un autre arrêt du conseil du 16 mars 1737 décide que les baux à nourriture des mineurs, faits en justice, doivent être contrôlés dans la quinzaine de leur date, attendu que ces Actes

font volontaires & que la préfence du juge n'y
eſt pas néceſſaire.

Un autre arrêt du conſeil du 19 février 1743
a condamné trois procureurs au parlement de
Dijon à 500 livres d'amende chacun pour avoir
figné avec leurs parties un expédient, contenant accord entr'elles fur l'inſtance pendante, &
pour avoir conclu à ce qu'il fût admis au parlement; le greffier à 300 livres pour avoir rédigé l'arrêt d'admiſſion, & les parties à pareille
amende & à la reſtitution des droits. Le même
arrêt a ordonné aux greffiers des cours & juridictions de faire contrôler dans la quinzaine de
la date tous les arrêts & jugemens rendus par
forme d'expédient, fous les peines portées par
les règlemens.

Les Actes & jugemens qui caſſent & annullent
ou qui accordent main-levée d'autres Actes, tel
que des donations entre-vifs ou à cauſe de mort,
dons mutuels, teſtamens, fubſtitutions, exhéré-
dations, féparations entre mari & femme, ou
excluſion de communauté doivent être inſi-
nués comme les Actes caſſés & annullés, mais
n'eſt dû pour les Actes & jugemens qui caſſent
annullent ou qui accordent main-levée, que la
moitié des droits fixés pour les premiers.

Actes capitulaires. On donne ce nom aux Actes
faits dans les chapitres de chanoines, & de
communautés régulières & féculières de l'un
& de l'autre fexe; ainſi que dans les bureaux
de régie & adminiſtrations des œuvres & fabriques, des hôpitaux, maiſons & œuvres de charité, &c.

On diſtingue deux fortes d'Actes capitulaires;
les uns concernent le ſpirituel & la police inté-

rieure, & les autres l'administration temporelle & extérieure.

Les premiers ne font point fujets au contrôle, le fermier n'en peut pas même demander la communication, s'ils font infcrits dans un regiftre particulier qui leur foit uniquement deftiné ; mais les Actes capitulaires qui concernent l'adminiftration extérieure & temporelle, doivent être communiqués au fermier lorfqu'il requiert cette communication, & ils font tous de nature à devoir être contrôlés, les uns dans la quinzaine de leur date, & les autres avant de s'en fervir.

La réponfe du roi fur l'article 12 du cahier du clergé de l'année 1735 porte que fi les chapitres n'inféroient dans leurs regiftres aucun Acte fujet au contrôle, les commis du fermier n'auroient nul droit de les vérifier; mais que tandis que les greffiers des chapitres feront les fonctions de notaires, ils doivent être foumis aux mêmes règles que les notaires.

Sur les pourfuites faites contre les chapitres des églifes cathédrales & collégiales, & contre les hôpitaux pour la repréfentation de leurs regiftres capitulaires, & pour faire contrôler les Actes qui y font fujets, il fut ordonné par décifion du confeil du 22 juin 1737, qu'il feroit fourni par les agens généraux du clergé, un état de tous les Actes fujets aux droits de contrôle, compris dans ces regiftres, lequel état feroit certifié des doyens & fecrétaires des chapitres, pour être les droits payés fur cet état ; & qu'à l'avenir il feroit *tenu deux regiftres*, dont l'un contiendroit les Actes capitulaires, l'autre les Actes d'adminiftration, & que le fermier prendroit communication de celui-ci quand bon lui sembleroit.

L'arrêt du conseil du 3 mars 1739 a confirmé cette décision & prononcé la peine de nullité & de 200 livres d'amende contre les greffiers, secrétaires ou autres qui auront négligé de faire contrôler les Actes sujets à cette formalité, dans la quinzaine du jour de leur date.

Un autre arrêt du 30 Août 1740 rendu en interprétation du précédent pour expliquer quels sont les Actes capitulaires sujets au contrôle & ceux qui en sont dispensés, ordonne que les délibérations prises dans les chapitres des chanoines & des communautés séculières & régulières de l'un & de l'autre sexe, de même que dans les bureaux de régie & d'administration des œuvres & fabriques, des hôpitaux & des maisons de charité, demeureront exempts du droit de contrôle, lorsqu'il ne s'agira dans ces délibérations que d'instituer ou destituer des officiers du bas chœur; de régler le service intérieur de l'église; de la correction de quelqu'un des capitulans; de députer un chanoine ou d'autres personnes soit pour suivre les procès, soit pour vaquer à l'administration des biens ruraux, à la réparation & reconstruction des maisons & fermes ou à quelque autre chose que ce soit : mais si ces délibérations venoient à être produites en justice pour former quelque demande, ou qu'elles servissent d'autorisation à cet effet, elles seroient assujetties au contrôle; cependant elles seroient dispensées de cette formalité si elles n'étoient produites que par forme d'exception.

Cet arrêt déclare aussi exempts du contrôle les Actes de noviciat, vêture & profession, ainsi que les Actes passés dans les chapitres & les bureaux d'administration des hôpitaux ; même avec des personnes étrangères, pourvu qu'ils ne soient pas rédigés par les secrétaires ou greffiers dans la forme d'Actes devant notaires, & qu'ils ne soient pas employés à former des demandes en justice.

Ces exemptions ne peuvent s'appliquer qu'aux Actes qu'on est libre de rédiger sous signature privée & non aux baux à loyer ou à vie, ni aux dotations qu'on doit nécessairement passer devant notaires, ni aux autres Actes de cette espèce, non plus qu'à ceux qui étant sujets à l'insinuation doivent être insinués dans un tems déterminé. C'est pourquoi un arrêt du conseil du 22 décembre 1750 a confirmé une ordonnance de l'intendant d'Amiens en ce qu'elle prononçoit l'amende encourue pour n'avoir pas fait contrôler & insinuer dans la quinzaine un bail à vie d'une maison fait par Acte capitulaire des chanoines de la cathédrale de Soissons à l'abbé Cornil.

Actes ecclésiastiques. Les Actes ecclésiastiques sont ceux qui concernent la collation, la présentation ou la possession des bénéfices, & qui regardent directement ou indirectement le titre ou l'administration du bénéfice quant au spirituel seulement.

On divise ces Actes en deux espèces ; ceux de la première émanent de la juridiction gracieuse & volontaire des évêques ; les autres sont de la compétence des notaires apostoliques.

Les Actes ecclésiastiques de la première espèce ne sont jamais sujets à la formalité du contrôle ; mais ceux de la seconde espèce y sont sujets dans la quinzaine de leur date, quoique reçus par les greffiers ou secrétaires des chapitres, parce qu'alors ces officiers font les fonctions de notaire.

L'article premier de l'arrêt de règlement du 30 août 1740, met dans la classe des Actes ecclésiastiques de la première espèce, les approbations, attestations, démissoires, dispenses, entérinemens, érections de bénéfices & cures, les exeat, les fulminations, les institutions canoniques, les lettres d'ordre, les permissions, les visa, les unions, les légalisations signées des évêques ou de leurs secrétaires; les permutations qui se font devant les évêques, & généralement tous les Actes qui sont de la juridiction gracieuse & volontaire des évêques, quand même ils seroient faits & donnés par le chapitre pendant la vacance du siége.

Les Actes ecclésiastiques de la seconde espèce sont suivant le même arrêt, les nominations & présentations à bénéfices par patrons laïques ou ecclésiastiques, les permutations & démissions en cour de Rome; les résignations, les provisions données par les abbés, abbesses, bénéficiers & autres collateurs; les collations accordées par ceux qui ont droit d'indult, ou données par les chanceliers des églises & universités à ceux qui sont nommés par le roi; les significations de lettres d'indult, de joyeux avénement & de serment de fidélité; les informations d'âge, vie & mœurs des personnes nommées aux archevêchés & évêchés; les procurations pour prendre possession de bénéfices ou dignités, ou pour s'en démettre; les procurations qui portent résignation ou rétrocession, ou qui sont conçues dans des termes qui dispensent les résignataires de passer d'autres Actes pour parvenir à l'obtention des provisions ; les prises de possession , les oppositions & interpellations que les parties pour la conservation de leurs droits, font aux patrons, aux élisans & aux collateurs & collatrices ; les cessions sous le bon plaisir du roi de l'indult des officiers du parlement de Paris ; les cessions & échanges de patronages des églises, les procès-verbaux de fulmination de bulles, ou visa de signature en cour de Rome ; les procès-verbaux d'élection à une première dignité d'église cathédrale, collégiale ou conventuelle ; les procès-verbaux de bénédiction des abbés ou des abbesses ; les réquisitions de confirmation ; les concordats au sujets d'archevêchés, évêchés, abbayes, dignité ou autres bénéfices, sur procès mûs ou à mouvoir, pour raison du possessoire des mêmes bénéfices ; les créations , réductions & extinctions de pensions créées & à créer en cour de Rome ; les commissions d'archidiacre pour desservir une cure, les compromis & expéditions de sentences arbitrales entre ecclésiastiques, pour raison des droits appartenans à leur bénéfice ; les procurations pour compromettre, requérir , résigner , céder , ou retrocéder un bénéfice ; les procurations pour notifier les noms, titres & qualités des gradués , ou pour consentir la création ou extinction de pension ; les révocations de ces procurations, les rétractations & les significations des brefs & bulles , signature & rescrits apostoliques ; les attestations du tems d'étude , les notifications de degrés & autres représentations ; les requisitions de visa & de fulmination de bulles ; les requisitions pour l'admission à prendre l'habit , faire noviciat & profession ; les requisitions pour satisfaire au décret

d'une provision de bénéfice régulier; les requi-
fitions qui se font aux curés pour publier aux
prônes des mestes les prises de postestion, en
cas de refus des curés; les Actes de refus d'ouvrir les portes pour prendre postestion ou autrement, les oppositions à la prise de postestion,
les lettres d'intronisation & les répudiations de
provisions; tous ces Actes sont déclarés sujets
au droit de contrôle.

Acte d'héritier. Faire *Acte d'héritier*, se dit de
celui qui dispose des biens d'une succession comme il ne pourroit le faire sans sa qualité d'héritier.

L'engagement que contracte un majeur en
faisant *Acte d'héritier* est irrévocable, ensorte que
quand il se dépouilleroit ensuite des biens, il
demeure sujet aux charges de la succession; &
celui qui après avoir accepté renonce en faveur
d'un autre duquel il reçoit quelque chose pour
cet effet, est regardé comme un héritier qui
vend ses droits successifs.

Si celui à qui une succession est dévolue en
acquitte les dettes, ou dispose de quelques effets
de cette même succession, s'il en perçoit les
revenus, ou s'il procéde au recouvrement des
dettes de l'hérédité, il fait *Acte d'héritier*, à
moins qu'il n'ait une *autre qualité* pour faire ces
choses, telle, par exemple, que celle d'exécu-
teur-testamentaire, ou qu'il ne soit lui-même
obligé aux dettes, indépendamment de la succession, comme caution ou autrement. Mais s'il
n'étoit que le légataire du défunt, comme le
legs, même universel, ne saisit point dans la plupart des coutumes & qu'au contraire il est sujet
à délivrance, le légataire appelé par la loi pour

être héritier, feroit *Acte d'héritier* s'il faifoit
quelqu'une des chofes dont on vient de parler,
avant d'avoir obtenu la délivrance de fon legs.
Il en feroit de même s'il s'emparoit de fon legs
de fa propre autorité, fans délivrance.

. L'héritier qui s'eft mis en poffeffion d'un bien
qui n'étoit pas de l'hérédité, mais que par erreur
il croyoit en être, fait en cela même un Acte
d'héritier, parce qu'il caractérife l'intention d'accepter cette qualité.

Le 9 janvier 1759 il a été jugé par la grand'-
chambre du parlement de Paris qu'un fils avoit
fait Acte d'héritier en formant une demande en
partage de la fucceffion de fon père, & qu'en
conféquence il ne pouvoit plus être admis à renoncer à cette fucceffion.

Mais lorfqu'après la mort de fon père, un
enfant prend poffeffion d'un héritage fujet à fon
douaire, fans déclarer fi c'eft en qualité d'héritier ou comme douairier qu'il prend cette poffeffion, il ne fait point Acte d'héritier ; parce que
la coutume de Paris en difant que *celui qui ap-*
préhende les biens d'un défunt, fait Acte d'héritier,
ajoute, *fans avoir d'autre qualité ou droit de pren-*
dre lefdits biens : or l'enfant qui avoit le choix
de la qualité d'héritier ou de celle de douairier
lorfqu'il a pris poffeffion de l'héritage fujet à fon
douaire, ne fauroit être regardé comme ayant
fait Acte d'héritier, puifqu'il a été faifi de fon
douaire de plein droit après la mort de fon
père.

Le Parlement de Paris a jugé par arrêt du 16
décembre 1559 que celui que la loi défigne pour
fuccéder ne fait point Acte d'héritier & n'eft
point préfumé avoir accepté l'hérédité parce

qu'il a enfeveli le défunt, quoiqu'il ait vendu des effets de la fucceffion pour payer les frais de la fépulture & des funérailles.

L'héritier mineur ne peut faire aucun Acte d'héritier qui l'engage irrévocablement en cette qualité ; & fi la fucceffion où il s'eft immifcé fe trouve onéreufe, on l'admet à y renoncer.

Les Actes que peut faire un héritier ne l'engagent point tandis qu'il ignore la mort de celui auquel il fuccède & que d'autres vues le font agir : parce que pour faire un Acte d'héritier il faut favoir qu'on l'eft & que la fucceffion eft ouverte. Ainfi l'héritier préfomptif d'un homme abfent des affaires duquel il prend foin, ne s'engage pas comme héritier en continuant de prendre le même foin après la mort de cet abfent tant qu'elle ne lui eft pas connue ; & il ne s'engageroit pas davantage fi inftruit de la mort il ignoroit qu'il fut héritier.

Il peut arriver qu'un héritier qui n'ignore pas la mort de celui à qui il doit fuccéder, faffe des Actes qui de leur nature font des Actes d'héritier, mais qui par les circonftances en font diftingués : par exemple, fi après la mort de fon père un enfant fans s'expliquer fur la qualité d'héritier, continue pendant quelque tems fa demeure dans une maifon que le défunt lui avoit laiffée précairement, la poffeffion où cet enfant fe trouve n'aura pas l'effet de faire juger que c'eft comme maître qu'il eft refté dans cette maifon & n'empêchera pas qu'il ne puiffe renoncer à l'hérédité fi rien d'ailleurs ne l'engage à l'accepter. Il ne pourra être obligé qu'à payer les loyers à celui qui prendra l'hérédité ou aux créanciers de la fucceffion.

L'héritier qui délibérant s'il acceptera l'hérédité, a demandé les livres de raison du défunt, n'a pas fait pour cela Acte d'héritier.

Ce n'est pas non plus faire Acte d'héritier de la part d'un enfant que d'agir contre celui qui a violé la sépulture de son père.

Celui qui obtient & qui reçoit les intérêts civils adjugés à cause de la mort de son père ou de son parent ne fait pas Acte d'héritier.

Ce n'est pareillement pas faire Acte d'héritier que de nourrir & payer les domestiques du défunt.

De même celui qui sans dessein d'accepter la qualité d'héritier prend soin d'une chose de la succession pour ne la point laisser perdre ou s'en met en possession parce qu'il a sujet de croire qu'elle lui appartient, n'est pas censé par-là faire Acte d'héritier, si les circonstances caractérisent son intention & sa bonne foi.

Un arrêt du 26 mai 1674 a jugé qu'une héritière présomptive qui avoit pris les clefs & s'étoit emparée des titres du défunt avant l'inventaire & sans qu'il y eut aucun scellé, n'avoit point fait Acte d'héritier.

Le sieur Dessaules étant assigné en 1755 en reprise d'instance ainsi que sa femme comme héritière du sieur de la Cour, son père, mort en 1727, ils firent signifier une renonciation à cette succession, & en conséquence demandèrent leur décharge.

Les sieurs de la Roche & autres demandeurs en reprise, opposèrent que la dame Dessaules avoit fait *Acte d'héritière* en vendant, le 30 juin 1750, moyennant 2000 livres, le fief de Charpaigne, situé en Marche, dans lequel son père avoit des droits indivis avec le fieur de Charpaigne ; qu'elle n'avoit pu vendre ce fief que comme héritière de fon père & de fon oncle, dont elle avoit recueilli la fucceffion.

Les fieur & dame Deffaules répondoient que les biens du fieur de la Cour étoient faifis réellement à fa mort, & qu'on n'avoit pas dû préfumer qu'il eût des droits fur Charpaigne, puifqu'il n'en avoit été faifi réellement aucune portion ; qu'au furplus ils ignoroient, & avoient toujours ignoré que le fieur de la Cour eût des droits fur ce fief ; qu'il n'avoit point été vendu comme faifant partie de fa fucceffion, mais comme appartenant à la dame Deffaules, *en qualité d'héritière du fieur de Charpaigne fon oncle ;* que c'étoit le cas d'appliquer l'exception écrite dans l'article 314 de la coutume de Paris, puifqu'elle avoit *une autre qualité.*

Par arrêt rendu le 15 mars 1758, au rapport de M. de Beze-de-Lys, le fieur de la Roche & fes conforts furent déboutés de leur demande en reprife.

Celui qui fe trouveroit dans le cas de faire quelques Actes dont il auroit à craindre qu'on ne fe fervît pour l'obliger à prendre la qualité d'héritier, agiroit prudemment s'il expliquoit auparavant fon intention, en proteftant que ce qu'il fera ne pourra être confidéré comme Acte d'héritier, mais feulement comme des précautions prifes pour la confervation des biens, &c. & alors fi les caufes indiquées dans fa proteftation font vraies, les Actes poftérieurs ne lui nuiront point.

Il fera facile d'après ce qu'on vient de dire, de connoître quels font les Actes qui défignent l'héritier & ceux qui n'engagent pas à en prendre la qualité. Voyez *l'ordonnance de Blois ; l'ordonnance de* 1539 *; l'ordonnance d'Orléans ; la déclaration du* 14 *février* 1737 *; Charondas en ses réponses ; l'arrêt de règlement du* 4 *septembre* 1685 *; l'ordonnance du mois d'août* 1447 *; l'arrêt de règlement du mois de septembre* 1701 *; Bornier, sur l'ordonnance de* 1670 *; l'ordonnance de* 1667 *; l'ordonnance de Moulins ; Boiceau & Danti sur les contrats simulés ; l'édit du contrôle de* 1693 *; le recueil des édits & ordonnances de Lorraine ; l'édit de décembre* 1684 *; l'édit d'octobre* 1605 *; les tarifs du* 20 *mars* 1708 *& du* 29 *septembre* 1722 *; les déclarations du* 14 *juillet* 1649 *& du* 20 *mars* 1708 *; l'ordonnance de la marine ; le traité de l'administration de la justice ; les arrêts de règlemens des* 8 *juin* 1619, 10 *juillet* 1665, *&* 22 *août* 1688 *; l'édit de janvier* 1685 *; le règlement d'Angoulême du* 30 *juin* 1689 *; les règlemens des* 18 *juin* 1677, 16 *mars* 1705, 15 *décembre* 1642, *&* 26 *septembre* 1692, *pour Tours, Autun, la Rochelle & Blois ; les arrêts du* 7 *mars* 1626, *&* 7 *septembre* 1629, *rendus au parlement de Paris le premier pour les officiers de Vitry & l'autre entre les officiers du gouvernement de Péronne ; la collection de jurisprudence ; le dictionnaire raisonné des domaines ; l'article* 317 *de la coutume de Paris ; l'article* 336 *de la coutume d'Orléans ; les loix civiles ; le traité du douaire de M. Pothier ; Charondas en ses observations,* &c. *Voyez* aussi les articles NOTAIRE, CONTRÔLE, INSINUATION, TESTAMENT, DONATION, SUBSTITUTION, BILLET, PROMESSE, ITA EST, RECONNOISSANCE, HYPOTHÈQUE, LIEUTENANT GÉNÉRAL, HÉRITIER, SUCCESSION, &c.

ACTION. C'est une demande judiciaire fondée sur un titre ou sur la loi par laquelle le demandeur requiert que celui contre qui il agit ait à le satisfaire ou qu'il y soit condamné par le Juge. Et l'on dit, *avoir action contre quelqu'un*, pour dire, avoir droit de former contre lui la demande dont on vient de parler. . . . .

Chez les Romains, l'ancien ordre judiciaire étoit que celui qui vouloit agir contre quelqu'un, l'assignât à comparoir devant le préteur. Alors le demandeur déclaroit l'Action suivant laquelle il vouloit poursuivre son adversaire : car il faut savoir que dans la même cause & pour le même fait on pouvoit intenter diverses sortes d'Actions; & de toutes ces Actions le demandeur devoit en choisir une à laquelle il se tenoit & qu'il devoit faire signifier à la partie adverse.

Dès que ce choix étoit fait, le demandeur devoit proposer son Action selon la formule qui lui étoit particulière ; & cela étoit tellement de rigueur que s'il arrivoit que le demandeur ou son avocat laissât échapper, même par inadvertance, quelque mot contraire à ce que prescrivoit la formule propre à l'Action qu'il avoit choisie, il perdoit sur le champ sa cause. Il est vrai que celui qui avoit ainsi perdu sa cause faute d'avoir observé la formule étoit ordinairement rétabli par le préteur dans l'état où il étoit auparavant, & cela s'appeloit *restituer en entier*.

Mais comme ces formalités scrupuleuses ne pouvoient qu'être souvent préjudiciables aux parties, l'usage en fut abrogé par l'empereur Constantin; depuis ce tems les procès civils se jugèrent sur le simple exposé des demandes & des moyens des parties, lesquels eurent la liberté

de

de plaider leurs causes en quelques termes que ce fut & sans être obligées d'exprimer le nom de l'Action dont elles vouloient se servir.

Le droit canonique en rejetant les anciennes formalités qui avoient été en usage chez les Romains, a voulu que les actions fussent intentées par une brève & sommaire exposition du fait dont il s'agiroit avec des conclusions libellées, sans avoir égard aux termes dans lesquelles l'exploit seroit conçu.

Ces dispositions sont observées par tout le royaume, où d'ailleurs il n'est pas nécessaire d'exprimer le nom de l'Action qu'on intente ; mais cette dispense n'empêche pas qu'il ne soit très-important pour tirer des conclusions justes & convenables, de connoître la nature de chaque Action, & c'est que nous tâcherons d'expliquer dans cet article.

Division des Actions. Les Actions se divisent en personnelles, en réelles & en mixtes.

Par l'*Action personnelle* nous agissons contre celui qui est obligé envers nous par une des quatre causes d'où peut dériver l'obligation personnelle. Ces causes sont, le *contrat*, le *quasi-contrat*, le *délit*, & le *quasi-délit*.

L'*Action réelle* est celle que nous dirigeons pour nous faire remettre en possession d'une chose qui est détenue par un autre, & qui nous appartient. Si le détenteur dénie que celui qui le poursuit, soit le propriétaire de la chose répétée, c'est à celui-ci à en faire preuve, ou il perd sa cause.

L'*Action mixte* est tout à la fois personnelle & réelle, c'est-à-dire, que nous agissons en revendication d'une chose qui nous appartient, &

en demandant un payement. Ces trois *Actions* principales se subdivisent en quantité d'autres.

Il y a l'*Action petitoire*, par laquelle nous revendiquons la propriété d'un fonds, ou d'un droit réel, contre le possesseur.

L'*Action possessoire*, par laquelle nous agissons pour être maintenus dans la possession d'un fonds ou d'un droit réel, dont on veut s'emparer, ou pour être rétablis dans cette possession, quand on nous y a troublés. Cette *Action* s'appelle *complainte* & *réintégrande* en matière civile, & *récréance* en matière bénéficiale.

L'*Action au pétitoire* ne peut être intentée qu'il n'y ait jugement sur le possessoire, la loi défendant de *cumuler* l'un avec l'autre : *spoliatus ante omnia restituendus est.*

L'*Action confessoire*, par laquelle nous prétendons droit de servitude sur l'héritage d'autrui.

L'*Action négatoire*, par laquelle nous dénions droit de servitude à celui qui la prétend sur notre héritage.

L'*Action de partage*, par laquelle des héritiers agissent contre des co-héritiers, pour arriver à partage d'une succession.

L'*Action hypothécaire*, par laquelle le créancier agit contre tout possesseur de l'héritage hypothéqué par le débiteur pour sûreté de la créance.

L'*Action redhibitoire*, par laquelle l'acheteur agit contre le vendeur, pour lui faire reprendre une marchandise défectueuse, & lui faire rendre le prix qu'il en a touché. Par exemple, le vice caché d'un cheval, tel que la morve, la pousse, la courbature, donne ouverture à l'*Action* redhibitoire en faveur de l'acheteur, contre celui qui a vendu le cheval.

L'*Action de réméré*, par laquelle le vendeur agit contre l'acquéreur pour que celui-ci ait à abandonner l'héritage aliéné, moyennant les offres que fait le demandeur de lui rendre le prix & les loyaux coûts de l'acquisition.

L'*Action de bornage*, par laquelle nous nous plaignons de l'usurpation d'un voisin, sur notre fonds.

L'*Action héréditaire*, ou celle qui passe de la personne du défunt à celle de ses héritiers. Cette Action est active ou passive. Elle est active quand les héritiers poursuivent les débiteurs de la succession ; elle est passive, quand ils sont eux-mêmes poursuivis par les créanciers du défunt.

L'*Action préjudicielle*, par laquelle nous demandons le jugement d'une question incidente, pour déterminer le jugement principal. Par exemple, *Pierre* reclame part dans la succession de *Jean*, ou lui dénie la qualité d'héritier ; il doit donc avant tout, prouver cette qualité, & s'il ne le peut, l'*Action* principale n'a plus de consistance.

L'*Action de retrait*, par laquelle le lignager ou le seigneur féodal demandent que l'acquéreur ait à leur abandonner l'héritage qu'il a acquis dans la famille de l'un ou dans la seigneurie de l'autre, moyennant le remboursement de ce que son acquisition lui a couté.

L'*Action aquæ pluviæ arcendæ*, par laquelle le possesseur de l'héritage inférieur agit contre le possesseur de l'héritage supérieur, lorsque celui-ci par le moyen de quelque ouvrage qu'il a fait dans son héritage rassemble les eaux qui y tombent de façon qu'il les fait passer dans l'héritage inférieur avec plus d'abondance & de ra-

pidité qu'elles n'y paſſeroient naturellement &
occaſionne ainſi quelque dommage.

La même Action peut auſſi être exercée par
le poſſeſſeur de l'héritage ſupérieur contre le
poſſeſſeur de l'héritage inférieur, lorſque celui-
ci par quelque digue qu'il a faite ſur ſon héritage
repouſſe & fait refluer dans l'héritage ſupérieur
les eaux qui en viennent.

Par cette Action le demandeur conclut à la
deſtruction de l'ouvrage qui lui cauſe du préjudice.

L'*Action pro ſocio*, par laquelle l'un des aſſociés agit contre les autres pour leur faire remplir les obligations qui dérivent du contrat de
ſociété.

L'*Action conducti ou ex conducto*, par laquelle
le locataire conclut à ce que le propriétaire ait
le faire jouir de la choſe louée, ou qu'il ſoit condamné aux dommages & intérêts qui réſultent
du défaut de jouiſſance.

L'*Action ex locato*, par laquelle le propriétaire agit contre le locataire pour être payé des
loyers & pour faire rendre la choſe louée en
bon état.

L'*Action ex empto*, par laquelle l'acheteur agit
contre le vendeur, pour qu'il ait à lui délivrer
la choſe vendue moyennant la ſomme conve-
nue, ſinon qu'il ſoit condamné aux dommages &
intérêts réſultans de l'inexécution de ſon obligation.

L'*Action venditi*, ou *ex vendito*, par laquelle
le vendeur agit contre l'acheteur pour être payé
du prix de la choſe vendue.

L'*Action pignoratitia directa*, par laquelle on
agit contre le créancier à qui l'on a donné des

effets en nantiffement, pour qu'il ait à les reftituer moyennant le payement de la dette contractée envers lui.

L'*Action pignoratitia contraria*, par laquelle
le créancier agit contre le débiteur pour qu'il
foit condamné à fubftituer à la place des chofes
qu'il a données en nantiffement, d'autres chofes
d'égale valeur qui lui appartiennent ; finon qu'il
foit déchu des termes qui lui avoient été accordés & contraint au payement de la dette.

Cette Action a lieu lorfque le débiteur a
donné en nantiffement une chofe qui ne lui appartenoit pas.

L'*Action commodati directa*, par laquelle le
prêteur agit contre l'emprunteur pour l'obliger
à rendre la chofe prêtée, ou à en payer le prix
s'il ne peut la repréfenter.

L'*Action commodati contraria*, par laquelle
l'emprunteur conclut à ce qu'il foit fait défenfe
au prêteur de le troubler dans l'ufage qu'il doit
avoir de la chofe qu'il lui a prêtée, & à ce qu'il
foit condamné aux dommages & intérêts réfultans du trouble.

Lorfque c'eft une fomme d'argent qui a été
prêtée, le prêteur a l'*Action ex mutuo* pour faire
condamner l'emprunteur à lui rendre une pareille
fomme.

L'*Action depofiti directa*, par laquelle celui
qui a donné une chofe en dépôt agit contre le
dépofitaire pour fe la faire rendre.

L'*Action depofiti contraria*, par laquelle le dépofitaire agit contre le propriétaire de la chofe
mife en dépôt pour être rembourfé de tout ce
que lui a coûté le dépôt.

L'*Action mandati directa*, par laquelle le mandant agit contre le mandataire pour le faire condamner, ou à rendre compte du mandat s'il a été exécuté, ou aux dommages & intérêts réfultans de l'inexécution du mandat, fi par une jufte caufe le mandataire n'a pas été empêché de l'exécuter.

L'*Action mandati contraria*, par laquelle le mandataire agit contre le mandant pour être rembourfé des dépenfes qu'il a faites, & fe faire décharger des obligations qu'il a contractées pour l'exécution du mandat.

L'*Action negotiorum geftorum directa*, par laquelle celui dont on a fait les affaires fans procuration de fa part, agit contre celui qui les a faites pour s'en faire rendre compte.

L'*Action negotiorum geftorum contraria*, par laquelle celui qui a fait fans procuration les affaires d'un autre, agit contre lui pour être rembourfé & indemnifé de ce qu'il lui en a couté pour les faire.

L'*Action condictio indebiti*, par laquelle on répète une fomme que l'on a payée par erreur & fans la devoir.

L'*Action petitio hæreditatis*, par laquelle un héritier reclame une fucceffion contre ceux qui s'en font emparés à fon préjudice, & qui refufent de la lui rendre.

L'*Action de revendication*, par laquelle le propriétaire d'une chofe la revendique contre celui qui s'en trouve poffeffeur & le fait condamner à la lui reftituer.

L'*Action* eft d'ailleurs *mobiliaire* ou *immobiliaire*, felon qu'elle tend à la poffeffion d'un meuble ou d'un immeuble.

Il y a auffi l'*Action pénale* ou *criminelle*, qui

tend à faire punir corporellement. Elle ne peut être pourfuivie en France que par les gens du roi, à qui la vindicte publique eſt confiée.

Les loix aſſignent & déterminent un tems pour pourfuivre chaque eſpece d'*Action* : ce tems paſſé, on eſt *non-recevable*. C'eſt ce qu'on appelle *Action* preſcrite.

En général toute *Action* doit être portée devant le juge du domicile du défendeur, fuivant la maxime, *actor fequitur forum rei*, parce qu'il eſt juſte que celui qui eſt attaqué puiſſe fe défendre de la manière la plus facile: mais cette règle eſt fujette à plufieurs exceptions.

1°. Il y a des perſonnes qui ont le privilége de plaider, tant en demandant qu'en défendant, devant certains juges. C'eſt pourquoi lorſqu'elles font aſſignées ou qu'elles aſſignent quelqu'un, c'eſt leur privilége & non le domicile de la perſonne aſſignée qui règle la compétence du juge. Ainſi les officiers commenſaux de la maiſon du roi, & les autres corps ou particuliers qui ont droit de *committimus* aux requêtes de l'hôtel, peuvent faire aſſigner en première inſtance dans cette juridiction, ceux contre leſquels ils ont des Actions à diriger.

2°. Les fceaux attributifs de juridiction, tels que ceux des châtelets de Paris, Orléans & Montpellier donnent au juge, fous le fcel duquel un acte a été paſſé, le droit de connoître des Actions qui dérivent de cet acte. Ainſi lorſqu'un contrat de vente, une reconnoiſſance de rente, une conſtitution, une obligation, &c. font paſſés fous le fcel du Châtelet de Paris, le créancier & celui au profit duquel l'obligation a été passée ou leurs héritiers peuvent faire assigner & contraindre le débiteur, l'obligé, ou leurs héritiers devant le prévôt de Paris quoiqu'ils aient leur domicile dans un autre bailliage.

3°. Lorsqu'une partie par un acte authentique se soumet à la juridiction d'un autre juge que celui de son domicile actuel pour raison des contestations qui pourront être relatives à cet acte, & que pour cet effet elle a élu un domicile fictif dans le territoire du juge à la juridiction duquel elle s'est soumise ; on peut l'assigner ainsi que ses héritiers devant ce juge, parce qu'alors c'est le domicile choisi par les parties qui règle la compétence.

Ces sortes de soumissions à la juridiction d'un juge différent du juge naturel peuvent avoir lieu quand elles se font pour que le créancier ne soit point obligé de poursuivre son Action ailleurs que dans l'endroit où il réside lorsque son débiteur demeure dans une autre juridiction. C'est pourquoi par arrêt du 19 juillet 1568, il a été jugé qu'un habitant de Montargis assigné devant le bailli d'Orléans à la juridiction duquel il s'étoit soumis, n'étoit pas fondé à demander son renvoi devant le juge de son domicile réel.

Mais si deux parties justiciables d'un même juge se soumettoient, en contractant ensemble, à la juridiction d'un autre juge ; cette soumission n'auroit aucun effet, parce qu'elle seroit censée n'avoir d'autre objet que de priver le juge naturel de sa juridiction. C'est ce qui résulte de l'article 9 de la troisième déclaration rendue sur l'édit de Cremieu en juin 1559. Au reste ceci ne doit s'appliquer qu'aux justiciables des juges royaux, car par l'article 11 de la déclaration cirée il eft permis aux jufticiables des feigneurs de fe foumettre lorfqu'ils contractent, à la juridiction des juges royaux.

Le Bret établit auffi comme une maxime certaine & autorifée par les arrêts, que les foumiffions faites à la juridiction du juge royal par les jufticiables des feigneurs hauts-jufticiers font valables lorfqu'elles fe font par des contrats, parce que fans cette condition les conventions n'auroient peut-être pas eu lieu, mais que ces foumiffions ne doivent avoir aucun effet lorfqu'elles fe font par des actes poftérieurs aux contrats.

Cependant par deux arrêts des 21 juin 1614 & 7 feptembre 1621, rendus entre les officiers du préfidial de Riom & ceux du duché de Montpenfier, il a été jugé que les Actions, & pourfuites pour contrats, donations, teftamens & autres actes paffés entre les fujets domiciliés dans ce duché, ne pourroient être intentées que devant le bailli du duché, quand même le fcel royal feroit appofé à ces actes & qu'il y auroit foumiffion expreffe, générale ou particulière au juge royal : il a feulement été laiffé la liberté au demandeur de fe pourvoir devant le juge royal ou devant le bailli, lorfque dans le cas de cette foumiffion une des parties contractantes auroit fon domicile hors du territoire du duché.

Il fuit de ce qui vient d'être dit que la jurifprudence n'eft ni uniforme ni certaine fur cette matière.

4°. L'Action purement réelle forme auffi une exception à la règle générale qui veut que le défendeur foit pourfuivi devant le juge de fon domicile. Ainfi l'Action pétitoire en revendication ou qui tend à faire quitter la possession d'un héritage, étant de cette nature, il est au choix du demandeur de la porter devant le juge du domicile du défendeur, ou devant le juge du lieu où l'héritage contentieux est situé. Cette exception est fondée sur ce que le juge dans le territoire duquel l'héritage est assis, peut plus facilement examiner l'objet de la contestation & être mieux instruit de ce qui y a rapport qu'un juge éloigné.

Les Actions confessoires & négatoires doivent se régler sur les mêmes principes, parce que ce sont des Actions réelles : il faut en dire autant des Actions qui concernent le fond & la propriété d'un héritage ou les droits dont cet héritage est chargé, comme les cens, rentes foncières, dixmes, champarts & servitudes ; car toutes ces Actions sont réelles, mais cela ne s'entend que des cas où l'Action s'intente au pétitoire.

A l'égard de l'Action hypothécaire il faut distinguer : si elle tend simplement à faire déclarer l'héritage hypothéqué à une telle dette ou à une telle rente, ou bien qu'elle ait pour objet d'obliger le détenteur de l'héritage à l'abandonner, si mieux il n'aime payer, elle est purement réelle & peut être portée devant le juge du lieu où l'héritage est situé : mais si l'Action hypothécaire n'est qu'accessoire à l'obligation personnelle, comme quand on conclut contre un des héritiers de l'obligé au payement total de la dette, elle est alors appelée Action personnelle hypothécaire, & doit être portée devant le juge du domicile de l'obligé.

Les saisies réelles étant des Actions purement réelles, la connoissance en appartient au juge

du lieu où les héritages font fitués ; il y a cependant auffi une diftinction à faire à cet égard
entre les faifies réelles faites en vertu de contrats, obligations ou autres actes paffés devant
notaires, & celles qui fe font en vertu de fentences ou autres jugemens.

Les faifies réelles de maifons ou héritages
faites en vertu d'actes paffés devant notaires
doivent être pourfuivies au fiége dans le territoire duquel les héritages font fitués ; & s'il s'a-
git d'offices ou de rentes conftituées, la vente
doit s'en faire au fiége où les parties faifies
étoient domiciliées dans le tems de la faifie réelle.
C'eft la difpofition de l'édit du mois d'août 1674.

Si les biens faifis font fitués en différentes juridictions, l'Action ou la faifie réelle doit être
pourfuivie devant le juge royal fupérieur : deux
arrêts du parlement de Normandie des années
1679 & 1680, & deux autres du parlement de
Paris des années 1681 & 1684 l'ont ainfi jugé.

Le parlement de Touloufe au contraire a décidé par arrêt du 22 décembre 1712, qu'en pareil cas l'Action devoit être portée devant le
juge du principal manoir.

Quant aux faifies réelles des héritages, offices
& autres immeubles faites en vertu d'une fentence ou autre jugement, elles doivent fe
pourfuivre au fiége dans lequel la fentence a été
rendue, quand même les biens faifis feroient
fitués en différentes juridictions. C'eft ce que
prefcrivent l'édit du mois d'août 1674, &
l'arrêt du 9 août 1684. Mais cette jurifprudence n'eft pas uniforme, & l'on fuit dans
plufieurs provinces ce qui eft prefcrit par l'article 160 de l'ordonnance de Louis XIII du

mois de janvier 1629, lequel porte que les décrets d'héritages quoique pourfuivis en exécution d'arrêts ou de fentences doivent être faits au fiége dans le territoire duquel les héritages font fitués.

Suivant la déclaration du roi Staniflas du 27 juin 1746, concertée avec la cour de France, la difcuffion générale des biens poffédés par le même débiteur tant en Lorraine qu'en France, doit fe faire pardevant les juges de fon domicile.

Les décrets des pairies fe font au parlement.

Ce qui vient d'être dit des faifies réelles doit auffi s'appliquer en partie aux faifies mobiliaires. En effet l'article 1 du titre 33 de l'ordonnance de 1667, oblige ceux qui veulent faire des faifies exécutions d'élire domicile dans le lieu où la faifie eft faite.

C'eft d'après les mêmes principes que celui entre les mains duquel fe trouvent des meubles réclamés, comme une voiture, une montre, des diamans, doit plaider devant le juge du lieu où s'eft faite la découverte de ces meubles, quoi-qu'il n'y ait ni connoiffance, ni domicile.

A l'égard des faifies arrêts que l'on fait entre les mains d'un ou de plufieurs débiteurs, fer-miers ou locataires, les conteftations qui en naiffent doivent être jugées au fiége dans le ter-ritoire duquel le débiteur a fon domicile.

5°. Quand il s'agit d'une matière bénéficiale par exemple, du poffeffoire d'un bénéfice, des réparations qu'on doit y faire, &c. L'Action doit être intentée devant le juge du lieu où le bénéfice eft fitué.

Il paroît que cette règle doit auffi s'applique

aux offices qui fe règlent prefque toujours par les mêmes principes que les bénéfices.

6°. Toute Action dont l'objet eft de faire faire inventaire, ou de procéder à la liquidation ou au partage d'une fucceffion, doit être portée devant le juge du lieu où la fucceffion eft ouverte, c'eft-à-dire, où le défunt avoit fon domicile lorfqu'il eft mort.

Il faut remarquer néanmoins que fi parmi les héritiers il s'en trouvoit un feul qui eut fes caufes commifes aux requêtes de l'hôtel ou devant quelqu'autre juge, il pourroit y faire évoquer le partage à caufe de fon privilége.

Quant aux demandes des légataires contre l'héritier pour avoir délivrance de leurs legs, elles doivent être formées devant le juge du lieu où l'héritier a fon domicile ordinaire : fi l'Action eft intentée contre l'exécuteur teftamentaire, le juge de fon domicile doit en connoître ; ce qui n'a pas lieu toutefois lorfque les coutumes contiennent des difpofitions contraires. Telle eft la coutume d'Orléans qui laiffe aux légataires pour obtenir la délivrance de leurs legs, le choix de s'adreffer au juge du domicile de l'héritier ou de l'exécuteur teftamentaire, ou au juge de l'endroit où le défunt avoit fa réfidence, ou enfin au juge du territoire où les chofes léguées font fituées.

Lorfque le défunt laiffe plufieurs héritiers qui habitent des juridictions différentes, le meilleur parti eft alors d'obtenir des lettres de chancellerie adreffées au juge royal dans le territoire duquel la plupart des héritiers font leur réfidence, finon où la plus grande partie des biens de la fucceffion eft fituée, pour pouvoir contraindre tous les héritiers à procéder devant ce juge sur toutes les Actions & conclusions des légataires & des créanciers.

7°. L'Action en reddition de compte contre un tuteur, curateur ou administrateur nommé par justice, peut s'intenter devant le juge du domicile de ce tuteur ou administrateur, ou devant le juge qui l'a établi, sans que sous prétexte de saisie ou intervention des créanciers privilégiés de l'une ou de l'autre des parties, les comptes puissent être évoqués ou renvoyés dans d'autres juridictions. C'est la disposition de l'article 2 du titre 29 de l'ordonnance de 1667.

8°. Quand il s'agit de donner un tuteur à un mineur, il faut assigner ceux qui doivent être présens à cet acte, devant le juge du domicile du mineur, & le renvoi ne peut être demandé devant aucun autre juge. Il en est de même lorsqu'il s'agit de faire interdire un furieux ou un insensé.

9°. En matière de reconnoissance de cédule ou promesse, celui qu'on assigne est tenu de répondre devant le juge du lieu où il est trouvé, sans qu'il puisse se faire renvoyer devant le juge de son domicile ni devant celui de son privilége, quand même la reconnoissance seroit demandée devant un juge de seigneur. Telles sont les dispositions de l'article 92 de l'ordonnance de 1539, & de l'article 10 de l'ordonnance de Roussillon du 9 août 1564.

Cette règle a pareillement lieu contre l'héritier à l'égard de la reconnoissance du seing du défunt ; contre la femme, à l'égard du seing de son mari décédé ; contre l'Abbé à l'égard du seing de son prédécesseur ; contre le maître à l'égard du féing de fon facteur, &c. Mais dans tous ces cas lorfque la reconnoiffance eft jugée, il faut renvoyer le principal devant le juge qui en doit connoître, c'eft-à-dire, devant le juge du domicile ou du privilége du débiteur. Le parlement de Paris l'a ainfi décidé par arrêt du 29 avril 1606.

10°. Lorfqu'un notaire eft affigné en vertu d'un compulfoire, un témoin pour dépofer dans une enquête, & en général quand il s'agit de l'inftruction d'un procès, on doit répondre devant le juge qui a permis de compulfer, qui a ordonné l'enquête, &c.

De même lorfqu'une perfonne eft affignée pour faire fa déclaration fur une faifie arrêt faite contre un débiteur, elle doit répondre devant le juge auquel appartient la connoiffance de cette faifie. Mais fi l'on vient à contefter fur la déclaration, il faudra alors fe pourvoir devant le juge du domicile de la perfonne affignée en déclaration. Tout cela eft fondé fur ce qu'une fimple déclaration fur une faifie arrêt n'eft point un acte de juridiction contentieufe, & qu'il n'y a que pour les actes de cette efpèce-ci qu'une partie a droit de demander d'être renvoyée devant le juge de fon domicile.

De même encore toutes les oppofitions aux actes judiciaires quels qu'ils foient, doivent être portées devant le juge dont ces actes font émanés.

Pareillement quand quelqu'un eft affigné en garantie formelle ou fimple, il eft obligé de plaider devant le juge où l'Action principale eft pendante, à moins qu'il ne foit privilégié & qu'il ne demande le renvoi devant le juge de fon privilége, comme le lui permet l'article 8 du titre 8 de l'ordonnance de 1667.

Enfin les incidens qui furviennent dans un procès, doivent être portés devant le juge faifi du procès.

11°. Une autre exception à la règle qui veut que le défendeur foit affigné devant le juge de fon domicile, eft lorfqu'on agit en vertu de quelque fentence ou ordonnance : l'Action dans ce cas doit être intentée devant le juge dont la fentence eft émanée, quel que foit le domicile de la partie affignée, parce que chaque juge a l'exécution des fentences qu'il rend ; ce qui doit néanmoins s'entendre des juges qui ont une jurifdiction proprement dite, & non de ceux qui ne connoiffent que de certains objets particuliers, comme les juges confuls, les officiaux, &c. ceux-ci n'ont pas l'exécution de leurs fentences & la connoiffance de cette exécution eft attribuée au juge royal du lieu.

Au refte il faut obferver que la règle par laquelle les demandes en exécution des fentences & autres jugemens doivent être portées devant le juge dont ils font émanés, ne regarde ni les cours fouveraines, ni les préfidiaux, & autres juges d'appel ; il eft au contraire défendu à ceux-ci de retenir l'exécution de leurs arrêts ou jugemens & ils doivent la renvoyer au juge dont eft appel fi la fentence eft confirmée, ou à celui qui tient immédiatement le fiége après lui, fi elle eft infirmée.

12°. En matière criminelle toute Action doit être intentée devant le juge du lieu où le crime a été commis, à moins qu'il ne s'agiffe d'un délit dont la connoiffance foit particulièrement attribuée

buée à quelqu'autre juge. C'est ce qui résulte de l'article premier du titre premier de l'ordonnance de 1670.

13°. En matière de police, l'assignation peut toujours être donnée devant le juge de police du lieu où la contravention a été commise : ce qui est fondé sur ce que les contraventions aux règlemens de police sont des espèces de délits, dont la connoissance appartient par conséquent au juge du lieu où ils ont été commis.

14°. Dans toutes les causes dont la connoissance est attribuée aux juges consuls, le créancier peut à son choix intenter son Action dans le lieu où le débiteur a son domicile, dans le lieu où la promesse a été faite & la marchandise fournie, & dans celui où le payement doit être fait. C'est la disposition de l'article 17 du titre 12 de l'ordonnance de 1673.

15°. Enfin la règle qui veut que le défendeur soit assigné devant le juge de son domicile, souffre encore quelques exceptions fondées sur des dispositions établies par des règlemens particuliers ou par des coutumes. La coutume d'Orléans, par exemple, veut que le forain ou étranger qui aura fait quelque contrat, promesse ou marché dans la ville d'Orléans & qui pour raison de ces actes sera poursuivi en justice dans les 24 heures, soit tenu de répondre devant le prevôt d'Orléans.

Quand on a d'abord agi par Action civile contre un particulier dans un cas où l'on pouvoit prendre la voie extraordinaire, mais qui ne mérite ni peine afflictive, ni condamnation infamante, on n'est plus recevable à prendre cette dernière voie. Cela fut ainsi jugé par arrêt du parlement de Paris du 16 Juillet 1733, dans l'affaire du sieur Grangeron, au sujet de la succession du baron d'Alès son beau-frère. Le sieur Grangeron avoit d'abord pris la vóie civile contre la veuve à qui il imputoit d'avoir recélé des effets & avoit protesté de se pourvoir à l'extraordinaire, ce qu'il fit par la suite, mais l'arrêt décida qu'il ne l'avoit pas pu légalement.

On trouve au journal des audiences un arrêt du 2 Août 1706 qui avoit déja jugé de même : c'est aussi ce qui résulte de l'article 2 du titre 18 de l'ordonnance de 1667.

Il est de principe que les Actions personnelles qui sont à diriger contre la succession d'un défunt, se divisent de plein droit entre les héritiers, à raison de la part que chacun prend dans la succession : cela est ainsi décidé par l'article 332 de la coutume de Paris qui forme sur cela le droit commun : ainsi chaque enfant est tenu personnellement des dettes de la succession de son père pour sa part & portion & hypothécairement pour le tout. Mais en Normandie, en Artois & à Amiens les héritiers sont solidairement tenus des dettes du défunt.

Quoique les Actions personnelles d'un défunt se divisent entre ses héritiers, comme nous l'avons dit, le créancier peut cependant agir contre chacun d'eux pour le tout quand l'obligation est indivisible de sa nature. C'est ce que décide l'article 333 de la coutume de Paris, lequel porte que les héritiers possesseurs d'héritages que le défunt avoit hypthequés à une dette, sont tenus chacun de payer toute la dette sauf le recours de celui qui aura payé contre ses cohéritiers.

Mais si l'héritier qui a recueilli les immeubles de la succession les a vendus & en a reçu le prix, peut-il être poursuivi pour le tout ou seulement pour sa part & portion personnelle? Cette question s'est présentée entre les sieurs de Saint Maurice & de Bury & les sieurs de Montbrun, & par arrêt du 30 Mars 1707, le parlement de Paris a jugé que l'héritier qui ne possède plus n'est tenu que pour sa part personnelle.

Celui contre lequel on peut diriger une Action personnelle ne peut pas requérir la discussion des biens d'un autre, comme le peut celui contre qui l'on n'a qu'une Action réelle hypothécaire.

L'Action intentée contre la femme avant son mariage, peut être suivie contre son mari en le mettant en cause.

L'Action qui résulte d'une obligation sous condition, ne peut être exercée avant que la condition n'ait eu lieu: mais celui au profit duquel l'obligation est passée, peut agir pour conserver son droit; & c'est ce qu'on appelle l'*Action conservatoire*, qu'il est d'autant plus juste d'accorder en cas pareil, que sans elle on courroit souvent risque de perdre son droit. C'est d'après ce principe qu'un créancier dont la créance n'est pas encore exigible peut néanmoins s'opposer au décret des immeubles de son débiteur lorsque d'autres créanciers poursuivent ce décret.

L'Action du créancier qui a fait la discussion des biens du principal obligé, doit se diviser contre les cautions, eu égard à leur nombre, en sorte que chacune ne soit poursuivie que pour sa part, à moins qu'elles ne soient toutes solidaires ou qu'elles n'aient renoncé à la division. Dans ces deux derniers cas le créancier peut intenter fon Action entière contre l'une ou l'autre des cautions.

L'Action qu'on a droit d'intenter contre les mineurs & les interdits, doit s'exercer contre leurs tuteurs ou curateurs, mais feulement en leur qualité de repréfentans de ces mineurs & interdits, & non fur les biens qui leur font propres. Ainfi la condamnation prononcée contre le tuteur eft cenfée prononcée contre le mineur même & s'exécute fur les biens de celui-ci.

Les Actions qui ont lieu en matière d'eaux & forêts, pour délits commis au fujet des bois, des pâturages, de la chaffe, de la pêche, &c. peuvent intéreffer ou le miniftère public ou les parties privées, & quelquefois tous les deux enfemble; ce qui donne lieu à deux Actions, l'une *publique* & l'autre *privée*.

L'Action *publique* a lieu toutes les fois qu'il y a contravention à la police générale, ou particulière des eaux & forêts; & cette action peut fe pourfuivre ou d'office par le procureur du roi des maîtrifes, s'il s'agit d'un cas royal, ou de police générale; ou à la requête des procureurs fifcaux des gruries des feigneurs, s'il s'agit d'un cas de police, ou d'un cas feigneurial, c'eft-à-dire, qui intéreffe le feigneur, pour les droits & revenus ordinaires de fon domaine.

La police générale eft celle qui intéreffe tout le royaume, & où le public à intérêt; telle eft la confervation des bois, des rivières, du gibier, & du poiffon. Tous les délits qui troublent cette police, peuvent être pourfuivis d'office, par les procureurs du roi des maîtrifes, ou par les procureurs fifcaux des gruries : & quoiqu'ils forment un cas royal, dont la connoissance appartient, à proprement parler, aux officiers royaux des eaux & forêts, qui à cet égard ont la prévention, néanmoins l'exécution de cette police générale appartient aussi aux juges gruyers des justices seigneuriales, qui en conséquence peuvent en connoître.

Les cas de *police particulière* sont ceux qui regardent la seigneurie à laquelle est attachée la haute justice en particulier, & qui ne font point partie de la police générale.

Les cas, soit de police générale, soit de police particulière, donnent toujours lieu à l'Action publique ; mais ils ne donnent lieu à l'Action privée que quand ils causent du préjudice à quelqu'un en particulier.

Par exemple, couper des bois de haute futaie, sans permission dans son propre domaine ; ou pêcher dans une rivière publique, avec des filets défendus, ou durant le frai du poisson, sont des cas de police générale qui ne donnent lieu qu'à l'action publique ; au lieu que si ce bois ou cette rivière appartiennent à quelque particulier, cela donne aussi lieu à l'Action privée & à des dommages & intérêts en faveur de celui auquel on a causé du préjudice, soit en coupant ses bois, soit en détruisant son gibier, soit en pêchant son poisson, &c.

C'est par les circonstances, & relativement aux différentes dispositions de l'ordonnance, qu'on juge si un délit donne lieu à l'Action publique, ou seulement à l'Action privée ; ou à l'une & à l'autre en même-tems.

Action en banque. On donne ce nom ou simplement celui d'*Action*, à l'intérêt que l'on a dans une compagnie formée pour l'établissement de quelque commerce ou autrement.

Ces sortes d'Actions sont meubles & l'on présume qu'elles appartiennent à celui qui en est porteur.

Comme les Actions de la compagnie des Indes ne doivent point être regardées telles que des écritures privées, elles sont exemptes du droit & de la formalité du contrôle, suivant la décision du conseil du 4 juin 1722; mais il a été jugé le 20 juin 1723 que cette exemption n'avoit lieu que pour les Actions mêmes, & non pour les reconnoissances d'Actions, & que ces dernières étoient sujettes au droit de contrôle sur le pied de la valeur des Actions selon le cours de la place.

Le conseil a même décidé le 15 août suivant que des reconnoissances d'Actions étoient sujettes au contrôle sur le pied de la valeur, quoiqu'on opposât que les Actions étoient nulles, faute d'avoir été déposées.

Les mêmes règles doivent être observées à l'égard des Actions des fermes créées sur les fermes générales, par arrêt du conseil du 17 avril 1759, à l'imitation de celles qui furent créées jusqu'à concurrence de cent millions sur le bail d'Aymard Lambert, par arrêt du 16 septembre 1718, & dont le dividende fut réglé par un autre arrêt du 21 juillet 1719.

Quand il se trouve des Actions dans un inventaire, c'est sur le pied de leur valeur dans le commerce qu'on doit en joindre le montant à celui des autres effets pour percevoir le droit de contrôle sur le tout. Cela est ainsi ordonné par l'arrêt du conseil du 20 juin 1723. Voyez *l'histoire de la jurisprudence romaine par Terrasson;*

les insterutes de Justinien ; les loix civiles ; Imbert dans sa pratique civile & criminelle ; l'ordonnance de François I, de 1539 *; l'ordonnance du mois d'avril de* 1667 *; Bacquet, des droits de justice ; le traité de l'administration de la justice, par M. Jousse ; Papon en ses arrêts ; le Bret, traité de la souveraineté ; l'ordonnance des committimus ; la loi finale cod. ubi in rem actio exerceri debeat ; la Lande, en son commentaire sur la coutume d'Orléans ; Loiseau, traité du déguerpissement ; Charondas, en ses pandectes ; Basnage, sur la coutume de Normandie ; Bardet ; Héricourt, traité de la vente des immeubles par décret ; Corbin, en ses décisions ; l'ordonnance de* 1669 *; Peleus, en ses questions illustres ; l'édit de Crémieu ; le Brun, des successions ; Duplessis, traité des actions, &c.* Voyez aussi les articles PRESCRIPTION, ACCUSATION, PRIVILÉGE, COMMITTIMUS, COMPÉTENCE, AJOURNEMENT, PETITOIRE, POSSESSION, RETRAIT, SOCIÉTÉ, BAIL, LOYER, ACHAT, VENTE, NANTISSEMENT, PRÊT, MANDAT, AFFAIRE, RÉVENDICATION, TUTEUR, MINEUR, DÉLIT, CHASSE, PÊCHE, &c.

ADDITION. C'est dans une procédure un supplément qui devient nécessaire pour être plus amplement informé, & pour être à portée de juger avec entière connoissance de cause. Ainsi on dit une enquête *par Addition*, ou une information *par Addition ;* c'est-à-dire, un supplément nécessaire à l'enquête, ou à l'information précédemment faite, afin de vérifier davantage les charges & les faits, & de rendre plus complettes les preuves qui résultoient de la première enquête ou information. *Voyez* les articles ENQUÊTE & INFORMATION.

ADEPTION. Il se dit quelquefois en matière bénéficiale de la prise de possession d'un bénéfice & même de la simple acceptation. *Voyez* ces articles.

ADHÉRENT. C'est en matière criminelle celui qui participe à un crime, soit en conseillant de le commettre, soit en le favorisant.

En général celui qui conseille à quelqu'un de commettre un crime doit être puni de la même peine que celui qui le commet, surtout lorsqu'il paroît que sans ce conseil le crime n'auroit pas été commis. Tel seroit le cas où des enfans auroient commis un meurtre d'après le conseil de leur père. Tel seroit aussi le cas d'une femme qui auroit conseillé à son amant de tuer son mari.

Mais la règle qu'on vient d'établir cesse d'avoir lieu, 1°. lorsque celui qui a donné le conseil l'a donné de bonne foi, ou par légèreté & en badinant sans en sentir les suites.

2°. Lorsque le conseil a été donné d'une manière qui pouvoit recevoir une interprétation favorable.

3°. Lorsque le conseil n'a point été suivi d'exécution : il faut néanmoins excepter ici les crimes atroces, tels que ceux de lèze-majesté, assassinat prémédité, &c. car dans ces cas celui qui a donné le conseil doit être puni de la même peine que celui qui a tenté de commettre le crime.

4°. Lorsque celui qui a donné le conseil n'a pas conseillé directement le crime, mais une autre chose qui en étoit une cause éloignée, il ne doit pas être puni de la même peine que l'auteur du crime. Tel seroit le cas où Pierre conseilleroit à Paul de tirer vengeance de Guillaume, ou de le traiter en ennemi, & que Paul vint à tuer Guillaume.

5°. Lorsqu'il y a un acte aggravant de la part de celui qui a commis le crime, il doit être puni plus sévèrement que celui qui a donné le conseil. Tel seroit le cas où Jacques auroit conseillé à Jean de battre Charles & qu'au lieu de se contenter de battre celui-ci Jean l'eut tué.

Celui qui favorise ou qui approuve un crime doit aussi être puni de la même peine que l'auteur du crime, lorsque l'approbation a donné lieu de le commettre : mais si elle n'a rien ajouté au projet formé par le coupable d'exécuter le crime, celui qui l'a donnée ne doit être puni que d'une peine proportionnée aux circonstances. Voyez *Farinacius ; Julius Clarus ; Boerius ; le traité de la justice criminelle de France par M. Jousse*, &c. *Voyez* aussi les articles COMPLICE, CRIME, LÈZE-MAJESTÉ, &c.

ADHÉRER. Ce terme s'emploie pour signifier que l'on confirme un acte antérieur par un subséquent. Par exemple, on interjette une appellation nouvelle en adhérant à la première.

ADHÉRITANCE, DESHÉRITANCE. Termes des coutumes de Hainault, de Mons, de Cambray, de Valenciennes & de Namur, par lesquels on entend des actes qui s'appellent saisine, possession & désaisine, que les seigneurs ou officiers de basse justice expédient en cas de vente & achat d'héritage, ou de charge sur ces héritages, tellement que l'acheteur est saisi, & le vendeur désaisi.

L'Adhéritance peut se rapporter pour l'effet, à ce que l'on appelle dans les autres coutumes de France, *enfaifinement*, *inféodation*, *invefliture*. Voyez ces mots.

ADHÉSION. En droit canonique on appelle *demande en Adhéfion*, celle que forme un des conjoints pour vivre ou fe réunir avec l'autre.

Cette demande peut être formée incidemment ou par action principale. Elle eft formée incidemment lorfqu'elle eft jointe à une autre demande principale qui amène l'incident, comme quand une femme s'oppofe à la publication des bancs & à la célébration d'un mariage que fon mari voudroit contracter ; quand un mari demande la nullité d'un fecond mariage contracté par fa femme ; quand une femme demande la réhabilitation d'un mariage nullement contracté, ou qu'elle s'oppofe à une demande foit en féparation de corps, foit en diffolution de mariage.

La demande en Adhéfion eft formée par action principale quand elle n'a pour unique objet que la réunion des deux conjoints. *Voyez* les articles MARIAGE, SÉPARATION, &c.

ADJOINT. C'étoit autrefois un officier établi pour la confection des enquêtes, ou une forte de contrôleur du commiffaire qui préfidoit à l'enquête.

Les Adjoints furent créés par édit du mois de novembre 1578. L'inutilité de leur affiftance aux enquêtes & l'augmentation confidérable de frais caufée dans l'inftruction des procès par les droits qui leur étoient attribués, engagèrent Louis XIV à en abroger les fonctions & l'ufage par l'article 12 de l'ordonnance de 1667. Cependant les guerres que ce monarque eut dans la fuite à foutenir, & la néceffité de recourir à des moyens extraordinaires pour fournir aux dépenfes qu'elles occafionnoient l'obligèrent à rétablir par édit du mois d'avril 1696, les offices d'Adjoints & à faire revivre les droits dont ils jouiffoient avant qu'il les eût fupprimés : mais Louis XV peu de tems après fon avènement au trône, fupprima une feconde fois les Adjoints par édit du mois de novembre 1717, & rétablit à cet égard les chofes fur le pied de l'ordonnance de 1667.

Avant la révocation de l'édit de Nantes, lorfqu'un catholique & un proteftant étoient intéreffés dans une enquête, il falloit un Adjoint proteftant lorfque le commiffaire étoit catholique & fi celui-ci étoit proteftant l'Adjoint devoit être catholique. De même dans les procès criminels inftruits par les prévôts des maréchaux ou leurs lieutenans contre un proteftant, fi le prévôt étoit catholique il devoit appeler avec lui un Adjoint de la religion prétendue réformée pour affifter avec lui à toute l'inftruction du procès. L'ordonnance de 1667 laiffoit encore fubfifter les Adjoints pour ces fortes de cas ; mais l'édit d'octobre 1685 ayant révoqué celui de Nantes, il rendit cette réferve fans objet.

Par l'article 17 du titre 5 de l'ordonnance civile du mois de novembre 1707, le duc Léopold a pareillement fupprimé en Lorraine les Adjoints dans toutes les juridictions & pour toutes fortes de cas à l'exception néanmoins des enquêtes faites par les juges non gradués des juftices feigneuriales : ceux-ci doivent prendre pour Adjoint un gradué, & au défaut d'un gradué, un praticien non fufpet aux parties. Cela s'obferve encore aujourd'hui.

· ADJOINT, fe dit auffi d'un officier de la librairie. A Paris c'eft un libraire que les anciens avec feize modernes de dix ans de réception au moins, choififfent pour avoir foin de la communauté avec le fyndic, & veiller à ce que les ordonnances qui concernent l'imprimerie & la librairie s'exécutent ponctuellement.

. Le fyndic & les Adjoints compofent cette chambre fyndicale dont les fonctions principales font d'examiner les livres qui arrivent à Paris, pour voir s'ils ne font pas prohibés, & de faire des vifites chez les imprimeurs & libraires pour reconnoître s'ils ne contreviennent pas aux règlemens & au bon ordre. Ils rendent compte à M. le chancelier. Voyez *les loix citées*, *le code de la librairie*, & les articles SYNDIC, LIBRAIRE, LIVRE, &c.

ADJONCTION. Ce mot fignifie jonction, union d'une perfonne à une autre. Comme perfonne en France n'a droit de pourfuivre la vengeance des crimes que les procureurs généraux & les procureurs du roi, ou des feigneurs; il faut que ceux qui forment quelques plaintes, & qui fe rendent accufateurs, demandent l'Adjonction de ces officiers, lefquels deviennent alors accufateurs concurremment avec les parties civiles. Celles-ci ne peuvent conclure qu'à des dommages & intérêts; les autres demandent que les peines prononcées par les loix foient infligées aux criminels.

ADIRÉ. Ce terme eft fynonime à égaré. Il fe dit particulièrement des papiers ou des pièces d'un procès qui ne fe trouvent plus.

S'il arrive qu'une lettre de change payable à un particulier & non au porteur ni à ordre, fe trouve Adirée, le payement en pourra être

pourfuivi & fait en vertu d'une feconde lettre
& fans donner caution, en faifant mention que
c'eft une feconde lettre & que la première demeurera nulle.

Mais fi la lettre Adirée eft payable au porteur ou à ordre, le payement n'en peut être
exigé que par ordonnance de juftice & en donnant caution de garantir ce payement.

Telles font les difpofitions des articles 18 &
19 du titre 5 de l'ordonnance du mois de mars
1673. Dans le premier cas on eft difpenfé de
donner caution, parce qu'une lettre de change
qui n'eft point payable à ordre ni au porteur,
mais feulement à un particulier, ne peut fervir
à nulle autre perfonne qu'en vertu d'un tranfport de ce particulier. Or fi après le payement
de la feconde lettre il fe préfentoit une perfonne
avec la première lettre de change, même avec
un tranfport du particulier à qui elle appartenoit, ce tranfport ne produiroit à cette perfonne qu'un recours contre le cédant ; parce
qu'il eft de principe qu'on ne peut céder fur une
chofe plus de droit qu'on n'y en a foi-même.

Dans le fecond cas on exige l'ordonnance du
juge & une caution, parce qu'une lettre payable au porteur peut tomber entre les mains d'un
inconnu qui dira en avoir fourni la valeur ; &
que fi elle eft à ordre on peut fuppofer que celui
qui la reçoit a paffé fon ordre à quelqu'un qui
viendra en demander le payement.

Mais comme l'ordonnance citée ne règle rien
au fujet de la perfonne à laquelle le porteur
d'une lettre de change doit s'adreffer pour en
obtenir une feconde lorfque la première fe
trouve Adirée, & que ce filence de la loi a fou-

vent occasionné des contestations entre les porteurs des lettres, les endosseurs & les tireurs, les porteurs prétendant qu'ils h'étoient point obligés de s'adresser à d'autres qu'aux derniers endosseurs, & ceux-ci soutenant au contraire que c'étoit aux tireurs qu'il falloit s'adresser, il y a été pourvu par un arrêt de règlement du parlement de Paris du 30 août 1714. Cet arrêt ordonne « que dans le cas de la perte d'une » lettre de change tirée de place en place paya- » ble à ordre, & sur laquelle il y a eu plusieurs » endosseurs, celui qui étoit porteur de ladite » lettre de change sera tenu de s'adresser au » dernier endosseur de ladite lettre, pour avoir » une seconde lettre de change de la même va- » leur & qualité que la première, lequel der- » nier endosseur sera pareillement tenu, sur la » requisition qui lui en sera faite par écrit, de » prêter ses offices audit porteur de la lettre de » change auprès du précédent endosseur, & ainsi » en remontant d'endosseur en endosseur jusqu'au » tireur de ladite lettre, même de prêter son » nom audit porteur, en cas qu'il faille donner » des assignations & faire des poursuites judi- » ciaires contre les endosseurs précédens ; que » tous les frais qui seront faits à ce sujet, même » les ports de lettres & autres frais seront ac- » quittés par ledit porteur de la première lettre » de change qui aura été perdue, & que faute » par le dernier endosseur de ladite lettre, & en » remontant par les endosseurs précédens d'avoir » prêté leurs offices & leur nom audit porteur, » après en avoir été requis par écrit, celui des » endosseurs qui aura refusé de le faire sera tenu » de tous les frais & dépens, même des faux

» frais qui pourront être faits par toutes les par-
» ties depuis son refus ». Voyez les loix citées &
les articles LETTRE DE CHANGE, AVAL, PRO-
TÊT, &c.

ADITION D'HÉRÉDITÉ. C'est l'accepta-
tion expresse ou tacite que fait d'une succession
un héritier institué ou nécessaire. L'acceptation
expresse a lieu quand l'héritier déclare accepter
la succession ; cette acceptation est tacite, quand
sans déclaration, il fait acte d'héritier, comme
s'il dispose des effets de la succession, en tout ou
en partie. Après l'*Adition d'Hérédité*, l'héritier
n'est plus reçu à renoncer à la succession, ou à
ne l'accepter que par bénéfice d'inventaire.
Voyez ACTE D'HÉRITIER, SUCCESSION, BÉ-
NÉFICE D'INVENTAIRE, &c.

ADJUDICATAIRE & ADJUDICATION.
L'Adjudicataire est celui qui devient propriétaire
d'une chose vendue à l'enchère, & dont il a
offert le plus haut prix soit judiciairement soit
autrement.

L'*Adjudication* est l'acte judiciaire ou volontaire par lequel on adjuge un meuble, un bail,
un bien, &c. à celui qui est le plus offrant ou
le dernier enchérisseur.

Adjudications de meubles saisis. L'huissier qui
procède à la vente d'effets saisis est obligé de
faire monter le plus qu'il lui est possible le prix
de la vente en profitant de la chaleur des enchères, & il ne doit adjuger la chose qu'au plus
offrant & dernier enchérisseur, à la charge que
le prix de l'Adjudication sera payé sur le champ :
car si l'huissier jugeoit à propos de faire crédit à
l'Adjudicataire, il seroit personnellement garant
du prix de l'Adjudication envers les créanciers

saisissans & la partie saisie. D'ailleurs comme il pourroit arriver que sous des noms supposés ou par quelqu'autre manœuvre frauduleuse, l'huissier se rendît lui-même Adjudicataire à vil prix des choses saisies, l'ordonnance l'oblige sous peine de nullité, d'interdiction, d'amende & des dommages & intérêts des parties, d'indiquer dans son procès-verbal le nom & le domicile de l'Adjudicataire, afin que les parties intéressées soient en état de découvrir la fraude s'il y en a, & d'en porter leur plainte (*).

(*) *Forme d'un procès-verbal d'Adjudication d'effets saisis.* L'an mil sept cens .... le .... en vertu .... & à la requête de .... demeurant à .... je .... huissier .... soussigné me suis transporté au lieu & place du marché de .... lieu ordinaire pour vendre les meubles, où étant, est comparu .... commissaire établi à la garde des meubles & choses exécutées à la requête dudit .... sur .... par exploit du .... lequel m'a représenté les meubles & choses mentionnés audit exploit, dont il demeure, en ce faisant, bien & valablement déchargé.

Et à l'instant j'ai exposé en vente, publié & crié lesdits meubles & effets saisis à haute & intelligible voix & cri public, en la manière accoutumée, reçu les enchères & iceux effets délivré aux particuliers qui vont être nommés, comme plus offrans & derniers enchérisseurs.

Premièrement .... à .... demeurant à .... pour prix & somme de .... &c.

Le prix de la vente desquels meubles se monte en total à la somme de .... de laquelle j'ai payé : *énoncer ici les payemens que l'huissier peut avoir faits ; ou bien marquer si la somme est demeurée entre ses mains, attendu les oppositions.*

Taxe des salaires de l'huissier par le juge. Vu par nous.... le présent procès-verbal avons taxé à .... huissier y dénommé la somme de .... pour ses salaires, à cause de la saisie & exécution & vente par lui faite des effets y mentionnés. Fait à ....

II

Il est aussi défendu à l'huissier sous peine de concussion, de rien recevoir de l'Adjudicataire directement ou indirectement au-delà du prix de l'Adjudication.

Si dans la saisie il se trouve des bagues, des joyaux, ou de la vaisselle d'argent de la valeur de 300 livres & au-delà, l'huissier ne peut les adjuger qu'après trois expositions à trois jours de marché différens, à moins que le saisissant & la partie saisie ne jugent à propos qu'il en soit autrement, & qu'à cet égard ils ne déchargent l'huissier par écrit.

Sous le nom de bagues & joyaux on entend divers ornemens qui servent à la parure des femmes comme les colliers, les boucles d'oreilles, les perles, les diamans, &c.

Adjudication de baux judiciaires. Lorsque les choses mises en séquestre sont de nature à être affermées, pour empêcher que le séquestre n'en consomme le produit en frais de régie, il est obligé d'en poursuivre promptement le bail judiciaire au plus offrant & dernier enchérisseur, après avoir appelé toutes les parties intéressées. Cette obligation a été reconnue & recommandée par nos plus anciennes ordonnances, & notamment par celle de 1539, article 82, en ces termes : *tous séquestres, commissaires & dépositaires de justice, commis au gouvernement d'aucunes terres ou héritages, seront tenus les bailler à ferme par autorité de justice, parties appelées, au plus offrant & dernier enchérisseur.*

L'Adjudication des baux judiciaires doit être précédée de plusieurs proclamations aux prônes des églises paroissiales où sont situés les biens, d'appositions d'affiches aux portes des églises &

lieux accoutumés, & des autres formalités qui peuvent rendre l'Adjudication plus notoire, & y attirer un plus grand nombre d'enchériſſeurs.

C'eſt pourquoi pour épargner ces frais préliminaires, lorſque l'on trouve un fermier jouiſſant en vertu d'un bail conventionnel, on eſt dans l'uſage de convertir ce bail conventionnel en judiciaire quand le fermier y conſent ; à moins qu'il ne paroiſſe évidemment par la combinaiſon des circonſtances, qu'il a été fait en fraude & à vil prix.

Les ſéqueſtres peuvent faire procéder à l'Adjudication du bail judiciaire par un huiſſier ou par un notaire en vertu d'une ordonnance qui commet l'un ou l'autre, auquel cas il faut que les aſſignations ſoient données aux parties dans le bureau de l'huiſſier ou du notaire qui doit procéder.

Lorſque l'Adjudication d'un bail judiciaire a été faite par un huiſſier ou ſergent, elle doit être contrôlée dans trois jours ; mais ſi c'eſt un notaire qui y a procédé, il ſuffit de la faire contrôler dans la quinzaine.

Lorſque des biens ſont ſaiſis réellement, le commiſſaire aux ſaiſies réelles en titre d'office, ou à ſon défaut, celui qui eſt établi par la ſaiſie réelle, doit faire procéder à l'Adjudication du bail judiciaire des biens ſaiſis, dans la juridiction où le décret ſe pourſuit. Comme ces ſortes d'Adjudications ſont des actes de juridiction contentieuſe, elles ne ſont pas ſujettes au contrôle.

Les règlemens défendent à pluſieurs perſonnes de ſe rendre Adjudicataires de *baux judiciaires*, ſoit directement, ſoit indirectement : de ce nombre ſont,

1°. Les commissaires aux saisies réelles.

2°. La partie saisie, sa femme, ses enfans & ses petits enfans.

3°. Les parens ou alliés de l'huissier qui a fait la saisie.

4°. Les officiers de judicature, les avocats, procureurs, greffiers, sergens & officiers de la juridiction où se poursuit le décret.

5°. Le poursuivant criées ; parce que s'il avoit le bail à bas prix il pourroit négliger de poursuivre l'Adjudication par décret pour profiter des fruits par une longue jouissance : mais il n'en est pas de même des créanciers opposans ; ceux-ci doivent être admis à enchérir.

Adjudication d'immeubles en direction. C'est la vente que des créanciers unis font des biens que leur débiteur leur a volontairement abandonnés.

Ces sortes d'Adjudications sont assujetties au contrôle des actes par le tarif du 29 septembre 1722.

Adjudication d'immeubles par décret. Il y a l'*Adjudication sauf quinzaine* & l'*Ajudication définitive* (*).

L'*Adjudication sauf quinzaine* n'est qu'une

_____

(*) *Modèle d'Adjudication sauf quinzaine, de remise & d'Adjudication définitive.*

Adjudication sauf quinzaine.

Extrait des registres de .... du .... jour de .... la cour a adjugé sauf quinzaine, à R.... procureur de A.... une maison sise à Paris.... consistant en .... tenant d'un côté à.... d'autre à .... saisie réellement à la requête dudit A.... sur B.... faute de payement de .... à la charge des cens & droits seigneuriaux & frais ordinaires de criées, & outre moyennant la somme de .... pour une fois payer, à distri-

Adjudication incertaine qui ne donne fur les biens

buer ainfi qu'il appartiendra, & ledit R.... a élu fon domicile rue.... fait à Paris en la cour de.... lu & publié
en jugement, l'audience tenant le....

Cette *Adjudication fauf quinzaine doit être fignifiée à*
la partie faifie & aux créanciers oppofans.

La quinzaine portée par l'Adjudication fur la première
enchère étant échue, on fait une nouvelle publication de
la première enchère, & on reçoit celle des procureurs qui
fe préfentent pour enchérir : cependant ce n'eft qu'après
trois remifes qu'on fait l'Adjudication. Le juge peut même
en accorder un plus grand nombre, quand on lui repré-
fente que le bien n'a point été porté à fa jufte valeur. Voici
la formule de la première remife.

Remife.

AUJOURD'HUI eft comparu au greffe de la cour....
heures de.... jour, lieu & heure de procéder aux Adjudications, & auquel échoit l'Adjudication fauf quinzaine,
N.... procureur en icelle & de L.... pourfuivant la faifie
réelle, criées, vente & Adjudication par décret de.... faifi
réellement fur.... lequel audit nom, après que l'heure de...
a été fonnée à l'horloge du palais, & qu'il ne s'eft préfenté
aucun enchériffeur, à requis la remife de l'Adjudication au
premier jour.... fur quoi LA'COUR à remis l'Adjudication
à la quinzaine échéante au 8 du mois.... de la préfente
année 1774, à pareil jour, lieu & heure que deffus, fur
l'enchère faite par ledit.... procureur, à la fomme de....
aux charges portées par les enchères, ce qui fera fignifié
au procureur de la partie faifie, & à ceux des créanciers
oppofans, à ce que du contenu ils n'en ignorent, & ayent
à y faire trouver enchériffeurs, fi bon leur femble.

Après un nombre fuffifant de remifes, & les publications
de la plus forte enchère de chaque remife, on procède à
l'Adjudication. Dans l'expédition du decret, le greffier
fait mention de toute la procédure qui a été faite pour y
parvenir. Puis le difpofitif de l'Adjudication eft conçu en
ces termes au parlement.

décrétés aucune propriété actuelle à l'Adjudica-

Après plufieurs publications defdites enchères faites par
T.... l'un des huiffiers de notredite cour en la manière accoutumée, fix heures étant fonnées à l'horloge du palais,
& que les enchériffeurs n'ont voulu fur enchérir, de ce in-
terpellés ; ledit R.... a requis que l'Adjudication pure &
fimple lui fut faite de la maifon faifie pour la fomme de....
notredite cour, par fon arrêt & interpofition de décret, a
vendu, adjugé & délivré, par ces préfentes, vend, adjuge
& délivre audit R.... comme plus offrant & dernier enchériffeur, une maifon fife à...: les lieux ainfi & en l'état qu'ils
s'étendent de toutes parts & de fond en comble, fans en rien
retenir ni réferver, à la charge des cens & droits feigneuriaux, (*inférer toutes les charges de l'enchère*) frais & mifes
ordinaires de criées, & outre moyennant la fomme de....
& de configner dans huitaine ès mains de L.... receveur des
confignations de notredite cour la fomme de.... pour être
diftribuée à qui il appartiendra, ainfi qu'il fera par notredite cour, ordonné. Et le.... jour de.... eft comparu au
greffe de notredite cour ledit R.... procureur adjudicataire,
lequel a dit & déclaré que l'Adjudication ci-deffus à lui
faite de ladite maifon à la fomme de.... eft pour & au profit
de S.... lequel a ce préfent à accepté ladite Adjudication,
& a élu fon domicile à la maifon dudit R.... fife rue....
pour de ladite maifon jouir & en difpofer par ledit S....
comme de chofe à lui appartenant, vrai & loyal acquêt,
purgé de tous droits & hypothèques. Si donnons en mandement à tous nos jufticiers, officiers & fujets qu'il appartiendra, que de ladite maifon & dépendances ci-deffus adjugées,
ils faffent jouir ledit S.... fes fucceffeurs & ayans caufe
fans fouffrir qu'il leur foit fait aucun trouble ni empêchement. Mandons au premier notre huiffier ou fergent fur ce
requis de faire pour l'exécution des préfentes, tous exploits
& actes de juftice requis & néceffaires. De ce faire, te donnons pouvoir, car tel eft notre plaifir. En témoin de quoi
nous avons à ces préfentes fait mettre notre fcel. Donné &
adjugé en notredite cour de.... ledit jour, expédié & délivré le.... jour de.... l'an de grace.... & de notre règne le....

taire , puisqu'il peut être déchu par un plus haut enchérisseur , au lieu que l'Adjudication définitive rend propriétaire incommutable le dernier enchérisseur. S'il ne se présentoit personne pour enchérir sur le prix de l'Adjudication sauf quinzaine , celle-ci deviendroit définitive.

On ne peut pas procéder à l'Adjudication par décret si le titre en vertu duquel la vente se poursuit est attaqué, ou s'il y a appel des procédures mêmes du décret.

L'Adjudicataire n'est point obligé de justifier la régularité de la poursuite du décret ; cela regarde le poursuivant contre lequel il a un recours si cette poursuite vient à être déclarée nulle.

L'Adjudication par décret ne peut être annullée sous prétexte de lésion d'outre moitié de juste prix, parce que l'Adjudicataire a contracté sous l'autorité de la justice , & qu'ainsi tout est présumé fait dans l'ordre.

L'Adjudicataire de biens vendus judiciairement est contraignable par corps au payement du prix de l'Adjudication ; & à défaut de payement dans le tems réglé par l'enchère qui fixe les conditions de la vente; il peut être procédé à une nouvelle Adjudication à la folle enchère du premier Adjudicataire sans qu'il soit pour cela besoin de faire saisir réellement de nouveau sur lui.

Ricard sur l'article 84 de la coutume de Paris, dit que si l'Adjudicataire ne consigne point & qu'on revende à sa folle enchère , il est du un double droit de lods & ventes, &c. & il rapporte trois arrêts qui l'ont ainsi décidé les 21 mai 1607, 21 juin 1609 & 8 juillet 1618. Cette opinion est fondée sur ce que la première Adju-

dication n'est annullée que par une résolution
volontaire & par la faute du premier Adjudicataire qui doit se l'imputer.

Mais la plupart des auteurs sont d'avis contraire, & ils ne croient pas qu'il soit dû de doubles droits seigneuriaux lorsque le premier Adjudicataire n'a pas consigné. Ils considèrent alors
la première Adjudication comme nulle, attendu
que le premier Adjudicataire n'a jamais été propriétaire ni possesseur & que la seconde Adjudication se fait sur le premier saisi & sur les procédures du premier décret après quelques publications à la folle enchère du premier Adjudicataire.

Poquet de Livonière estime que la première
Adjudication produit une vraie mutation lorsque
l'Adjudicataire est entré en possession des biens
& en a été investi par le seigneur, ce qui peut
arriver quand le prix de cette première Adjudication doit être délivré à des créanciers qui ont
donné terme pour payer.

Il résulte de ce qu'on vient de dire que si faute
de consignation dans le tems fixé par l'ordonnance, on procède incontinent à une nouvelle
Adjudication à la folle enchère de l'Adjudicataire avant qu'il ait fait aucun acte considérable
de propriété, il n'est dû qu'un seul droit : mais
si le premier Adjudicataire a joui, il est du deux
droits. Cette jurisprudence est adoptée au conseil relativement au centième denier, comme
on le voit par deux arrêts des 3 octobre 1733 &
23 novembre 1751. L'un a jugé que le centième
denier n'étoit du que pour l'Adjudication à la
folle enchère, & non pour la première enchère,
parce que le premier Adjudicataire n'avoit pas

joui des biens décrétés : l'autre a décidé contre le sieur Logrie, qu'il devoit le centième denier de l'Adjudication à lui faite en 1751, d'une maison située à Paris, à titre de revente ordonnée par arrêt du parlement à la folle enchère de celui qui en étoit resté Adjudicataire en 1738, & qui avoit payé ce droit pour son Adjudication.

Les Adjudications par décret étant des actes de juridiction contentieuse ne sont point sujettes au contrôle.

L'Adjudication une fois faite en justice, tout le risque des biens adjugés est pour l'Adjudicataire. Ainsi l'Adjudicataire d'une maison qui viendroit à périr après l'Adjudication, ne pourroit prétendre d'indemnité, parce que le contrat a été parfait au moment même de l'Adjudication, & que c'est par conséquent le cas d'appliquer la maxime, *res perit domino*.

Cette jurisprudence se trouve confirmée par un arrêt du parlement de Paris du 15 décembre 1769, dont voici l'espèce.

Un ecclésiastique nommé par son évêque pour la desserte d'une paroisse du Gatinois, fit procéder en la manière accoutumée à l'Adjudication des fruits appartenans à la paroisse ; un particulier s'en rendit Adjudicataire : quelque tems après, il prétendit qu'une grêle considérable avoit ruiné l'espérance de toute sa récolte, raison pour laquelle il soutint qu'il lui étoit du une indemnité sur le prix de son *Adjudication* ; il articuloit même qu'une partie de la taille avoit été remise aux habitans, ruinés en quelque sorte par cet accident. Il alléguoit, en sa faveur l'exemple des fermiers, à qui en pareille occasion il est ordinairement fait une remise sur leurs fermages,

à moins qu'il n'y ait des claufes contraires infé-
rées dans leurs baux : cependant cet Adjudicataire fut débouté de fa demande par fentence
dont il fe rendit appelant , & qui fut confirmée
par l'arrêt cité.

Si l'on avoit déclaré dans les criées & dans
l'Adjudication les biens plus confidérables qu'ils
ne le font réellement , & qu'au lieu , par exemple , de contenir cent arpens de terre , felon la
déclaration , ils n'en continffent réellement que
cinquante , l'adjudicataire pourroit demander
une diminution fur le prix de fon Adjudication.

Il en feroit de même s'il fe trouvoit fur le
bien décrété quelque charge non purgée par le
décret , comme le douaire d'une femme qui n'é-
toit point ouvert dans le tems du décret & pour
lequel il n'étoit pas néceffaire de former oppofition aux criées.

Dans ce cas fi le prix de l'Adjudication confi-
gné n'étoit pas diftribué aux créanciers , l'adjudicataire y prendroit fon indemnité : mais fi ce
prix étoit diftribué , plufieurs penfent que l'adjudicataire n'auroit de recours que contre le débiteur ou contre le pourfuivant criées & non contre les créanciers qui auroient reçu les deniers :
en effet Catelan rapporte deux arrêts du parlement de Touloufe des 4 janvier 1663 & 11 janvier 1675, lefquels ont jugé que le créancier qui a
reçu fon payement de l'acquéreur des héritages
de fon débiteur , n'eft pas tenu au rapport quoiqu'il ait fubrogé l'acquéreur en fes droits & hypothèques , mais fans s'obliger à aucune garantie.

D'autres néanmoins croient que les créanciers
colloqués les derniers feroient obligés de rendre

à l'adjudicataire ce qu'ils auroient touché, juſqu'à la concurrence de la ſomme fixée pour l'indemnité, & cette dernière opinion doit être préférée. Il eſt juſte que ceux qui ont fait vendre un bien en juſtice pour être payé de ce qui leur étoit dû & qui en ont touché le prix, faſſent jouir l'adjudicataire ou qu'ils lui reſtituent ce qu'ils en ont touché.

Un arrêt du 14 Février 1624, a déclaré nulle une Adjudication par décret, par rapport à l'héritage qu'on y avoit compris & dont le propriétaire n'avoit pas été dépoſſédé par les baux judiciaires.

On peut ſe pourvoir contre une Adjudication par oppoſition, ou par requête civile quand elle a été faite dans une cour ſouveraine, ou par la voie d'appel lorſque le bien a été adjugé dans une juridiction ſubalterne.

Le parlement de Paris a jugé par arrêt du 31 août 1761, que l'appel d'une ſentence d'Adjudication n'étoit plus recevable après dix ans, parce que l'Adjudication étoit un contrat qui avoit autant & en quelque ſorte plus de force que s'il eut été paſſé devant notaire.

Lorſque l'Adjudication eſt déclarée nulle, l'adjudicataire évincé n'a d'autre parti à prendre que de ſe pourvoir pour obtenir le rembourſement de ce qu'il a payé, & ſes dommages & intérêts. Suivant l'édit de 1689, il peut répéter au receveur des conſignations les droits que celui-ci a perçus. Il eſt pareillement fondé à répéter au ſeigneur les lods & ventes qu'il a pu lui payer, parce que le payement n'a été fait que ſous la condition que la vente auroit ſon effet. Henrys rapporte un arrêt du 7 ſeptembre 1628 qui a condamné un seigneur à rendre les lods & ventes d'une Adjudication déclarée nulle.

A l'égard du prix principal de l'Adjudication, distribué aux créanciers de la partie saisie, l'adjudicataire doit se pourvoir contre eux pour être remboursé de ce qu'ils ont touché, & contre le poursuivant tant pour ce qu'il ne pourra recouvrer du prix de son Adjudication que pour ses dommages & intérêts.

Quelques-uns ont prétendu que l'adjudicataire pouvoit demander la décharge de son Adjudication lorsqu'il y en avoit appel, sous prétexte qu'il n'est pas obligé d'attendre l'évènement d'un procès. Lhommeau pour autoriser cette opinion, cite un arrêt du 18 avril 1558 qui l'a ainsi décidé : mais M. Pothier remarque judicieusement qu'il ne doit pas dépendre d'un tiers de détruire par un appel mal fondé l'obligation de l'adjudicataire ; & qu'il doit encore moins être au pouvoir de l'adjudicataire de détruire sa propre obligation ; ce qui lui seroit néanmoins très-facile, s'il pouvoit sur le prétexte d'un appel s'en faire décharger, rien n'étant plus facile que d'engager par quelque petit présent une partie saisie qui ordinairement n'a rien à perdre, à interjeter un appel de l'Adjudication : d'ailleurs l'appel étant une voie de droit, l'adjudicataire a pu le prévoir.

L'Adjudication par décret est sujette au retrait, soit lignager, soit féodal, dans les pays où les coutumes ne l'en exemptent pas expressément.

Les juges dans la juridiction desquels le décret se poursuit, ne peuvent point se rendre adjudicataires, parce qu'il est à craindre qu'ils n'abusent de l'autorité que leur donne leur caractère,

pour fe faire adjuger à vil prix le bien décrété ,
au préjudice de la partie faifie & de fes créanciers. L'ordonnance de 1629 en contient une
difpofition expreffe ; l'article 117 défend aux
lieutenans généraux & particuliers & aux autres
officiers, même aux greffiers, & aux clercs des
greffes, tant des préfidiaux que des autres juridictions d'acquérir par décret les héritages qui
fe vendent dans leurs juridictions, à peine de
nullité des décrets, & des dépens, dommages
& intérêts des parties. Cette queftion ne peut
faire aucune difficulté dans les parlemens où l'ordonnance de 1629 eft exécutée ; mais par rapport au parlement de Paris, ou cette ordonnance n'eft pas fuivie, il faut ajouter des autorités aux motifs d'équité fur lefquels cet article
eft fondé, pour faire voir qu'on ne doit pas autorifer les Adjudications faites aux juges, quand
les décrets fe pourfuivent dans leur juridiction.
La première eft celle qui fe tire de l'ordonnance
de Blois ; car cette ordonnance ayant défendu
aux officiers de judicature, tant des fiéges royaux
que fubalternes, de fe rendre Adjudicataires des
fruits faifis par juftice, ou même cautions des
fermiers judiciaires, il leur doit être à plus forte
raifon défendu de fe rendre Adjudicataires des
biens vendus dans leur fiége. Auffi cela leur a-t-il
été fouvent défendu par des arrêts du parlement
de Paris, rendus en forme de règlement. Goujet
en rapporte un rendu contre le lieutenant général de Troyes en 1583. Tronçon en cite un autre du 15 août 1615, qui fait défenfes à tous
juges, procureurs fifcaux & greffiers, d'acquérir
par décret les biens qui feront adjugés dans leur
fiége & reffort par eux-mêmes, ou par des per-

fonnes interpofées, fur peine de punition, fi le cas y échet. L'arrêt porte qu'il fera lu au principal fiége de Mâcon.

L'article 13 du règlement général de 1665, pour les bailliages, les fiéges royaux & les juftices fubalternes, porte auffi que les juges & les autres officiers ne pourront fe rendre Adjudicataires directement, ni indirectement, des biens qui fe vendront dans leurs fiéges pour dettes, ou par licitation, ni même les acquérir des Adjudicataires, finon trois ans après les ventes, à peine de nullité & de perte du prix qui tournera au profit des parties faifies. L'arrêt excepte de cette règle les acquifitions faites fur des décrets volontaires, quand ils ne fe font que pour purger les hypothèques. Le parlement de Bretagne a auffi rendu deux arrêts en forme de règlement en 1650, & en 1666, par lefquels il a été défendu à tous juges, greffiers & procureurs d'office de fe rendre Adjudicataires des héritages dont la vente fe pourfuit dans leur fiége. Ces règlemens doivent être obfervés à la rigueur, au moins pour faire déclarer ces Adjudications nulles, avec reftitution des fruits, non-feulement par rapport aux chefs des juridictions, & aux confeillers, mais encore par rapport aux procureurs & avocats du roi des fiéges; car, quoique ces officiers n'opinent point ordinairement dans les affaires qui fe jugent dans leurs fiéges, la place qu'ils occupent leur donne un crédit & une autorité qui pourroient détourner les enchériffeurs, s'ils favoient que ces officiers euffent deffein de fe rendre Adjudicataires. On voit dans M. le Bret un arrêt du 22 juin 1611, lu & publié en la fénéchauffée de Lyon, qui défend

aux procureurs du roi d'acheter les biens vendus par décret aux fiéges où ils font officiers.
Ce qui doit s'étendre même aux grands baillis
pour les Adjudications faites dans leurs bailli-
ges ; car quoiqu'ils n'y opinent point, fuivant
les ordonnances qui font à préfent en vigueur,
ils y ont toujours une grande autorité comme
chefs honoraires.

· Il y a quelques auteurs auxquels ces règlemens ont paru trop durs, & qui ont voulu en
reftreindre l'effet à ceux qui préfident aux Adjudications. Ils citent des arrêts pour autorifer ce
tempérament, entr'autres un du 18 janvier 1672,
qui a confirmé une. Adjudication faite à un confeiller du bailliage d'Amiens, fur un décret pourfuivi dans fon fiége, & ils ajoutent que l'on ne
doit déclarer ces fortes d'Adjudications nulles,
que quand on prouve que ces officiers ont abufé
de leur autorité, ou quand il y a eu de la pré-
cipitation dans la procédure.

Mais les termes des règlemens paroiffent trop
généraux pour fouffrir ces exceptions. D'ailleurs
ils font faits pour prévenir les fraudes, & comme
il y a différentes manières de les cacher, il faut,
pour remplir l'objet qu'on s'eft propofé, que la
loi foit générale. Le règlement rapporté par M. le
Bret, contre les procureurs du roi des bailliages
& des fénéchauffées, prouve que l'efprit des autres règlemens n'eft point d'en reftreindre les difpofitions dans les grands fiéges au juge qui préfide
à l'Adjudication. M. Bruneau croyoit que ces règlemens ne devoient point avoir lieu pour les
cours fupérieures, & il fe fondoit, fuivant toutes
les apparences, fur ce qu'ils ne parlent que des
bailliages, & des autres juridictions inférieures;

que l'Adjudication se fait devant un commissaire, sans que les autres conseillers du parlement y aient aucune part, & qu'il seroit dur de priver un grand nombre d'officiers de la faculté de pouvoir se rendre Adjudicataires des biens vendus par décret au parlement. Il est vrai qu'à la rigueur on ne pourroit attaquer une pareille Adjudication par aucune loi précise ; mais si l'on s'en plaignoit, ne pourroit-on pas représenter au parlement qu'il est à craindre que les procureurs sachant qu'on enchérit pour un des officiers de la cour, ne soient arrêtés par un certain respect qui peut être préjudiciable à la partie saisie & à ses créanciers, & que le meilleur moyen de faire observer les règlemens par les juges inférieurs, est de suivre la loi qu'on leur impose ?

Il y a sur cette matière une loi positive qui s'exécute ponctuellement en Lorraine : c'est une ordonnance du duc Léopold du 8 mars 1723 : elle fait défense aux juges, procureurs & avocats généraux, substituts & greffiers de faire aucune mise ou enchère sur les biens qui se décrètent & vendent dans les tribunaux auxquels ils sont attachés & de s'en rendre Adjudicataires ou baillistes judiciaires directement ni indirectement à peine de nullité des mises, enchères, ventes, baux & Adjudications ; de perte du prix de leurs Adjudications & de tous dépens, dommages & intérêts des parties.

Cette loi excepte néanmoins deux cas où elle permet aux officiers qu'on vient de nommer, de se rendre Adjudicataires : l'un est lorsque le décret est volontaire & se poursuit pour purger les hypothèques : l'autre est quand l'officier se trouve créancier de la partie saisie avant le décret commencé, parce qu'alors il a intérêt de faire valoir le bien pour obtenir d'être colloqué utilement.

Quoique les femmes & les filles ne puiffent être contraintes par corps, on leur permet néanmoins de fe rendre Adjudicataires ; mais quand elles ne payent point le prix de l'Adjudication & qu'elles ont du bien d'ailleurs, on vend leur bien pour achever la valeur de leur enchère, fi le fonds décrété eft revendu au-deffous du prix pour lequel elles fe l'étoient fait adjuger. Il en eft de même des feptuagénaires qui ne font point fujets à la contrainte par corps, fuivant l'ordonnance de 1667.

Si la femme qui eft fous la puiffance de fon mari, ou même féparée de biens, mais qui n'a point d'autorifation pour aliéner fes immeubles, enchérit fans être autorifée par fon mari, l'enchère eft tellement nulle, que le bien ne peut être vendu à fa folle enchère, fi elle ne paye pas le prix de l'Adjudication. C'eft ce qui a été jugé par un arrêt du parlement de Rouen du 14 mai 1671, rendu conformément aux conclufions de M. le Guerchois, avocat général. Beraut cite un arrêt femblable, rendu au parlement de Paris le 22 feptembre 1579. Cette jurifprudence eft fondée fur ce que l'enchère eft une efpèce de contrat que l'enchériffeur paffe avec la juftice, & que tout acte paffé par une femme qui fe trouve fous la puiffance de fon mari, fans qu'il l'ait autorifée, eft abfolument nul, & ne peut par conféquent l'affujettir ni à la contrainte par corps, ni aux rifques de la revente à fa folle enchère.

Un créancier privilégié ou hypothécaire peut demander qu'en déduction de fa créance on lui adjuge

adjuge les immeubles faifis réellement, pour le prix auquel ils feront eftimés par des experts. Cette demande a pour objet d'éviter des frais de criées qui pourroient abforber la valeur des biens au préjudice des créanciers ; mais celui qui la forme doit offrir, 1°. de payer les créances antérieures à la fienne, s'il y en a, 2°. de laiffer les héritages aux autres créanciers à la charge de donner caution de le payer ou de les faire porter à un tel prix qu'il puiffe être payé de ce qui lui eft du tant en principal, qu'intérêts & frais.

On peut auffi demander pour éviter des frais, que des immeubles faifis réellement & de peu de valeur foient vendus & adjugés fans décret, après de fimples affiches & publications : mais une telle Adjudication ne purge pas les hypothèques ; elle n'a que l'effet d'une vente devant notaire.

Il y a très-peu de formalités pour les Adjudications, quand le bien eft vendu par fubhaftation dans la Breffe. Toutes les enchères s'y reçoivent fans miniftère de procureur. A la troifième criée on adjuge le bien au plus offrant & dernier enchériffeur. Le juge en faifant l'Adjudication, enjoint à l'acquéreur d'en payer le prix au faififfant, ou à un autre créancier dans les dix jours ; il lui déclare que s'il ne fatisfait point à fon obligation dans le tems marqué, le bien fera revendu à fa folle enchère ; enfuite le juge donne à l'acquéreur la poffeffion d'une manière fictive, en lui mettant une plume entre les mains. On dreffe un procès-verbal de l'Adjudication, qui eft figné par le juge & par l'Adjudicataire, de manière qu'il a les fruits du fonds fubhafté du jour même de l'Adjudication. Cependant après que l'acquéreur a été mis en possession de cette manière par le châtelain, il s'adresse au juge supérieur qui a accordé la commission pour faire subhaster le fonds, & il en obtient des lettres de mise en possession, qu'il fait signifier à la partie saisie. Les six mois de rachat accordés par les statuts à celui dont le bien a été subhasté, pour y pouvoir rentrer & rembourser l'acquéreur, ne courent que du jour que ces nouvelles lettres de prise de possession ont été signifiées.

En Provence la collocation est une Adjudication qui se fait en justice de la totalité, ou d'une partie des biens du débiteur, en payement de la dette, suivant l'estimation qui a été faite du fonds. Si le créancier ne vouloit pas prendre les fonds de proche en proche pour le prix qu'ils sont estimés, il pourroit les faire vendre à l'encan & en toucher le prix.

Adjudications des bois du roi. Les grands maîtres sont obligés d'envoyer leurs mandemens aux maîtrises avant le mois de septembre pour désigner les jours des Adjudications, comme le prescrit l'article 2 du titre 3 de l'ordonnance du mois d'août 1669. L'article 13 du même titre veut que ces Adjudications soient faites avant le premier janvier de chaque année.

Quand le jour de l'Adjudication est indiqué pour une maîtrise, le procureur du roi doit en faire faire les publications, qui sont ordinairement au nombre de trois, de manière qu'il y ait au moins huit jours pleins entre la dernière publication & l'Adjudication.

Les Adjudications ne peuvent être faites que par les grands maîtres & les officiers des maîtri-

ſes ; & il eſt défendu à ceux-ci ſous peine de répondre des évènemens, de reconnoître pour cet
effet d'autres perſonnes, à moins qu'elles ne
ſoient munies d'ordres particuliers du roi.

Cette juriſprudence eſt obſervée ſi ponctuellement au conſeil, qu'ayant été ordonné par arrêt
du 11 octobre 1724, qu'il ſeroit dreſſé des inventaires de tous les matériaux employés ou
deſtinés à la conſtruction de pluſieurs caſernes,
tant de ceux qui étoient ſur les carrières que
des bois qui étoient dans les forêts, ſoit qu'ils
fuſſent façonnés ou non, & qu'il ſeroit inceſſam-
ment par les intendans de . . . . . procédé à l'Adjudication de ces matériaux, cet arrêt en ce qui
concernoit l'Adjudication des bois, fut révoqué
par un autre du 23 juillet 1725 : celui-ci ordonna que la viſite & la vente des bois ſeroient
faites par les grands maîtres & les officiers des
maîtriſes.

C'eſt d'après le même principe que par arrêt
du conſeil des 2 & 8 juillet 1726, il fut ordonné
que les bois provenant de l'eſſartement des nouvelles routes qui devoient être faites dans la
forêt de Guiſe, ſeroient vendus par le grand
maître & les officiers de la maîtriſe ; quoique les
routes duſſent être faites ſous les ordres & la direction du ſurintendant des bâtimens.

Les Adjudications des bois du roi ne peuvent
ſe faire ailleurs que dans les auditoires où ſe
tient ordinairement la juridiction des eaux &
forêts, à peine de nullité & de dix mille livres
d'amende contre le grand maître ou autre qui
en auroit autement ordonné. C'eſt la diſpoſition
de l'article 3 du titre 15, confirmée par un arrêt

du conseil rendu le 24 novembre 1699 contre le grand maître Bruillevert.

Avant de recevoir les enchères le cahier des charges doit être lu à haute & intelligible voix.

Les personnes notoirement insolvables ne doi-pas être admises à enchérir les bois à vendre ; & s'il s'en présente de cette qualité, les arrêts du conseil des 17 juillet 1671, & 21 mai 1697, veulent que les officiers des maîtrises en avertissent les grands maîtres pour les faire rejeter, à peine contre ces officiers, de répondre des évènemens en leur pur & privé nom.

Les ecclésiastiques, les gentilshommes, les gouverneurs des places, les capitaines des maisons royales, leurs lieutenans & officiers, les magistrats, juges & procureurs du roi ne peuvent pas non plus se rendre Adjudicataires des bois du roi, ni prendre part aux Adjudications directement ou indirectement à peine de confiscation des bois vendus ou du prix des ventes, & de perdre leurs priviléges. C'est la disposition de l'article 21 du titre 15 de l'ordonnance citée, lequel veut d'ailleurs que les officiers des maîtrises qui auront reçu de pareils Adjudicataires, ou qui ne les ayant connus qu'après l'Adjudication, auront souffert l'exploitation, soient punis par la perte de leurs charges, & même de plus grande peine selon les circonstances.

Les mêmes défenses sont étendues par l'article 22, à tous les officiers des chasses & des eaux & forêts, de même qu'à leurs enfans, gendres, frères, beaux-frères, oncles, neveux & cousins germains.

Les receveurs généraux ou particuliers des

domaines & bois font obligés de se trouver aux Adjudications pour discuter la solvabilité des enchérisseurs ou de leurs cautions, & ils ont le droit de se placer à la gauche du grand maître.

Les Adjudications doivent être signées sur le champ par les marchands, les grands maîtres, maîtres particuliers, procureurs du roi & autres officiers, immédiatement au bas du traité, & chaque feuillet paraphé par le grand maître.

Les Adjudications ne sont définitives qu'après 24 heures passées ; jusqu'à ce tems, chacun doit être reçu à doubler & à tiercer.

L'article 25 du titre 15 cité permet aux Adjudicataires de renoncer à leurs enchères au greffe de la maîtrise avant le midi du lendemain de l'Adjudication, à la charge de faire signifier dans cet intervalle leur renonciation au précédent enchérisseur & au receveur des domaines & bois.

Dans ce cas l'Adjudicataire qui renonce doit payer comptant sa folle enchère, c'est-à-dire, la somme qui excède celle du pénultième enchérisseur, & l'enchère appartient à celui-ci. Si ce pénultième enchérisseur révoque aussi son enchère, il doit de même payer la folle enchère, & l'Adjudication appartient à celui qui a enchéri avant lui ; en sorte que tous les enchérisseurs doivent être successivement subrogés à ceux qui révoquent leurs enchères.

L'Adjudicataire qui se désiste de son enchère doit être arrêté jusqu'à ce qu'il ait payé ou donné bonne & suffisante caution, le receveur pouvant dans ce dernier cas lui accorder le même délai qu'on est dans l'usage de fixer pour le payement du prix de l'Adjudication.

Il n'y a que les greffiers des maîtrises qui puiſſent valablement délivrer des expéditions des Adjudications. Cela a été ainſi jugé par deux arrêts du conſeil des 29 novembre 1703, & 5 août 1704. Un autre arrêt du 26 février 1707, a défendu aux ſecrétaires des grands maîtres non-ſeulement de délivrer des expéditions des Adjudications, mais encore de ſe mêler de la réception des cautions, d'en écrire ou délivrer aucun acte & d'exiger aucun droit à cet égard, à peine de nullité, de reſtitution du quadruple & de 500 livres d'amende.

Si l'Adjudicataire manque de fournir caution dans la huitaine il eſt évincé de plein droit. Le receveur eſt obligé dans ce cas de faire ſignifier dans le jour à celui qui étoit le pénultième enchériſſeur, qu'il eſt ſubſtitué au lieu & place de celui qui n'a pas fourni caution, & que dès ce moment l'Adjudication eſt à ſa charge.

Les cautions des Adjudicataires des bois ſont reſponſables non-ſeulemet du prix des ventes, mais encore de l'exécution des clauſes portées par le cahier des charges.

Un Adjudicataire des bois du roi ne peut avoir plus de trois aſſociés, leſquels doivent ſe rendre ainſi que l'Adjudicataire au greffe de la maîtriſe dans la huitaine de l'Adjudication, pour y dépoſer une expédition du traité d'aſſociation, & y faire leur ſoumiſſion de ſatisfaire à toutes les charges de l'Adjudication.

Si l'Adjudicataire ſe trouve convaincu d'avoir fait quelque aſſociation ſecrette ou d'avoir engagé les autres marchands à ne point enchérir, il doit être condamné à une amende arbitraire qui ne peut être au-deſſous de mille livres &

privé du droit de se rendre Adjudicataire à l'avenir. Un arrêt du conseil du 3 mai 1701 a confirmé une sentence rendue par la maîtrise de Senlis, conformément à cette disposition de l'ordonnance.

Les Adjudications des bois du roi étant nécessairement des actes judiciaires, ne font pas sujettes au contrôle, non plus que les cautionnemens fournis en conséquence, & les déclarations que les Adjudicataires font au greffe pour faire connoître leurs associés.

L'Adjudicataire quoiqu'il ait fourni caution, ne peut commencer l'exploitation, qu'il n'ait représenté aux officiers & fait enregistrer au greffe le consentement du receveur des domaines & bois ; & si les officiers négligent de faire remplir ces formalités, ils se rendent personnellement responsables des évènemens.

Après les Adjudications les ventes ne peuvent être changées ni en tout ni en partie, sous quelque prétexte que ce soit, à peine contre les marchands, d'amende arbitraire, & contre les officiers, de punition exemplaire, de la perte de leurs charges & de restitution du quadruple du prix des ventes changées.

Avant de commencer son exploitation, l'Adjudicataire peut faire faire un souchetage (*) dans la vente & aux environs pour constater le nombre & la qualité des souches des bois coupes en délit. Ces souches se marquent d'un coup de marteau, afin de pouvoir être reconnues. Cette opération se fait pour prévenir les abus qui peu-

_____

(*) On appelle *souchetage* la recherche & la reconnoissance des souches des arbres qui ont été coupés.

vent se commettre dans les ventes, & afin qu'on ne puisse pas imputer dans la suite aux marchands Adjudicataires, les délits qui pourroient avoir été commis avant l'Adjudication.

Le souchetage doit être fait sans frais, devant le maître & le garde-marteau en présence du garde, par deux experts, l'un pour le procureur du roi, l'autre pour l'Adjudicataire.

L'Adjudicataire peut établir des facteurs ou garde-ventes, pour la conservation de ses intérêts.

- L'Adjudicataire des bois de futaie doit avoir un marteau pour marquer les arbres qu'il vend par pied, & un regiftre pour marquer la quantité & le prix des bois qu'il a vendus, avec les noms, surnoms & domiciles des acheteurs, à peine de cent livres d'amende & de confiscation.

Tous les associés ne peuvent avoir qu'un seul marteau dont l'empreinte doit être au greffe ; & il ne peut être vendu aucun arbre qu'il ne soit marqué, ni être marqué d'autre bois que celui qui provient de la vente.

Si l'Adjudicataire a plusieurs ventes, & qu'à cause de la distance des lieux, il soit obligé d'y tenir différens regiftres, il peut alors avoir autant de marteaux que de regiftres, pourvu qu'il en ait fait faire procès-verbal, & que l'empreinte des marteaux soit mise au greffe.

Il est défendu à l'Adjudicataire d'avoir, dans l'étendue de sa vente, d'autres bois que ceux qui en proviennent, à peine d'être puni comme s'il les avoit volés.

- Il lui est aussi défendu sous peine de confiscation & de cent livres d'amende, d'avoir des atteliers pour travailler ſes bois ailleurs que dans ſa vente.

Il eſt expreſſément ordonné aux Adjudicataires de faire couper le plus près de terre qu'il eſt poſſible les ſouches des arbres abattus anciennement dans leurs ventes, & aux officiers d'y tenir la main ſous peine d'interdiction, ſans que ces ſouches puiſſent être arrachées ſous quelque prétexte que ce ſoit.

Il eſt défendu aux Adjudicataires, ſous peine de 500 livres d'amende & de confiſcation, de peler les bois de leurs ventes tandis qu'ils ſont ſur pied.

Il faut remarquer que deux arrêts du conſeil des 8 février 1672, & 30 mai 1702, ont dérogé à cette dernière diſpoſition de l'ordonnance en faveur des habitans de la principauté de Château-Regnault & du duché d'Harcourt, afin de faciliter le commerce de tannerie qui s'y fait.

Il eſt défendu aux Adjudicataires de faire des cendres dans leurs ventes, à peine d'amende arbitraire & de confiſcation des bois & outils, & aux officiers de le ſouffrir à peine de privation de leurs charges, à moins que la permiſſion n'en ait été accordée par lettres-patentes dument vérifiées ſur les avis des grands maîtres.

Il eſt auſſi défendu à tout Adjudicataire tant des bois du roi que de ceux des particuliers qui joignent les forêts de ſa majeſté de donner du bois aux bucherons & autres ouvriers pour payement de leurs ſalaires, à peine de répondre des délits commis dans les forêts juſqu'au récollement ; & s'il arrive aux bucherons ou autres ouvriers d'emporter aucun bois de quelque nature que ce ſoit, l'ordonnance veut qu'ils ſoient condamnés à une amende de cinquante livres pour la première fois, & punis corporellement dans le cas de récidive.

Si l'Adjudicataire vient à faire travailler dans sa vente la nuit ou un jour de fête, il doit être condamné à cent livres d'amende.

Lorsqu'un Adjudicataire abat des bois au-delà des bornes de la vente, il doit être condamné à la restitution du quadruple sur le pied du prix principal de son Adjudication, si les bois sur lesquels il a entrepris sont de même nature que ceux de la vente, mais s'ils valent mieux ou qu'ils soient plus agés, l'Adjudicataire doit être condamné à l'amende & à la restitution à proportion du diamètre de chaque arbre.

S'il y a de la *surmesure* dans une vente, l'Adjudicataire doit la payer à proportion du prix principal & des charges de la vente; & s'il y a *moindre mesure*, le prix de l'Adjudication doit être diminué à proportion, sans qu'il puisse être donné du bois pour indemnité ni la surmesure être compensée en espèce avec la moindre mesure.

Il ne doit être donné à l'Adjudicataire aucun bois par forme de *remplage*, sous prétexte qu'il s'est trouvé des places vides dans la vente, à peine de restitution du quadruple contre l'Adjudicataire qui l'auroit reçu, & de trois mille livres d'amende avec perte de leurs charges contre les officiers qui l'auroient accordé.

L'Adjudicataire est responsable des délits qui se font à l'ouie de la coignée aux environs de la vente, à moins que lui ou ses facteurs n'en aient fait rapport. Il est aussi civilement responsable des délits commis par ses ouvriers ou domestiques.

Un arrêt du conseil du 3 septembre 1748 a jugé que les Adjudicataires des bois du roi ne pouvoient être imposés dans le rôle des tailles pour raison de leurs Adjudications, sauf à les taxer dans les lieux de leurs domiciles pour raison de leur commerce & de leurs facultés.

L'Adjudicataire des bois du roi ne doit aucun droit d'entrée, de péage, d'octroi, &c. pour les bois qu'il fait conduire & débiter dans les villes pour son compte; mais il doit les droits attribués aux gardes des ports, & aux mouleurs & jaugeurs de bois.

Il doit aussi les droits de passage sous les ponts & aux pertuis où il y a des maîtres établis, de même que les droits de sortie des bois qu'il fait transporter dans les pays étrangers lorsqu'il en a la permission.

Les Adjudicataires peuvent vendre leur bois à qui bon leur semble dans le royaume, lorsqu'il n'y a point de clause contraire dans le cahier des charges. C'est pourquoi un arrêt du Conseil du 16 août 1740, a cassé une ordonnance du Lieutenant général de Rouen, par laquelle il avoit enjoint aux Adjudicataires des bois du roi de réserver leurs bois blancs pour les boulangers, les pâtissiers & les manufactures de fayence.

Lorsque dans une Adjudication il se trouve des bois propres au service de la marine, & reconnus pour tels, les entrepreneurs de la fourniture de ces sortes de bois sont tenus de les faire enlever & d'en payer la valeur, selon le prix convenu avec l'Adjudicataire ou réglé par experts, dans les termes fixés par le cahier des charges de l'Adjudication.

Si les entrepreneurs refusent d'enlever les ar-

bres marqués du marteau de la marine, ou déclarent par écrit qu'ils n'entendent point les
prendre, l'Adjudicataire n'en a pas pour cela la
difpofition, & les officiers des maîtrifes ne peuvent fous quelque prétexte que ce foit l'autorifer à les vendre, mais il doit s'adreffer au fecrétaire d'état ayant le département de la marine
pour obtenir cette autorifation ou recevoir à
cet égard des ordres relatifs aux circonftances.
C'eft ce qui réfulte de l'arrêt de règlement du 8
février 1767, par lequel le roi a caffé & annullé
une fentence de la maîtrife particulière de fainte
Menehould, rendue le 10 avril 1766, fur une
conteftation furvenue entre Buirette marchand
Adjudicataire, & le fieur Gohel & compagnie
intéreffés dans la fourniture générale des bois de
marine.

Par cette fentence les officiers de la maîtrife
avoient autorifé Buirette à difpofer à fon profit
comme il le jugeroit à propos de 430 arbres
marqués du marteau de la marine, au cas que
le fieur Gohel ne conviendroit pas du prix de
ces arbres dans le délai fixé par la fentence. Le
confeil a regardé cette fentence comme préjudiciable au bien du fervice du roi, & a jugé que
les officiers de la maîtrife auroient dû fe borner
à ftatuer fur les difficultés furvenues entre les
parties fur le prix des arbres, & ordonner que
Buirette fe pourvoiroit au roi pour en avoir la
libre difpofition.

Toutes les conteftations qui peuvent furvenir
entre les Adjudicataires, leurs affociés, fubro-
gés, cautions, certificateurs, les receveurs des
domaines & bois, les receveurs des droits d'entrée, péages, octrois, &c. & en général toutes

les actions concernant les Adjudications, circonftances & dépendances, doivent être portées
en première inftances aux fiéges des maîtrifes.
Divers arrêts du confeil l'ont ainfi décidé.

*Adjudication des bois des eccléfiaftiques, des com-
munautés d'habitans & autres gens de main morte.*
Ces Adjudications doivent être faites avec les
mêmes formalités que les Adjudications des bois
du roi. Il n'y a que les grands maîtres qui aient
droit d'y procéder, ou les officiers des maîtrifes
qu'ils commettent à cet effet. C'eft pourquoi un
arrêt du confeil du 3 août 1706 a déclaré nulle
une Adjudication de bois de l'abbaye de Bois-
Groland faite par les officiers de la maîtrife de
Fontenai-le-Comte fans commiffion du grand
maître, a ordonné que par le fieur Milon grand
maître, il feroit procédé à une nouvelle Adjudication, & a fait défenfes aux mêmes officiers de
procéder à l'avenir à de femblables ventes fans
commiffion, à peine de 1000 livres d'amende
& de tous dépens dommages & intérêts.

Il y a plus ; c'eft que des lettres-patentes adreffées directement aux officiers d'une maîtrife pour
procéder à une Adjudication, ne pourroient être
exécutées valablement fans l'attache ou la commiffion du grand maître.

Lorfque les grands maîtres procèdent eux-
mêmes aux Adjudications dont il s'agit, ils font
toujours obligés de les faire aux fiéges des maîtrifes & avec les officiers dans le reffort defquels
les bois font fitués, à peine de nullité & de dix
mille livres d'amende.

Le prix des Adjudications des bois des eccléfiaftiques doit être payé aux bureaux des receveurs généraux ou particuliers des domaines &
bois.

Outre le prix principal qui fe paye dans les termes portés au cahier des charges, l'Adjudicataire doit payer comptant 14 deniers par livre pour le roi.

Sur le prix, le receveur doit retenir le dixieme attribué aux pauvres communautés, à moins que l'arrêt qui permet la coupe n'exempte expreffément de cette charge.

Les deniers provenant de la vente des bois des eccléfiaftiques & deftinés au payement de réparations, &c. ne peuvent être délivrés aux entrepreneurs que fur les ordonnances des grands maîtres.

Les Adjudications des bois des eccléfiaftiques ne font pas fujettes au contrôle, & les Adjudicataires font tenus d'obferver tout ce qui eft prefcrit pour l'exploitation des bois du roi.

Lorfque dans les bois d'une communauté de paroiffe il ne s'agit que de coupes ordinaires dont la vente a été permife par le grand maître, l'Adjudication en doit être renvoyée devant les juges des lieux, à moins qu'il n'y ait un fiege de maitrife ou de grurie dans la paroiffe même.

Ces Adjudications doivent toujours être faites fans frais, mais avec les formalités prefcrites pour les autres adjudications de bois, & les deniers en provenans ne peuvent être employés qu'aux réparations extraordinaires ou autres affaires urgentes des communautés.

Il a été décidé par arrêt du confeil du 23 janvier 1748, qu'il n'étoit point dû de centième denier pour les Adjudications des bois des gens de main morte & des communautés eccléfiaftiques & laïques, même dans les coutumes où ces bois font immeubles, & où il eft dû fur les bois des seigneurs & des particuliers ; mais le droit de contrôle est dû lorsque ces Adjudications se font ailleurs que dans les sieges des maîtrises ou gruries.

Adjudication des bois des seigneurs, ou des particuliers. Il n'y a aucune loi qui assujettisse à faire ces Adjudications en justice, lorsque le roi ou les engagistes n'ont aucun intérêt dans les bois : ainsi elles doivent être contrôlées dans la quinzaine de leur date à la diligence des greffiers de même que les cautionnemens qui sont séparément fournis en conséquence, conformément aux principes établis pour les actes volontaires reçus en justice: c'est pourquoi un arrêt du conseil du 22 novembre 1723 a déclaré nulles 64 Adjudications de bois signées des Adjudicataires de même que du juge & du greffier de la baronie de Lucheux & condamné le greffier à autant d'amendes de 100 livres pour ne les avoir pas fait contrôler dans la quinzaine.

Quelques seigneurs ont prétendu qu'ayant une grurie qu'ils tenoient par concession du souverain, avec les prérogatives, priviléges & exemptions attribués aux maîtrises, les Adjudications de leurs bois faites dans ces gruries n'étoient pas sujettes au contrôle ; mais ce moyen est insuffisant : le droit de grurie appartient naturellement à tous les seigneurs hauts justiciers comme l'a jugé le parlement de Paris par arrêt du 18 mars 1706 : ce droit consiste dans la liberté qu'ont les seigneurs de faire garder leurs bois & de faire juger en première instance par les officiers de leur justice les délits commis dans les mêmes bois : mais comme ils ont la liberté d'exploiter & de vendre leurs bois comme il leur plaît, les

Adjudications qu'ils en font faire dans leurs juſtices ſont des actes volontaires ſujets au contrôle.

Lorſque par une même Adjudication il eſt
vendu des bois à divers particuliers, il n'eſt dû
qu'un droit de contrôle ſur le total des ventes
faites dans la même ſéance & par le même cahier.
Le conſeil l'a ainſi décidé le 11 juillet 1725.

Si l'Adjudication eſt faite en juſtice en vertu
de quelque autorité qui l'a ainſi ordonné, elle
n'eſt plus volontaire ni par conſéquent ſujette au
contrôle. C'eſt ce que le conſeil a décidé par arrêt
du 28 juin 1731.

Dans quelques provinces on a coutume d'adjuger les bois par cantons à tant la verge ou l'arpent dont la quantité ne ſe conſtate que trois ou
quatre mois après l'Adjudication, & ſouvent
même après la coupe. Par arrêt du conſeil du 23
ſeptembre 1725, il eſt ordonné que ces Adjudications de bois ſeront portées au contrôle dans
la quinzaine de leurs dates, pour y être enre-
giſtrées & pour être mis un *vu* ſur les minutes,
ſans qu'avant cet enregiſtrement, il puiſſe être
fait aucun acte ni pourſuite en conſéquence,
autres que les procès-verbaux de meſurage; &
que pour conſtater la quantité des arpens ou
verges compris dans chaque Adjudication, &
en fixer les droits de contrôle, le meſurage ſera
fait & parfait contradictoirement avec les vendeurs & les Adjudicataires dans le délai de ſix
mois au plus tard, à compter de la date de l'Adjudication, & les droits de contrôle payés ſur le
pied de la quantité qui ſe trouvera dans la quinzaine du jour de la perfection du meſurage, dont
le procès-verbal ſera rapporté pour être contrôlé: il doit auſſi être fait mention de ce contrôle

trôle fur l'Adjudication, mais fans qu'il puiffe être perçu aucun droit à cet égard : enfin les vendeurs ne peuvent demander aux Adjudicataires d'autres fommes que celles qui réfultent des procès-verbaux de mefurage d'après lefquels les droits de contrôle ont été fixés.

De quelques autres Adjudications particulières. En Flandres on eft dans l'ufage de faire des Adjudications d'immeubles par mife à prix. Ces actes ne font parfaits qu'après quarante jours pendant lefquels toutes perfonnes font reçues à faire des enchères. Un arrêt du confeil rendu en forme de règlement le 9 janvier 1725, ordonne que les contrats de vente par mife à prix feront contrôlés dans la quinzaine de leur date, & les droits payés fur le pied des fommes y contenues ; que chaque enchère fera pareillement contrôlée dans la quinzaine de fa date, & les droits payés fur le montant des enchères ; que le droit de centième denier fera payé dans la quinzaine de la dernière enchère, & en même temps qu'elle fera contrôlée ; & que pour l'infinuation des biens fitués hors l'arondiffement du bureau où les actes feront paffés, les trois mois accordés par les règlemens ne courront que du jour de la dernière enchère.

Les Adjudications des revenus communs des biens patrimoniaux & d'octroi des villes & communautés féculières & régulières font fujettes au contrôle dans la quinzaine de leur date, foit qu'elles foient faites par les magiftrats & autres officiers des villes par délibérations, foit qu'elles foient reçues par les fecrétaires des villes ou autrement. Mais les Adjudications des revenus des communautés laïques faites devant les intendans

& commissaires départis, sont expressément dispensées de cette formalité tant par l'arrêt du 13 décembre 1695, que par les déclarations des 19 mars 1696, 14 juillet 1699, & 20 mars 1708.

Un arrêt du conseil du 27 septembre 1723 rendu au sujet des Adjudications que les jurats des communautés de Béarn font à des prix très-modiques de certains revenus communs qui consistent en bruyères & branchages d'arbres, ordonne que pour chaque Adjudication faite à chaque particulier moyennant dix livres & au-dessous, le droit de contrôle sera payé conformément à l'article 3 du tarif de 1722; & qu'à l'égard des Adjudications faites dans une même vacation à différens particuliers pour des sommes au-dessous de dix livres, ces sommes seront jointes ensemble & le droit de contrôle payé autant de fois qu'il y aura de dix livres, & en outre un droit pour l'excédent.

Il a été décidé par arrêt du conseil du 15 février 1724, que l'Adjudication de l'entretien du port de Cette en Languedoc faite par les commissaires du roi & des états de Languedoc étoit sujette au contrôle. Et un autre arrêt du 7 mai 1729 a jugé que le droit de contrôle étoit dû pour l'Adjudication au rabais des ouvrages à faire à une boucherie faite devant le lieutenant-général de police.

L'article 3 de l'arrêt de règlement du 15 octobre 1737, concernant les actes des communautés de Languedoc, déclare sujettes au contrôle les Adjudications au rabais pour les constructions ou réparations des maisons & édifices publics.

Les Adjudications faites devant les officiers des hôtels de ville pour l'entretien des pavés,

l'enlevement des boues, le nettoiement des rues,
&c. doivent être contrôlées dans la quinzaine
selon l'arrêt du conseil du 17 octobre 1748,
rendu contre le sieur Guymond greffier de l'hôtel de ville de Mayenne.

Les Adjudications volontaires des navires faites à l'amirauté font sujettes au contrôle. Telles
font celles qui se font sur les propriétaires, arma-
teurs ou autres, soit par l'effet d'une dissolution
de société ou autre motif volontaire, soit en conséquence de l'abandonnement que le débiteur fait
du navire à ses créanciers. Mais s'il s'agit de navires pris sur l'ennemi ou naufragés, & que les
Adjudications soient faites à la requête du procureur du roi, elles font dispensées de cette formalité, parce que le ministère du juge est nécessaire. Il en est de même des Adjudications des
navires faites en conséquence des saisies des
créanciers.

L'Adjudication d'un vaisseau saisi réellement
se fait après la troisième criée, à moins que le
juge ne trouve à propos d'accorder une ou deux
remises qui doivent être affichées comme les
criées. L'article 10 du titre 15 de l'ordonnance
de la marine du mois d'août 1681, vouloit que
le prix de l'Adjudication des vaisseaux fût consigné entre les mains d'un notable bourgeois, ou
au greffe de l'amirauté sans frais, & cela dans
les vingt-quatre heures de l'Adjudication, &
que les vingt-quatre heures étant passées, l'Adjudicataire fût contraint par corps à consigner, &
que le vaisseau fût publié de nouveau à l'issue de
la messe paroissiale, & adjugé trois jours après
à la folle enchère du premier Adjudicataire. Mais
le roi ayant établi des receveurs des consigna-

tions dans toutes les juridictions royales par l'édit du mois de février 1689, les amirautés y ont été comprises; de sorte qu'il y a présentement dans ces juridictions des receveurs des consignations entre les mains desquels le prix des vaisseaux vendu par décret doit être consigné. La revente à la folle enchère se poursuit comme avant l'édit de 1689. Voyez l'*ordonnance de* 1687; *le traité des criées par le Maître; le traité de la vente des immeubles par Héricourt; Papon; la bibliothèque de Bouchel; la collection de jurisprudence; Brodeau; Henrys; Guyot, traité des fiefs; Duplessis sur la coutume de Paris; Basnage sur celle de Normandie; Ferrières, traité des fiefs; Charondas & le Maître sur la coutume de Paris; Poquet de Livonière; les arrêts de Maynard; Tronçon sur la coutume de Paris; Mornac en ses arrêts; le journal du palais; Hevin sur Frain; le Bret; Bruneau; Henrys; l'ordonnance du mois d'août* 1669; *le dictionnaire des eaux & forêts, & celui des domaines; l'édit de décembre* 1627, &c. Voyez aussi les articles SAISIE, VENTE, SÉQUESTRE, BAIL JUDICIAIRE, ABANDONNEMENT, FOLLE ENCHÈRE, CONSIGNATION, ACTE, DOUBLEMENT, TIERCEMENT, GRAND MAÎTRE, &c.

ADMINICULE. Commencement de preuve, présomption, preuve imparfaite, conjecture, circonstance qui aide à la preuve, à la former, à la fortifier.

Quand il y a beaucoup d'Adminicules & de présomptions contre un accusé, ils peuvent déterminer les juges à le condamner à quelque peine, mais cette peine doit toujours être moindre que celle que la loi prononce contre ceux qui sont pleinement convaincus d'avoir commis le crime. *Voyez* PRÉSOMPION, PREUVE, &c.

ADMINISTRATION. Ce mot fe dit de la régie des biens d'une fucceffion, d'un mineur, d'un furieux, d'un prodigue & de tout autre interdit : ainfi tout tuteur, curateur ou exécuteur teftamentaire a une Adminiftration. Voyez TUTEUR, CURATEUR, MINEUR, &c.

En matière eccléfiaftique on diftingue deux fortes d'adminiftrations; la fpirituelle & la temporelle.

La première confifte dans le pouvoir d'excommunier, fufpendre, interdire, conférer, inftituer, confirmer, élire, préfenter, vifiter, corriger, punir; ce qui comprend la charge des ames, l'Adminiftration des facremens, la juridiction pénitencielle, les difpenfes & commutations de vœu. Voyez à cet égard les articles ABSOLUTION, SACREMENT, VŒU, EVÊQUE, DISPENSE, &c.

L'Adminiftration temporelle confifte dans le pouvoir, non de vendre & aliéner, mais de louer, donner à ferme, recevoir les loyers ou fermages, en donner quittance, &c.

Dans l'origine les évêques étoient les premiers & les principaux adminiftrateurs des biens de leurs églifes, & en cas d'abus de leur pouvoir dans cette Adminiftration, ils étoient tenus d'en rendre compte au fynode de la province. On voit encore aujourd'hui des veftiges de cette ancienne difcipline en ce que les évêques ne peuvent pas aliéner les biens de leurs églifes ou évêchés fans le confentement du chapitre.

Dans le fixième fiècle, quelques évêques de france ayant abufé de leur autorité dans l'Adminiftration des biens de leurs églifes, le concile de Carpentras affigna quelques revenus fixes aux églifes paroiffiales & l'on en vint infenfiblement par la fuite à affigner des revenus particuliers à chaque bénéfice ; mais les évêques confervèrent toujours & ont encore aujourd'hui une infpection générale fur l'Adminiftration des biens de ces bénéfices.

A l'égard des biens des hôpitaux, deftinés pour les pauvres qui font hors d'état de travailler, pour les malades & pour les orphelins, les évêques n'en ont pas toujours eu l'Adminiftration ; mais Juftinien fit une loi expreffe pour ordonner que les adminiftrateurs de ces lieux de piété rendroient compte à l'évêque des revenus & de l'ufage qu'ils en avoient fait. *Voyez* les articles ALIÉNATION, BIENS D'ÉGLISE, ÉCONOME, HÔPITAL, &c.

ADMISSION. En matière bénéficiale on donne ce nom à l'acte par lequel un collateur approuve la démiffion, permutation ou réfignation qui eft faite entre fes mains.

Un bénéficier ne peut fe délier avec l'églife à laquelle il eft attaché par fon bénéfice que du confentement des fupérieurs prépofés pour cet effet : c'eft par conféquent l'Admiffion feule qui fait vaquer le bénéfice. Cependant fi l'Admiffion n'étoit pas pure & fimple & que le réfignataire vînt à mourir avant d'avoir pris poffeffion du bénéfice, le réfignant y pourroit rentrer : telle eft du moins la jurifprudence du grand confeil ; & alors l'Admiffion feule ne feroit pas vaquer le bénéfice. *Voyez* les articles DÉMISSION, PERMUTATION, RÉSIGNATION, COLLATION, &c.

ADMITTATUR. Mot latin par lequel on défigne l'acte de confentement ou l'agrément qu'on accorde après l'examen à ceux qui fe préfentent pour recevoir les ordres, pour prendre

des dégrés dans une université, pour posséder
& exercer une charge, une office, &c.

A Paris on n'accorde ordinairement des provisions à un commissaire au châtelet, à un procureur au parlement, à un procureur au châtelet, à un notaire, &c. que quand il prouve qu'il
a été admis par le corps dont il veut devenir
membre, en représentant l'*Admittatur* délivré
par ce corps.

L'*Admittatur* ne peut pas se refuser à celui qui
veut se faire pourvoir d'un office, à moins que
le refus ne soit fondé sur des choses graves &
justes ; par exemple, un corps, une communauté ne pourroit pas refuser un sujet, sous prétexte que ce sujet ne lui est pas agréable, si d'ailleurs celui qui se présente avoit la capacité &
le temps de cléricature ou d'étude que les réglemens exigent.

Les commissaires au châtelet ayant refusé d'admettre le sieur Tilloy à solliciter & à obtenir des
provisions de l'office de commissaire, sans expliquer les motifs de ce refus, le sieur Tilloy fut
autorisé, par arrêt contradictoire rendu le 9 juillet 1755, à se pourvoir à la grande chancellerie
pour y obtenir des provisions, & être ensuite
reçu dans cet office, si faire se devoit, & les commissaires opposans furent condamnés à ses dommages & intérêts : l'évènement fit néanmoins
voir que le refus des commissaires étoit bien
fondé.

Voici l'espèce d'un arrêt plus récent.

Le sieur Bordua notaire royal dans le Lyonnois, ayant acquis une office de procureur de la
sénéchaussée de Lyon, se présenta à la communauté pour obtenir l'*Admittatur* sur lequel les

provifions s'expédient. Il avoit le temps de cléricature requis, de manière qu'il étoit en règle de ce côté là ; cependant il effuya des refus réitérés ; & les procureurs de Lyon ayant été preffés de s'expliquer, répondirent que l'*Admittatur* étant un avis libre, ils pouvoient l'accorder ou le refufer à leur gré, felon le mouvement de leur confcience, & que leur refus ne pouvoit produire aucune action contr'eux : ils ajoutèrent pourtant que leur refus avoit pour motif 1°. des bruits peu favorables fur le compte du fieur Bordua, & 2°. la révocation que les comtes de Lyon avoient faite des provifions d'un office de procureur & notaire, qu'ils lui avoient données dans une de leurs terres.

A toutes ces raifons, le miniftère pulic ajouta qu'il y avoit contre le fieur Bordua des dénonciations qui l'annonçoient comme coupable de crimes fi graves, qu'il n'étoit pas poffible de le recevoir ; & en conféquence le fieur Bordua fut déclaré non-recevable. Y ayant eu appel de la fentence de Lyon qui jugeoit ainfi, le parlement de Paris rendit le 20 août 1755 un arrêt, par lequel, avant faire droit fur l'appel, il fut donné acte au procureur général de fa plainte des faits contenus aux dénonciations ; & en conféquence, il fut ordonné que le procès feroit fait au fieur Bordua par la fénéchauffée de Lyon.

Dans ce tribunal le fieur Bordua fut déclaré convaincu du crime de faux, & en conféquence condamné à cinq ans de galères ; mais fur l'appel il fut déchargé de l'accufation par arrêt rendu le 8 janvier 1756, & la cour ordonna que fon dénonciateur lui feroit nommé dans 24 heures.

La dénonciation avoit été faite par des payfans ; mais il étoit prouvé que les procureurs de Lyon en étoient les vrais auteurs ; & par arrêt rendu le 30 mai 1756 la cour autorifa M*. Bordua *à fe pourvoir à la grande chancellerie pour y obtenir des provifions fur la procuration* ad refignandum *quoique furannée , & être enfuite procédé à fa réception.*

Par ce même arrêt , la communauté des procureurs de Lyon fut condamnée à indemnifer le fieur Bordua *des intérêts* du prix de fon office depuis la date de la procuration *ad refignandum , jufqu'au jour du payement , & des dépens faits & occafionnés par le vendeur de l'office ;* elle fut en outre condamnée à 10000 livres *de dommages & interêts* , & à tous les dépens tant de caufe principale que d'appel, & il fut permis au fieur Bordua de faire imprimer l'arrêt.

ADMONITION. Sorte de punition qui fe prononce en matière de délit & qui confifte dans une réprimande que le juge fait à l'accufé en l'avertiffant d'être plus circonfpect à l'avenir & de ne plus retomber dans la même faute que celle pour laquelle il eft admonêté , à peine d'être puni plus féverement (*).

(*) *Forme du jugement qui condamne à être admonêté.* Vu le procès extraordinairement inftruit à la requête de.... complaignant, demandeur & accufateur, le procureur du roi joint, contre.... défendeur & accufé; la plainte, (*il faut énoncer & dater toutes les pièces du procès*) nous déclarons ledit.... duement atteint & convaincu de.... pour réparation de quoi, difons qu'il fera mandé en la chambre, & admonêté; lui faifons défenfes de récidiver ni d'ufer de pareilles voies, fous telles peines qu'il appartiendra; le condamnons en.... livres de dommages & intérêts envers.... & en.... d'aumône applicable aux pauvres de l'hôpital...: & aux dépens du procès.

Celui qui subit cette peine n'est pas noté d'infamie ; divers arrêts l'ont ainsi décidé. Un entr'autres du 30 juillet 1625 a admonété la Roche un des principaux commis du greffe criminel du parlement de ne plus contrevenir aux règlemens concernant sa charge ; ce qui suppose que l'Admonition ne l'empêchoit point d'en continuer les fonctions. On a cité plusieurs arrêts semblables, mais plus modernes, dans une consultation du 11 janvier 1741, qui est imprimée.

On lit néanmoins dans une consultation de MM. Tribard, Milley & Soyer, du 21 février 1743, imprimée chez Paulus Dumesnil, ce qui suit : « un des avocats de Saumur pour un fait » qui avoit trait à la procédure, avoit été admo- » nété par arrêt rendu à la tournelle : les autres » avocats ne voulurent plus faire leurs fonctions » avec lui. Il résista en disant que l'Admonition » n'emportoit aucune note d'infamie ; mais on » lui repliqua que pour exercer une profession à » laquelle la confiance publique étoit continuel- » ment attachée par la correspondance des autres » avocats, dès qu'ils cessoient de persévérer » dans cette correspondance, ils faisoient alors » tomber cette confiance ; & en effet cet avocat » succomba par arrêt de la grand'chambre rendu » sur les conclusions de M. Gilbert de Voisins. »

Plus récemment une sentence du lieutenant-criminel de Lyon ayant condamné le curé de Couzon à être admonété pour diverses prévarications dans ses fonctions, le déclara en même tems incapable de posséder aucun bénéfice à charge d'ames ; une autre sentence de l'official de Lyon ayant aussi condamné ce curé pour les mêmes fautes, à jeûner, à se retirer au séminaire, &c.

le déclara pareillement incapable de posséder aucun bénéfice à charge d'ames : le curé ayant interjeté appel simple & appel comme d'abus de l'une & de l'autre de ces sentences au parlement de Paris, la tournelle par arrêt du 2 décembre 1760, & la grand'chambre par arrêt du 20 juin 1761 ont infirmé les sentences seulement en ce qu'elles déclaroient le curé de Couzon incapable de posséder aucun bénéfice à charge d'ames. La cour a par conséquent jugé que l'Admonition n'emportoit ni infamie, ni incapacité de posséder des bénéfices.

Il y a cela de singulier que dans cette affaire, le défenseur du curé de Couzon n'avoit pas traité la question de l'incapacité, & s'étoit seulement attaché à justifier son client ; c'est d'office que la question a été jugée.

C'est à cause que l'Admonition n'emporte aucune note d'infamie qu'on peut la prononcer sur une simple information sans qu'il soit nécessaire de procéder au récollement & à la confrontation des témoins comme l'ont décidé deux arrêts, l'un du 8 juin 1683, & l'autre du 4 janvier 1706.

C'est par la même raison que l'appel d'une sentence qui ne prononce qu'une Admonition, peut se porter aux enquêtes selon l'arrêté des mercuriales des premier février 1609 & 12 janvier 1611, & selon deux arrêts de règlement des 3 septembre 1667, & 6 août 1720.

On ne peut condamner en même tems au bannissement & à l'Admonition. Cela a été défendu au lieutenant criminel de la justice de la Bussière, par arrêt du 4 décembre 1673.

L'amende jointe à une Admonition ne peut opérer plus que l'Admonition même. Loiseau dans fon traité des offices fait voir que l'amende en matière criminelle n'eft pas infamante par elle-même, & qu'elle ne l'eft que quand elle eft jointe à une peine telle que le blâme, le banniffement ou autre qui emporte note d'infamie. C'eft ainfi qu'il faut entendre l'article 7 du titre 25 de l'ordonnance criminelle de 1670. Au refte en prononçant l'Admonition les juges ne doivent pas condamner à l'amende : cela leur eft défendu par les arrêts des 20 juillet 1708, 26 août 1709, & 3 feptembre 1702.

ADOPTION. Action par laquelle on choifit quelqu'un d'une famille étrangère pour en faire fon propre enfant.

L'Adoption étoit en ufage dans les temps les plus reculés. Elle fut établie pour confoler ceux qui n'avoient point d'enfans naturels.

Chez les Grecs & chez les Romains il étoit néceffaire que l'autorité publique concourût, pour que l'Adoption fût valable; & comme elle étoit une imitation des loix de la nature, les eunuques, les efclaves, les femmes, les imbécilles ne pouvoient pas adopter. Il falloit que celui qui vouloit adopter fût de condition libre, & qu'il eût au moins dix huit ans de plus que l'enfant adoptif.

Dès que l'acte étoit confommé, le père avoit fur le fils adoptif les mêmes droits que le véritable père, & réciproquement. L'Adoption ne devenoit pas nulle par la naiffance d'autres enfans naturels & légitimes.

A Athènes, le père qui avoit un fils adoptif, n'avoit pas la liberté de fe marier fans la permiffion des magiftrats.

A Lacédémone, les actes d'Adoption devoient

être confirmés en préfence du roi ; c'étoit par ce moyen qu'on légitimoit les bâtards.

A Rome, il y avoit deux fortes d'Adoption : l'une qui fe faifoit devant le préteur, & l'autre par l'affemblée du peuple quand la république fubfiftoit, & poftérieurement, par un refcrit de l'empereur.

Pour la première qui étoit celle d'un enfant fous la puiffance paternelle, le père naturel déclaroit devant le préteur qu'il émancipoit fon fils, fe déportoit de l'autorité qu'il avoit fur lui, & confentoit qu'il paffât dans une autre famille.

L'autre Adoption, que l'on appeloit *adrogation*, étoit celle d'une perfonne libre, & qui n'étoit plus fous la puiffance paternelle.

Les enfans adoptifs prenoient les noms, les prénoms & les furnoms de ceux qui les avoient adoptés.

Un plébéien pouvoit bien à Rome adopter un patricien ; mais un patricien ne pouvoit adopter un plébéien.

Chez les anciens Germains, l'Adoption fe faifoit par les armes. C'eft d'après cette coutume que Gontran, roi d'Orléans & de Bourgogne, voulant déclarer majeur fon neveu Childebert, & de plus l'adopter, il lui dit : « J'ai mis ce javelot dans tes mains comme un figne que je » t'ai donné mon royaume ». Et fe tournant vers l'affemblée : « Vous voyez que mon fils Childe- » bert eft devenu un homme ; obéiffez-lui ».

Théodorie, roi des Oftrogoths, dit M. de Montefquieu, voulant adopter le roi des Herules, lui écrivit : « C'eft une belle chofe parmi » nous de pouvoir être adopté par les armes : » car ces hommes courageux font les feuls qui

» méritent de devenir nos enfans. Il y a une telle
» force dans cet acte que celui qui en est l'objet
» aimera toujours mieux mourir que de souffrir
» quelque chose de honteux. Ainsi, par la cou-
» tume des nations, & parce que vous êtes un
» homme, nous vous adoptons par ce bouclier,
» cette épée, ces chevaux que nous vous en-
» voyons ».

Godefroi, duc de la basse Lorraine, fut adopté
en 1096 par l'empereur Alexis, qui le revêtit
de ses habits impériaux.

Baudoin son frère fut adopté par le prince
d'Edesse, qui le fit entrer nu sous sa chemise, &
le serra dans ses bras. C'est de cette manière que
se fait chez les Musulmans la cérémonie de l'A-
doption.

L'Adoption a eu lieu autrefois en France sous
les rois de la première race. L'abbé Trithème
observe dans ses annales qu'en 672 Sigebert,
roi d'Austrasie, adopta Childeric fils de Grimoald,
maire de son palais. Mais cet usage cessa sous la
seconde race ; du moins les capitulaires de Charlemagne n'en font pas mention. La seule coutume de Saintes, article premier, permet une
affiliation, par le moyen de laquelle l'affilié succède en certains cas, même avec les enfans naturels & légitimes ; mais cette disposition singulière est restreinte au ressort de cette coutume.

Quelquefois à la vérité on adopte un étranger à condition qu'il portera le nom & les armes
de celui qui lui donne ses biens par contrat ou
par testament ; mais cet étranger n'est pas pour
cela saisi en vertu de la loi des biens du donateur ou du testateur ; il ne les peut prendre que
comme un donataire entre vifs, ou comme lé-

gataire ou héritier inftitué par contrat ou par teftament. Ce qui fait que cette efpèce d'Adoption ne l'exempte pas de payer les droits feigneuriaux, quoiqu'ils ne foient pas dûs pour mutation en fucceffion directe. Elle ne produit non plus aucune forte de parenté qui puiffe former un empêchement au mariage.

On connoît encore en France une autre forte d'Adoption ufitée pour des enfans orphelins dans les deux hôpitaux de Lyon, l'hôtel-dieu & la charité. Les recteurs de l'hôtel-dieu adoptent les orphelins qui leur font préfentés jufqu'à l'âge de fept ans, & ceux de la charité les adoptent depuis fept ans jufqu'à quatorze. Ces hôpitaux ont été maintenus dans ce droit par différentes lettres patentes des années 1560, 1643 & 1672 qui ont été confirmées par de nouvelles lettres patentes du mois de feptembre 1729, homologuées par arrêt de la cour du 7 feptembre 1731.

Tous les orphelins qui font dans ces hôpitaux ne font pas réputés adoptifs; il n'y a que ceux qui ont été en effet adoptés du confentement de leurs parens les plus habiles à leur fuccéder.

Les recteurs de ces deux hôpitaux en qualité de pères adoptifs des orphelins prennent foin de leurs biens & de leur éducation. Les orphelins adoptés ne peuvent prendre parti en religion, ni contracter mariage fans le confentement des recteurs. Cette puiffance paternelle finit à la majorité des orphelins. S'ils décèdent pendant le cours de l'Adoption, l'hôpital leur fuccède pour une portion conjointement avec leurs frères & leurs fœurs, & au défaut de ceux-ci pour le tout, à l'exclufion des collatéraux & même des frères

& des sœurs qui ont consenti à l'Adoption en âge de majorité. L'hôpital gagne les fruits des biens pendant l'Adoption. Voyez *les instituts de Justinien ; la coutume de Saintes ; le Brun, traité des successions ; Dumoulin, sur la coutume de Paris ; Chopin, sur la coutume d'Anjou*, &c.

ADVENTIFS. On appelle *biens Adventifs* les biens que quelqu'un acquiert par succession collatérale ou par la libéralité de quelque etranger ou enfin par toute autre voie que les successions directes.

Dans la coutume d'Auvergne on appelle aussi *biens Adventifs*, tous les biens qui arrivent à une femme après qu'elle est fiancée. Ces biens n'augmentent pas la dot, & la femme peut en disposer au profit de qui bon lui semble excepté son mari, de l'autorisation duquel elle n'a d'ailleurs pas besoin à cet égard.

Dans quelques-uns des pays de droit écrit, comme au parlement de Bordeaux, on comprend quelquefois sous le terme de *biens Adventifs* tous les biens qui ne font pas partie de la dot de la femme, & qu'elle avoit avant le mariage ou qui lui sont échus depuis : mais la dénomination est impropre à l'égard des biens qu'elle avoit avant le mariage ; ceux-ci doivent être appelés paraphernaux. Au reste on peut dire que quoique tous les biens paraphernaux ne soient pas Adventifs, tous les biens Adventifs sont paraphernaux.

Nous avons des loix qui ne se servent que de l'expression *extra dotem* pour signifier tout à la fois les biens Adventifs & les biens paraphernaux. Voyez *la loi Maritus 95, ff. ad leg. falcid. la loi ubi adhuc 29, cod. de jur. dot. & la loi de his*

his 17, cod. de don. int. vir. & uxor. Voyez auffi l'article PARAPHERNAUX.

ADULTÈRE. C'eſt le crime que commet le mari ou la femme en violant la foi conjugale.

Toutes les nations policées ont eu ce crime en horreur, & toutes l'ont puni ; mais les unes différemment des autres. Ici le mari de la femme coupable étoit juge & exécuteur en ſa propre cauſe : il pouvoit priver de la vie ceux qui lui raviſſoient l'honneur.

Là, on crevoit les yeux au criminel.

Chez les Juifs on lapidoit les deux coupables.

Sous Théodoſe, une femme convaincue d'Adultère fut livrée à la brutalité de quiconque voulut l'outrager. Jugement ridicule, qui violoit les mœurs pour punir la violation des mœurs.

Lycurgue voulut que l'Adultère fût puni comme le parricide ; & cependant il fut un tems où ſuivant Plutarque, l'Adultère fut permis à Lacédémone.

Les anciens Saxons brûloient la femme ; & ſur ſes cendres ils élevoient un gibet, où le complice de ſon Adultère étoit étranglé.

Les Sarmates attachoient avec un crochet les parties coupables ; & ils laiſſoient près du criminel un raſoir avec lequel il étoit obligé de ſe dégager, à moins qu'il ne préférât de mourir dans cette étrange ſituation.

Les Eſpagnols privoient le coupable des mêmes parties.

En Angleterre on coupoit autrefois leȿ cheveux de la femme Adultère, enſuite on la traînoit toute nue, ou du moins dépouillée juſqu'à la ceinture, hors de la maiſon de ſon mari, en préſence de tous ſes parens, & on la fouettoit de ville en ville, jufqu'à ce qu'elle mourut fous les verges : on n'avoit d'égard ni à fon fexe, ni à fa jeuneffe, ni à fa beauté, ni à fa fortune. On pendoit ordinairement à un arbre fon féducteur.

Au royaume de Tunquin, la femme Adultère eft jetée à un éléphant qui l'enlève avec fa trompe, & quand elle eft tombée à terre, il la foule aux pieds jufqu'à ce qu'elle foit fans vie.

Chez les Turcs, on l'enterre à demi, & on la lapide.

A Rome quand les mœurs y étoient en honneur, c'eft-à-dire, dans les premiers tems de la république, l'Adultère étoit jugé au tribunal domeftique, ou du mari outragé, qui affembloit les parens de fa femme, & prononçoit la peine qui lui paroiffoit convenir : elle étoit alors arbitraire : ce tribunal n'empêchoit pas que les coupables ne puffent être accufés publiquement devant le peuple, parce qu'il étoit queftion d'une violation de mœurs; & les mœurs, dans cette république, étoient la bafe fur laquelle s'élevoit l'édifice du gouvernement.

Dans les tems poftérieurs, & après plufieurs variations dans la jurifprudence romaine à ce fujet, l'accufation ceffa d'être publique : elle fut réfervée au mari, qui a feul droit parmi nous d'accufer la femme comme étant le feul offenfé & par conféquent le feul intéreffé.

Il n'y a en France aucune loi contre l'Adultère, fi ce n'eft dans les anciens capitulaires du royaume, où felon les conftitutions de Charlemagne & de Louis le Debonnaire la peine de ce crime doit être capitale. On voit néanmoins par d'autres anciens monumens que l'Adultère étoit autrefois puni du fouet & de l'amende : c'eſt ce qui ſe trouve établi pour les habitans de Villefranche en Périgord, par une ordonnance de l'année 1357 rendue par Charles, fils aîné, lieutenant de Jean I; & par Jean I, en 1350, pour les habitans de Grenade & d'Aiguemorte : une autre ordonnance règla la même choſe en 1362 pour les habitans de Peiſſey & de Mâcon.

La coutume de Saint Sever porte pareillement que *homme & femme trouvés en Adultère* doivent être fuſtigés par la ville tous deux enſemble. La coutume de Bayonne veut que ce crime ſoit puni pour la première fois, de la peine *de courir la ville ſans fuſtigation, & de banniſſement arbitraire de la ville & juridiction ; & pour la ſeconde fois par fuſtigation publique & banniſſement perpétuel.*

On trouve auſſi quelques arrêts qui prouvent qu'anciennement les hommes Adultères étoient punis de la peine du fouet & du banniſſement. C'eſt à quoi furent condamnés le prieur de Charlieu & l'abbé de Saint Front en 1272, & 1290.

D'autres arrêts ont prononcé la peine de mort contre ce crime. Un entr'autres du parlement de Bretagne du 27 octobre 1578 a condamné la demoiſelle Vaugirard pour Adultère avec ſon métayer, à avoir la tête tranchée, & le métayer à être pendu & étranglé.

Aujourd'hui la juriſprudence qui s'obſerve en France eſt qu'à l'égard de la femme Adultère on ſuit *l'authentique ſed hodie* : ainſi on condamne la femme à être authentiquée, c'eſt-à-dire, à être renfermée dans telle communauté ou monaſtère que le mari veut choiſir, pour y demeurer en habit ſéculier l'eſpace de deux années pendant

lesquelles son mari peut la voir & la reprendre
si bon lui semble : & s'il ne la reprend pas ou
qu'il vienne à décéder pendant ce tems, on
ordonne qu'elle sera rasée, voilée & vêtue comme les autres religieuses & filles de la communauté pour y rester sa vie durant & y vivre selon la règle de la maison.

On ordonne aussi communément qu'elle sera
déchue de son douaire, préciput, & autres avantages portés par son contrat de mariage, & que
sa dot appartiendra à son mari pour en jouir par
lui en propriété, à la charge de payer à sa femme une pension telle qu'elle est fixée par le jugement (*).

Lorsque la femme Adultère est pauvre, le

(*) *Arrêt rendu par le parlement de Paris le 27 mars*
1719 sur l'appel d'une sentence du lieutenant criminel du
châtelet. « La cour a déclaré ladite de B.... & le baron de
» G....dûement atteints & convaincus du crime d'Adultère;
» pour réparation de quoi, condamne ladite de B.... à être
» renfermée dans une maison religieuse, telle qu'elle lui sera
» indiquée par son mari, pour y demeurer le tems & espace
» de deux ans en habit séculier, pendant lequel tems ledit
» de B.... son mari pourra la voir, visiter, & icelle reprendre
» dre si bon lui semble; sinon ledit tems passé, & où ledit
» de B.... viendroit à décéder pendant ledit tems, la con-
» damne à être rasée, voilée & vêtue comme les autres reli-
» gieuses ou filles de la communauté, & à y rester sa vie
» durant, pour vivre selon les regles de ladite maison; la
» déclare déchue de tous les droits de communauté, douai-
» re, préciput & autres avantages à elle faits par son contrat
» de mariage; ordonne que sa dot appartiendra à son mari,
» pour, par lui, en jouir en propriété, a banni le baron
» de.... pour cinq ans; le condamne en 2000 livres de ré-
» parations civiles, & en tous les dépens, jusqu'au paye-
» ment desquelles condamnations il gardera prison».

mari peut demander & le juge ordonner qu'elle sera renfermée à l'hôpital, au lieu d'un couvent, pour y être traitée conformémeut aux règlemens faits contre les femmes débauchées.

Une femme condamnée pour crime d'Adultère reste capable de tous les effets civils, parce qu'elle n'a fait ni vœu ni profession. C'est pourquoi si son mari se réconcilie avec elle & la reprend, elle rentre dans tous les droits dont le jugement de condamnation l'avoit privée. Mais elle ne seroit pas fondée à y rentrer, même dans les deux ans après le décès de son mari, en offrant de prouver qu'avant de mourir il étoit sur le point de lui pardonner. C'est ce qui a été jugé par arrêt de la tournelle du 22 août 1725, contre la demoiselle de Richemont femme du sieur Devaux, gendarme de la garde, convaincue d'Adultère & authentiquée par arrêt du 5 octobre 1723. En vain après le décès de son mari mort subitement, elle demanda sa liberté, en rapportant des attestations de la supérieure & de la dépositaire de la communauté où elle étoit renfermée, qui justifioient que le défunt étoit sur le point de lui pardonner & qu'il l'auroit reprise s'il ne fût point mort ; elle ne fut point écoutée.

On a jugé au parlement de Toulouse contre un conseiller, qu'un magistrat qui a fait condamner sa femme pour Adultère ne peut pas la reprendre tant qu'il est magistrat.

Le mari qui retire sa femme du couvent où elle étoit enfermée pour crime d'Adultère, ne peut plus l'accuser dans la suite, si elle vient à retomber dans le même crime.

Une femme condamnée pour Adultère peut

après la mort de son mari en épouser un autre
& par ce moyen obtenir sa liberté : mais ce second mariage ne la fait pas rentrer dans les
droits dont l'a privée le jugement prononcé sur
son crime, & elle n'a aucune action pour réclamer sa dot ou l'exécution de ses conventions matrimoniales. C'est ce qui résulte des arrêts célé-
bres des 19 janvier & 21 juin 1684 rendus en
faveur de Marie Joisel qui étoit enfermée depuis
dix ans pour crime d'Adultère, & que le sieur
Thomé médecin avoit demandée en mariage
après la mort du procureur du roi de Melun son
mari.

L'avocat général Talon qui porta la parole
dans cette affaire dit que la question d'état dont
il s'agissoit, étoit d'autant plus importante que
l'arrêt qui la jugeroit tendroit à faire une loi
dans un cas sur lequel on ne trouvoit pas que
jusqu'alors aucune cour eût prononcé : il observa
que la résistance apportée à la liberté & au mariage de Marie Joisel par les parens & le tuteur
des enfans de son premier lit n'étoit ni juste ni
honnête : qu'une femme condamnée pour crime
d'Adultère ne perdant pas les droits de cité &
étant capable des effets civils, on ne devoit pas
lui interdire le mariage après la mort de son
mari. La cour adopta ces principes : cependant
la question souffroit beaucoup de difficulté, parce
que la révocation d'une peine prononcée en connoissance de cause excède le pouvoir des magistrats ; le droit de faire grâce à une personne condamnée étant une des marques les plus caracté-
ristiques de la souveraineté.

La peine de l'amant d'une femme Adultère est
arbitraire & dépend des circonstances qui accom-

pagnent le crime, & de la qualité des personnes.
Tantôt on le condamne au bannissement, tantôt
à l'amende honorable ou au fouet ou aux galères, & quelquefois à une simple réparation pécuniaire. Guy Pape dit qu'en Dauphiné il y a un
statut qui ne prononce contre les Adultères
qu'une amende de cent écus : mais il n'est plus
suivi si toutefois il l'a été.

Quand c'est la femme qui a séduit l'homme ou
qu'ils se sont séduits l'un l'autre, on prononce
une peine moins sévère contre l'amant, mais
on le punit plus rigoureusement lorsqu'il a séduit
la femme. Au reste on condamne toujours solidairement les coupables aux dépens.

Par arrêt du 31 août 1552, le nommé Vernier
de Montbrisson fourrier du grand-conseil, convaincu d'Adultère avec la femme du sieur Gaillot commissaire examinateur au châtelet de Paris,
a été condamnée à faire amende honorable *in
figuris*, à un bannissement perpétuel, à 200 livres
d'amende envers le roi & à 400 de dommages
& intérêts envers Gaillot.

Par un autre arrêt du 27 octobre 1605, un
particulier qui avoit débauché une femme mariée
& l'avoit retenue chez lui six ou sept mois, a été
déclaré indigne de posséder à l'avenir aucun
office, & condamné à un bannissement de cinq
ans hors du royaume, à quatre mille livres d'a-
mende & à 6000 livres d'intérêts civils.

Suivant le droit canon, le clerc coupable d'A-
dultère doit être déposé & renfermé le reste de
ses jours dans le monastère le plus rude. Mais
dans les tribunaux séculiers on punit les ecclésiastiques comme les autres particuliers de peines

arbitraires, selon la qualité du délit & la condition des personnes.

Quand l'Adultère est accompagné de vol fait au mari, de rapt, d'inceste, de sacrilège, &c. on le punit du dernier supplice. Par arrêt du 17 juin 1516, le parlement de Rouen a condamné un nommé Monguet à être pendu pour avoir enlevé une femme & avoir pris plusieurs effets de la communauté. Un prêtre Adultère qui pour corrompre une femme avoit eu recours à des moyens que l'on appeloit alors sortilèges, fut condamné par arrêt du parlement d'Aix du 18 novembre 1616, à être pendu & ensuite brûlé.

La qualité des personnes contribue aussi à rendre l'Adultère plus ou moins criminel; & lorsque l'inégalité des conditions est très-considérable on le punit du dernier supplice.

En 1314, Philippe & Gauthier de Launoi frères & gentilshommes de Normandie, accusés & convaincus d'Adultère avec les femmes des enfans du roi Philippe-le-Bel, furent par arrêt du parlement, le roi y séant, condamnés à être écorchés vifs, à être ensuite traînés dans la prairie de Maubuisson nouvellement fauchée, & à avoir les membres coupés & pendus à un gibet: les princesses coupables furent condamnées à une prison perpétuelle. Marguerite, l'une d'elles, périt en prison; Blanche fut répudiée dans la suite sous prétexte de parenté, & Jeanne femme de Philippe-le-long fut tirée de prison au bout d'un an par son mari qui voulut bien la reconnoître pour innocente & la reprendre avec lui : *en quoi*, dit Mezeray, *il fut plus heureux ou du moins plus sage que ses deux frères.*

On a un autre exemple d'un supplice atroce dans l'arrêt prononcé en 1329, contre René de Mortemer convaincu d'Adultère avec Isabelle de France reine d'Angleterre. Il fut condamné à être traîné dans les rues de Londres sur un bahut; on le mit ensuite sur une échelle au milieu de la place où on lui coupa les parties naturelles qui furent jetées au feu, après quoi il fut écartelé & ses membres envoyés dans les quatre principales villes d'Angleterre.

Selon les loix romaines, le domestique coupable d'Adultère avec la femme de son maître doit être condamné au feu : parmi nous la potence est le supplice qu'on lui fait subir. Divers arrêts en fournissent des exemples : un entr'autres du mois de mai 1557 a condamné un garçon de cabaret à être pendu pour avoir commis Adultère avec sa maîtresse endormie.

Cependant si la maîtresse avoit séduit le domestique ou qu'il n'y eût pas une différence considérable dans les conditions, la peine pourroit être modérée à celle des galères ou du bannissement selon les circonstances.

Ce qui vient d'être dit des domestiques doit aussi s'appliquer aux clercs & aux commis qui auroient commerce avec les femmes des gens de justice ou de finances auxquels ils sont attachés. C'est d'après ce principe que par arrêt du 28 février 1553, le clerc du sieur la Côte conseiller a été condamné à être pendu pour Adultère commis avec la dame la Côte.

Un juif coupable d'Adultère avec une femme chrétienne feroit puni plus sévèrement qu'un autre particulier. Julius Clarus prétend qu'il faudroit le condamner aux galères perpétuelles.

Si pour commettre le crime d'Adultère, un médecin abusoit de la confiance que le mari seroit obligé d'avoir en lui à cause de sa profession, il pourroit être condamné au dernier supplice.

Selon l'opinion des jurisconsultes, le seigneur de fief qui commet Adultère ave la femme de son vassal doit perdre son droit de fief, & le vassal doit alors relever du seigneur suzerain : si au contraire le vassal commet Adultère avec la femme de son seigneur de fief, il doit perdre son fief par commise ; peine que Dumoulin étend au commerce illicite que le vassal peut avoir avec la fille, la bru, la petite fille & même avec la veuve du seigneur dominant.

Nous avons dit précédemment qu'on adjugeoit communément au mari la propriété de la dot de la femme Adultère, mais cette règle est sujette à plusieurs exceptions.

1°. S'il y a des enfans du mariage actuel de la femme, sa dot doit leur être conservée parce qu'il ne seroit pas juste qu'ils souffrissent du crime de leur mère & que leur père en profitât à leur préjudice.

2°. S'il y a des enfans d'un premier lit, on ne doit adjuger au second mari à cause de l'Adultère de sa femme, qu'une part égale à celle de l'enfant le moins prenant, ce qui est conforme à l'édit des secondes nôces.

3°. Si le mari tue sa femme, quoique surprise en Adultère, il perd tous les avantages qu'elle peut lui avoir faits tant par contrat de mariage que par testament.

Nous remarquerons à ce sujet que quoiqu'il ne soit pas permis en France à un mari de tuer sa femme ni celui qu'il surprend en flagrant délit avec elle, cependant lorsque cela arrive il obtient facilement des lettres de rémission ; ce qui ne seroit pas s'il tuoit les coupables autrement qu'en flagrant délit.

4°. Si le mari a favorisé la débauche de sa femme, la dot de celle-ci ne doit pas lui être adjugée.

5°. Si celui qui a constitué la dot a stipulé que dans le cas où la femme viendroit à mourir sans enfans la dot lui retournera, l'Adultère de la femme ne peut empêcher l'effet de cette stipulation, parce que le droit du donateur a été établi avant que le crime ne fût commis.

A l'égard des biens paraphernaux, le mari de la femme Adultère n'est pas en droit de les demander, quand même il n'y auroit point d'enfans : ses prétentions ne peuvent se porter au-delà de la dot, parce que les loix pénales ne doivent point recevoir d'extension.

Quoique dans nos mœurs il n'y ait contre les maris Adultères aucune peine afflictive ou infamante, on prétend néanmoins que celui qui l'est ne peut pas accuser sa femme d'Adultère ou du moins que celle-ci peut faire cesser l'action en usant de récrimination & en opposant à son mari le même crime que celui dont il l'accuse.

Plusieurs auteurs croient aussi que la femme du mari Adultère peut intenter contre lui l'action d'Adultère, non par la voie criminelle pour le faire punir, mais par la voie civile pour obtenir une séparation de corps & de biens, & le faire priver de la dot & des autres avantages qu'elle a pu lui faire par contrat de mariage. Mais d'autres pensent que si la femme n'alléguoit que ce feul moyen, elle ne feroit point écoutée, & qu'il faut pour que fon action foit admife, que l'Adultère foit accompagné de fcandale, ou de mauvais traitemens, diffipation & autres chofes femblables. Cette dernière opinion eft fuivie dans les tribunaux du royaume.

Lorfque l'Adultère avec la femme a été commis contre fon gré & par violence elle n'eft point coupable ni par conféquent fujette à aucune peine, mais il faut que la violence foit prouvée.

L'erreur eft auffi une excufe légitime dans la femme : ainfi lorfque par furprife un autre que fon mari a eu commerce avec elle, on ne doit pas la punir, parce que c'eft la volonté qui fait le crime : mais il faut que la femme prouve l'erreur, parce que la préfomption eft contre elle.

Si la femme ayant de fortes raifons pour croire fon mari mort, s'abandonnoit à un autre, elle ne pourroit pas non plus être pourfuivie comme coupable d'Adultère, ou du moins elle ne feroit pas punie d'une peine auffi févère que celle que l'on a coutume de prononcer contre ce crime. Et fi croyant fon mari mort elle fe remarioit de bonne foi à un autre, l'accufation d'Adultère ne feroit à plus forte raifon pas recevable contre elle, comme l'a jugé un arrêt du mois de juillet 1670, rapporté au journal des audiences.

La femme n'eft pas non plus puniffable lorfque fon mari a donné lieu lui-même à l'Adultère en le favorifant.

Les mauvais traitemens du mari envers fa femme peuvent faire diminuer la peine de l'Adultère, parce qu'il peut en quelque forte en être regardé comme la caufe.

Lorsque le mari a continué d'habiter avec sa femme après l'avoir surprise en Adultère, il ne peut plus l'accuser parce qu'il est censé avoir pardonné l'injure : il en est de même lorsqu'après avoir eu connoissance du crime il s'est réconcilié avec elle.

Il y a plus : c'est que la reconciliation du mari avec la femme poursuivie pour Adultère, empêche qu'il ne puisse continuer son action contre le complice de sa femme pour le faire condamner à des dommages & intérêts. Cela a été ainsi jugé par arrêt du 7 juillet 1691.

Au reste cette reconciliation n'a d'effet que pour le crime antérieur ; & dans le cas où la femme viendroit à commettre un nouvel Adultère, le mari seroit fondé à la poursuivre, comme l'a décidé un arrêt du 14 décembre 1675 rapporté par Boniface.

Celui qui a eu commerce avec une femme mariée qu'il croyoit fille ou veuve, n'est pas punissable comme Adultère lorsque son ignorance paroit plausible.

On ne punit pas non plus comme les autres Adultères, celui qui a commerce avec une femme mariée, mais qui s'abandonne à toutes sortes de personnes.

Nous avons dit qu'en France le mari seul pouvoit accuser sa femme d'Adultère : cette maxime y est tellement observée que par arrêt du 18 juillet 1665, il a été jugé qu'un père ne pouvoit malgré son fils accuser sa belle-fille d'Adultère.

Les héritiers du mari ne peuvent pas non plus intenter l'accusation d'Adultère contre sa femme lorsqu'il ne s'est pas plaint lui-même de son vivant. Ils seroient pareillement non-recevables à objecter l'Adultère par forme d'exception, à la femme qui demanderoit ses reprises & conventions matrimoniales, comme l'ont jugé deux arrêts des 9 mai 1585, & 14 mai 1620. Il y a même un arrêt du parlement de Bretagne du 7 juin 1725, par lequel les héritiers d'un mari ont été condamnés à partager la communauté avec sa femme, qu'il avoit fait enfermer pendant cinq ans à l'hôpital des Repenties de S. Malo pour sa mauvaise conduite ; quoiqu'ils avançassent que depuis que son mari l'avoit reprise, elle s'étoit retirée à Paris avec un invalide dont elle avoit eu des enfans durant un voyage dans lequel son mari étoit mort.

Cependant lorsque le mari a de son vivant accusé sa femme d'Adultère, ses héritiers peuvent reprendre l'instance & la faire juger, mais ils ne peuvent pas conclure à la peine de l'authentique ; cette action pénale est éteinte par la mort du mari. C'est ce qui résulte de l'arrêt du parlement de Paris rendu le 5 janvier 1680 entre les héritiers du sieur de Courcelles & la dame Marie Sidonia de Lénoncourt sa veuve. Le sieur de Courcelles ayant accusé sa femme d'Adultère mourut avant le jugement du procès ; & ses héritiers ayant continué les poursuites contre cette dame, l'arrêt cité la condamna envers eux pour Adultère commis avec le sieur Jacques de Rostain, à 60 mille livres de dommages & intérêts, & en outre à deux mille livres d'aumône, 500 livres d'amende & aux dépens : elle fut aussi déclarée déchue de ses conventions matrimoniales, douaire, préciput & part dans la communauté, mais elle conserva sa liberté.

Par arrêt de la grand'chambre du parlement de Paris, du 16 juillet 1678, il a été jugé sur les conclusions de M. de Lamoignon avocat général, que le tuteur d'une mineure peut en sa qualité de tuteur reprendre l'instance & l'accusation d'Adultère intentée contre la mère de cette même mineure par son père. Il faut néanmoins convenir qu'en général de pareilles poursuites doivent être vues d'un œil peu favorable.

Il a aussi été jugé par différens arrêts que les héritiers du mari peuvent par forme d'exception, opposer avec succès à sa veuve que lorsqu'il vivoit elle s'est rendue coupable d'Adultère, & qu'ainsi elle est indigne des donations, legs, & autres libéralités qu'il lui a faits : mais cette exception seroit insuffisante pour faire priver la femme de sa dot & de ses conventions matrimoniales.

Pareillement si la femme étoit remariée en secondes noces & que son mari fût encore vivant, il ne seroit pas juste que les héritiers du premier mari fussent admis à prouver que cette femme a vécu dans la débauche pendant la vie de son premier mari ; surtout s'ils n'opposoient cette exception qu'après un longtems & après une procédure sur la demande du douaire formée par la femme. Cela a été ainsi jugé par arrêt du 9 mai 1585.

Cependant il a été jugé par arrêt du 5 avril 1599, que la preuve d'Adultère étoit admissible pour faire annuller un legs fait à une servante qui avoit occasionné un divorce entre le testateur & sa femme, quoique la servante se fût mariée depuis le décès du testateur & qu'une telle preuve ne pût se faire par l'héritier sans blesser la mémoire du défunt. La cour imagina que ce qui tendoit à l'honnêteté publique surpassoit l'intérêt particulier, & qu'il étoit à propos, pour réprimer un vice trop fréquent dans le royaume, d'apporter des obstacles à tout ce qui pouvoit l'entretenir.

C'est d'après les mêmes principes que par arrêt du 17 Mai 1736, les héritiers du sieur Forestier ont été admis à prouver qu'il avoit vécu en mauvais commerce avec Françoise la Gogue qu'il avoit instituée sa légataire universelle, quoique Jean Thiboust son mari ne se fût jamais plaint.

Au reste pour qu'un autre que le mari puisse être reçu à faire usage du moyen d'Adultère, il faut au moins un commencement de preuve. C'est ce qui a été jugé par arrêt du 19 août 1758, en faveur du sieur Kornman, banquier à Paris. Dans cette affaire, Gabrielle Toubille qui étoit mariée, avoit institué le sieur Kornman pour son légataire universel. Elle avoit laissé pour héritières deux sœurs contre lesquelles il demanda la délivrance de son legs. L'une des deux le soutint incapable de profiter du legs, à cause des liaisons criminelles, & du commerce d'Adultère dans lequel il avoit vécu, depuis plusieurs années, avec la testatrice : elle articuloit sur cela les faits les plus précis.

L'autre sœur acquiesçoit au testament, qu'elle disoit devoir être bien plutôt regardé comme le payement d'une dette légitime que comme une libéralité. Elle protestoit même de se pourvoir contre son autre sœur, pour la faire déclarer

clarer indigne de profiter du legs particulier que lui avoit fait la défunte.

À l'égard du sieur Kornman, il nioit le commerce adultérin, & soutenoit que n'en rapportant aucune preuve, la sœur de la défunte ne pouvoit pas l'opposer ; que cette action, n'appartenoit qu'au mari, &c. Par sentence du Châtelet confirmée par l'arrêt cité, l'exécution du testament fut ordonnée.

Un autre arrêt du 19 mai 1722 avoit jugé que les héritiers d'un testateur ne pouvoient être admis à faire preuve du commerce adultérin du défunt avec la légataire lorsque le mari de celleci ne se plaignoit pas de sa conduite, & qu'il n'y avoit point de scandale, ni de soupçons violens contre la légataire.

Quoique la vengeance de tous les crimes appartienne en général aux gens du roi, ils ne sont néanmoins pas reçus à intenter l'accusation d'Adultère contre une femme, lorsque le mari ne s'en plaint pas. Divers arrêts des années 1558, 1563, 1575, 1608, 1642, & 1680 l'ont ainsi jugé.

Cependant si le mari favorisoit la débauche de sa femme, le ministère public pourroit agir pour faire punir l'un & l'autre comme l'ont décidé les arrêts des premier juillet 1606, & 24 juin 1671. Mais alors on n'inflige point à la femme la peine ordinaire des Adultères, on là punit comme les autres femmes débauchées & le mari comme coupable de maquerellage.

Quoique les héritiers du mari puissent suivre l'accusation d'Adultère par lui intentée, lorsqu'il vivoit, ils n'y sont néanmoins pas obligés & ils peuvent s'en désister. Cela a été ainsi jugé par

arrêt du 7 juillet 1755 dans la caufe de la dame
du Belloi accufée d'Adultère avec un prêtre
nommé Bérard.

Par le droit Romain il n'étoit pas permis de
tranfiger fur le crime d'Adultère, mais aujour-
d'hui ces tranfactions font autorifées non-feulement entre le mari & la femme, mais encore
entre le mari & le complice de fa femme. Il a
même été jugé par arrêt du parlement de Rouen
du 8 mars 1678, qu'une femme qui fur une pareille accufation avoit tranfigé avec fon mari &
renoncé à fon douaire, ne pouvoit fe faire reftituer contre cette renonciation.

Au refte ces fortes de tranfactions ne peuvent
préjudicier aux droits & hypothèques acquis
aux créanciers du mari fur les biens à lui attribués par la condamnation de fa femme. C'eft
ce qui a été jugé par arrêt du parlement de Grenoble du 11 Juillet 1653.

Les Adultères ne peuvent fe faire aucune donation, foit entre-vifs, foit teftamentaire, foit
directe ou indirecte. Ils ne peuvent pas même
fe donner ni fe léguer des alimens comme cela
fe permet quelquefois aux concubinaires. Divers
arrêts l'ont ainfi décidé.

La donation faite par un Adultère à fes enfans adultérins eft parcillement nulle, comme l'a
jugé l'arrêt du 26 avril 1635 rapporté par Bardet. Cependant fi la donation étoit modique &
faite pour tenir lieu d'alimens elle feroit autorifée. Le parlement de Provence a même, par
arrêt du 5 mai 1667, déclaré capables de legs
les enfans adultérins & leurs defcendans, quand
ces legs ne font ni exceffifs ni préjudiciables aux
enfans légitimes du défunt.

Un autre arrêt du parlement de Touloufe du mois de décembre 1678, a réduit a de fimples alimens, des libéralités faites a une fille adultérine par fon père & fa mère en la mariant.

Les enfans adultérins font même bien fondés à demander à leur père & à leur mère des alimens comme l'a décidé l'arrêt du 27 février 1688, qui fur une pareille demande a adjugé à un bâtard adultérin deux cens livres de penfion viagère.

Quand un enfant adultérin a été légitimé par le prince, il peut fuccéder aux honneurs, dignités, charges, &c. & aux biens fpécifiés dans les lettres de légitimation, mais non aux autres. Cela a été ainfi décidé par arrêt du parlement de Provence du 27 avril 1654.

Deux perfonnes qui ont vécu enfemble en Adultère ne peuvent jamais s'époufer. Divers arrêts l'ont ainfi jugé, entr'autres celui du 25 juin 1655 rapporté par Defmaifons, & celui du 14 juillet 1679 cité par Bafnage.

Les complices qui ont favorifé l'Adultère doivent être punis comme ceux qui ont commis ce crime.

L'action du mari contre la femme pour crime d'Adultère fe prefcrit par cinq ans qui courent du jour du crime commis.

La même prefcription de cinq ans a lieu à l'égard de celui qui a commis l'Adultère avec la femme : il ne peut plus être pourfuivi après ce tems; ce qui eft une fuite de ce que l'action que le mari a contre lui eft inféparable de celle qu'il a contre fa femme. Mais cette prefcription s'interrompt par la plainte rendue dans les cinq ans, à la différence de ce qui fe pratique à l'égard des crimes dont la prescription ne s'acquiert que par vingt annéees. Cela a été ainsi établi par M. Joli de Fleuri lors de l'arrêt du 12 Mai 1711 rapporté au journal des audiences.

Quoique l'action d'Adultère se prescrive par cinq ans, elle n'est néanmoins pas prescrite par ce tems lorsqu'on oppose l'Adultère par voie d'exception.

Si l'Adultère avoit été commis par violence contre la femme, le crime du coupable ne se prescriroit que par vingt années.

La preuve de l'Adultère peut se faire non-seulement par des témoins qui ont vu commettre le crime, mais encore par des indices & des présomptions. Ceci est fondé sur la difficulté qu'il y a d'avoir des preuves dans cette espèce de délit. Mais une seule présomption ne suffit pas, il en faut plusieurs & même il faut que ce soit des présomptions fortes & violentes.

Ces présomptions sont 1°. quand on a vu l'amant & la femme se promener souvent ensemble seuls dans des endroits retirés.

2°. Quand on a vu l'amant parler plusieurs fois en secret à la femme, lui faire des présens, &c.

3°. Quand on l'a vu aller souvent la nuit rendre des visites à la femme, ou pendant le jour lorsque le mari étoit absent.

4°. Quand on a vu l'amant & la femme s'enfermer ensemble tête à tête, s'embrasser, &c.

5°. Si l'amant accusé avoue qu'il a commis l'Adultère, & que la femme au contraire nie le fait, la déclaration du coupable qui avoue son crime, forme un indice considérable contre la femme.

6°. Les domestiques & les parens sont admis à déposer en matière d'Adultère, mais leurs témoignages ne forment qu'un indice & non une preuve complette.

Dupré danseur à l'opéra étant rentré chez lui à une heure après minuit, trouva sa femme & un particulier qui sortoient du lit en chemise. Ils avoient été éveillés par la voix d'un petit chien qui aboya lorsqu'il entendit son maître rentrer. Dupré en conséquence intenta l'accusation d'Adultère contre sa femme. Il n'y avoit d'autres témoins qu'un ami du mari, le laquais de la maison & la cuisinière. Mais la présomption parut si forte qu'elle détermina la cour à confirmer par arrêt du 31 juillet 1745, la sentence par laquelle le châtelet de Paris avoit condamné la femme de Dupré aux peines de l'authentique.

C'est au juge du domicile du mari à connoître de l'accusation d'Adultère, parce que le mari est le seul qui puisse intenter cette action contre sa femme. Celle-ci ne seroit pas fondée à demander son renvoi devant le juge du lieu du délit.

Quoique le droit de prendre des conclusions pour faire infliger les peines établies contre les crimes, réside dans la personne des procureurs du roi ou des seigneurs, qui font seuls les ministres de la vengeance publique; cependant en matière d'Adultère, le mari peut conclure contre sa femme à la peine prononcée par les loix; ce qui est particulier à cette espèce d'action.

Lorsque sur l'accusation d'Adultère la femme accusée prétend qu'il n'y a point de mariage contracté entre elle & l'accusateur ou qu'il est nul, il faut avant tout décider cette question, parce que s'il n'y avoit point de mariage l'action feroit fans fondement.

Le mari qui fait publier des monitoires pour crime d'Adultère contre fa femme, ne doit énoncer que les faits néceffaires à fa preuve fans employer le terme d'Adultère. Cela a été ainfi jugé par deux arrêts du parlement de Rouen des 2 mai 1553 & 21 février 1676.

Pendant l'inftruction du procès le mari doit fournir des alimens à fa femme. Divers arrêts l'ont ainfi jugé, entr'autres un du 21 juin 1758 rendu au parlement de Paris fur les conclufions de M. Seguier. Non-feulement cet arrêt a adjugé une provifion alimentaire à la femme quoiqu'accufée d'incefte en même tems que d'Adultère avec le curé de la paroiffe frère de fon mari, mais il eft encore remarquable en ce qu'il a autorifé les accufés à emprunter fur leurs biens ou à en vendre jufqu'à concurrence de 1500 livres pour fournir aux frais de leur défenfe & à l'inftruction de l'accufation en fubornation des témoins entendus contre eux.

Lorfque dans une accufation d'Adultère les conclufions du miniftère public tendent à ce que la femme foit authentiquée, l'ufage eft d'interroger la femme fur la fellette, parce qu'on regarde cette peine comme afflictive.

Il a été jugé par arrêt du 12 août 1672, que l'appel interjeté par le mari d'une fentence rendue fur une accufation d'Adultère, ne devoit point être porté aux enquêtes mais à la tournelle, parce que cet appel a le même effet que l'appel *à minimâ* interjeté par le miniftère public.

Il faut auffi remarquer que quand la femme a été condamnée par fentence aux peines de l'authentique, il lui eft libre d'appeler ou de ne pas appeler , parce que dans ce cas l'appel n'a pas lieu de droit comme pour les autres peines afflictives, qu'on ne peut pas faire subir au condamné que la sentence n'ait été confirmée par la cour supérieure. Voyez *le recueil des ordonnances du Louvre ; Guénois, conférence des coutumes , & dans ses notes sur les institutions forenses d'Imbert ; l'authentique* sed hodie, *au cod. ad leg. jul.* de adulteriis; *Coquille en ses instit. du droit françois ; Brodeau sur Louet ; Duplessis sur la coutume de Paris ; le Bret en ses décisions ; le journal des audiences ; Papon en ses arrêts ; les œuvres de Henrys ; le traité de la justice criminelle de France ; Mezeray, abrégé de l'histoire de France, dans la vie de Philippe le Bel ; la Rocheflavin ; Balde, sur la loi* hac edictali; *Graverol sur la Rocheflavin ; Tiraqueau , en son traité* de legibus connubiorum; *les arrêts de Boniface ; les arrêts de Boughier ; le journal du parlement de Bretagne ; Montholon, en ses arrêts ; la collection de jurisprudence ; Renusson, traité du douaire ; Mornac , sur la loi* fratres 27 , cod. de inoff. testam. *la loi* transigere au cod. de transact. *Peleus , en ses questions illustres* , &c. Voyez aussi les articles MARIAGE, PROSTITUTION , MAQUERELLAGE , ALIMENS , BATARD , &c.

ADULTÉRIN. On appelle ainsi les enfans qui sont nés d'un adultère. Les *Adultérins* sont plus odieux que les bâtards. Le droit romain alloit jusqu'à leur refuser la qualité d'enfans naturels , comme si la nature les eût désavoués. Justinien avoit même réglé que ces sortes d'enfans ne seroient pas reçus à demander des alimens à leurs pères ni à leurs mères ; mais cette loi étoit injuste, parce que c'étoit condamner à mort ces innocentes créatures, ou condamner le public à les nourrir. Ces dispositions ne sont pas suivies parmi nous ; les pères & les mères des *Adultérins*, sont obligés de leur fournir des alimens, jusqu'à ce qu'ils puissent gagner leur vie, ce qui est conforme au droit canon.

Le mariage subséquent des adultères ne légitime pas les enfans *Adultérins* qui sont incapables de posséder des bénéfices, si, par la toute puissance du prince, ils ne sont légitimés. Voyez *la novelle 89 de Justinien ; Louet & son commentateur*, &c. Voyez aussi les articles ADULTÈRE, LÉGITIMATION, &c.

ÆSUSTUM. C'est une substance dont les chirurgiens font usage.

L'*Æsustum* doit à l'entrée des provinces des cinq grosses fermes, selon le tarif de 1664, quatre livres par cent pesant, non compris les sous pour livre dont nous parlons à l'article SOU. Voyez ce tarif & les articles ENTRÉE, SORTIE, DROGUERIE, MARCHANDISE, &c.

AFFAIRE. Contestation ou procès qu'on a avec quelqu'un en quelque juridiction que ce soit, tant en matière civile que criminelle.

Ce terme s'emploie aussi pour signifier toutes les choses qui concernent la fortune & les intérêts du public & des particuliers.

Les affaires criminelles doivent être jugées par préférence à toutes les autres, non-seulement parce qu'il est de l'intérêt public que les crimes soient promptement punis, mais encore parce que si un accusé est innocent il ne peut être trop tôt absous.

Les anciens canons ordonnoient que toutes les affaires portées au tribunal de l'église, fussent terminées par le concile de la province, de la

décifion duquel il n'y avoit point d'appel. Le
concile de Sardique de l'an 347, accorda d'abord
au pape le droit de faire examiner dans un nouveau concile les affaires des évêques qui avoient
été condamnés. Les papes ayant fait recevoir ce
décret, quoiqu'avec peine, par toutes les églifes d'occident, ils s'en fervirent comme d'un
moyen pour s'attribuer les appellations des jugemens rendus, même fur les affaires les moins
confidérables. Ils poufferent enfuite leurs prétentions jufqu'à vouloir juger les appellations par
eux ou par les officiers de leur cour, à évoquer
les affaires eccléfiaftiques qui étoient pendantes
dans les tribunaux inférieurs; à recevoir les appellations avant qu'on eût paffé par tous les
degrés des autres juridictions & quelquefois jufqu'à vouloir connoître des plus petites affaires
en première inftance. Cette multitude d'affaires
& ces entreprifes fur la juridiction des évêques
& des métropolitains, dont faint-Bernard repréfente fi vivement les inconvéniens au pape Eu-
gene III ; confumoient en frais les parties qui
étoient obligées d'aller plaider à Rome, favori-
foient les injuftices de ceux qui croyoient leurs
parties adverfes hors d'état de foutenir ces dépenfes, & faifoient paffer à Rome l'argent des
pays étrangers : d'ailleurs les Affaires ne pouvoient être auffi bien inftruites que fi elles euffent
été jugées fur les lieux, à caufe de l'éloigne-
ment, de la difficulté de produire les pièces, &
de la multitude des procès dont la cour de Rome
étoit accablée. Le concile de Bafle chercha des
moyens pour arrêter ce défordre, & il en trouva
deux, qui en rendant aux juges inférieurs leur
juridiction, & en confervant au pape fon auto-

rité ancienne fur les appels, ont tout remis dans
l'ordre naturel. Le premier de ces moyens fut
d'ordonner que le pape ne pourroit connoître en
première inftance des Affaires eccléfiaftiques,
& que l'on n'appelleroit au faint-fiége qu'après
avoir paffé par tous les degrés des juridictions
inférieures, comme de l'évêque au métropolitain, du métropolitain au primat, & du primat
au pape. Le fecond moyen ordonné par le concile de Bafle, fut qu'en cas d'appel au faint-fiége,
le pape nommeroit fur les lieux des juges délégués pour juger les appellations. Ces décrets
du concile furent acceptés avec joie par l'églife
gallicane qui s'étoit oppofée le plus qu'il lui
avoit été poffible, à ce que les Affaires de
France fuffent jugées hors du royaume, &
qui avoit vu avec peine que plufieurs règlemes
faits fur ce fujet n'avoient point eu d'exécution.
Ces mêmes décrets furent inférés dans la pragmatique & dans le concordat; & ils font à préfent la loi de l'églife de France.

Autrefois on publioit au prône plufieurs pièces qui concernoient les Affaires temporelles:
à préfent ces publications ne fe font plus pendant
le fervice divin, mais à la porte de l'églife de la
paroiffe, quand on fort de la meffe paroiffiale;
ceci a même lieu pour les Affaires du roi &
pour tous les cas dans lefquels les coutumes ou
les anciennes ordonnances vouloient que la publication fe fît pendant la meffe paroiffiale. C'eft
une marque du refpect qu'on doit aux myftères
de la religion, de ne point détourner les fidèles
de l'attention qu'ils doivent y apporter, pour
les occuper d'Affaires profanes.

On ne doit pas regarder comme Affaires profanes pour lesquelles il ne faut pas interrompre le service divin, la publication des bancs de mariage, & celles que les Curés doivent faire de trois mois en trois mois de l'édit du roi Henri II, contre les femmes qui cèlent leur grossesse, & dont les enfans meurent sans baptême & sans sépulture ecclésiastique; car il y a du spirituel joint au temporel dans ces publications.

Les Affaires qui regardent plus l'intérêt public que celui des particuliers, ne peuvent être terminées par des compromis. Ainsi dans les appellations comme d'abus, il n'est permis ni de compromettre, ni de transiger sans le consentement des gens du roi; parce que les contraventions aux saints décets, aux ordonnances de nos rois, & aux libertés de l'église gallicane intéressent le public. Il en est de même des compromis sur les Affaires criminelles : les gens du roi dans les tribunaux séculiers & les promoteurs dans les officialités, sont les principales parties des accusés; & les transactions que ceux-ci peuvent faire avec les parties civiles, ne doivent point empêcher le ministère public d'agir.

Le 18 août 1629, on jugea au parlement de Paris qu'une sentence arbitrale sur une Affaire criminelle étoit nulle : on déchargea l'accusateur, qui étoit appellant, de la peine portée par le compromis, & on renvoya les parties par devant le juge qui devoit connoître du crime. L'arrêt est rapporté dans le troisième livre du recueil de Bardet.

Les Affaires criminelles ne doivent point être jugées de relevée ni les dimanches & fêtes que l'église célèbre.

. Les lois civiles n'obligent personne à prendre

foin des Affaires d'autrui, excepté ceux qui en font chargés par quelque devoir particulier comme les tuteurs, les curateurs & autres administrateurs : mais celui qui s'engage volontairement à prendre foin de l'Affaire d'un autre n'eſt plus le maître de l'abandonner, & il doit continuer ce qu'il a commencé juſqu'à ce qu'il l'ait achevé, ou que la perſonne intéreſſée ſoit en état d'y travailler elle-même. En un mot il tient lieu d'un procureur conſtitué. C'eſt pourquoi il devient reſponſable du préjudice qui peut être cauſé non-ſeulement par ſa mauvaiſe foi, mais même par un défaut de ſoin de ſa part.

Si celui qui a entrepris la conduite des Affaires d'un abſent en néglige une partie, & que ſon engagement en éloigne d'autres perſonnes qui auroient pu y pourvoir, il doit répondre du dommage ſelon les circonſtances.

Lorſque celui qui fait les Affaires d'un abſent entreprend ſans néceſſité quelque Affaire nouvelle que rien n'obligeoit l'abſent d'entreprendre, comme s'il achette pour lui des marchandiſes ou qu'il l'intéreſſe dans quelque commerce, il ſupportera ſeul les pertes qui pourront arriver, quoique ſi par l'évènement il y avoit du profit, il ſeroit pour l'abſent. Cependant ſi dans la même Affaire il ſe trouvoit de la perte d'une part & du profit de l'autre, le profit s'emploiroit à diminuer la perte de celui qui auroit entrepris l'Affaire.

Celui que rien n'oblige à ſe mêler des Affaires d'un autre, peut ſe borner à une & s'abſtenir des autres s'il n'y a pas de connexité entr'elles. Il n'eſt d'ailleurs pas tenu des cas fortuits & des autres évènemens qui pourroient rendre inutiles ſes bons offices.

. Si la perſonne pour laquelle un particulier a entrepris une Affaire, vient à mourir avant que l'Affaire ſoit conſommée, ce particulier fera obligé de continuer ſes opérations pour l'intérêt des héritiers ou des autres perſonnes que l'Affaire pourra concerner. C'eſt une fuite de l'engagement qu'il a pris & qu'il faut conſidérer dans ſon origine indépendamment des changemens de maître qui peuvent arriver.

- Lorſque dans l'adminiſtration des Affaires d'un abſent il reſte entre les mains de celui qui a géré, des deniers qu'il emploie à ſon profit, ou qu'il néglige d'employer au profit de l'abſent; en acquittant par exemple, une dette produiſant des intérêts, il peut être obligé de payer l'intérêt de ces deniers à proportion du tems qu'il les aura gardés.

Si quelqu'un par erreur a géré une affaire qu'il croyoit être celle de ſon ami, mais qui étoit l'Affaire d'une autre perſonne, il ſe forme un engagement entre lui & cette perſonne comme ſi la vérité de la choſe lui eût été connue.

Quoique ceux qui s'ingèrent dans les Affaires d'autrui ſoient régulièrement tenus, comme on l'a dit, d'en prendre un ſoin très-exact, cependant ſi les circonſtances etoient telles qu'il y eût de la dureté d'exiger un tel ſoin, on pourroit apporter du tempérament à cette règle, & ne pas les rendre reſponſables des fautes où il n'y auroit aucune mauvaiſe foi. On conſidère en pareil cas la qualité des perſonnes, leur liaiſon d'amitié ou de proximité, la nature de l'Affaire, la néceſſité qu'il y avoit d'y pourvoir, comme ſi c'étoit pour prévenir une ſaiſie ou une vente de biens de l'abſent, &c.

Celui de qui l'Affaire a été bien conduite, est obligé envers la personne qui en a pris soin, de la dégager des engagemens qu'elle a contractés pour lui & de ratifier ce qu'elle a fait.

Les dépenses nécessaires ou utiles, & telles que l'absent auroit pu ou dû les faire, doivent être remboursées : mais si pour une dépense de cette nature on a employé plus qu'il ne falloit, on n'est pas en droit d'exiger ce surplus.

Si pour ces dépenses la personne qui les a faites a été obligée d'emprunter à intérêt ou de faire des avances qui lui aient été onéreuses, l'absent doit payer les intérêts des sommes avancées, quand même la personne qui les a fournies auroit été dans la nécessité de se charger du soin de l'Affaire.

Les dépenses faites imprudemment pour une personne qui ne vouloit pas, ou même qui n'étoit pas en état de les faire, ne peuvent pas être exigées ; telles sont par exemple les changemens faits dans une maison & que le maître n'auroit pu ni voulu faire. Mais si la dépense a été telle que le maître auroit dû la faire, & que ce qui a été fait utilement vienne à périr ou à se perdre par quelque cas fortuit, il sera tenu de rembourser cette dépense à la personne qui l'aura faite, parce que l'évènement ne peut lui être imputé. Tel seroit le cas d'une personne qui voyant en péril de ruine la maison de son ami absent la feroit appuyer ; si cette maison venoit ensuite à périr par un incendie ou quelque autre accident, la dépense faite pour la conserver ne seroit pas moins légitimement due.

Si celui dont on a géré les Affaires, a ensuite approuvé ce qui a été fait, après l'avoir connu, il ne peut plus se retracter quand même il auroit sujet de se plaindre, à moins qu'il n'y ait eu quelque dol secret. Voyez *l'ordonnance du mois d'août 1539; l'ordonnance d'Orléans; l'ordonnance de Blois; l'ordonnance de 1670; la Rocheflavin, traité des parlemens; les loix ecclésiastiques de France; l'édit du mois d'avril 1695; l'édit de Henri II du mois de février 1556; les loix civiles*, &c. Voyez aussi les articles, ACTION, JUGE, PROCÈS, APPEL COMME D'ABUS, MANDATAIRE, PROCUREUR, &c.

AFFARE. Terme usité en dauphiné pour signifier toutes les dépendances d'un fief. Voyez *Salvaing de l'usage des fiefs.*

AFFÉAGEMENT. Action d'afféager; & *afféager* signifie aliéner des terres de son fief & les en démembrer pour être tenues en roture ou en fief, par celui qui en devient acquéreur, à la charge de payer une certaine somme ou redevance. Voyez *d'Argentré sur l'ancienne coutume de Bretagne, & Frain avec les observations de Hévin.* Voyez aussi les articles, FIEF, DÉMEMBREMENT, &c.

AFFECTATION. Il se dit en matière bénéficiale, d'un bénéfice quelconque destiné à certains sujets, ou pour certaines qualités sans que d'autres que les désignés puissent en jouir.

Il y a des bénéfices affectés à des personnes nobles, d'autres à ceux qui sont actuellement prêtres, & d'autres aux chantres & aux enfans de chœur d'une église. Les provisions de ces bénéfices accordées à ceux qui n'ont point les qualités requises sont absolument nulles : le pape ne peut dispenser de ces qualités quand elles

font marquées ou par la fondation , ou par des
ftatuts homologués au parlement. · ·

· Cependant, fi le ftatut ne marquoit pas expreffément le cas de la réfignation en faveur,
on pourroit réfigner le bénéfice en faveur d'une
perfonne qui n'auroit pas la qualité requife par
le ftatut, parce que le Pape n'eft point cenfé
avoir renoncé au droit de conférer le bénéfice
à une perfonne qui auroit les qualités requifes
par le droit commun. C'eft ce qui a été jugé le
18 juillet 1573, & le 18 avril 1625, pour une
chapelle de Saint-Germain l'Auxerrois affectée
aux chantres & aux choriftes de cette Eglife.

L'Affectation des prébendes à certaines perfonnes ne fe peut faire par le chapitre, fans homologation de l'évêque ou du pape, comme l'a
jugé le parlement d'Aix par arrêt du 28 juin
1639. Il faut d'ailleurs des lettres-patentes dument enregiftrées, à caufe des expectatives admifes dans le Royaume & qui font de droit
public.

· C'eft d'après ce principe que par arrêt du
parlement de Paris du 15 décembre 1625, on
a jugé qu'un gradué avoit pu requérir une chapelle vacante dans un mois affecté aux gradués,
quoiqu'il ne fût pas chorifte dans l'églife de
Rheims, & que cette chapelle eût été affectée
aux choriftes par un ftatut du chapitre. Les lettres-patentes qui confirmoient ce ftatut n'a-
voient été vérifiées au parlement que depuis la
requifition du gradué, au droit duquel le chapitre n'avoit pu déroger.

· Celui qui eft né par hazard dans un autre endroit que celui du domicile de fon père, eft
cenfé

cenfé né dans le lieu où fon père eft domicilié, lorfqu'il s'agit de la capacité de poffèder un bénéfice affecté aux enfans du lieu. C'eft ce qui a été jugé par le parlement de Paris le 3 août 1709, dans une affaire où il s'agiffoit d'un canonicat de Chaumont.

Il fuffit pour poffèder un bénéfice affecté aux religieux d'un ordre, d'avoir fait profeffion dans cet ordre & de vivre fous la même règle; mais fi l'Affectation eft faite à une maifon particulière, il faut pour pouvoir en profiter, non-feulement être de l'ordre dont dépend la maifon, mais encore être de la maifon même à laquelle l'Affectation eft faite. Voyez *Chopin dans fon traité de la police facrée; le journal des audiences; les loix eccléfiaftiques de France; Duperrai, des droits honorifiques*, &c. Voyez auffi les articles Bénéfice, Collation, Commende, Religieux, &c.

AFFÉRENTE. Dans un partage de fucceffion ou autre chofe commune, on appelle *part Afférente*, la part & portion qui doit appartenir à quelqu'un des héritiers du co-partageans.

AFFICHE. On donne ce nom aux placards que l'on attache en différens lieux pour rendre publique une ordonnance, un règlement; pour indiquer des ventes de meubles, de biens, de bois, &c. tant par autorité de juftice qu'autrement.

Les ordonnances & les règlemens exigent pour la validité de certaines procédures, qu'il foit appofé des affiches. Ainfi il eft néceffaire d'en appofer,

1°. Dans les pourfuites de faifies réelles : on en appofe fucceffivement d'abord pour indiquer les criées, & enfuite pour annoncer la vente par décret des biens faifis.

2°. Dans les ventes d'immeubles par licitation.

3°. Lorfqu'il s'agit de quelque aliénation des biens de l'églife ou des communautés.

4°. Dans l'inftruction des procédures criminelles contre les accufés contumaces dont le procès eft règlé à l'extraordinaire.

5°. Lorfque les feigneurs veulent renouveler leurs terriers, & qu'ils ont à cet effet obtenu des lettres en chancellerie.

6°. Lorfqu'il s'agit de l'aliénation des biens d'un mineur.

7°. Lorfqu'il s'agit de faire une adjudication au rabais des réparations à faire à une églife, à un presbytère ou à un édifice public , dont le prix doit être payé par une communauté d'habitans.

8°. Lorfqu'il s'agit de vendre des meubles dont le prix eft compris dans une fubftitution.

9°. Pour les ventes forcées d'offices, de rentes fur la ville, de biens immeubles de peu de valeur fur trois publications, &c.

10°. Pour l'engagement des domaines du roi.

11°. Pour indiquer les baux judiciaires & les rendre notoires & publics.

12°. Pour indiquer les ventes de bois, de glandées, &c. dans les forêts du roi.

Dans les pourfuites de faifie réelle, il eft néceffaire d'appofer deux fortes d'*Affiches* ; l'une, comme on l'a dit , pour indiquer qu'il fera procédé aux criées & l'autre pour avertir de la

vente. Celle-ci se nomme communément Affiche à la quarantaine (*).

(*) *Modèle d'affiches pour indiquer les criées selon le*
style du châtelet de Paris. DE PAR LE ROI & monsieur le
prévôt de Paris, ou monsieur le lieutenant civil.

On fait à savoir à tous qu'il appartiendra, qu'en vertu
d'une obligation passée pardevant N.... notaire, le.... étant
en bonne forme exécutoire, signée & scellée, & à la requête du sieur B.... demeurant rue.... où il a élu son domicile, & d'abondant en la maison de Me. C.... procureur au
châtelet de Paris, sise rue..... & en continuant l'exploit de
commandement recordé de témoins, saisie réelle, main-
mise & établissement de commissaires, dénonciation d'icelle,
& de première criée des.... octobre dernier, aussi récordés
de témoins & contrôlés, portant refus de payer; & faute
de payement avoir été & être fait par ledit A.... audit sieur
B.... de la somme de.... en quoi il s'est obligé par ladite
obligation, pour les causes y portées, sans préjudice d'autre
dûs, droits, actions, frais, mises d'exécution, & dépens,
il sera dimanche prochain onze du présent mois de.... au-
devant de la grande porte & principale entrée de l'église
paroissiale de.... de cette ville de Paris, issue de la grand'-
messe de paroisse qui sera ledit jour dite, chantée & célé-
brée en ladite église, les paroissiens en sortant en grand
nombre, procédé à la première criée en la manière accoutumée de cette ville, prévôté, &c. de ladite maison, sise
à.... réellement saisie sur ledit A..... & ci-après désignée,
& que les trois autres semblables criées se feront & conti-
nueront à trois pareils jours de dimanche, lieu & heure que
dessus, issue de la grand'messe de paroisse, de quatorzaine
en quatorzaine, sans aucune discontinuation & jusqu'à l'entière perfection desdites criées, du fonds, très fonds, propriété & dépendances de ladite maison mentionnée en ladite
saisie réelle ci-après déclarée, saisie réellement sur le sieur
A.... comme à lui appartenante, au moyen de l'acquisition qu'il en a faite par contrat passé pardevant le.... des
sieur & dame de.... auxquels ladite maison appartient du
chef de ladite femme, en qualité d'héritière de.... ainsi
que lesdites maisons & lieux se poursuivent & comportent

L'Affiche qui doit indiquer les criées, ne peut

de fond en comble, sans aucune chose en excepter, retenir ni réserver en quelque sorte & manière que ce soit, étant en la censive du domaine du roi, pour, si besoin est, à faute de payement de la susdite somme de.... principale, sans préjudice de ce que dit est, ladite maison & lieux ci-après déclarés, ainsi criés & subhastés par les quatre criées & quatre quatorzaines & subhastations anciennes & accoutumées de cette ville de Paris, après que les autres formalités de justice en tel cas requises & nécessaires auront été gardées & observées suivant les us, coutume & stile ordinaire, être ladite maison vendue & adjugée par décret & autorité de justice au parc civil du châtelet, l'audience des criées y tenant, au plus offrant & dernier enchérisseur, en la manière accoutumée, déclarant qu'au régime & gouvernement de ladite maison réellement saisie, les commissaires généraux des saisies réelles des juridictions de Paris sont établis commissaires & ont leur bureau rue.... paroisse.... & que ledit Me. C.... occupera pour ledit sieur B.... sur la poursuite des saisies réelles, criées & dépendances, à ce qu'il n'en ignore; & que s'il y a quelqu'un qui, sur ladite maison & lieux, prétende quelque droit de propriété, hypothèque, servitudes, dons, douaires, arrérages, censives ou autres droits & charges quelconques, ils aient à le venir dire, déclarer & s'opposer auxdites criées pendant le cours d'icelles, élisant domicile, ils y seront reçus; autrement & à faute de ce faire, lesdites criées faites & parfaites, le décret signé, délivré & scellé, aucun n'y sera plus reçu, ains au contraire seront privés & déchus de tous droits & prétentions, tant en général qu'en particulier.

Ensuite on met la déclaration, situation, consistance de la maison réellement saisie dont est question.

Une maison sise, &c. (*mettre la déclaration comme elle est dans la saisie réelle.*)

Mis & apposé copie des présentes avec pannonceaux royaux aux armes de France en tête de chacune d'icelle, aux endroits & lieux ci-après déclarés.

Sçavoir, une contre la porte d'entrée de ladite maison saisie réellement, rue de.... une autre sur la porte de A....

être faite qu'après l'enregistrement de la saisie

---

partie saisie rue.... une autre au-devant de la grande porte
& principale entrée de l'église paroissiale de.... dans l'étendue de laquelle ladite maison est située ; une autre contre
chacune des trois portes pour entrer au grand châtelet ;
une autre contre la porte du parc civil ; une contre la
porte de Saint Germain-l'Auxerrois, paroisse dudit châtelet ; une contre chacune des principales portes du palais ; une contre la porte de l'église de Saint Barthelemi,
paroisse du palais, & une autre contre le poteau du pilori
aux halles. Le tout par moi.... huissier.... soussigné, cejourd'hui.... avant midi, en présence & assisté de.... témoins,
qui ont avec moi signé sur chacune desdites copies & le présent original.

Modèle d'Affiches à la quarantaine. DE PAR LE ROI &
monsieur le prévôt de Paris, ou monsieur le lieutenant civil.
On fait à sçavoir à tous qu'il appartiendra, qu'à la requête
de B.... demeurant.... où il a élu son domicile, & d'abondant en la maison de Me. C.... procureur au châtelet, sise
rue.... ledit sieur B.... poursuivant les criées ; vente & adjudication par décret d'une maison sise rue.... saisie réellement à sa requête sur A.... à lui appartenante au moyen de,
&c.... & dont la déclaration est ci-après, faute de payement de la somme de.... en quoi ledit sieur A.... s'est obligé
par obligation du.... passée pardevant N.... notaire, sans
préjudices d'autres dûs, droits & actions, frais & mises d'exécution, & en continuant les exploits de commandement re-
cordés, saisie réelle de ladite maison, dénonciation d'icelle,
procès-verbal d'apposition d'Affiches & signification d'icelui,
procès-verbal des quatre criées, certification d'icelles, sentence de rapport & autres diligences faites ; le tout portant
refus de payer, & en conséquence de la sentence de congé
d'adjuger, intervenue sur les poursuites le.... que le mercredi (*dater*) l'enchère de la vente du fonds, très-fonds &
propriété de ladite maison, sera lue & publiée en jugement
au parc civil du châtelet de Paris, l'audience des criées y
tenant ledit jour, & autres jours auxquels l'adjudication sera
remise pour ladite maison, être vendue par décret au plus

réelle; & il n'y a point de règlement qui fixe

---

offrant & dernier enchérisseur en la manière accoutumée au prix, charges, clauses & conditions portées par l'enchère, qui sera ledit jour mise au greffe, & entr'autres à la charge par l'adjudicataire de payer les cens ordinaires, & en outre 5 livres 9 sous de rente seigneuriale au domaine du roi, dont ladite maison étant dans le domaine de sa majesté, est tenue, & payable par chacun an le…. à ce que nul n'en prétende cause d'ignorance, & seront reçues toutes les personnes à enchérir.

Après on met la déclaration de la maison ainsi qu'il suit :

— Une maison, &c.

Il faut observer quarante jours francs de délais, & au jour de l'échéance, mettre l'enchère pour la faire publier.

Exploit d'apposition d'Affiches à la quarantaine

L'an mil sept cent quarante…. le…. après midi, copies de la présente Affiche avec pannonceaux royaux aux armes de France en tête de chacune d'icelles, ont été par moi…. huissier, &c…. soussigné, mises & apposées; sçavoir, une contre la principale porte & entrée de ladite maison, rue…. une contre la grande porte & principale entrée de l'église de Saint Germain-l'Auxerrois, paroisse du châtelet; une à la grande porte & principale entrée de l'église de…. paroisse de ladite maison; une autre contre chacune des portes du parc civil & du présidial du châtelet; une autre contre la porte du palais, hors d'icelui; le tout en présence & assisté de…. témoins, qui ont signé avec moi.

Exploit de dénonciation d'apposition d'Affiches à la quarantaine.

— Et le même jour après midi audit an…. à la requête du sieur B…. demeurant rue…. où il a élu son domicile, & d'abondant en la maison de Me. C…. procureur au châtelet, rue… ledit sieur B… poursuivant les criées, vente & adjudication par décret d'une maison sise…. circonstances & dépendances, j'ai…. huissier…. soussigné, déclaré & duement fait à sçavoir à A…. partie saisie, en son domicile, rue…. parlant à…. que ledit sieur B…. a fait mettre & apposer Affiches avec pannonceaux royaux aux armes de France, ès lieux & enl'intervalle qu'il doit y avoir entre l'*Affiche* & les criées qu'elle indique.

L'objet de l'*Affiche* étant d'inſtruire le public, elle doit contenir un détail circonſtancié des biens pour leſquels il doit être procédé aux criées qu'elle annonce.

Elle doit indiquer le lieu où il ſera procédé aux criées ; le jour & l'heure qu'elles feront faites.

Elle doit pareillement avertir que ſi quelqu'un a des droits de propriété, dons, douaires, hypothèques, ſervitudes, charges réelles ou foncières, ſur les biens ſaiſis réellement, les parties intéreſſées doivent s'oppoſer aux criées, & que les oppoſitions feront reçues, en éliſant domicile ; mais que la vente faite, & le décret levé & ſcellé, les mêmes parties ne feront plus reçues à s'oppoſer, & feront privées de leurs droits.

Les Affiches doivent encore indiquer le-

droits néceſſaires & accoutumés, contenant que le mercredi.... il ſera procédé à la vente & adjudication par décret du fonds, très-fonds, propriété de ladite maiſon ſaiſie au parc civil du châtelet, l'audience des criées y tenant, auquel jour l'enchère ſera lue & publiée en jugement, pour être ledit jour, & autres jours auxquels l'adjudication ſera remiſe, ladite maiſon vendue & adjugée par décret & autorité de juſtice, pour le prix & autres charges qui ſeront déclarées en ladite enchère, à ce qu'il n'en ignore, & ait à s'y trouver, ou faire ſi bon lui ſemble, trouver enchériſ-ſeurs, déclarant qu'il y ſera procédé & paſſé outre, tant en abſence que préſence, & ſignifié que Me. C.... eſt procureur, & lui ai laiſſé copie, tant de ladite Affiche, procès-verbal & appoſition d'icelle, que du préſent exploit, le tout en préſence & aſſiſté de.... témoins, qui ont ſigné avec moi.

titre, en vertu duquel se font la pourfuite de la faifie réelle & les criées ; les caufes de cette faifie , la demeure du pourfuivant, & le lieu où il fait élection de domicile , ainfi que le nom & la demeure de la partie faifie , & du procureur pourfuivant.

On diftingue l'*Affiche* d'avec l'exploit d'appofition d'Affiche ; cela compofe deux actes différens. L'*Affiche* eft du miniftère du procureur puifque les règlemens fixent les droits qui lui font dus pour la dreffer, & pour en faire la copie : mais l'exploit d'appofition eft du miniftère de l'huiffier.

L'*Affiche* n'a point d'autre date que celle que lui donne l'exploit d'appofition.

Il doit être appofé des copies de l'*Affiche* en matière de décrets ;

1°. Sur la porte d'entrée de la maifon ou bâtiment faifi réellement.

2°. Sur la porte de l'églife de la paroiffe, dans l'étendue de laquelle la maifon & les héritages faifis font fitués.

3°. Sur la porte d'entrée de la maifon de la partie faifie.

4°. Sur la porte de l'églife de fa paroiffe.

5°. Sur l'endroit le plus apparent , comme poteau, carcan, &c. du village , ville ou hameau où les biens faifis font fitués.

6°. Dans le marché le plus prochain du domicile de la partie faifie.

7°. Sur la porte de l'auditoire où la pourfuite eft pendante.

8°. Sur la porte de l'églife paroiffiale de l'auditoire.

9°. Enfin dans les carrefours où il eft d'ufage

d'en appofer , outre les endroits ci-deffus qui font les effentiels.

L'appofition d'*Affiches* doit être faite par un huiffier, ayant caractère pour exploiter dans le lieu où fe fait l'appofition ; il ne fuffiroit pas qu'il pût exploiter dans la juridiction où fe fait le décret. Il faut de plus que cette appofition foit faite en préfence de témoins qui doivent figner l'original & chacune des copies avec l'huiffier.

Indépendamment de la copie de l'*Affiche* appofée à la porte de la partie faifie, elle doit encore lui être dénoncée, ainfi que l'exploit d'appofition ; c'eft même très-fouvent par cette dénonciation, ou par celle de la faifie réelle que les criées font indiquées à la partie faifie.

L'*Affiche* à la quarantaine eft fujette aux mêmes formalités que celle qui indique les criées, mais elle a un autre objet ; c'eft d'annoncer la publication de l'enchère pour parvenir à la vente des biens faifis ; ainfi elle doit indiquer le jour, l'heure & la juridiction dans laquelle il doit être procédé à la réception des enchères. Il doit y avoir un intervalle de quarante jours entre l'appofition de l'*Affiche* & la publication de l'enchère ; & même s'il y avoit une longue diftance entre la juridiction où fe pourfuit la vente & les biens faifis il faudroit un délai plus long, & proportionné à la diftance.

Mais une formalité effentielle, qu'on ne doit pas négliger dans les *Affiches*, c'eft qu'il faut néceffairement qu'il y ait un pannonceau royal, aux armes de France, fur l'original & fur chaque copie de l'*Affiche* ; cela eft expreffément recommandé par l'article 3 de l'édit donné par

Henri II, le 3 septembre 1551, portant règlement sur le fait des criées.

L'huissier doit faire mention dans son procès-
verbal de l'apposition de ces pannonceaux, à
peine de nullité. Ce seroit aussi une nullité, si
les pannonceaux étoient aux armes du seigneur
dans la justice duquel se pourvuivent les saisies ;
parce que ce seroit une contravention à l'édit
des criées. On l'a ainsi jugé le 11 décembre
1576, contre le cardinal de Guise, archevêque
de Rheims ; & le 20 janvier 1609, pour un
décret fait dans le comté d'Eu, où les pannonceaux avoient été mis aux armes de madame de
Guise, comtesse d'Eu.

Lorsqu'on saisit des rentes sur l'hôtel de ville
de Paris, les pannonceaux doivent être mis,
tant à la porte de l'église paroissiale de saint-Jean
en grève, qu'à la porte de l'hôtel de ville. Pour
les rentes constituées, les Affiches se mettent
suivant la coutume de Paris, à la porte de la
maison de la partie saisie, & à celle de l'église
paroissiale.

En Artois il n'est pas nécessaire d'apposer des
Affiches des choses saisins, ni en cas que l'on en
mette, d'y ajouter les armes du roi, parce que
la coutume d'Artois ne prescrit point cette formalité, & que l'édit de 1551 n'a point été publié en cette province, qui étoit alors sous la
domination des princes de la maison d'Autriche.
Mais il y a dans cette même province, une autre formalité essentielle ; c'est que sept jours
après la saisie réelle, le sergent doit faire mettre
à prix par quelqu'un, les fonds saisis, insérer
dans le procès-verbal l'obligation de payer ce
prix par celui qui l'a mis, en lui fournissant le

décret, lui faire élire un domicile dans le lieu de la juridiction où se pourfuit le décret, & fignifier à la partie faifie une copie du procès-verbal de la mife à prix.

L'article 13 du règlement du parlement de Dijon, porte que l'on mettra des Affiches aux armes du roi, à l'un des héritages faifis, quoiqu'il n'y ait point de maifons.

Les Affiches pour un vaiffeau faifi doivent être appofées au grand mât du vaiffeau, fur le quai & à la principale porte de l'églife & de l'auditoire de l'amirauté. On y explique le nom du vaiffeau faifi, le lieu où il eft gifant ou flottant, & l'on indique le jour d'audience auquel les enchères font remifes.

Les Affiches qui s'appofent pour indiquer une vente par licitation, ou de biens de mineurs par autorité de juftice, font fufceptibles à peu près des formalités prefcrites par les règlemens pour les Affiches des ventes de bien par décret.

Elles ont cela de particulier, qu'elles doivent être appofées quinzaine avant la publication de l'enchère, pour parvenir à la vente qu'elles annoncent; mais elles ne doivent pas avertir, comme l'*Affiche* qui précède les criées que les oppofitions feront reçues; parce que les licitations & les autres ventes qui ne fe font point par décret, ne purgent point les hypothèques ni les autres charges réelles ou foncières.

Au paläis, les *Affiches* indicatives des ventes par licitation contiennent les conditions mêmes de la vente; parce que l'ufage n'eft pas comme au châtelet, de mettre au greffe une enchère fur laquelle ces conditions font détaillées.

Lorfque par les arrêts & jugemens, il eft ordonné qu'ils feront affichés aux frais d'une partie il n'eft pas libre à l'autre de multiplier ces *Affiches* ; on n'en paffe en taxe que cent copies tout au plus.

Les Romains, dit l'auteur du code de la police, avoient établi des peines févères contre ceux qui par mauvais deffein gâtoient ou fupprimoient des *Affiches*. Parmi nous la peine eft proportionnée aux circonftances, & elle ne peut être moindre que l'amende ou la prifon, fuivant la qualité des perfonnes.

Un arrêt du Confeil du 4 mai 1669, fait défenfes d'afficher à Paris aucune feuille ou placard, fans la permiffion de M. le Lieutenant de police, à peine de punition corporelle.

L'arrêt du parlement du 22 janvier 1653 prononce des peines plus févères, puifqu'il défend, *fous peine de la vie, à tous Imprimeurs d'imprimer placards & mémoires pour afficher, fans permiffion*, &c.

Mais cet artêt a été rendu dans un tems de troubles. Par ordonnance du 24 juillet 1728, il eft défendu d'afficher aux portes des églifes des pièces de théâtre.

En matière criminelle, c'eft par *Affiche* que l'on donne affignation à l'Accufé ; & cette *Affiche* s'appofe à la porte de l'auditoire. Voyez *le ftyle du châtelet ; le traité de la vente des immeubles par décret ; l'édit des criées ; la collection de jurifprudence ; le traité de la police de la Mare*, &c. Voyez auffi les articles SAISIE RÉELLE, CRIÉES, LICITATION, ALIÉNATION, TERRIER, MINEUR, &c.

AFFILIATION. C'eft dans le droit canonique l'état d'un religieux qui eft tellement attaché à tel ou tel monaftère de fon ordre, que le fupérieur ne peut pas arbitrairement l'en faire sortir pour l'envoyer ailleurs.

Pour que l'*Affiliation* ait son effet en France, & pour empêcher le supérieur d'exercer envers le religieux le pouvoir que lui donnent les canons & les loix du royaume, il faut l'approbation de la puissance séculière & que l'Affiliation soit homologuée.

AFFILIATION, se dit dans la coutume de Saintonge, pour signifier une espèce d'adoption qui a lieu dans cette coutume, & de laquelle parle l'article premier en ces termes.

» Celui qui est associé & affilié, succède à » l'affiliant & à l'associant avec ses enfans natu-» rels & légitimes, par têtes ès-biens meubles » & acquêts immeubles faits par l'affiliant, & » non ès-héritages : car quant à iceux, adoption » ne peut profiter par la coutume, si ce n'est » que les adoptés, affiliés & associés, portent » & confèrent les héritages, ou qu'à iceux aient » renoncé, ou qu'en traité de mariage autrement » ait été accordé ; car ès-dits cas l'adopté, affi-» lié ou associé succède par têtes avec lesdits » autres enfans, ès-héritages comme ès-autres » biens ». Voyez ADOPTION.

AFFINITÉ. C'est dans le droit canonique l'alliance, le degré de proximité qui est entre deux personnes dont une a eu commerce avec un parent de l'autre.

Il s'ensuit de cette définition, qu'il y a dans ce sens deux sortes d'affinités ; l'une qui est légitime, & qui vient de l'union de deux familles par le mariage ; l'autre illégitime qui vient d'une conjonction illicite entre deux personnes de différent sexe.

L'effet de la première, eſt que le mariage eſt défendu à l'infini, entre les alliés par Affinité en ligne directe, & juſqu'au quatrième degré incluſivement, en ligne collatérale.

Quant à la ſeconde, la prohibition ne va pas au-delà du ſecond degré.

Dans le droit civil on ne connoît d'Affinité que celle que produit un mariage légitime.

L'Affinité n'a aucun rapport parmi nous aux ſucceſſions, & elle ne donne aucun droit pour y prétendre.

Dans l'un & l'autre droit, *Affinis Affinem non generat*, c'eſt-à-dire qu'il n'y a point d'Affinité entre les parens du mari & ceux de la femme, tellement qu'un frère peut épouſer la belle ſœur de ſon frère, & un père épouſer la mère dont ſon fils auroit épouſé la fille.

L'Affinité dans le droit civil, produit un moyen de récuſation contre les témoins & contre les juges.

Il faut pour produire l'*Affinité* dans l'un & l'autre droit la conſommation de l'acte de mariage entre les conjoints.

Le pape ne peut point accorder de diſpenſe au premier degré d'Affinité licite en ligne directe, mais il a le droit d'en accorder au premier degré en ligne collatérale. Ainſi il peut permettre à quelqu'un d'épouſer la ſœur de ſa défunte femme ou la veuve de ſon frère : ces ſortes de diſpenſes néanmoins ne s'accordent guère qu'à des princes & pour de grandes conſidérations.

Pluſieurs penſent auſſi que le pape ne peut point accorder de diſpenſe au premier degré d'Affinité illicite en ligne directe ; c'eſt-à-dire qu'il ne doit point permettre à quelqu'un d'épouser la fille de sa concubine : mais d'autres pensent qu'il le peut, parce que cet empêchement est de droit positif. Martin V a accordé une pareille dispense.

Quoique le mariage non-consommé ne produise aucune Affinité, il en nait cependant un empêchement d'honnêteté publique qui s'étend jusqu'au quatrième degré.

Il se contracte aussi une Affinité spirituelle entre la personne baptisée & le parrain & la marraine qui l'ont tenue sur les fonts, de même qu'entre le parrain & la mère, la marraine & le père de l'enfant baptisé, entre la personne qui baptise & l'enfant baptisé & le père & la mère du baptisé. Cette alliance spirituelle rend nul le mariage qui a été célébré entre ces personnes sans dispense. Ainsi une fille ne peut épouser valablement son parrain, ni un garçon sa marraine ; le parrain ne peut épouser la mère de l'enfant qu'il a tenu sur les fonts baptismaux, ni la marraine le père de son filleul ou de sa filleule ; & la personne qui a conféré le baptême ne peut dans la suite épouser ni l'enfant, ni le père, ni la mère de l'enfant baptisé.

C'est le Concile de Trente qui a réduit l'empêchement dirimant à cause de l'alliance spirituelle aux cas qu'on vient de marquer : autrefois cet empêchement s'étendoit plus loin. Cela a été ainsi règlé pour prévenir les inconvéniens que causoit le trop grand nombre d'empêchemens dirimans produits par cette alliance, quand on lui donnoit plus détendue.

On s'est conformé en France à ce qui est prescrit par le concile de Trente, de n'admettre qu'un parrain & une marraine pour le baptême d'un enfant. Si d'autres perfonnes que celles qui font défignées pour parrain & pour marraine tiennent l'enfant, elles ne contractent aucune Affinité fpirituelle pour ce fujet, même quand elles auroient tenu l'enfant comme ayant une procuration du parrain & de la marraine. Celui qui tient un enfant déjà ondoyé, pour lequel on ne fait que renouveler les cérémonies qui précèdent & qui fuivent le baptême, ne contracte par-là aucune alliance fpirituelle. Voyez *les mémoires du clergé; le chapitre non debet de confanguin. & affinit. Le recueil de jurifprudence canonique; le traité du contrat de mariage de M. Pothier; les lois eccléfiaftiques de France, &c.* Voyez auffi les articles MARIAGE, EMPÊCHEMENT, DISPENSE, &c.

AFFIRMATION. C'eft l'acte d'affurer avec ferment la vérité d'un fait. La formalité qu'on obferve en France, eft de faire lever la main à ceux qui doivent affirmer; s'ils font dans les ordres facrés, ils la portent fur la poitrine.

Nous diftinguons deux fortes d'*Affirmation*; celle qui fe prête en matière civile & celle qui fe prête en matière criminelle.

C'eft une maxime de notre droit, que l'*Affirmation* ne fauroit être divifée; c'eft-à-dire qu'il faut faire droit fur toutes les parties de la déclaration, & non pas avoir égard à une partie & rejeter l'autre. Si par exemple une perfonne à qui on défere le ferment en juftice fur la queftion de favoir fi elle a reçu un dépôt qu'on lui demande, répond qu'elle l'a reçu, mais qu'elle l'a reftitué depuis; on ne pourra pas en conféquence de l'aveu qu'elle fait de l'avoir reçu, la

condamner

condamner à restituer : il faudra au contraire la décharger de la demande a fin de restitution, en conséquence de ce qu'elle affirme avoir restitué : mais cette maxime ne s'observe qu'en matière civile. En matière criminelle, comme l'*Affirmation* ne suffit pas pour purger l'accusé, on se sert contre lui de ses aveux pour opérer sa conviction, sans qu'on ait toujours égard à ce qu'il dit pour sa décharge. Si par exemple, un homme accusé de meurtre avoue avoir menacé la personne qui depuis s'est trouvée tuée, quoiqu'il affirme que ce n'est pas lui qui l'a tuée, la présomption qui résulte de sa menace ne laissera pas d'être regardée comme un commencement de preuve, nonobstant ce qu'il ajoute à sa décharge.

L'Affirmation en matière civile doit régulièrement être déférée au défendeur quand le demandeur ne justifie pas sa demande par un titre : ainsi lorsqu'un marchand répète à un particulier le prix des marchandises qu'il prétend lui avoir fournies, si ce particulier déclare ne rien devoir, il doit être renvoyé des fins de la demande en affirmant sa déclaration. Cela est fondé sur ce que le marchand n'a pas voulu d'autre titre que la foi de ce particulier, puisqu'il n'a exigé de lui aucun écrit. Il en seroit de même de l'ouvrier qui répéteroit des salaires & du domestique qui répéteroit des gages ; l'Affirmation du défendeur décideroit la contestation en sa faveur à moins qu'il n'y eût un titre.

Cependant, comme le défendeur ne doit pas être le maître du prix de la marchandise qu'on lui a fournie, ni de celui de l'ouvrage qu'on a fait pour lui, le marchand ou l'ouvrier dont la

fourniture ou l'ouvrage font avoués peuvent demander que le défendeur qui foutient avoir
payé , foit tenu préalablement de déclarer
qu'elle fomme il a délivrée. Sur cette déclaration le juge défère l'Affirmation à l'un ou à l'autre felon les circonftances : il la défère au défendeur fi la fomme qu'il dit avoir payée paroît
fuffifante & qu'il offre d'affirmer que le marchand s'en eft contenté : mais fi la fomme déclarée ne paroît pas fuffire pour payer la marchandife fournie , le juge admet le marchand à
affirmer qu'il ne s'en eft pas contenté & il ordonne que le défendeur payera fuivant l'eftima-
tion , fauf à déduire la fomme qu'il dit avoir délivrée : & fi le demandeur ne convient pas d'a-
voir reçu cette fomme, le juge ordonne en outre que le défendeur affirmera qu'il la lui a
payée.

Il y a auffi quelques cas qui font exceptés de
la règle générale & dans lefquels l'Affirmation
fe défère au demandeur. 1°. Si l'action eft intentée par un marchand contre un autre marchand
pour raifon de marchandifes dont ils font commerce & que le demandeur ait un regiftre en
bonne forme contenant les fournitures qu'il répète, l'Affirmation doit lui être déférée parce
que dans ce cas fon regiftre lui tient lieu de titre.
La faveur due au commerce a introduit cette
jurifprudence.

2°. Si l'action eft intentée par un propriétaire
de maifon contre un locataire , pour raifon des
loyers, l'Affirmation doit être déférée au demandeur, parce que la jouiffance du locataire
fait un titre contre lui , & qu'il n'a pas du payer
les loyers fans en tirer quittance.

3°. Le propriétaire auquel le maçon demanderoit le prix de la construction d'une maison, ne seroit pas admis à affirmer qu'il a payé, à moins que l'action ne fut intentée après l'année, parce que des objets de cette nature ne se payent ordinairement pas sans quittance, & que l'existence des ouvrages forme une espèce de titre en faveur de l'ouvrier.

4°. Le pensionnaire auquel on répète le payement de la pension ne doit pas être admis à affirmer qu'il ne le doit pas, quand même il seroit sorti de la maison du maître de pension, pourvu néanmoins que celui-ci eut intenté son action immédiatement après la sortie du pensionnaire : car s'il s'étoit écoulé un certain intervalle entre les poursuites du demandeur & la sortie du défendeur, il faudroit déférer l'Affirmation à ce dernier. Telle est la jurisprudence du châtelet de Paris.

5°. Si le créancier est nanti d'un gage, la dette ne s'éteint pas non plus par l'Affirmation du débiteur : c'est au demandeur que le serment doit être déféré, mais seulement jusqu'à concurrence de la valeur du nantissement, & il est obligé d'affirmer que c'est à tritre de nantissement qu'il tient le gage. Si le créancier répétoit une somme plus considérable que la valeur du nantissement, le défendeur seroit déchargé de l'excédent en affirmant qu'il ne le doit pas.

Lorsque celui auquel le juge a déféré l'Affirmation, décède sans l'avoir prêtée quoiqu'il eut été sommé de le faire, elle doit être référée à l'autre partie, parce qu'on présume dans ce cas que le défunt a reconnu la vérité de la demande. Mais si le décès étoit arrivé avant que le défut eut été fommé de prêter l'Affirmation mife à fa charge, elle feroit cenfée prêtée, parce que le défaut de fommation fait préfumer la remife du ferment & un défiftement tacite de la demande.

L'Affirmation ordonnée pour décider une conteftation doit être prêtée en perfonne devant le juge & non au greffe. Mais s'il ne s'agit que d'une Affirmation fur une faifie-arrêt, elle peut être prêtée par procureur (*).

_____

(*) *Forme d'une procuration pour affirmer en conféquence d'une faifie-arrét.* Fut préfent Léopold.... lequel a fait & conftitué fon procureur Etienne.... auquel il donne pouvoir de pour lui & en fon nom comparoir pardevant.... fur l'affignation à lui donnée, à la requête du fieur N.... par exploit de.... du.... & là jurer & affirmer comme ledit fieur conftituant a préfentement fait en fon ame & confcience en préfence des notaires fouffignés qu'il ne doit au fieur R. jufqu'à ce jour que la fomme de cent quatre-vingt-dix livres, pour le prix de quatre arpens de vignes, qu'il tient à loyer dudit fieur R.... à raifon de cent livres par chacun an, fuivant & ainfi qu'il eft mentionné au bail qui a été fait audit fieur conftituant, par ledit fieur R.... pardevant.... le.... & en conféquence requérir par ledit fieur conftituant, qu'il foit renvoyé quitte avec dépens, même de la demande en faifie & arrêt faite fur lui par ledit fieur N.... de la fomme excédente celle de cent quatre-vingt-dix livres qui eft ce qu'il doit quant à préfent, pour les loyers defdits quatre arpens de vignes, ainfi qu'il eft ci-devant dit & affirmé; & laquelle il déclare qu'il eft prêt & offre de payer à qui par la juftice fera ordonné, en le faifant toutefois dire & ordonner avec ledit fieur N.... comme auffi ledit fieur conftituant donne pouvoir audit fieur fon procureur, de faire au fujet de ladite affignation, toutes les pourfuites & diligence néceffaires & généralement tout ce qu'il conviendra, plaider, &c. oppofer, &c. appeller, &c. élire domicile, & fubftituer, &c. promettant, &c.

Si celui auquel l'Affirmation est déférée ne peut pas se transporter devant le juge pour la prêter, celui-ci, lorsque l'exoine est légitime, peut ou se transporter chez la partie ou y envoyer le greffier seul pour y recevoir l'Affirmation ordonnée.

Lorsque le serment est déféré à une communauté, il faut qu'elle donne un pouvoir spécial à quelqu'un d'affirmer ce qui doit l'être dans l'affaire contentieuse. Le notaire ou autre officier public rédacteur de ce pouvoir doit même faire affirmer entre ses mains par ceux qui le donnent, la vérité des faits qu'il y spécifie.

Dès qu'une Affirmation ordonnée pour terminer une contestation est une fois prêtée, l'appel du jugement qui l'a admise n'est plus rece-

---

Autre, quand on ne doit rien à la partie saisie.

Auquel il donne pouvoir de pour lui & en son nom, comparoir pardevant tous juges qu'il appartiendra, & là déclarer & affirmer pour ledit sieur constituant, comme il a fait en son ame & conscience, devant les notaires soussignés, qu'au jour de la saisie-arrêt fait en ses mains à la requête de L.... sur M... il ne devoit & ne doit encore aucune chose audit M.... & en ce faisant, requérir pour ledit sieur constituant, d'être renvoyé avec dépens. Promettant, &c.

Autre procuration quand on ne doit rien pour le présent.

Auquel il donne pouvoir de pour lui en son nom comparoir pardevant tous juges qu'il appartiendra sur l'assignation à lui donnée à la requête de Charles.... par exploit de.... en date du.... & là jurer & affirmer, comme il a présentement fait devant les notaires soussignés, qu'il ne doit aucun loyer audit Joseph de l'appartement qu'il tient de lui, que le terme qui échera au jour de.... & généralement, &c.

vable. Telle est la règle générale. Cependant comme il y a des tribunaux inférieurs où les juges reçoivent l'Affirmation par le jugement même qui l'a ordonnée, on est dans l'usage au palais d'admettre encore l'appel de ces sortes de jugemens & d'y faire droit s'il y a lieu, sans que l'appelant soit dans le cas d'encourir la grosse amende pour cause de fin de non-recevoir si l'appel n'étoit pas bien fondé.

Mais s'il y a un intervalle entre l'Affirmation ordonnée & la réception, (comme cela devroit toujours être, à moins que les parties étant présentes à l'audience l'une ne réfère le serment à l'autre,) l'appel n'est plus admissible après l'Affirmation prêtée, parce que l'appelant a pu en signifiant son appel, empêcher qu'elle ne fût reçue.

Il y a néanmoins un arrêt du 2 septembre 1743, par lequel nonobstant l'Affirmation prêtée à Chartres par le sieur le Tellier médecin, deux jours après la signification de la sentence qui admettoit sa déclaration que les sommes répétées lui étoient dues, qu'il n'avoit pas écrit sur son livre journal le payement que ses parties adverses prétendoient lui avoir fait, & même qu'il n'avoit point de livre journal, la cour a infirmé les sentences qui avoient admis & reçu l'Affirmation. C'est que dans cette affaire on avoit, depuis l'Affirmation, acquis la preuve par écrit que le sieur Tellier avoit un livre journal où il écrivoit ses visites & ce qu'il recevoit.

Cependant par un autre arrêt du 19 août 1769, on n'a point eu d'égard à la preuve de la fausseté d'une Affirmation, laquelle preuve, disoit-on, n'avoit été acquise que postérieurement à la sentence contradictoire du châtelet, en conféquence de laquelle l'Affirmation avoit été reçue : mais la demoifelle de Montjoly avoit négligé d'interjeter appel de la fentence qui avoit reçu l'Affirmation du fieur Colemart; voilà peut-être le motif qui a déterminé la cour : car en général on peut établir pour principe que la preuve évidente de la fauffeté d'une Affirmation acquife poftérieurement à la fentence qui a reçu l'Affirmation, doit empêcher le parjure de triompher. Tel eft fans doute l'efprit de la loi, & le miniftère public pourroit en remplir les vues, en fe faifant recevoir appelant en cas pareil, de la fentence qui auroit reçu l'Affirmation, fi la partie intéreffée avoit omis cette formalité.

Il arrive quelquefois que fur les faifies-arrêts faites pour le recouvrement des deniers royaux, les Affirmations des débiteurs ne font pas fincères, foit en difant de concert avec les principaux redevables qu'ils ont payé d'avance, foit en rapportant des quittances fous fignature privée de date antérieure aux faifies-arrêts quoique données poftérieurement. C'eft pourquoi par arrêt de la chambre fouveraine des francs fiefs du 18 juin 1659, il a été ordonné que les fermiers des débiteurs des droits qui fur les faifies interpofées entre leurs mains rapporteroient des quittances de payemens faits d'avance, feroient contraints nonobftant ces quittances, fauf leur recours.

C'eft d'après cette jurifprudence que par ordonnance de l'intendant de Rouen du 11 feptembre 1750, la veuve Bertaux fermière du fieur de Vidame, entre les mains de laquelle il avoit été fait faifie pour le recouvrement d'un droit de francfief, & qui rapportoit des quittances de payemens faits d'avance sans que son bail l'y obligeât, a été condamnée à payer au fermier du domaine tous les termes échus depuis la saisie, sauf son recours contre le propriétaire.

L'Intendant d'Alençon a rendu dans les mêmes circonstances contre les fermiers du sieur Camus une pareille ordonnance qui a été confirmée par arrêt du conseil du 11 février 1754.

Le jugement qui dans une justice royale accorde acte de l'Affirmation d'un débiteur sur une saisie arrêt faite entre ses mains, est sujet au petit scel, & il est dû 25 sous pour le droit, suivant la seconde classe du tarif du 20 mars 1708. Cela a été ainsi décidé par arrêt du Conseil du 31 décembre 1722.

Il y a des coutumes où le tems fixé pour le retrait d'un bien lignager ne commence à courir que du jour auquel l'acquéreur a affirmé la sincérité du contrat d'acquisition & la vérité du prix qu'il contient. Quoiqu'il paróisse que cette formalité n'ait été établie que pour empêcher les fraudes qui pourroient se commettre dans l'expression du prix de l'acquisition, elle doit néanmoins être observée dans le cas de vente & d'adjudication par décret & même envers les retrayans qui ont pu assister au contrat. Dans ces cas cependant on ne peut présumer aucune fraude, mais il suffit que la coutume ait prescrit l'affirmation comme une formalité & en ait fait une loi générale, pour qu'il ne puisse pas être permis de s'en dispenser sous quelque prétexte que ce soit. Il est en effet de principe que dans les matières de rigueur on ne sauroit omettre impunément ce qui est de formalité.

L'article 136 de la coutume de Paris porte entr'autres chofes, que le retrayant doit payer & rembourfer l'acquéreur dans vingt-quatre heures après que le retrait lui a été adjugé par fentence, & que l'acquéreur a mis fes lettres au greffe & en outre affirmé la fincérité du prix s'il en a été requis.

Il fuit de cette dernière difpofition que fi l'acquéreur a été requis d'affirmer, le tems des 24 heures ne doit courir que du jour & de l'heure qu'il aura prêté fon Affirmation devant le juge en préfence du retrayant, ou depuis qu'elle aura été fignifiée à celui-ci, fi elle a été prêtée en fon abfence. Enfin fi l'heure n'eft exprimée, ni par l'acte d'Affirmation, ni par celui de fignification, le tems fatal ne courra que depuis la dernière heure du jour.

Mais comme pour faire courir le tems des vingt-quatre heures, la coutume n'exige l'Affirmation de l'acquéreur que lorfqu'il a été requis de la prêter, il fuit que s'il n'en a pas été requis, le tems des vingt-quatre heures courra depuis la fentence, s'accomplira & emportera la déchéance du retrait, quoique l'Affirmation n'ait pas été prêtée.

Affirmation des procès-verbaux des employés des fermes du roi. La déclaration du 23 feptembre 1732 porte que les employé des fermes du roi pourront valablement affirmer leurs procès-verbaux devant les juges des lieux, ou les plus prochains juges foit royaux ou des feigneurs ; que ceux-ci feront tenus de mettre l'acte d'Affirmation au pied du procès-verbal & qu'ils le figneront fans frais en exécution de l'article 8 du titre onze de l'ordonnance de 1687.

Cette même déclaration ajoute que l'Affirmation d'un procès-verbal d'employé ne donnera
au juge qui la recevra aucun droit pour prononcer
cer sur l'objet énoncé dans ce procès-verbal, la
juridiction étant à cet égard conservée au juge
auquel elle a été particulièrement attribuée.

L'auteur du dictionnaire des domaines prétend
que l'Affirmation du procès-verbal d'un commis
ou employé qui a prêté serment n'est nécessaire
que pour concourir à faire rejeter une inscription
de faux que l'on voudroit former après le tems
utile, & que ce procès-verbal doit être suffisant,
quoique non affirmé pour constater un fait jusqu'à ce qu'on ait entrepris la preuve du contraire. Il croit en conséquence qu'un tel procès-
verbal n'est pas nul, & que le défaut d'Affirmation peut seulement donner lieu à prolonger le
délai fixé par la loi pour l'inscription de faux.
Mais c'est une erreur. Cet auteur estimable, tout
instruit qu'il est dans la matière qu'il traite, n'a
pas fait attention que la déclaration du 4 octobre 1725 registrée à la cour des aides le 13 décembre suivant, prononce spécialement la peine
de nullité contre les procès-verbaux des commis & employés des fermes, tant en matière
civile que criminelle, lorsque ces commis ou
employés auront négligé de les affirmer dans les
délais prescrits par les ordonnances (*).

Les Affirmations des procès-verbaux des com-

_____

(*) *Formule d'affirmation sur procès-verbal.* Le présent
procès-verbal a été juré & affirmé véritable pardevant nous....
(*Mettre la qualité & la demeure du juge,*) par les commis
soussignés après serment d'eux pris, & lecture faite dudit
procès-verbal. Fait à.....le.... *le juge & les commis signent.*

mis des fermes du roi, ne font point fujettes au droit de petit fcel, quoique faites devant des juges royaux. Cela a été ainfi décidé par arrêt du Confeil du premier juin 1729.

Affirmation en fait de compte. C'eft l'acte par lequel un comptable certifie & affirme que fon compte eft vrai dans toutes fes parties. On dreffe un procès-verbal de cette Affirmation à la tête du compte préfenté, & le comptable le figne (*).

(*) *Formule de préfentation & d'affirmation d'un compte que l'on rend judiciairement.* L'an mil fept cent foixante-quatorze, le.... jour de.... neuf heures du matin, pardevant nous.... en notre hôtel, fis rue.... a comparu P.... veuve M.... affiftée de Me. G.... fon procureur qui nous a dit qu'en vertu de notre ordonnance du.... ladite veuve M.... a fait affigner M.... à comparoir à ce jour, lieu & heure pardevant nous pour être préfent à la préfentation & affirmation du compte que ladite veuve M.... a été condamnée de rendre de la geftion eft adminiftration qu'elle a eue des perfonnes & biens dudit M.... par fentence du.... ladite veuve M.... nous ayant fait apparoir l'original de l'exploit de ladite affignation par.... le.... contrôlé à Paris le.... par.... à elle à l'inftant rendu, nous requérant acte de fa comparution, de ce qu'elle offre préfentement faire fon affirmation fur la vérité dudit compte, & de le préfenter & rendre pardevant nous, ainfi que de droit, & en cas que ledit M.... ne comparoiffe pas, elle nous requiert contre lui défaut, & pour le profit qu'il foit paffé outre, tant en préfence qu'abfence & ont fignés.

Eft auffi comparu ledit M.... affifté de Me.... fon procureur, lequel nous a dit qu'il eft prêt & offre de voir faire l'affirmation & d'entendre ledit compte; mais il requiert que ledit G.... foit tenu de donner en communication l'une des groffes dudit compte, & du contrat de mariage de ladite P.... avec ledit M.... & de l'inventaire fait après le décès dudit M.... fous le recepiffé dudit Me.... fon procureur, qui s'en chargera, & les remettra à la première requifition.)

Affirmation de voyage. C'eſt un acte qui ſe fait dans un bureau des fermes du roi, & qui juſtifie qu'une partie s'eſt tranſportée ou a ſéjourné dans un endroit pour y former une demande en juſtice, y pourſuivre un procès, &c. c'eſt ſur l'expédition de cet acte que les frais du ſéjour ou du voyage de la partie, lui ſont paſſés en taxe ſi elle obtient ſes dépens.

L'article 14 du titre 31 de l'ordonnance de 1667, porte que les voyages & ſéjours qui doivent entrer en taxe ne pourront être employés ni taxés que celui qui en demandera le payement ne produiſe un acte fait au greffe de la juridiction où la conteſtation aura été portée, par lequel il ſera dit qu'il a affirmé avoir fait exprès & pour le fait du procès, le voyage répété.

Un édit du mois de mars 1597 avoit déja ordonné la même choſe & avoit créé des offices de greffiers des Affirmations dans toutes les cours & juridictions royales du royaume, avec attribution de cinq ſous aux greffiers des cours, & de trois ſous aux autres, tant pour l'acte de comparution que pour celui du départ : mais les fonctions de ces officiers ceſſèrent lorſque par édit

---

Sur quoi nous commiſſaire ſuſdit avons donné acte aux parties de leurs comparutions, dires, proteſtations & requiſitions, même à ladite veuve M.... de la préſentation dudit compte, & de l'affirmation préſentement par elle faire que ledit compte eſt véritable ; & à l'inſtant a été donné audit.... procureur de M.... en communication l'une des groſſes dudit compte & l'expédition de l'inventaire fait après le décès dudit M.... avec l'expédition du contrat de mariage de ladite P.... avec ledit M.... dont il s'eſt chargé, le tout au nombre de.... de nous paraphées par première & dernière, & a promis les remettre à la première requiſition & a ſigné.

du mois d'août 1669, il en fut créé d'autres pareils dans toutes les cours & fieges du royaume, avec attribution de vingt fous pour chaque acte dans les cours fupérieures, & de dix fous dans les autres juridictions.

Des arrêts du confeil rendus en conféquence les 26 août 1669 & 13 janvier 1670 attribuèrent au fermier général les émolumens de ces offices & il fut chargé de les faire exercer.

Le 20 feptembre 1672, il fut défendu par arrêt du confeil aux juges, procureurs tiers & autres qui taxeroient & liquideroient des dépens, de comprendre dans les taxes les frais de voyage qui ne feroient pas juftifiés par actes d'Affirmation, à peine d'interdiction & des dommages & intérêts du fermier ? Le confeil renouvela ces défenfes par deux autres arrêts, dont l'un du 1er. mai 1676, prononça contre les procureurs en cas de contravention, la peine du quadruple, & l'autre du 18 novembre 1681, rendu en forme de règlement, caffa deux arrêts du parlement de Rouen, ordonna l'exécution de l'article 14 du titre 31 de l'ordonnance de 1667, de l'édit de 1669, &c. à peine d'interdiction contre les juges qui taxeroient des voyages à l'audience ou autrement, fans qu'ils fuffent juftifiés par actes d'Affirmation fignés des prépofés du fermier, & de cinq cens livres d'amende contre les procureurs qui fans rapporter ces actes emploieroient dans les déclarations de dépens les voyages des parties.

La création des offices de greffiers des Affirmations de voyage dans tous les fieges royaux fans exception, fut réitérée par l'édit du mois de décembre 1695 avec attribution des droits fixés par celui de 1669; mais tous les offices de greffiers en chef ayant depuis été fupprimés par édit du mois de décembre 1699, les droits qui leur étoient attribués furent réunis au domaine, & en conféquence ceux des actes d'Affirmation de voyage furent compris dans le bail de Gervais le Roux, par réfultat du confeil du 8 décembre 1699.

Les actes d'Affirmation de voyage fe faifoient alors dans les fiéges royaux pour tout le reffort ; ils étoient expédiés par les commis du fermier à l'exclufion des greffiers des juftices feigneuriales qui ne pouvoient s'immifcer dans ces fonctions, ni s'attribuer des droits dont la perception étoit ordonnée au profit du roi.

Mais cela ne rempliffoit pas entièrement les difpofitions de l'ordonnance de 1667, fuivant laquelle l'acte d'Affirmation doit être pris au greffe de la juridiction où le procès eft pendant : c'eft pourquoi le fermier établit des commis pour les Affirmations de voyages dans plufieurs juftices feigneuriales, & particulièrement dans celles qui étoient confidérables & éloignées des juftices royales. Cet établiffement a depuis été autorifé par divers règlemens.

Par édit du mois de feptembre 1704, le roi créa des offices de contrôleur des actes d'Affirmation de voyage, avec attribution de dix fous pour chaque acte expédié dans les cours fupérieures & de cinq fous dans les autres juridictions du royaume. Ces offices ayant enfuite été fupprimés par un édit du mois d'octobre 1708, les droits qui leur avoient été attribués furent unis à la ferme des greffes dont ils font encore partie : enforte que le droit dû pour chaque acte d'Affirmation de voyage eft de trente fous y com-

pris le contrôle, dans les cours supérieures, &
de quinze sous dans les autres juridictions.

Quelques-uns avoient prétendu que les droits
du fermier ne devoient pas s'étendre jusques sur
l'expédition des actes d'affirmation de voyages
dans les justices seigneuriales, mais cette prétention a été proscrite par divers arrêts qui ont
jugé que les actes d'Affirmation de voyage n'étant
pas des actes de greffe ordinaire, les greffiers
soit royaux ou des seigneurs ne pouvoient ni les
expédier ni en percevoir les droits à moins d'a-
voir été commis par le fermier pour cet effet.
*Voyez l'arrêt du 21 décembre 1659 au journal des
audiences ; celui du dernier mars 1630, rapporté
par Bardet ; le droit commun de la France ; la
collection de jurisprudence ; le traité des retraits par
M. Pothier ; le dictionnaire raisonné des domaines ;
le traité des aides, &c.* Voyez aussi les articles
SERMENT, BAIL, LOYER, RETRAIT, PROCÈS-
VERBAL, &c.

AFFORAGE. Terme de coutume. Il se dit d'un
droit en vertu duquel le seigneur peut exiger
par tonneau une certaine quantité de cidre,
bierre, ou autre liqueur, avant que le cabaretier
ou autre débitant puisse en vendre.

Ce droit ne peut être perçu qu'il ne soit établi
par la reconnoissance des vassaux ou par la coutume comme dépendant du fief.

Plusieurs coutumes de Picardie accordent le
droit d'Afforage aux seigneurs dans leurs terres
& défendent de vendre aucune liqueur sans permission des officiers de la justice qui doivent en
fixer le prix, après avoir examiné si c'est une
boisson propre à l'usage de l'homme.

Le seigneur de Brunehamel en Thiérache qui
avoit la reconnoissance de ses vassaux sur le droit

d'Afforage & qui en conféquence devoit le percevoir *à raison d'un pot pour chaque fond de ton-*
neau des breuvages , prétendit que les eaux-de-
vie étoient fujettes à fon droit : les cabaretiers
foutenoient au contraire. que ce droit ne pouvoit être exigé que fur les boiffons qui fervoient
d'alimens à l'homme , comme le vin , la bierre ,
le cidre , & nullement fur les eaux-de-vie , qu'on
emploie principalement aux ufages de la médecine & de la chirurgie ; mais par arrêt du 21
mars 1750 , les cabaretiers furent déclarés mal
fondés dans leurs prétentions.

A Paris le droit d'Afforage confifte dans un
impôt que la ville perçoit fur les vins étrangers
qu'on y expofe en vente. *Voyez les coutumes du*
Boulonnois , de Ponthieu , d'Amiens , &c. & l'or-
donnance de la ville de l'année 1672.

AFFOUAGE. En termes de juridictions des
eaux & forêts de la province de Lorraine , on
donne ce nom aux bois de chauffage qu'on délivre annuellement pour l'ufage des habitans , dans
les forêts où ils jouiffent de ce droit.

Suivant l'article 5 de la déclaration du duc
Léopold du 13 juin 1724 , les bois deftinés pour
l'Affouage d'une communauté doivent être partagés par égales portions entre tous les habitans ,
excepté que le feigneur-haut-jufticier prend une
double part , laquelle s'il eft abfent peut être
exigée par fon fermier.

Par arrêt du confeil du roi de Pologne duc de
Lorraine du 18 janvier 1738 il a été défendu
aux communautés de cette province de vendre
ou commercer , foit en gros , foit en détail , fous
quelque prétexte que ce pût-être , les bois deftinés & marqués pour leurs Affouages , à peine de
confifcation

confifcation des mêmes bois, de cent livres d'a-
mende pour la première fois, & de plus grande
peine en cas de récidive.

La même défenfe a lieu fous les mêmes peines
contre chaque habitant qui détourne à d'autres
ufages les bois deftinés pour fon Affouage, excepté toutefois que les maréchaux & cloutiers
domiciliés dans des villages éloignés des ventes
des bois du roi, peuvent convertir en charbon,
mais feulement pour leur ufage, les bois qu'on
leur délivre pour Affouage. L'arrêt qui leur accorde cette permiffion, leur défend d'acheter
l'Affouage d'aucun particulier, & ordonne qu'a-
vant de convertir le leur en charbon, ils feront
tenus de faire au greffe de la maîtrife leur déclaration de la quantité de cordes de bois qu'ils
voudront employer pour cet effet, & fi elles
proviennent de leurs portions communales.

Un autre arrêt du confeil du même prince du
21 mars 1757, ordonne que les officiers des
maîtrifes feront tenus de délivrer annuellement
les Affouages des communautés avant le premier
décembre pour que les habitans puiffent en jouir
pendant l'hiver. Voyez *le recueil des édits, ordonnance & règlemens de Lorraine.*

AFFRANCHISSEMENT. C'eft l'acte par lequel on met une efclave en liberté.

Chez les Romains on diftinguoit trois fortes
d'Affranchiffemens, dont le premier s'appelloit
manumiffio per vindictam; le fecond, *manumiffio
per epiftolam & inter amicos,* & le troifième, *manumiffio per teftamentum.*

L'Affranchiffement ou manuffion *per vindictam*
étoit le plus folennel. Les Latins l'exprimoient
par ces mots *vindicare in libertatem;* & ce terme

vindicare a excité de la difpute entre les auteurs. Les uns le font venir du nom d'un certain efclave appellé *Vindicius*, qui ayant découvert aux Romains la confpiration que les fils de Brutus formoient pour le rétabliffement des Tarquins, fut affranchi pour fa récompenfe. Les autres foutiennent que *vindicare* vient du mot *vindicla*, qui fignifie *la baguette* avec laquelle le préteur frappoit l'efclave que fon maître vouloit mettre en liberté. Quoi qu'il en foit, voici de quelle maniere fe faifoit cette forte d'Affranchiffement. Le maître tenoit fon efclave par la main; enfuite il le laiffoit aller; & c'eft de-là qu'eft venu le mot latin *manumiffio*. En même tems il lui donnoit un petit foufflet fur la joue; & ce foufflet, qui étoit le fignal de la liberté, étoit reçu avec beaucoup de joie. Après cela le maître préfentoit fon efclave au conful ou au préteur qui le frappoit doucement de fa baguette en prononçant cette formule, *aio te liberum effe more quiritum.*

Cette cérémonie étant achevée, l'efclave étoit infcrit fur le rôle des affranchis. Alors il fe faifoit rafer, & fe couvroit la tête d'un bonnet appelé *pileus*, qui étoit en ufage à certains jours chez les Romains. Pour fe mettre en poffeffion de ce bonnet avec plus de folennité, il le prenoit dans le temple de Féronie, déeffe des affranchis. Dans ce temple il y avoit un fiége de pierre où étoit cette infcription : *bene meriti fervi fedeant, furgant liberi.* On fait que chez les anciens Romains le *pileus* étoit le figne & le fymbole de la liberté. A la mort de Néron, le peuple parut dans les rues avec ce bonnet en tête. Tel étoit l'Affranchiffement folennel.

L'Affranchiffement ou manumiffion *per epiftolam & inter amicos*, confiftoit en ce que le maître après avoir invité ses amis à un repas qu'il leur donnoit, admettoit son esclave à sa table, & l'y faisoit asseoir en sa présence. La raison de cet usage est que les anciens étoient persuadés qu'il y avoit du deshonneur & de l'indécence à manger avec des personnes d'un état aussi bas que celui d'esclave. Ainsi, pour qu'un maître qui chérissoit un esclave, pût le faire manger avec lui, il falloit qu'il le tirât de l'esclavage & qu'il lui donnât la liberté. Justinien voulut que cinq amis du maître assistassent comme témoins à cette cérémonie.

L'Affranchissement ou manumission *per testamentum* consistoit en ce que le testateur ordonnoit à ses héritiers d'affranchir un tel esclave, qu'il leur désignoit en ces termes ; *Davus servus meus liber esto.* Ceux que l'on affranchissoit de cette manière, étoient nommés *orcini* ou *charonitæ*, parce qu'ils ne commençoient à jouir de la liberté que quand leurs patrons avoient passé la barque à Caron, & étoient dans l'autre monde, *in orco.* Si le testateur prioit simplement son héritier d'affranchir un tel esclave en ces termes, *rogo hæredem meum ut Davum manumittat ;* alors l'héritier conservoit le droit de patronage. Enfin, si le testateur avoit ordonné que dans un certain tems qu'il avoit désigné, on donneroit la liberté à un tel esclave ; cet esclave étoit nommé *status liber*, & il ne commençoit à jouir véritablement de la liberté, que quand le tems limité par le testateur étoit venu, mais en attendant ce tems, les héritiers du défunt avoient toujours le droit de vendre cet esclave, sauf après cela à l'esclave de pouvoir accquérir la liberté dans le tems auquel il devoit l'avoir par le testament. Mais

alors l'esclave étoit obligé de rendre à son nouveau maître ce que celui-ci avoit donné à l'héritier pour l'acquisition.

Les deux dernières espèces d'Affranchissemens
dont nous venons de parler continuèrent toujours d'être en usage à Rome : mais les Affranchissemens *per vindictam* éprouvèrent quelques
changemens sous les empereurs chrétiens ; car
depuis Constantin ils ne se firent plus dans les
temples des faux dieux, ni avec toutes les cérémonies que nous avons détaillées. On se con-
tenta de conduire l'esclave dans une église chrétienne. Là on lisoit l'acte par lequel le maître
affranchissoit son esclave : un ecclésiastique signoit
cet acte, & alors l'esclave étoit libre. Cette manière d'affranchir fut nommée *manumissio in sacro
sanctis ecclesiis*, & elle devint d'un grand usage
dans la suite.

Ceux qui avoient été affranchis suivant quelqu'une de ces différentes manières, prenoient
le nom de *liberti*, & leurs enfans celui de *liber-
tini*. Cela étoit ainsi distingué dans les tems reculés de Rome. Cependant la plupart des jurisconsultes & des meilleurs écrivains de Rome ont
employé indifféremment l'un & l'autre terme
pour signifier un affranchi ; & l'on en trouve un
exemple dans le premier plaidoyer de Cicéron
contre Verrès.

Au reste, il ne faut pas croire que tous ceux
qui avoient des esclaves fussent en droit de les
affranchir ; car si une personne chargée de dettes
venoit à affranchir ses esclaves en fraude de ses
créanciers, l'Affranchissement étoit nul. La raison en est que tant que les esclaves restoient dans
la servitude, les créanciers du maître pouvoient
les saisir comme faisant partie des biens du débi-

teur ; au lieu que quand les esclaves étoient affranchis, on ne pouvoit plus les saisir ; c'est pourquoi le créancier commençoit par faire déclarer l'Affranchissement nul, afin de pouvoir exercer librement son droit sur les esclaves de son débiteur. Pareillement si un affranchi n'ayant point d'enfans, affranchissoit ses esclaves en fraude de son patron, l'Affranchissement étoit déclaré nul. Ceux qui étoient encore sous la puissance paternelle, ne pouvoient pas non plus donner la liberté à leurs esclaves.

Pour ce qui est du nombre d'esclaves que l'on pouvoit affranchir par testament, la loi *fusia caninia* avoit règlé que celui qui avoit deux esclaves, pouvoit les affranchir tous les deux ; que celui qui en avoit quatre pouvoit les affranchir tous les quatre ; que celui qui en avoit six, pouvoit en affranchir trois ; que celui qui en avoit huit ou neuf, pouvoit en affranchir quatre ; que celui qui en avoit dix pouvoit en affranchir cinq ; & que celui qui en avoit dix-huit, pouvoit en affranchir six. Depuis ce nombre jusqu'à trente, on en pouvoit affranchir le tiers ; & depuis trente jusqu'à cent, on en pouvoit affranchir le quart. Enfin, si l'on en avoit plus de cent, on pouvoit en affranchir la cinquiéme partie : mais il étoit réglé que quelque quantité d'esclaves que l'on eût, on n'en pouvoit pas affranchir plus de cent par testament. En effet, si quelqu'un avoit affranchi un plus grand nombre d'esclaves que celui qui étoit prescrit par la loi, l'Affranchissement étoit valable seulement pour ceux qui étoient compris dans le nombre légitime, & les autres restoient esclaves. Outre cela, il falloit que le testateur nommât par son nom chacun des esclaves qu'il

vouloit affranchir ; car s'il avoit feulement dit
en général , *je donne la liberté à tous mes efclaves*,
il n'y en auroit pas eu un feul d'affranchi. De
même fi le teftateur avoit écrit de maniere que
les noms des efclaves qu'il vouloit affranchir
fiffent une efpèce de cercle , enforte que l'on ne
pût pas diftinguer ceux qui devoient être affranchis avant les autres , aucun des efclaves
dénommés dans le teftament ne devenoit libre.
Au refte , les efclaves que le teftateur avoit
affranchis dans le cours de fa vie , demeuroient en
poffeffion de la liberté , & n'étoient pas compris
dans le nombre de ceux que l'on pouvoit affranchir par teftament.

L'affranchi forti d'efclavage étoit obligé au
refpect & à la reconnoiffance envers fon ancien
maître , à peine de retourner dans les fers. De
ces obligations , dérivoit la néceffité dans laquelle étoit l'affranchi , de fournir à la fubfiftance de celui auquel il devoit la liberté , s'il
tomboit dans l'indigence. Par une fuite du même
refpect l'affranchi ne pouvoit époufer ni la mere ,
ni la veuve , ni la fille de fon patron.

Comme il fe trouvoit à Rome des affranchis
qui étoient fort riches , il avoit paru très-important de régler quelles feroient les perfonnes qui
leur fuccéderoient ; car quoique tous les affranchis devinffent citoyens romains par l'Affranchiffement , cependant ils ne jouiffoient pas des
mêmes priviléges que les ingénus par rapport
aux fucceffions.

Suivant la loi des douze tables , fi un affranchi laiffoit des enfans légitimes ou adoptifs , le
patron n'avoit rien dans fa fucceffion , foit qu'il
fût mort *ab inteftat* , ou après avoir tefté. Mais
fi un affranchi qui n'avoit point d'enfans mou-

roit *ab inteſtat*, alors le patron lui ſucédoit : ſur quoi Vinnius remarque fort à propos que dans la ſucceſſion des affranchis, les patrons jouiſſoient des mêmes priviléges que les agnats avoient dans la ſucceſſion des perſonnes libres d'origine. En effet, les affranchis prenoient les noms de leurs patrons, comme les enfans prenoient celui de leurs peres. Par exemple, Pline nous apprend dans ſon hiſtoire naturelle, que *Lénéus*, affranchi du grand Pompée, ſe fit appeler *Pompeius Lén us* ; & que *Laurea*, auſſi-bien que *Tiron*, tous deux affranchis de Cicéron, ſe firent appeler, l'un *Laurea Tullius*, & l'autre *Tullius Tyro*. Les loix nous fourniſſent même pluſieurs exemples de legs faits à condition que les affranchis prendroient le nom de leurs patrons. Ainſi il n'eſt pas étonnant que dans les ſucceſſions des affranchis, les patrons aient tenu le même rang que les agnats occupoient dans les ſucceſſions des ingénus.

Le patron, ou à ſon défaut les enfans du patron, étoient donc les héritiers de l'affranchi en cas qu'il ne laiſſât après lui ni poſtérité ni héritiers ſiens. Cependant comme il pouvoit arriver nonſeulement qu'un affranchi ne fît dans ſon teſtament aucune mention de celui auquel il avoit obligation de la liberté, mais encore qu'il lui donnât formellement l'excluſion, il fut ſtatué par l'édit du préteur que la moitié des biens énoncés dans le teſtament, retourneroit au patron ; & que le patron jouiroit du même droit dans le cas où ſon affranchi étant mort ſans avoir teſté, laiſſeroit après lui une épouſe légitime & un fils adoptif.

Après la loi du préteur vint la loi *papia-pop-*

pœa, qui fut faite fous l'empire d'Augufte. Cette loi voulant récompenfer la fécondité des femmes permit à celles qui feroient affranchies, de tefter fans l'autorité de leurs patrons, & même de les exclure. Mais la même loi voulut auffi que le patron eût une portion virile, à proportion du nombre d'enfans qu'une affranchie laifferoit.

La loi *papia-poppœa* fit encore quelque chofe de plus important & de plus avantageux aux patrons. En effet, l'édit du préteur avoit accordé aux enfans légitimes le droit d'exclure le patron. Mais la loi *papia-poppœa* diftingua les cas. Suivant cette loi, fi un affranchi avoit laiffé cent mille fefterces & moins de trois enfans, le patron fuccédoit avec les enfans de l'affranchi par égales portions. Mais fi l'affranchi laiffoit au-deffous de cent mille fefterces, il pouvoit en difpofer fuivant fa volonté. Enfin, fi un affranchi laiffoit trois enfans, le patron étoit totalement exclu.

Dans la fuite Juftinien voulut que les patrons fuccédaffent également à leurs affranchis & affranchies. Il difpofa encore de l'ordre qu'il falloit tenir dans ces fortes de fucceffions. Il étendit le droit de fuccéder des patrons & de leurs parens, de quelques lignes qu'ils fuffent, jufqu'au cinquième degré. Il voulut à la vérité que l'ordre des lignes fût comme dans les autres fucceffions : mais il déclara que le plus proche de chaque ligne fuccéderoit & excluroit le plus éloigné ; de forte que la repréfentation n'auroit point lieu dans la fucceffion des affranchis. Au refte, ce qu'on vient de dire fuppofe le cas où les affranchis ne laiffoient ni enfans ni héritiers fiens pour exclure les patrons.

L'empereur Juftinien abolit auffi la différence

qui avoit subsisté entre les affranchis de diverses
sortes ; & il voulut qu'ils eussent tous également
le droit de faire des testamens , ainsi qu'on le
voit par la loi unique au code *de latina libertate
tollenda ;* & par la loi unique au code *de dedititia
libertate tollenda :* ainsi Justinien ôta en quelque
maniere aux patrons le droit , & tout au moins
la plus grande partie de l'espérance qu'ils pouvoient avoir de succéder à leurs affranchis au
défaut d'enfans ou d'héritiers siens.

Un des priviléges des esclaves devenus libres
par l'Affranchissement , étoit qu'ils ne pouvoient
plus être appliqués à la question dans une affaire
où leur maître se seroit trouvé impliqué. Milon ,
accusé du meurtre de Clodius , se servit de cette
précaution pour détourner des dépositions qui
ne lui auroient pas été favorables. Il aima mieux
donner la liberté à des esclaves témoins du fait ,
que de s'exposer à être chargé par des gens
d'autant moins capables de résister à la torture ,
qu'ils étoient presque tous délateurs nés de leurs
maîtres.

Les loix romaines concernant l'Affranchissement des esclaves ne font d'aucun usage en France
parce qu'il n'y a point d'esclaves , excepté néanmoins les nègres de nos colonies. Lorsqu'il s'agit
de l'Affranchissement de ceux-ci, on suit les règles
suivantes établies particulièrement par les édits
de 1685 & 1724.

Selon le premier de ces édits enregistré au
conseil souverain de Saint-Domingue , le 6 mai
1687 , les maîtres âgés de vingt ans pouvoient
affranchir leurs esclaves par acte entrevifs ou à
cause de mort sans être tenus de rendre raison
des motifs qui les avoient déterminés & sans

avoir befoin d'avis de parens à cet égard. Mais par une ordonnance du 15 juin 1736, le pouvoir d'affranchir a été reftreint aux maîtres qui en ont obtenu la permiffion par écrit des gouverneurs & intendans ou commiffaires ordonnateurs. Et fuivant la déclaration du roi du 1er. février 1743, cette permiffion ne doit point être accordée aux mineurs, même émancipés, qui n'ont pas atteint l'âge de vingt-cinq ans.

Les Affranchiffemens faits fans la permiffion dont on vient de parler, font nuls, & les maîtres qui les ont faits doivent être condamnés à une amende arbitraire, outre la confifcation des efclaves qu'ils ont voulu affranchir.

Mais un efclave que le maître nomme pour être tuteur de fes enfans eft affranchi de plein droit.

Les efclaves affranchis felon les règles prefcrites doivent jouir des droits, priviléges & immunités dont jouiffent les perfonnes nées libres dans le royaume, fans même avoir befoin de lettres de naturalité lorfqu'ils font nés dans les pays étrangers. Il faut néanmoins remarquer que les nègres, foit affranchis ou nés libres, font déclarés incapables de recevoir des blancs aucune donation entre vifs, à caufe de mort, ou autrement; & il eft ordonné que celles que les mêmes blancs pourront leur faire feront nulles à l'égard des donataires & appliquées au profit de l'hôpital le plus prochain.

L'affranchi doit porter un refpect fingulier à fes anciens maîtres, & à leurs enfans; enforte que s'il venoit à leur faire quelque injure, elle feroit punie plus grievement que fi elle étoit faite à un autre perfonne. Du refte, il eft déclaré franc

& quitte envers eux de toutes charges, services & droits utiles, s'ils vouloient en prétendre fur fa perfonne ou fur fes biens en qualité de patrons. Par l'article 34 de l'édit du mois de mars 1724, il eft défendu aux affranchis & aux nègres libres de donner retraite aux efclaves fugitifs fous peine d'être condamnés par corps envers les maîtres à une amende de trente livres de fucre par chacun des jours qu'ils auront gardé les fugitifs. La même loi porte que fi ces affranchis ou nègres libres font hors d'état de pouvoir payer l'amende, ils feront faits efclaves & vendus pour la payer ; & que fi le prix de la vente excède l'amende, le furplus fera délivré à l'hôpital.

Selon l'ordonnance du 15 juin 1736, les prêtres & religieux qui deffervent les cures des colonies ne doivent baptifer comme libre aucun enfant, que l'Affranchiffement de la mère ne leur ait été prouvé par un acte de liberté en bonne forme, duquel ils font tenus de faire mention fur le regiftre de baptême.

L'article 11 de la déclaration du 15 décembre 1738 ordonne que les maîtres qui amèneront des efclaves en france ne pourront les y affranchir autrement que par teftament : & même dans ce cas les Affranchiffemens ne doivent valoir qu'autant que le teftateur décède avant l'expiration des délais dans lefquels les efclaves amenés en France doivent être renvoyés dans les colonies.

AFFRANCHISSEMENT, fe dit auffi dans notre droit de l'immunité ou exemption que le roi ou un feigneur accorde à un fujet ou vaffal, de quelques charges, impofitions ou preftations réelles & perfonnelles.

Chez les Romains il y avoit une forte d'efclaves qui étoient attachés à la culture d'un fonds particulier & que pour cette raison on appeloit *addictos glebæ*, lequel fonds ils cultivoient à leur volonté à la charge de rendre tous les ans à leur maître une certaine quantité de blé ou de fruits: de même en France sous les deux premières races de nos rois, la plupart des habitans de la campagne étoient serfs, c'est-à-dire, attachés à certains fonds dont ils ne pouvoient être séparés.

Vers le commencement de la troisième race, nos rois affranchirent plusieurs communautés d'habitans, auxquelles ils donnèrent des chartres de commune ou permission de s'assembler. Louis Hutin, & Philippe le Bel affranchirent tous les serfs de leurs domaines moyennant finance.

Le roi donnoit quelquefois à certains serfs en particulier des lettres par lesquelles ils étoient réputés bourgeois du roi & cessoient d'être serfs.

Les seigneurs donnoient aussi de semblables lettres à leurs serfs qui par ce moyen étoient réputés bourgeois de ces seigneurs.

Cependant plusieurs seigneurs ne consentirent point à l'Affranchissement de leurs serfs, de sorte qu'il est resté des vestiges de cette espèce de servitude dans les provinces régies par le droit écrit & dans quelques-unes de nos coutumes, telles que Bourgogne, Bourbonnois, Nivernois & quelques autres. Ces sortes de serfs sont appelés *vilains*, *gens de corps & de pot*, *gens de main-morte & de morte-main*, *main-mortables*, *mortaillables*, &c. selon l'usage des lieux qu'ils habitent.

Les droits que les seigneurs ont sur leurs serfs diffèrent selon les pays; ils dépendent de la coutume ou de l'usage de chaque endroit & des titres des seigneurs.

La main-morte ou condition serve se contracte de trois manières ; savoir, par la naissance, par une convention expresse, & par une convention tacite, lorsqu'une personne libre vient habiter dans un lieu mortaillable.

. L'Affranchissement de la main-morte se fait par convention ou par désaveu : par convention, quand le seigneur affranchit volontairement son serf : (*) par désaveu, lorsque le serf quitte tous les biens mortaillables, & déclare qu'il entend être libre ; mais quelques coutumes veulent qu'il laisse aussi une partie de ses meubles au seigneur.

Le sacerdoce ni les dignités civiles n'affranchissent pas des charges de la main-morte, mais ils exemptent des devoirs personnels qui aviliroient le caractère dont le serf main-mortable est revêtu. Le roi peut néanmoins affranchir un serf en l'annoblissant ou en lui conférant un office qui donne la noblesse : car le titre de noblesse efface la servitude avec laquelle il est incompatible : le seigneur du serf ainsi affranchi peut seulement demander une indemnité.

Suivant la coutume du comté de Bourgogne, l'homme franc affranchit sa femme main-mortable au regard seulement des acquets & des biens situés en lieu franc ; car si elle décède sans hoirs, & sans qu'il y ait eu séparation de biens entre elle & son mari, le seigneur du lieu où elle est

_____

(*) Il faut remarquer que l'Affranchissement du serf ne peut être fait par le seigneur qu'avec le consentement du roi, comme on le verra dans la suite de l'article.

née emporte fa dot matrimoniale avec fon trouf-
feau & fes meubles.

Comme l'Affranchiffement foit d'un ferf, foit
d'un héritage de main-morte, ne peut avoir lieu
que le fief n'en foit diminué au préjudice des
droits du feigneur dominant ou fuzerain, il fuit
qu'aucun Affranchiffement ne peut régulièrement
être fait par un feigneur de fief fans le confentement du roi qui eft le feigneur des feigneurs du
royaume & fuzerain de tous les fiefs.

Loifel, en fes inftitutes, dit qu'avant que
l'Affranchiffement fait par un feigneur puiffe
avoir lieu, il faut payer une finance au roi.
M. de Laurière remarque à ce fujet qu'anciennement on ne pouvoit obtenir la franchife qu'en
payant finance au feigneur dominant & à tous
les fupérieurs jufqu'au roi, mais que par hu-
manité on établit par la fuite qu'il ne feroit
plus payé de finance aux feigneurs médiats &
que le roi feul comme fouverain pourroit en
prétendre une.

Mais quoiqu'on ne puiffe douter que les Affranchiffement faits par les feigneurs fans le confentement du roi ne foient des actes nuls, il n'eft
cependant pas d'ufage de demander ce confentement. Il eft vrai qu'il fe trouve cenfé donné
lorfque l'acte d'Affranchiffement a été joint à
l'aveu & dénombrement fait au roi poftérieurement, & que l'aveu a été reçu fans contradiction
& fans blâme. Mais fi au lieu de rapporter dans
l'aveu & dénombrement l'acte d'Affranchiffement, on s'étoit contenté d'une énonciation
vague qui n'auroit pu inftruire fuffifamment les
gens du roi ou le feigneur dominant, du changement ou de la diminution du fief, un tel

aveu & dénombrement ne pourroit être oppofé comme ayant confirmé l'Affranchiſſement.

En général le roi lui-même ne peut faire aucun Affranchiſſement de droits féodaux ou ſeigneuriaux des biens du domaine, parce qu'il n'eſt qu'uſufruitier & qu'il ne ſauroit préjudicier à ſon ſucceſſeur à la couronne. Ainſi lorſque des circonſtances particulières telles que les dépenſes néceſſaires pour ſoutenir une guerre, ou d'autres beſoins preſſans de l'état, ont donné lieu à des Affranchiſſemens de cette nature, ils n'ont pu être confidérés que comme des aliénations à faculté perpétuelle de rachat.

Louis XIV par ſa déclaration du 28 janvier 1651, accorda à ceux qui poſſédoient des biens dans la cenſive & mouvance du domaine, la faculté de les affranchir du payement des lods & ventes, de même que du quint, requint, relief, rachat, & autres droits caſuels, moyennant une finance qu'ils payeroient pour l'indemnité du roi, & faute par les poſſeſſeurs de s'affranchir de ces droits, il fut permis à toutes perſonnes de les acquérir.

Par l'édit du mois de novembre 1658 il fut dit que les droits dont on vient de parler ſeroient vendus & aliénés à titre d'inféodation.

Par l'édit du mois de mars 1693, les fiefs, maiſons, boutiques, boucheries, halles, moulins, fours, preſſoirs, & autres biens relevant du domaine & ſitués dans les villes & bourgs fermés du royaume, furent affranchis moyennant finance & à faculté de rachat, des cenſives, rentes foncières, ſeigneuriales & autres, & en général de tout autre droit & redevance annuelle en argent envers le domaine.

Par un autre édit du mois de septembre de la même année le roi ordonna que l'Affranchissement porté par l'édit du mois de mars précédent auroit lieu à perpétuité, non-seulement pour les biens situés dans la directe de sa majesté, mais encore pour ceux qui seroient dans la directe des seigneurs particuliers, à la charge par les propriétaires de payer au roi la même somme qui seroit payée en cas de mutation. Le roi se réserva d'indemniser les seigneurs sur les états de produit qu'ils fourniroient des drois dont l'Affranchissement étoit ordonné.

Les motifs de cet édit à l'exécution duquel la ville de Paris ne fut point assujettie, furent que quoique dans plusieurs villes le roi n'eut la directe que sur une partie des maisons, il étoit convenable de rendre leur qualité uniforme & de les faire également contribuer aux besoins de l'état : que pour cet effet sa majesté avoit résolu de se servir du droit que lui donnoit la police générale qui lui appartenoit dans tout le royaume, & de la prérogative éminente de la souveraineté qui lui attribuoit le droit de se servir de tout ce qui étoit dans l'état quand la nécessité le demandoit, en indemnisant d'ailleurs les particuliers des choses prises pour l'utilité publique.

Les rôles arrêtés au conseil en vertu des édits dont on vient de parler, montèrent pour les provinces, à 7420000 livres, mais le recouvrement ne répondit pas à cette objet. Il ne paroît pas même que l'Affranchissement ait eu eu lieu dans les directes des seigneurs particuliers. Voyez *l'histoire de la jurisprudence romaine par M. Terrasson ; les institutes de Justinien ; le recueil*

recueil des règlemens concernant l'administration de la justice, &c. dans les colonies françoises ; les lois de Champagne par le roi Thiébaud ; Beauma-noir ; les coutumes de Bourgogne, Bourbonnois, Nivernois, Auvergne, Berry, Vitri, la Marche ; les institutes de Loisel ; Coquille, des servitudes personnelles ; le traité de la main-morte, par Du-nod ; la pratique des terriers ; le dictionnaire rai-sonné des domaines, &c. Voyez aussi les articles ESCLAVE, COLONIE, MINEUR, ALIÉNATION, ENGAGEMENT, DOMAINE, MAIN-MORTE, MORTAILLABLE, DÉMEMBREMENT, FIEF, LODS ET VENTE, &c.

AFFRÉTEMENT. Terme de marine par le-quel on désigne une convention pour le louage d'un vaisseau. Et l'on appelle *affréteur* celui qui prend un vaisseau à louage.

On dit sur la méditerranée *nolissement*, dans le même sens qu'on dit *Affrétement* sur l'océan.

On peut affréter les navires & les autres bâti-mens de mer pour différens usages, dont le plus ordinaire, & celui dont nous parlerons ici, con-cerne le transport des marchandises.

Par cette sorte de convention l'affréteur loue le vaisseau en entier ou pour partie, & s'o-blige à payer au maître (*) une certaine somme, à la charge que celui-ci transportera les mar-chandises de l'affréteur au lieu de leur desti-nation.

Quelquefois l'affrétement d'un navire se fait au quintal ou au tonneau sous la condition que le maître trouvera dans un tems déterminé un nombre suffisant d'affréteurs pour achever de

_____

(*) On donne ce nom au capitaine d'un vaisseau marchand.

rémplir fon navire ; c'eft ce qu'on appelle louer
à la cueillette. Dans ce cas la condition eft cenfée accomplie , lorfque le maître a trouvé de
quoi remplir fon vaiffeau aux trois quarts.

Mais fi dans le tems fixé la condition n'eft
point accomplie ni cenfée accomplie , les conventions à la cueillette deviennent nulles & le maître n'eft pas tenu de recevoir fur fon vaiffeau les
marchandifes des affréteurs qui de leur côté peuvent fe pourvoir ailleurs.

Si le vaiffeau eft loué au mois , le tems ne
commence à fe compter que du jour qu'il a mis
à la voile , à moins que les parties n'en foient
convenues autrement.

Quoique les parties s'expliquent ordinairement fur la fomme dont elles conviennent pour
l'affrétement , il peut néanmoins arriver qu'un
marchand charge fes marchandifes au vu & au fu
du maître fans que les parties parlent du fret :
dans ce cas les parties font cenfées être convenues tacitement du prix ufité pour marchandifes
de pareille qualité , au tems & dans le lieu de la
convention. S'il y avoit variété dans le prix , le
marchand payeroit le prix mitoyen & non le
moindre comme quelques-uns l'ont penfé.

Mais fi les marchandifes avoient été chargées
à l'infu du maître , il pourroit en faire payer le
fret au plus haut prix , parce qu'il lui étoit libre
de les décharger avant fon départ.

Si le maître n'a apperçu les marchandifes chargées fans fon aveu qu'après avoir mis à la voile
& qu'elles furchargent le navire , il pourra les
décharger dans le premier port où il relâchera , à la charge de les mettre en dépôt chez
une perfonne folvable & d'en donner avis au
marchand à qui elles appartiennent : mais fi ces

marchandifes ne furchargent pas le navire, il faudra qu'il les conduife jufqu'au terme du voyage ; ce qui néanmoins ne doit s'entendre que d'un vaiffeau loué à la cueillette, car s'il a été loué en entier à un affréteur, le maître pourra fans difficulté les décharger dans le premier port où il relâchera. La raifon en eft, que fi ces marchandifes étoient portées avec celles de l'affréteur au lieu de fa deftination du navire, elles pourroient nuire au débit de ces dernières, & dès lors le maître du navire feroit tenu envers l'affréteur de l'indemnifer du préjudice qu'une telle concurrence lui auroit occafionné.

Si depuis l'Affrétement l'affréteur a permis au maître de prendre des marchandifes d'autres perfonnes pour achever de remplir le navire qu'il a loué en entier, cette permiffion n'eft cenfée accordée qu'à la charge que le maître tiendra compte à l'affréteur du fret de ces marchandifes, parce que tout le fruit du navire doit appartenir à celui-ci.

Le maître du navire peut recevoir fur fon bord des paffagers & leurs malles fans être obligé de demander le confentement de l'affréteur, attendu que ce confentement eft fuffifamment préfumé par l'intérêt que l'affréteur a qu'il y ait fur le navire qu'on lui a loué des paffagers qui peuvent dans l'occafion contribuer à le conferver : mais il doit être tenu compte à l'affréteur de tout ce qu'auront payé les paffagers tant pour eux que pour leurs malles.

Dès que les marchandifes font fur le navire, le maître doit les garder & s'en charger envers l'affréteur par un acte qu'on appelle connoiffement.

Il faut que le maître du navire mette à la voile dans le tems convenu par l'Affrétement : cependant après l'expiration de ce tems les juges accordent facilement une prorogation de quelques jours si le maître a encore quelques marchandises à charger sur son vaisseau. Si le tems du départ n'est pas désigné par l'Affrétement, c'est au juge à le fixer selon l'usage.

Le maître est garant des vices de son navire, enforte que s'ils occasionnent un retard un peu notable dans le transport des marchandises, il est tenu des dommages & intérêts de l'affréteur. En vain le maître allégueroit qu'il ignoroit ces vices ; il ne seroit point écouté parce que sa profession l'oblige à les connoître.

Quoique le maître soit tenu tant avant le départ que durant le voyage, d'être très-attentif à la conservation des marchandises que les affréteurs ont chargé sur son navire, cependant s'il est nécessaire d'alléger le vaisseau pour le sauver dans le cas d'une tempête ou lorsqu'il est poursuivi par des corsaires, le maître peut après avoir pris l'avis de l'équipage & des personnes intéressées qui se trouvent sur le vaisseau, faire jeter à la mer telles marchandises des affréteurs qu'on juge à propos, sauf à indemniser par la suite celui auquel elles appartiennent, par une contribution à laquelle doivent être appelés tous les intéressés à la conservation du vaisseau.

Il est aussi permis au maître de vendre des marchandises des affréteurs dans le cours du voyage, lorsqu'il n'a point d'autre moyen pour se procurer des vivres, pour faire radouber son vaisseau, &c. mais il est alors obligé de faire attester la nécessité & les causes de la vente par les pilotes & les contre-maîtres. D'ailleurs il faut qu'il paye aux affréteurs les marchandises vendues, sur le pied que le reste se vendra au lieu où le navire doit être déchargé.

Remarquons encore que si le propriétaire du vaisseau y a des marchandises qui puissent être facilement vendues, le maître doit les vendre avant celles des affréteurs.

Mais qu'arrivera-t-il si le navire pour la conservation duquel on a vendu des marchandises de l'affréteur, vient ensuite à périr ou à être pris par les ennemis avec la cargaison? le maître doit-il alors payer à l'affréteur les marchandises vendues? Les anciennes lois maritimes prononcent l'affirmative, & M. Vaslin sur l'article 14 du fret croit cette décision juste & qu'elle doit être suivie : M. Pothier dans le supplément de son excellent traité du contrat de louage embrasse la même opinion, quoique diverses personnes expérimentées dans la jurisprudence relative au commerce maritime, qu'il a, dit-il consultées, pensent le contraire. M. Pothier fonde son avis sur ce que le prix de ces marchandises est comme une espèce de prêt forcé que l'affréteur a fait au maître pour les besoins du navire; & que de ce prêt naît l'obligation de rendre la somme prêtée.

Mais quelle que soit l'autorité de cet habile jurisconsulte, l'opinion de ceux qui lui sont opposés est, ce me semble, mieux appuyée que la sienne. En effet, lorsqu'on jette des marchandises à la mer pour le salut commun, il est de principe que le marchand auquel elles appartenoient n'en peut prétendre l'indemnité contre les intéressés à la conservation du vaisseau, si par la suite il vient à périr ; parce que ceux-ci n'ont pas profité de la perte de ce marchand : la même règle d'équité s'adapte naturellement à l'autre cas, puisque le navire venant à périr, le maître ne profite aucunement de la vente qu'il avoit faite auparavant pour le conferver. On peut donc conclure que l'obligation que le maître a contractée envers l'affréteur dont il a vendu les marchandifes doit fe diffoudre par l'évènement qui fait périr le vaiffeau, comme fe diffout celle qu'ont contractée les interreffés envers celui dont on a jeté les marchandifes à la mer; puifque dans l'une & l'autre conjoncture on a eu le même objet en vue, & qu'il n'y a point eu de différence dans le fuccès. Ainfi dès que pour décharger les intéreffés à la confervation du navire qui eft venu à périr, M. Pothier applique à l'affréteur dont on a jeté les marchandifes à la mer, la maxime que *perfonne ne doit s'enrichir de la perte d'autrui*, il eft clair qu'il ne faut pas moins l'appliquer à l'affréteur dont on a vendu les marchandifes; & ce grand principe ne fauroit être détruit par les diftinctions métaphyfiques que l'auteur que nous venons de citer veut établir entre l'obligation que contractent les intereffés envers l'affréteur dont on jette les marchandifes à la mer, & celle que contracte le maître envers le marchand dont il vend les effets, pour fauver le navire. Il n'y a ce femble, pas moins d'identité entre l'une & l'autre de ces obligations qu'entre les motifs qui les ont fait naître.

Lorfque le vaiffeau eft arrivé au lieu de la deftination des marchandifes, le maître doit les remettre au correfpondant de l'affréteur felon le connoiffement par lequel il s'en eft chargé. S'il en manquoit quelques-unes & que le maître ne put juftifier que c'eft par quelque accident de force majeure qu'elles ne se trouvent plus, il seroit tenu d'en payer le prix à l'affréteur sur le pied de la valeur des marchandises de pareille qualité dans le lieu de la destination ; mais il pourroit déduire les frais qui auroient été à la charge de l'affréteur si les marchandises eussent été représentées selon le connoissement.

Il peut arriver que le connoissement adressé au correspondant de l'affréteur differe de celui dont le maître est porteur : le premier par exemple portera que le maître s'est chargé de vingt caisses & l'autre, qu'il ne s'est chargé que de dix Dans ce cas si le connoissement dont le maître est porteur est écrit de la main de l'affréteur ou de celle de son commissionnaire, il n'est obligé de représenter que dix caisses, & il doit être cru en alléguant qu'il n'a signé que par surprise ou par erreur le connoissement qui est entre les mains du correspondant de l'affréteur & qui porte vingt caisses. Mais si le maître a écrit & rempli de sa main le connoissement dont le correspondant de l'affréteur est porteur, c'est ce connoissement qui doit faire foi.

Si les marchandises dont le maître s'est chargé se trouvent endommagées autrement que par des accidens de force majeure, il doit indemniser l'affréteur de ce qu'elles valent de moins, & même le correspondant de l'affréteur peut refuser de les recevoir & les laisser pour le compte du maître, qui dans ce cas doit les payer comme s'il ne les représentoit pas.

Quand la contestation sur l'état des marchandises qu'on soutient endommagées ne peut pas se décider promptement, le maître peut demander par provision le payement du fret, &

on le lui accorde à la charge de donner caution ; ou même sans donner caution suivant que la contestation paroît bien ou mal fondée.

Si celui auquel les marchandises sont adressées, les refuse pour une cause étrangère au maître, ce dernier peut le faire assigner pour dire la cause de son refus ; & soit qu'il la dise ou qu'il fasse défaut, le maître obtient une sentence qui l'autorise à vendre de ces marchandises jusqu'à concurrence du prix du fret, & a déposer le reste dans un magazin aux risques de qui il appartiendra.

Lorsque le maître a déclaré par l'Affrétement que son vaisseau est d'un plus grand port qu'il n'est effectivement, il est tenu des dommages & intérêts que cette fausse déclaration peut occasionner à l'affréteur : mais pour que cette déclaration soit censée fausse, il faut que ce qui manque de la contenance déclarée excède la quarantième partie de la contenance réelle.

Les navires & leurs agrêts sont affectés par privilége aux affréteurs pour les créances qui procèdent de l'Affrétement, mais le privilége des matelots pour leurs loyers, & celui des créanciers qui ont prêté de l'argent pour équiper les vaisseaux ou pour les nécessités du voyage, précèdent le privilége des affréteurs.

Il est défendu aux affréteurs de sous-fréter le navire à un plus haut prix que celui pour lequel il leur a été loué. Le motif de cette défense a été d'empêcher les monopoles que des personnes pourroient faire en s'emparant de tous les navires dans la vue de rançonner ensuite les marchands qui en auroient besoin pour le transport de leurs marchandises.

Si le propriétaire du navire vient à le vendre fans charger l'acheteur de remplir la convention faite avec l'affréteur, l'acheteur pourra empêcher l'affréteur de charger fes marchandifes fur le navire, mais ce dernier aura une action en dommages & intérêts contre le vendeur.

Lorfque les marchandifes de l'affréteur font parvenues au lieu de leur deftination, le fret en eft du en entier quelque endommagées qu'elles fe trouvent lorfque c'eft par un accident de force majeure; & même fi l'affréteur vouloit dans ce cas les abandonner pour le fret, il ne pourroit pas obliger le maître à les accepter. M. Vaflin qui eft d'avis contraire, fonde fon opinion fur ce que l'affréteur étant difpenfé de payer le fret lorfque fes marchandifes font péries, il ne le doit pas davantage lorfqu'il offre de les abandonner pour le fret, puifqu'alors c'eft la même chofe pour lui que fi elles étoient péries : mais M. Pothier lui répond judicieufement que le fret étant du au maître, ce n'eft pas la même chofe pour lui que les marchandifes foient péries avant d'être arrivées au lieu de leur deftination, ou qu'elles y foient arrivées fort endommagées par quelque accident de force majeure : dans le premier cas, il n'a pas rempli fon obligation, c'eft pourquoi le fret ne lui eft pas du; dans le fecond cas au contraire il l'a remplie & par conféquent l'affréteur doit lui payer le prix convenu; le dommage que les marchandifes ont fouffert ne pouvant être ici d'aucune confidération.

Cette jurifprudence n'eft point oppofée comme M. Vaflin fe le perfuade, à l'article 26 du titre 3 du livre 3 de l'ordonnance de 1681, qui permet aux affréteurs d'abandonner pour le frêt , les futailles dont le vin, l'huile ou les autres liqueurs ont coulé : dans ce cas-ci on ne peut pas dire que le maître ait conduit les marchandises au lieu de leur destination.

Au reste cette disposition de l'ordonnance ne doit s'appliquer qu'aux futailles qui ont coulé par quelque accident de force majeure ; car si les futailles se trouvoient vides faute par le maître d'avoir apporté le soin nécessaire à la conservation des liqueurs qu'elles contenoient, non-seulement on ne lui devoit point de fret, mais il seroit encore tenu envers l'affréteur des dommages & intérêts qui résulteroient de la perte des marchandises. D'un autre côté, si le coulage n'étoit arrivé ni par accident de force majeure, ni par la faute du maître, mais par le vice des futailles, l'affréteur ne pourroit être quitte du fret en abandonnant ces futailles, parce que c'est sa faute si elles ont coulé avant de parvenir au lieu de leur destination. Or, comme le maître auroit pu louer à d'autres la place que les mauvaises futailles occupoient dans son vaisseau, il ne seroit pas juste qu'il souffrît de la faute de l'affréteur.

Quoique suivant l'ordonnance, il ne soit du aucun fret des marchandises naufragées ou prises par les ennemis, il est néanmoins permis de stipuler que le fret sera payé quel que soit l'événement, & alors la convention doit être exécutée.

Lorsque l'affréteur n'a perdu qu'une partie de ses marchandises, il n'est déchargé du fret que pour celles qui sont péries ou qui ont été prises. Le fret de celles qui ont été sauvées doit se

payer en entier, si depuis l'accident le maître les
a conduites au lieu de la destination ; mais s'il a
été obligé de les laisser dans l'endroit où elles
ont été sauvées, le fret n'est dû qu'à proportion
du voyage.

Si le vaisseau a été endommagé par la tempête
ou dans un combat & que le maître soit contraint de le faire radouber pendant le voyage,
il faudra que l'affréteur attende que cet ouvrage
soit fait ou il sera tenu de payer le fret en entier : mais s'il n'étoit pas possible de réparer le
vaisseau, & que le maître ne pût ou ne voulût
pas en louer promptement un autre, le fret ne
lui seroit dû qu'à proportion de ce que le voyage
seroit avancé.

Lorsque depuis le départ du vaisseau, une
interdiction de commerce survenue avec le pays
où devoit se terminer le voyage, a empêché
que les marchandises de l'affréteur ne parvinssent
à leur destination, celui-ci ne peut exiger d'être
déchargé du fret, mais il n'est pas obligé de le
payer entièrement. C'est pourquoi si le vaisseau
n'a été affrété que pour l'*aller*, il faut que le
maître se contente du fret convenu à cet égard
sans pouvoir rien demander pour le retour,
quoiqu'il ait ramené les marchandises sur son
vaisseau ; & si le fret a été convenu pour l'*aller*
& pour le retour, le maître ne le peut exiger
que pour l'aller.

Il y a néanmoins quelques conjonctures dans
lesquelles le fret est dû en entier quoique les
marchandises n'aient pu parvenir à leur destination. Tel est par exemple le cas où les marchandises ont été jetées à la mer pour le salut
commun. Le marchand à qui elles appartenoient

devant être indemnisé de sa perte par tous les intéressés à la conservation du navire, il est juste qu'il paye le fret comme il l'auroit payé s'il eut conservé ses marchandises.

L'affréteur doit pareillement le fret de ses marchandises en entier, lorsque c'est par son fait qu'elles ne sont pas arrivées au lieu de la destination. Tel est le cas où il les retire durant le voyage sans qu'il y ait été obligé par le fait du maître.

Par une conséquence du même principe l'ordonnance veut que l'affréteur qui n'aura pas chargé la quantité des marchandises portées dans la convention, soit tenu de payer le fret comme s'il les avoit toutes chargées. Remarquez cependant que cette disposition de l'ordonnance ne peut avoir lieu qu'après que le maître a intenté un action contre l'affréteur pour constater le retard ou le refus de charger dans le temps convenable. Alors le maître obtient une sentence portant que faute par l'affréteur de charger ce qui lui reste à charger dans un court délai que le juge fixe, il sera permis au maître de faire voile.

Si le maître faisoit voile sans constater ainsi le refus ou le retard, non-seulement il ne pourroit exiger tout le fret, mais il seroit encore tenu des dommages & intérêts de l'affréteur.

Quoiqu'il soit de principe que l'affréteur ne puisse se dispenser de payer le fret en entier, lorsque c'est par son fait que les marchandises ne sont pas arrivées à leur destination, il y a néanmoins dans l'ordonnance de la marine une exception à cette règle. L'article 6 du titre 3 du livre 3 porte que si le vaisseau est chargé à cueillette, au tonneau ou au quintal, le mar-

chand aura la liberté de retirer ſes marchandiſes avant le départ du vaiſſeau, en les faiſant
décharger à ſes frais & en payant la moitié du
fret.

Cette grâce que l'ordonnance fait à l'affréteur en lui permettant de rompre ſon engagement à cette condition, eſt fondée ſur ce que
l'on préſume que le maître trouvera facilement
à louer à d'autres la place que les marchandiſes
de l'affréteur devoient occuper dans le vaiſſeau.

Lorſque l'arrivée du navire a été retardée
par le fait de l'affréteur, il doit l'intérêt du retard, de même que le maître doit des dommages & intérêts ſi c'eſt par ſon fait que le navire
n'eſt pas arrivé dans le temps utile ? mais ſi le
retard a eu pour cauſe une force majeure, comme un ordre du ſouverain, on conſidère ſi l'Affrétement a été fait au voyage ou au mois : dans
le premier cas le fret eſt du ſelon la convention,
parce que perſonne ne devant être garant de ce
qui arrive par force majeure, le maître & l'affréteur ne peuvent avoir aucune prétention l'un
contre l'autre.

Dans le ſecond cas, c'eſt-à-dire ſi l'Affrétement a été fait au mois, il n'eſt point du de fret
pour le tems que le vaiſſeau a été arrêté, mais
l'affréteur doit contribuer aux frais de la nourriture & des loyers des matelots, parce que c'eſt
le prix des ſervices qu'ils rendent pour la garde
& la conſervation des marchandiſes de l'affréteur durant le tems que le vaiſſeau eſt retenu.

Quoique régulièrement le fret ne ſoit exigible
que quand le navire eſt arrivé au lieu de ſa deſti-
nation, à moins qu'on ne fût convenu de le payer
d'avance, cependant ſi le navire a fait naufrage

en route & que le maître ne puisse ou ne veuille pas se charger de conduire les marchandises sauvées dans l'endroit pour lequel elles étoient destinées, il a une action ouverte pour faire payer le fret de ces marchandises à proportion de ce que le voyage étoit avancé. Il peut pareillement demander le payement du fret lorsque l'affréteur retire ses marchandises en chemin ou avant le départ.

Lorsque c'est le propriétaire du navire qui l'a loué lui-même à l'affréteur, l'action pour le payement du fret ne peut être intentée qu'au nom de ce propriétaire, mais l'affréteur peut payer valablement entre les mains du maître ; parce qu'il est préposé pour toutes les affaires qui concernent le navire.

Le maître & le propriétaire du navire ont privilége pour le fret sur les marchandises transportées, avant les créanciers de l'affréteur, même avant celui qui les a vendues ou à qui on les a volées & qui les réclame : parce que le maître ayant fait l'avantage du propriétaire de ces marchandises en les transportant dans un lieu où elles sont d'une plus grande valeur qu'elles n'étoient à l'endroit d'où elles sont parties, il ne seroit pas juste que le fret qui est le prix du transport ne s'en payât point, & qu'ainsi le propriétaire des marchandises s'enrichît aux dépens du maître ou du propriétaire du navire.

Mais il faut remarquer que ce privilége n'a d'effet qu'autant qu'on l'exerce tandis que les marchandises sont sur le vaisseau, ou sur le quai du lieu du débarquement, ou enfin durant la quinzaine après la délivrance faite au particulier à qui elles étoient adressées, pourvu néanmoins qu'il ne les ait pas vendues à d'autres ;

car fi elles avoient paffé entre les mains d'un tiers, même avant la quinzaine, le privilége du maître ne pourroit plus s'exercer, parce qu'il eft de principe que tout privilége fur des chofes mobiliaires ne fauroit avoir lieu en faveur du créancier que dans le tems que ces chofes appartiennent à fon débiteur ; c'eft ce qui eft établi par cette maxime, *meubles n'ont pas de fuite étant en tierce main*.

Au refte lorfque les marchandifes ne font plus fur le vaiffeau, le maître peut les faire faifir pour conferver fon privilége : cette faifie empêche la prefcription de quinzaine, & que les marchandifes ne puiffent être vendues à fon préjudice. Cette liberté de faifir eft accordée parce qu'il eft défendu au maître de retenir les marchandifes dans fon vaiffeau, fous prétexte que le fret n'en eft pas payé.

Quoique le privilége du maître fur les marchandifes puiffe fe perdre dans la quinzaine, il lui refte une action contre l'affréteur pour répéter le fret qui lui eft dû ; mais après le voyage fini s'il néglige pendant un an d'exercer cette action elle fera prefcrite.

Cependant fi le maître étoit débiteur envers l'affréteur d'une fomme égale au fret ou plus confidérable, comme le prix du fret ne feroit alors qu'une déduction que le maître pourroit oppofer par exception contre la demande de l'affréteur, la prefcription dans ce cas ne pourroit être acquife contre le maître par aucun laps de tems, fuivant la maxime, *quæ temporalia funt ad agendum, perpetua funt ad excipiendum*.

Si dans le cours du voyage, le maître fait quelque dépenfe extraordinaire pour les marchandifes, l'affréteur doit l'en indemnifer pourvu que ce ne foit pas la faute du maître qui ait donné lieu à cette dépenfe. Voyez *l'ordonnance de la marine de* 1681 ; *le traité des contrats de louage ma, itime,&c.*Voyez auffi les articles CHAR-TE-PARTIE, CONNOISSEMENT, AVARIE, &c.

. AGAPÈTE. On appeloit ainfi dans la primitive églife, des filles vierges qui vivoient en communauté fans faire de vœux & fervoient les eccléfiaftiques ou s'affocioient avec eux par un pur motif de piété & de charité. Les Agapètes furent auffi appelées *fœurs adoptives.*

Ces fociétés n'opérèrent point de fcandale dans les commencemens ; mais il n'en fut pas de même par la fuite : c'eft pourquoi le concile de Nicée fit un canon exprès pour défendre aux prêtres & aux autres clercs de retenir auprès d'eux d'autres femmes que leurs proches parentes, comme la mère, la fœur & la tante.

Ces défenfes ont toujours fubfifté depuis, & fi dans les dixième & onzième fiècles on a vu à cet égard de grands abus de la part des prêtres, l'églife les a fait ceffer dès que les circonftances lui ont permis d'y remédier. Aujourd'hui chaque évêque veille dans fon diocèfe, à ce que les eccléfiaftiques ne fe faffent fervir que par des femmes hors de tout foupçon. Les parlemens ont auffi fait des règlemens à ce fujet (*).

(*) On trouve dans Chenu un arrêt du parlement de Paris du 22 mais 1547, portant « que toutes les concubines » & femmes fufpectes, étant ès maifons des prêtes d'Orlac, » fi aucunes en y a, vuideront d'icelles reaument & de fait, » & enjoint au baillif des montagnes d'Auvergne ou fon lieu-» tenant général à Orlac, & aux officiers dudit Orlac les

AGARIC.

AGARIC. Sorte de substance qui s'emploie en médecine & dont les épiciers font commerce.

L'*Agaric fin* doit à l'entrée du royaume sept livres dix sous par cent pesant & le gros Agaric trois livres, non compris les sous pour livre dont nous parlerons à l'article SOU. Voyez *le tarif de* 1664, & les articles ENTRÉE, SORTIE, MARCHANDISES, DROGUERIE, &c.

AGASTIS. Ce mot désigne dans plusieurs coutumes les dommages causés dans un héritage par des bestiaux. *Voyez* DOMMAGE.

ÂGE. Il se dit des différens degrés de la vie des personnes & du temps depuis lequel on est en vie. Ce terme est d'un usage fort étendu en jurisprudence pour déterminer le temps de la vie auquel un citoyen devient habile à tels ou tels actes, à posséder tels ou tels emplois, &c.

Les preuves de l'Âge se font par les regîtres que doivent tenir les vicaires ou curés des paroisses pour y écrire les baptêmes, mariages & sépultures. L'article 4 de la déclaration du 9 avril 1736, veut que dans les actes de baptême il soit fait mention du jour de la naissance de l'enfant, du nom qui lui aura été donné, &c.

Si les regîtres des baptêmes étoient perdus

» contraindre à vuider nonobstant oppositions quelconques
» & si lesdites femmes sont rebelles & ne veulent obéir,
» qu'ils procèdent contr'elles à les punir extraordinairement.
» Outre ladite cour comme conservatrice des décrets les-
» quels ont introduit & déclaré la chasteté & la bonté que
» doivent avoir les prêtres, a défendu & défend auxdits prê-
» tres, sur peine d'amende arbitraire, & d'être punis par leurs
» juges de telle punition qu'il appartiendra, de tenir en leurs
» maisons aucunes femmes suspectes ».

ou qu'il n'y en eût jamais eu, les preuves de l'Âge pourroient se faire tant par les registres ou autres papiers des pères & des mères décédés que par témoins, mais les parties intéressées & même le ministère public seroient admis, selon les circonstances, à attaquer ces preuves par d'autres titres & d'autres témoins.

Il faut avoir sept ans accomplis pour recevoir la tonsure, mais elle peut être conférée à six ans par dispense du pape.

Il y a néanmoins des diocèses dans le royaume où des statuts synodaux ne veulent pas que la tonsure soit conférée avant l'Âge de quatorze ans.

Il n'y a point d'Âge déterminé d'une manière précise par l'ancien droit ni par le nouveau, pour recevoir les ordres mineurs ; c'est pourquoi les évêques de France ne suivent à cet égard que l'usage : plusieurs cependant ne confèrent pas ces ordres avant l'Âge de dix-huit ans.

Quant aux ordres sacrés, il paroît qu'avant le concile de Trente on n'exigeoit que l'Âge de dix-huit ans pour le sous-diaconat & de vingt ans pour le diaconat ; mais selon ce concile, il faut être âgé de vingt-deux ans pour le sous-diaconat, de vingt-trois pour le diaconat, & de vingt-cinq pour la prêtrise, sans distinction des séculiers d'avec les réguliers. Il n'est pas nécessaire que la dernière année soit complette pour être comptée, il suffit au contraire qu'elle soit commencée.

Ce règlement du concile de Trente se trouve confirmé par l'usage général de l'église. L'ordonnance de Blois l'a adopté & a dérogé à cet égard à celle d'Orléans qui défendoit de promouvoir aucun sujet à l'ordre de prêtrise avant qu'il n'eût atteint l'Âge de trente ans.

Le troifième concile de Latran tenu fous Alexandre III, avoit défendu d'élire pour l'épiscopat des fujets qui n'auroient pas trente ans accomplis. Sans confirmer expreffément cette difpofition, le concile de Trente dit que nul ne doit être élevé à l'épifcopat qu'il ne foit d'un Âge mûr.

Par le concordat il eft dit que celui que le roi nommera à un évêché fera au moins dans la vingt-feptième année de fon Âge, & l'ordonnance de Blois porte qu'il aura au moins vingt-fept ans : mais dans l'ufage il fuffit que la vingt-feptième année foit commencée. Nos rois ont même quelquefois nommé à des évêchés des perfonnes qui n'avoient point encore atteint cet Âge, & le pape leur a accordé des difpenfes. Le cardinal de Richelieu n'avoit que vingt-deux ans quand il fut pourvu de l'évêché de Luçon en 1607, & le cardinal de Janffon n'en avoit que vingt-quatre, quand il fut fait évêque de Digne en 1654.

On doit fuivant le concile de Trente, obferver dans la création des cardinaux tout ce qui eft recommandé pour l'élection des évêques ; d'où l'on conclut qu'il faut être âgé de trente ans pour être fait cardinal-prêtre, & de vingt-trois ans pour être fait cardinal-diacre, conformément au concile de Latran. Cependant le compact des cardinaux ne demande que l'Âge de vingt-cinq ans dans l'un & l'autre cas, & par une bulle de Sixte Quint il fuffit d'être âgé de vingt-deux ans pour être cardinal-diacre pourvu que le promu au cardinalat fe faffe ordonner diacre dans l'année de fa promotion ; au furplus le pape peut dans cette matière accorder des difpenfes d'Age.

A l'égard des abbayes & des prieurés conventuels du royaume, qui étoient autrefois électifs confirmatifs, le roi suivant le concordat, doit nommer un religieux du même ordre, âgé au moins de vingt-trois ans. Si l'abbaye ou le prieuré conventuel sont tenus en titre, le pape dispense difficilement, si le nommé n'a au moins vingt-trois ans : mais quand le nommé doit être pourvu en commende, on obtient la dispense sans peine, pourvu qu'il soit âgé de seize à dix-huit ans.

Quant aux abbayes de France où l'élection de l'abbé a encore lieu, il faut que celui qui est élu ait au moins vingt-cinq ans dans le temps de l'élection ; parce que le concordat n'a dérogé aux dispositions canoniques pour l'Âge des abbés, qu'en faveur de la nomination royale ; & que l'ordonnance de Blois veut que l'on conserve dans ces élections privilégiées la forme des saints décrets & les constitutions canoniques.

Les religieuses ne doivent point être pourvues d'abbayes, ni de prieurés conventuels, à moins qu'elles n'aient dix ans de profession, ou qu'elles n'aient exercé un office claustral pendant six ans entiers. Le roi déroge quelquefois à la disposition de l'édit de 1606 sur cet article.

Le concile de Trente ne demande que vingt-deux ans commencés pour tenir une dignité dans une cathédrale, ou dans une collégiale, quand elle n'est point chargée de la conduite des ames ; mais en France, il faut que ceux qui sont pourvus d'une telle dignité aient au moins quelques jours au-delà des vingt-deux ans accomplis, parce qu'ils sont obligés de se faire promouvoir à l'ordre de prêtrise dans l'année, à compter du jour de leur paisible possession, c'est-à-dire, dans les deux années de leurs provisions.

Suivant la déclaration du 13 janvier 1742, enre-
giftrée au parlement le 26 du même mois, aucun
eccléfiaftique ne peut être pourvu d'une cure ou
autre bénéfice à charge d'ames qu'il ne foit conftitué dans l'ordre de prêtrife, & qu'il n'ait vingt-
cinq ans accomplis, enforte que les provifions
obtenues avant cet Âge ou fans la qualité de
prêtre n'auroient aucun effet & feroient regardées comme nulles.

Quoique cette déclaration ait ôté aux évêques
le droit & la liberté qu'ils avoient eus jufqu'a-
lors, de conférer les bénéfices à charge d'ames à
un diacre ou autre eccléfiaftique qu'ils jugeoient
capable d'en remplir les fonctions, elle a cependant été faite à la prière & fur les repréfentations
du clergé lorfqu'il s'affembla en 1740. Au refte,
cette loi ne concerne pas les premiers & principaux bénéfices à charge d'ames, c'eft-à-dire, les
évêchés & les archevêchés. Il n'eft pas néceffaire
que ceux qui y font nommés par le roi foient dans
les ordres facrés, mais ils doivent s'y faire promouvoir dans trois mois après qu'ils ont obtenu
leurs provifions. Il n'eft pas non plus néceffaire
d'être actuellement prêtre pour être élu pape.

On fuit dans plufieurs tribunaux du royaume
la dix-feptième règle de chancellerie, felon laquelle il fuffit d'avoir quatorze ans accomplis
pour les canonicats des cathédrales, dix ans accomplis pour les canonicats des collégiales, &
fept ans accomplis pour les chapelles & les autres
bénéfices fimples de cette nature. Cet ufage eft
contraire à la difpofition du concile de Trente,
qui demande quatorze ans pour toutes fortes de
bénéfices. Au refte cette règle de chancellerie ne
fait pas loi en France ; c'eft pourquoi le grand

conseil juge qu'il suffit d'avoir dix ans pour être déclaré capable de posséder un canonicat de cathédrale.

Comme il faut être religieux profès pour tenir un bénéfice régulier en titre, dans la règle générale on ne peut en être pourvu avant vingt-un ans qui est aujourd'hui l'Âge requis pour faire profession ; cependant comme on est dans l'usage d'accorder des provisions de bénéfices réguliers à quelques-uns de ceux qui veulent entrer dans l'ordre dont les bénéfices dépendent, rien n'empêche qu'on n'en accorde à un clerc de vingt ans qui sera en état de faire profession à vingt & un ans accomplis.

Au parlement de Paris on veut que celui qui est pourvu d'un prieuré simple, même en commende, ait quatorze ans, parce que c'étoit autrefois l'Age de la profession.

On trouve au journal des audiences un arrêt de cette cour du 28 août 1676, qui juge qu'il ne suffit pas d'entrer dans la quatorzième année pour tenir un bénéfice régulier en commende, mais qu'il faut avoir quatorze ans accomplis. On avoit déja jugé par un arrêt du 15 décembre 1639, qu'un écolier âgé seulement d'onze ans, n'avoit pû être pourvu en commende d'un prieuré régulier. Cet arrêt est dans le second volume du recueil de Bardet.

Ceux qui sont pourvus d'un bénéfice auquel il y a quelque ordre sacré attaché, doivent avoir, dans le tems de leurs provisions, l'Âge requis pour qu'ils puissent recevoir l'ordre attaché au bénéfice dans le tems de la paisible possession ; & comme on a fixé une année pour cette possession paisible par rapport à l'ordination, il faut du moins que le pourvu ait reçu l'ordre marqué dans les deux ans de la date de ses provisions.

Le défaut d'Age dans le pourvu annulle les provisions : le pape peut cependant accorder des dispenses d'Âge pour certains bénéfices ,. comme pour les abbayes & les prieurés conventuels : mais quand l'Âge est marqué par la fondation du bénéfice, le pape ne peut y déroger, sur-tout si le bénéfice est de fondation laïque.

C'est une maxime reçue de tous les canonistes , que quand la loi ou les statuts demandent un certain Âge pour être pourvu d'un bénéfice l'année commencée est regardée comme si elle étoit accomplie ; à moins que la loi ou les statuts ne marquent expressément que l'année doit être accomplie.

L'édit du mois de mars 1768 défend aux hommes de s'engager par la profession monastique ou régulière avant d'avoir vingt-un ans accomplis , & aux filles , avant d'avoir dix-huit ans aussi accomplis. Ceux qui feroient des vœux solennels avant cet Âge ne contracteroient point d'engagement légitime.

L'Âge requis pour le mariage est celui de la puberté qui est de quatorze ans pour les mâles & de douze pour les filles.

L'Âge pour étudier en droit est la dix-septième année commencée, c'est-à-dire, seize ans & un jour suivant la déclaration du 17 novembre 1690.

Le premier juge des juridictions consulaires doit être âgé de quarante ans , & les autres consuls de vingt-sept, à peine de nullité des élections suivant l'arrêt du conseil du 9 septembre 1673.

Les chefs des compagnies de judicature, comme les présidens dans les présidiaux , les lieutenans-généraux & criminels dans les baillages qui ressortissent nuement aux cours supérieures, doivent être âgés de trente ans.

Les conseillers des cours supérieures & inférieures, les maîtres, les auditeurs & les correcteurs des comptes doivent ainsi que les avocats & procureurs du roi dans les sièges présidiaux, & tous les autres officiers des mêmes sieges, tels que les greffiers, procureurs, notaires, huissiers, être âgés de vingt-cinq ans au moins.

Pour posséder les offices de baillis, sénéchaux, vicomtes, prévots & lieutenans-civils, criminels & particuliers des sieges qui ne ressortissent pas nuement dans une cour supérieure, il faut être âgé de vingt-sept ans, suivant la déclaration du 30 décembre 1679, ou avoir obtenu des lettres de dispense d'Age.

La même déclaration veut qu'on ne puisse être pourvu des offices d'avocats & procureurs généraux des cours supérieures qu'à l'Âge de trente ans.

A l'égard des lieutenans généraux de police, quoique ressortissans nuement au parlement, ils peuvent être pourvus de leurs offices à l'Age de 25 ans, sans qu'il leur faille obtenir des dispenses. Il en est de même des maîtres particuliers & des procureurs du roi des maîtrises des eaux & forêts.

Les maîtres des requêtes ne sauroient être reçus sans dispense avant l'Âge de trente & un ans. Il faut même, suivant l'édit du mois de novembre 1683, qu'ils aient possédé un office de judicature dans une cour supérieure pendant six ans.

Les présidens des cours & compagnies supérieures doivent être âgés de quarante ans, suivant l'édit du mois d'avril 1669, publié au sceau.

Mais le roi déroge souvent à ces règles par les dispenses qu'il accorde.

Les officiers des justices seigneuriales doivent avoir vingt-cinq ans accomplis pour pouvoir exercer leurs fonctions, c'est ce qui a été jugé par arrêt du 9 juillet 1658 rapporté au journal des audiences.

Toutes les dispenses d'Âge qui s'accordent relativement aux offices doivent, selon la déclaration de 1679, être expédiées séparément, des provisions, & signées en commandement. On a coutume d'insérer dans ces dispenses, que l'officier ne pourra opiner avant l'Âge de vingt-cinq ans, ni présider avant l'Âge requis par les ordonnances, si c'est un chef de compagnie. C'est pourquoi par arrêt du 4 juin 1712, il a été jugé qu'un tel chef de compagnie ne pouvoit même présider dans aucune assemblée ou cérémonie publique, ni porter la parole au nom de la compagnie.

Cependant malgré la restriction portée dans la dispense d'Âge, la déclaration du 20 mai 1713 permet à l'officier mineur ainsi pourvu de rapporter des procès, & lui accorde dans ce cas voix délibérative.

Les princes du sang ont séance & voix délibérative au parlement à l'Âge de 15 ans & les ducs & & pairs à 25 ans, selon l'édit du mois de mai 1711.

Les commissaires & les contrôleurs des guerres doivent avant de prêter leur serment justifier qu'ils sont dans la vingt-cinquième année de leur Âge.

Les receveurs généraux des domaines & bois peuvent être pourvus à l'Âge de vingt-deux ans suivant l'article 21 du mois de décembre 1701, & l'article 11 de celui du mois de juin 1725.

Les commis des·fermes doivent être âgés au moins de vingt ans.

Les charges de lieutenans, sous-lieutenans, & même les places de sergens de grenadiers, ne peuvent être remplies que par des sujets qui aient moins de quarante ans. L'ordonnance du 8 novembre 1689 défend aux colonels d'en proposer de plus âgés.

A l'égard des capitaines de grenadiers, l'ordonnance du 15 janvier 1692 permet de les proposer jusqu'à l'Age de quarante-cinq ans, pourvu qu'ils aient la vigueur nécessaire à l'exercice de leur charge.

Il est défendu d'enrôler aucun soldat qu'il n'ait au moins seize ans accomplis, & s'il arrivoit qu'il en fût enrôlé au dessous de cet Age, le roi veut qu'on leur expédie des congés absolus, & qu'il leur soit remis par le trésorier de l'extraordinaire des guerres, vingt livres sur les appointemens du capitaine pour leur faciliter les moyens de se retirer chez eux.

L'ordonnance du 25 janvier 1728 défend de recevoir dans le corps de l'artillerie, aucun sujet qui ait moins de dix-huit ans ou plus de cinquante ans.

L'ordonnance du 27 novembre 1765, celle du 13 octobre 1773, & celle du premier décembre 1774, veulent que les garçons sujets à tirer au sort pour la milice, en soient exempts s'ils ont moins de dix-huit ans, ou qu'ils en aient atteint quarante.

Les mêmes ordonnances portent qu'au défaut de garçons, les jeunes gens mariés de l'Âge de vingt ans & au-dessous, seront assujettis à tirer au sort, & par préférence, ceux qui n'auront point d'enfans.

Les gardes des capitaineries royales ne peuvent être reçus qu'ils n'aient atteint l'Âge de vingt-deux ans, suivant l'édit du mois de juillet 1748.

Les mineurs au-dessous de l'Âge de vingt-cinq ans ne peuvent pas affranchir leurs esclaves dans nos colonies.

L'Âge pour tester se règle par la loi du lieu où le testateur avoit son domicile lorsqu'il a fait son testament. Dans les pays de droit écrit, les mâles peuvent conformément au droit Romain tester à l'Âge de quatorze ans accomplis, & les filles à douze ans aussi accomplis.

Selon la coutume de Paris à laquelle la plupart des autres coutumes se trouvent conformes, on peut disposer par testament, de ses meubles, acquêts & conquêts immeubles à l'Âge de vingt ans, & à vingt-cinq ans, du quint des propres.

Dans quelques coutumes on peut tester à dix-huit ans.

Dans les pays de droit écrit, l'Âge de puberté fait finir la tutelle, mais il n'en est pas de même dans les pays coutumiers. Il faut suivre à cet égard la loi que chaque coutume prescrit dans son ressort.

Pour être reçu marchand il faut avoir vingt ans accomplis. C'est la disposition de l'article 3 du titre premier de l'ordonnance de 1673. Et suivant l'article 2 du titre 31 de l'ordonnance des eaux & forêts, nul ne peut être reçu maître pêcheur qu'il n'ait atteint le même Âge.

L'Âge de soixante & dix ans est une excuse suffisante pour ne pas accepter une tutelle. Le même Âge met à couvert de la contrainte par corps pour dettes purement civiles, suivant l'article 9 du titre 34 de l'ordonnance de 1667, à moins qu'il ne s'agiſſe de ſtellionat, recélé ou de dépens en matière criminelle & que les condamnations n'aient été prononcées par corps.

Lorſque les ſeptuagénaires retiennent des deniers royaux, ils ne ſont pas non plus dans le cas de jouir de la faveur de la loi citée, parce que le roi ne donne point de privilége contre lui-même. Cela a été ainſi jugé par arrêt du conſeil du 28 mars 1680.

Cependant par arrêt de la cour des aides de Paris du 28 février 1716, un ſeptuagénaire débiteur de deniers royaux fut déchargé de la contrainte par corps. Mais un autre arrêt du parlement de Paris du 30 mars de la même année, confirma une ſentence du châtelet qui avoit ordonné la contrainte par corps contre le nommé Mazens débiteur de deniers royaux & ſeptuagénaire. Envain on allégua l'arrêt que la cour des aides venoit de rendre; on répondit que c'étoit tout au plus un préjugé, & que les deniers royaux avoient le privilége ſingulier de ne pouvoir être retenus ſans dol.

Il faut néanmoins obſerver qu'on ne doit uſer de la contrainte par corps contre des ſeptuagénaires pour deniers royaux, que quand il s'agit de comptabilité; c'eſt-à-dire, contre des commis & autres receveurs reliquataires des deniers de leur recette en tout ou en partie, & contre leurs cautions: cette contrainte peut encore avoir lieu contre des débiteurs de deniers royaux quoique ſeptuagénaires lorſqu'ils ont fait uſage de moyens frauduleux pour les retenir; mais à l'égard des autres débiteurs de droits dus au roi & à ſes fermiers ou régiſſeurs, ils doivent être exempts de la contrainte par corps lorfqu'ils ont atteint l'Âge de foixante-dix ans.

Il fuffit qu'un homme ait l'Âge de puberté pour qu'il puiffe fervir de témoin dans un teftament.

L'Âge exempte de la peine d'un délit les impubères qui font encore enfans ou qui font moins éloignés de l'enfance que de la puberté.

Lorfqu'un garçon avant l'Âge de trente ans, & une fille avant celui de vingt-cinq, fe marient fans le confentement du père & de la mère, ils peuvent être déshérités; mais fi après cet Âge ils fe marient fans ce confentement, après l'avoir néanmoins requis par un acte public, ils font à couvert de l'exhérédation.

Plufieurs coutumes emploient le terme *Agé* pour fignifier un majeur de vingt-cinq ans. C'eft ainfi que l'article 113 de la coutume de Paris porte que la prefcription de dix ans court entre préfens, & celle de vingt ans entre abfens âgés & non privilégiés. Les âgés & non privilégiés font les majeurs de vingt-cinq ans qui d'ailleurs n'ont aucun privilége tel que celui du feigneur féodal & cenfuel, celui du fifc, celui de la femme pour fon douaire, &c.

On appelle *lettres de bénéfice d'Age*, des lettres du prince qui émancipent un mineur. Il a par le moyen de ces lettres la libre difpofition de fes meubles & l'adminiftration de fes immeubles, mais fans pouvoir les vendre, aliéner ou hypothéquer.

En termes d'eaux & forêts on appelle *Age du bois*, le temps depuis lequel un arbre a commencé à croître.

L'article premier du titre 26 de l'ordonnance des eaux & forets défend aux particuliers de couper leurs taillis qu'ils n'aient au moins l'Âge de dix ans, & les balliveaux fur taillis avant qu'ils aient atteint l'Âge de quarante ans. Ces défenfes ont été renouvelées par un arrêt de règlement rendu au confeil le 19 juillet 1723.

A l'égard des arbres de haute futaie l'ordonnance défend de les couper avant qu'ils aient atteint l'Âge de 120 ans. Voyez *l'ordonnance du mois d'avril* 1667 ; *la déclaration du* 1736 ; *Rebuffe*, *pratique bénéficiale* ; *les mémoires du clergé*; *La clemen.* de ætat. & qualit. *l'ordonnance de Blois* ; *Thevenau & Boutaric fur l'article* 2 *de cette ordonnance* ; *l'édit du mois de décembre* 1606 ; *Bouchel en fa bibliothèque canonique* ; *les loix eccléfiaftiques de France* ; *l'édit du mois de mars* 1768 ; *le dictionnaire des arrêts* ; *Loifeau*, *traité des offices* ; *la Rocheflavin*, *traité des parlemens* ; *la collection de jurifprudence* ; *le traité de l'adminiftration de la juftice civile* ; *l'édit du mois de decembre* 1691 ; *Dupineau en fes arrêts* ; *Taifand*, *fur la coutume de Bourgogne* ; *Ricard*, *des donations*, &c. Voyez auffi les articles BAPTÊME, PRÊTRE, EVÊQUE, VŒU, PROFESSION, DISPENSE, JUGE, COMMIS, BÉNÉFICE D'ÂGE, CONTRAINTE, DÉLIT, MAJORITÉ, MINEUR, ÉMANCIPATION, &c.

AGEN. Ville capitale du comté d'Agenois dans la Guyenne.

Les comté d'Agenois & Condomois furent confifqués fur Edouard d'Angleterre prince de Galles, & unis au domaine de la couronne par le Roi Charles V.

Un arrêt du confeil du 19 octobre 1734, a permis à M. de Richelieu, duc d'Aiguillon, engagifte des comtés d'Agenois & Condomois, de faire affigner en reprife d'inftance, Colombat, fous-fermier des domaines de Guyenne, les maire, confuls, proconfuls, procureurs, fyndics & habitans des villes d'Agen, Condom, &c. pour les droits de lods & ventes par lui prétendus & qui lui étoient conteftés fous prétexte de franc-aleu : l'engagifte a foutenu que le franc-aleu ne peuvoit avoir lieu fans un titre exprès, conformément à l'ordonnance de 1629, & aux Arrêts des 18 décembre 1670, premier août 1682 & 24 octobre 1687.

Et par un aurte arrêt du confeil du 12 feptembre 1746, il a été jugé fur les requêtes & demandes de l'infpecteur général du domaine & de M. le duc d'Aiguillon, que la directe univerfelle emportant cenfives, lods & ventes & autres droits feigneuriaux, appartient au roi dans l'étendue des villes & juridictions d'Agen, Condom, Marmande, Mezin & Montréal, fans préjudice néanmoins des directes particulières & des privileges dont ceux qui les prétendent font tenus de juftifier par titres fuffifans : en conféquence, il a été ordonné que dans les lieux où la perception du cens avoit été interrompue, il en feroit de nouveau impofé un à raifon de ce qui fe paye dans les feigneuries circonvoifines, pour faire jouir l'engagifte des droits de directe & de cens, conformément au contrat d'engagement du 21 mars 1642.

Les élections d'Agen & de Condom font les feules de la généralité de Bordeaux où la taille foit réelle. La répartition de l'impofition fe fait entre les différentes juridictions, au marc la livre, d'une fomme qui fut fixée idéalement lorfqu'on renouvela le cadaftre de ces pro-

vinces, & enfuite répartie entre les différen=
tes juridictions : c'est ce que l'explication que
l'on va donner de la forme des cadastres dans
ces deux elections, rendra fenfible.

Il s'étoit élevé quelque tems avant l'année
1572, dans l'Agenois, une conqeftation entre
les nobles & privilégiés d'une part, les confuls & le tiers-état de l'autre, fur la question de
favoir, fi la taille étoit *prédiale & réelle*, ou
fi elle étoit perfonnelle ; la cour des aides de
Paris (celle de Bordeaux n'ayant été créée
qu'en 1629) ordonna par arrêt du 15 août
1597, qu'il en feroit informé ; elle commit à
cet effet un de fes confeillers, qui fit fon procès-verbal d'enquête en 1598, auquel il joignit des cadastres & rôles des tailles des principales villes.

Sur le rapport de cette enquête, & après
beaucoup de conteftations, il intervint le 18
août 1601, un arrêt qui déclara les tailles *réelles*
& prédiales dans l'Agenois, au payement defquelles
les eccléfiaftiques nobles & privilegiés devoient être
contraints pour raifon des héritages rôturiers qu'ils
ne tiendroient pas noblement.

Cette difpofition donna lieu à de nouvelles
conteftations entre le tiers-état & les eccléfiaftiques.

Elles furent terminées par un arrêt rendu
le 20 feptembre 1601 du confentement des
parties.

Cet arrêt déclara les biens immeubles tenus
& poffédés par les eccléfiaftiques du pays d'A-
genois, à caufe des églifes & bénéfices feulement, non fujets à la contribution des tailles;
l'arrêt du 18 août demeurant en fa force & vertu

pour

pour les autres biens tenus & possédés en rôture par les mêmes ecclésiastiques.

Les syndics de l'Agenois ayant représenté à la cour des aides de Paris, que pendant les guerres & les troubles qui avoient agité la province depuis cinquante ans, les titres & papiers, & particulièrement les cadastres contenant la description des héritages sujets au payement des tailles avoient été perdus, ce qui donnoit lieu à beaucoup d'erreurs dans le département de cet impôt, à quoi il étoit nécessaire de remédier par un nouvel arpentement des héritages sujets à la contribution des tailles, en exécution de l'arrêt du 18 août 1601, ils demandèrent pour y parvenir qu'il leur fût permis d'imposer sur le pays la somme de quatre mille écus en deux années.

La cour des aides ordonna sur cette requête, qu'en exécution des arrêts des 18 août & 20 septembre 1601, arpentement & description seroient faits des héritages, tenus & possédés rôturièrement dans l'Agenois par toutes personnes, de quelque qualité & condition qu'elles fussent, les syndics des ecclésiastiques & nobles présens ou dûment appelés; l'arrêt commit un conseiller pour l'exécution de cette ordonnance, & quant à la permission d'imposer sur tout le pays d'Agenois la somme de quatre mille écus, il ordonna que les syndics se retireroient par-devers le roi, pour y être pourvu selon le bon plaisir de sa majesté.

Tous les consulats du tiers-état s'assemblèrent au mois d'octobre 1604, & délibérèrent sur la forme dans laquelle il devoit être procédé au département général des impositions dans chaque juridiction.

· En conféquence de cette délibération, le commiffaire rendit le 17 novembre 1604 une ordonnance, contenant règlement pour que l'arpentage de toute la province fût fait juridiction par juridiction, fauf enfuite à diftraire les lieux facrés & les lieux nobles.

Les confuls de Monflanquin & ceux de plufieurs autres juridictions formèrent oppofition à cet arpentement général, ainfi qu'au département des tailles; & cette oppofition fut fuivie de grandes conteftations qui furent portées dans différens tribunaux, au confeil, au parlement, à la cour des aides & devant les tréforiers de France.

Enfin, après feize années de procédures, les confuls de toutes les communautés de l'Agénois s'affemblèrent à Agen au mois de mai 1621, & nommèrent de part & d'autre des députés, auxquels ils donnèrent pouvoir de convenir d'arbitres pour terminer toutes leurs conteftations; ces députés nommèrent pour arbitres quatre confeillers au parlement de Bordeaux, deux tréforiers de France & deux avocats, auxquels ils donnèrent pouvoir de ftatuer définitivement fur toutes leurs conteftations, & généralement de juger tous les différens concernant le règlement des tailles du pays, & *ce dans quinzaine, à compter de ce jour*; à l'effet de quoi les parties feroient tenues de remettre leurs pièces dans le jour entre les mains de deux avocats arbitres : ce délai de bien peu de durée pour terminer des conteftations auffi anciennes & auffi compliquées, ne fut cependant prorogé que jufqu'au 10 juin fuivant; ainfi la répartition des impofitions entre toutes les communautés de l'Agenois, au nombre de cent neuf , & leurs contestations particulières furent fixées & jugées en trente-six jours, & c'est ce travail, qui jusqu'ici a constamment servi de base à la répartition des impositions.

Les arbitres ordonnèrent que les tailles seroient départies, assises & égalisées sur le pied de 40 mille livres, dont chacune des villes, juridictions & communautés payeroit & porteroit ses parts contingentes.

Ils firent ensuite la distribution de cette somme de 40 mille livres entre les cent neuf juridictions qui composoient alors l'élection d'Agen : (il s'est fait depuis quelques désunions des paroisses qui composoient ces juridictions, en sorte qu'il en subsiste aujourd'hui cent trente-neuf). Enfin, il fut ordonné qu'à l'avenir toutes les sommes de quelque nature, qualité & quantité qu'elles fussent, seroient imposées, assises & égalisées à la même proportion en mesure du pied dudit département, sans qu'aucune de ces communautés pût prétendre plus ample décharge contre les autres, pour raison des lieux sacrés, biens nobles, vagues & incultes, ni autres en quelque façon que ce fût.

Ce jugement arbitral fut homologué par des lettres-patentes, enrégistrées à la cour des aides de Paris le 4 mai 1622.

La formation des cadastres du Condomois est postérieure à celle de l'Agenois.

Par un règlement du 15 juillet 1668 rendu sur l'avis de M. Pellot intendant des généralités de Bordeaux & de Montauban, il avoit été ordonné que l'arpentement & abonnement général seroit fait des trois élections d'Agen, Condom

& les Lannes, où la taille eſt réelle dans le reſſort de la cour des aides de Bordeaux, par les
commiſſaires qui ſeroient à ce députés, pour
être diviſées & partagées en un certain nombre
de feux, enſemble les communautés de ces élections, ſur le pied deſquels feux ſe feroient les
impoſitions ; ce règlement preſcrivit la même
forme pour la confection du cadaſtre, la répartition & le recouvrement des impoſitions que
celle qui étoit ſuivie dans la généralité de Montauban, mais cela n'a point été exécuté.

Par un arrêt du conſeil du premier avril 1671,
M. d'Agueſſeau alors intendant de la généralité
de Bordeaux fut commis pour procéder à l'arpentement & règlement des impoſitions à faire
ſur les trois élections d'Agen, Condom & les
Lannes ; cette dernière élection a été depuis
réunie à la généralité de Pau.

La multiplicité de ſes occupations ne lui per-
mirent pas de vaquer ſeul à cette opération ;
M. Baritault avocat général à la cour des aides
de Bordeaux fut commis par un ſecond arrêt du
conſeil pour procéder à l'exécution du premier,
ſéparément ou conjointement avec M. d'Agueſſeau ; ces commiſſaires remplirent leur miſſion
dans le Condomois, ils y firent faire l'arpentement & l'eſtimation des fonds, qui ſuivant leur
qualité furent diſtingués en différens degrés pour
ſupporter les impoſitions dans la même proportion, & pour la facilité de la répartition.

Tous les degrés furent réduits au premier dans
la récapitulation qui fut faite à la fin de chaque
cadaſtre ; en ſorte que deux arpens du ſecond
degré, trois arpens du troiſième degré, quatre
arpens du quatrième degré ne furent comptés

que pour un arpent du premier degré ; les maifons & les moulins furent pareillement abonnés
pour un certain nombre d'arpens du premier
degré.

Il en réfulte que les cadaftres indiquent la
continence réelle des terres, & une continence
fictive en conféquence de l'évaluation, & c'eft
cette dernière qui fert de règle pour la répartition des impofitions dans les cent quatre-vingt
communautés ou juridictions qui forment l'élection de Condom.

Les commiffaires firent enfuite, comme dans
l'élection d'Agen, la répartition d'une fommé
de 20 mille livres entre les cent quatre-vingt
juridictions, & c'eft fur ce pied & au marc la
livre de ce que chaque juridiction fupporte de
cette fomme que s'eft faite depuis la répartition
de la taille & des impofitions acceffoires. Il eft
facile de juger par l'ancienneté de la confection
ou de la réformation des cadaftres de l'Agenois
& du Condomois qui ont les uns cent cinquante
& les autres près de cent ans, que les changemens qui font furvenus pendant ce long efpace
de tems dans la nature & les productions des
terres, dans la force des paroiffes & juridictions, occafionnent des injuftices & des inéga-
lités inévitables ; mais l'abus auquel il feroit le
plus important de remédier, réfulte du défordre
des cadaftres & des livres de charge & de décharge.

Un très-grand nombre de juridictions n'a plus
de cadaftre, & la répartition de l'impofition ne
fe fait que fur les rôles précédens qui peuvent
eux-mêmes être remplis d'erreurs ; les cadaftres
qui reftent font tous déchirés & furchargés d'é-

critures, en forte qu'il eſt très-difficile de s'y
reconnoître.

.. Les livres de charge & de décharge font tenus par les ſecrétaires des communautés qui
doivent y inſcrire toutes les mutations, afin d'ê-
tre toujours en état de reconnoître les propriétaires actuels; ces livres font remplis d'erreurs
par la négligence, & peut-être la mauvaiſe foi
des ſecrétaires, ce qui donne lieu ſur les quantités d'arpens anciennement conſtatées à des *de-
ficit* qui retombent à la charge de la paroiſſe; il
eſt vrai qu'en vérifiant les rôles, les officiers des
élections doivent veiller à ce que la même quantité de journaux ou d'arpens y foit toujours
énoncée; mais les erreurs ſe font tellement multipliées qu'il y a telle juridiction où le quart des
terres taillables a été tiré du cadaſtre; cet ex-
poſé fait ſentir combien il feroit important de réformer chaque année un certain nombre de juridictions, ce qui mettroit enſuite à portée de
rétablir entre toutes les communautés d'une
élection, & entre les élections elles-mêmes une
proportion qui n'exiſte plus, foit par le déſor-
dre qui s'eſt introduit dans les cadaſtres, foit par
les changemens ſurvenus dans la valeur & le
produit des terres par les nouvelles cultures,
les branches de commerce ouvertes ou perdues,
la facilité des débouchés, & enfin toutes les
cauſes phyſiques, qui dans l'eſpace de plus d'un
ſiècle ont dû produire des effets ſenſibles. Voyez
les lois citées; le dictionnaire raiſonné des domai-
nes; les mémoires concernant les impoſitions, &c.
Voyez auſſi les articles TAILLE, CADAS-
TRE, &c.

AGENCEMENT. On donne ce nom dans les parlemens de Bordeaux & de Pau à ce qu'on appelle *augment* dans d'autres endroits. *Voyez* AUGMENT.

AGENS DE CHANGE. On appelle ainsi des officiers ou personnes publiques par l'entremise desquels on négocie les lettres de change, billets ou autres effets payables au porteur ou à ordre, moyennant un droit qui leur est attribué pour cet effet.

Il y a des villes où les Agens de change sont en titre d'office & ont des provisions ou commissions du roi comme à Paris, Marseille, Bordeaux & Lyon; il y en a d'autres où ils sont choisis par les maires & échevins ou par les juges consuls, ou par les maîtres, gardes & syndics des corps des marchands; mais dans la plupart des lieux il est permis à toutes sortes de personnes de faire le négoce dont il s'agit sans avoir besoin de commission, pourvu que ceux qui l'exercent soient d'une probité connue.

Avant le règne de Charles IX chacun faisoit à sa volonté le commerce d'argent, de billets ou de marchandises & il n'y avoit aucune différence entre les courtiers de marchandise & les Agens de change; titre nouveau que ces derniers n'ont commencé à porter qu'en 1639.

Ce monarque pour arrêter, comme il le dit dans son édit du mois de juin 1572, les abus qui se commettoient dans l'exercice du courtage, établit en titre d'office tous ceux qui étoient alors courtiers, à la charge qu'ils prendroient des provisions & qu'ils se feroient recevoir en cette qualité de courtiers par les baillis, sénéchaux & autres juges royaux des lieux de leur résidence.

Les guerres de la ligue ayant empêché l'exécution de cet édit, Henri IV en 1595 en renouvela les dispositions & par un arrêt de son conseil de la même année, il défendit à toutes personnes sous peine de punition corporelle, de crime de faux & de 500 écus d'amende, d'exercer la profession de courtier de change, banque & vente en gros des marchandises étrangères, avant d'avoir pris de lui des lettres de provision. Il fixa en même-tems à huit le nombre de ces officiers pour Paris, à douze pour Lyon, à quatre pour Rouen, à pareil nombre pour Marseille, à trois pour chacune des villes de Tours, la Rochelle & Bordeaux, à un pour chacune des villes d'Amiens, Dieppe & Calais, & il fut ordonné que dans les autres villes on en établiroit autant qu'il seroit nécessaire.

Dans l'adresse de cet arrêt au prévôt de Paris, le roi déclare expressément qu'il n'entend pas qu'aucun particulier puisse être contraint de se servir du ministère de ces officiers dans les négociations de change & de banque, ou de vente de marchandises lorsqu'il ne jugera pas à propos de les employer, & cette déclaration a été répétée dans les créations de courtiers ou Agens de change qui ont suivi la première.

Le nombre des huit offices de courtiers ou Agens de change créés pour Paris par Henri IV fut augmenté différentes fois sous le règne suivant, sçavoir, en 1610, en 1629, en 1633 & en 1634. A cette dernière époque il s'en trouva vingt de créés. Par édit du mois de décembre 1638, Louis XIII en créa encore dix autres &

ordonna que les vingt anciens payeroient une nouvelle finance & qu'il y auroit entr'eux tous bourſe commune.

Cet édit ayant paru onéreux à ces officiers particulièrement à cauſe de la bourſe commune ſi contraire au ſecret néceſſaire dans l'exercice de leur profeſſion, ils firent des remontrances en conſéquence deſquelles ils obtinrent un arrêt le 2 avril 1639 qui les déchargea non-ſeulement de l'obligation de faire bourſe commune, mais encore de la taxe à laquelle on les avoit aſſujettis pour ce ſujet. C'eſt par ce même arrêt que le titre de *courtier* que ces officiers avoient eu juſqu'alors fut changé en celui d'Agens de change & de banque.

En 1645 Louis XIV créa ſix nouveaux offices d'Agens de change pour Paris. Les choſes reſtèrent ſur ce pied juſqu'au mois de juillet 1705 que ce prince en créa encore deux autres : mais par édit du mois de décembre de la même année tous les offices de courtiers & Agens de change créés juſqu'alors dans toute l'étendue du royaume furent ſupprimés, à la réſerve de ceux des villes de Marſeille & de Bordeaux, & il en fut créé 116 autres pour être diſtribués dans les principales villes du royaume avec la qualité de conſeillers du roi, Agens de banque, de change, de commerce & des finances.

Vingt de ces offices furent deſtinés pour Paris ; mais à peine étoient-ils remplis qu'ils furent de nouveau ſupprimés par un édit du mois d'août 1708 qui en créa quarante autres auxquels l'édit du mois de novembre 1714 en ajouta encore vingt.

Ces ſoixante Agens de change furent égale-

ment fupprimés par un arrêt qu 30 août 1720,
qui en établit un pareil nombre par commiſſion.
Les choſes demeurèrent en cet état juſqu'en
1723, qu'un édit du mois de janvier de cette
année créa à la place de ces derniers, foixante
nouveaux conſeillers, Agens de change, de banque & de commerce (*). Cet édit porte qu'ils
jouiront des droits & prérogatives qui avoient
été attribués aux Agens de change créés par les
édits de 1708 & 1714, à l'exception des gages
& du franc ſalé, & qu'ils ne pourront prétendre
les exemptions de tailles, uſtenciles & autres
charges qui avoient été accordées par les mêmes
édits à leurs prédéceſſeurs.

Selon ces lois & l'arrêt du conſeil du 24 ſeptembre 1724, qui a ordonné l'établiſſement d'une
bourſe dans la ville de Paris, les Agens de
change doivent être âgés de 25 ans accomplis
& prêter ſerment devant le lieutenant civil de
s'acquitter fidèlement de leurs commiſſions.

Les fonctions d'Agens de change ne dérogent
point à nobleſſe & peuvent être exercées avec
celles de conſeillers ſecrétaires du roi ſans qu'il
ſoit néceſſaire d'obtenir des lettres de compati-
bilité.

Les marchands, les négocians, les banquiers
& autres qui ſont admis à la bourſe peuvent bien
négocier entr'eux les lettres de change, billets
au porteur ou à ordre de même que les marchandiſes ſans l'entremiſe des Agens de change;

_____

(*) Un arrêt du conſeil du 22 décembre 1733 a réduit
& fixé le nombre des agens de change à quarante, & ordonné que leurs noms feroient inſcrits dans un tableau ex-
poſé à la bourſe.

mais cette entremife eft néceffaire pour négocier tous les autres effets & papiers commerçables (*).

Cela eft ainfi établi par les articles 17 & 18 de l'arrêt du 24 feptembre 1724, qui veulent que les négociations de cette efpèce faites fans le miniftère d'un Agent de change, foient déclarées nulles en cas de conteftation, & que ceux qui feront ce commerce foient punis de prifon & condamnés à une amende de fix mille livres payable par corps, de laquelle moitié appartiendra au dénonciateur & le refte à l'hôpital-général.

Les Agens de change font tenus de fe trouver tous les jours à la bourfe depuis dix heures du matin jufqu'à une heure après midi, à l'exception néanmoins des jours de fêtes & de dimanches.

Ils doivent avoir un regiftre journal cotté & paraphé par les juges & confuls de la ville de Paris, fur lequel il leur eft enjoint de garder une note exacte des lettres de change, billets & autres papiers commerçables, marchandifes ou effets qu'ils font chargés de négocier. Il leur eft défendu d'infcrire aucun nom fur ce regiftre, mais ils font obligés d'y diftinguer chaque partie par une fuite de numeros & de délivrer à ceux qui les emploient un certificat de chaque négo-

---

(*) Par arrêt du confeil du 26 février 1726, il avoit été permis à tous négocians, marchands, bourgeois & autres admis à la bourfe de négocier entr'eux les actions de la compagnie des Indes & les autres papiers commerçables, mais cet arrêt a été révoqué par celui du 22 décembre 1733, qui ordonne l'exécution du règlement du 24 feptembre 1724.

ciation qu'ils font, lequel doit porter le numero
& être timbré du folio où la partie aura été infcrite fur le regiftre.

Ce regiftre fait foi en juftice pour les négociations dont les Agens de change ont été chargés; c'eft pourquoi ils font tenus lorfqu'ils en font requis, de repréfenter les articles de ce regiftre fur le contenu defquels il s'élève des conteftations entre les négocians.

Lorfque les négociations de lettres de change, billets au porteur ou à ordre & de marchandifes fe font à la bourfe par le miniftère des Agens de change, le même Agent peut fervir au tireur & au vendeur & à l'acheteur des marchandifes. Mais les négociations des papiers commerçables & autres effets doivent toujours être faites par le miniftère de deux Agens de change : ainfi les particuliers qui veulent acheter ou vendre de ces fortes de papiers, doivent remettre avant l'heure de la bourfe l'argent ou les effets aux Agens de change & ceux-ci en donnent leur reconnoiffance avec promeffe d'en rendre compte dans le jour (*).

Lorfque deux Agens de change font d'accord d'une négociation à la bourfe, ils doivent fe donner réciproquement leurs billets par lefquels l'un promet de fournir dans le jour les effets négociés & l'autre le prix des mêmes effets. Cha-

(*) L'article 29 de l'arrêt du confeil du 24 feptembre 1724, défend aux Agens de change de porter ou recevoir les effets ou l'argent dont il s'agit, à la bourfe, à peine de deftitution & d'une amende de 3000 livres payables par corps, dont moitié appartiendra au dénonciateur & le refte à l'hôpital général.

que billet doit être non-feulement timbré du numero fous lequel la négociation eft infcrite fur le regiftre de l'Agent de change qui le fournit, mais il faut encore qu'il rappelle le numero du billet fait par l'autre Agent de change, afin que ces billets fervent de renfeignement & de contrôle l'un à l'autre.

Les Agens de change font auffi tenus en confommant leurs négociations avec ceux qui les ont employés, de leur repréfenter le billet au dos duquel doit être l'acquit de l'Agent de change avec lequel la négociation a été faite, & de rappeler dans le certificat de la négociation le nom de cet Agent, les deux numeros du billet, la nature & la quantité des effets vendus ou achetés, & le prix des mêmes effets.

Il eft expreffément défendu aux Agens de change de faire, aucune fociété entr'eux fous quelque prétexte que ce puiffe être, ni avec aucun négociant ou marchand, foit en commandite ou autrement; même de faire aucune commiffion pour le compte des forains ou étrangers, à moins qu'ils ne foient à Paris dans le tems de la négociation, le tout fous peine de deftitution & de trois mille livres d'amende.

Il eft auffi défendu fous les mêmes peines à tout Agent de change de fe fervir d'aucun commis, facteur ou entremetteur, même de fes enfans, pour quelque négociation que ce foit, à moins qu'il ne vienne à tomber malade. Dans ce cas il a la liberté de faire achever les négociations commencées, mais il n'en peut point entreprendre de nouvelles.

Quiconque tient les livres ou eft caiffier de quelque banquier ou négociant ne fauroit être reçu à faire les fonctions d'Agent de change. Il en est de même de ceux qui ont fait faillite, obtenu des lettres de répi ou fait contrat d'atermoiement.

Tout commerce quel qu'il soit, est interdit aux Agens de change pour leur propre compte, sous peine de destitution & de 3000 livres d'amende. Cette défense leur a été faite pour prévenir les monopoles que la connoissance qu'ils ont des affaires de tous les négocians & banquiers de la ville où ils font le change, pourroit donner lieu de commettre.

Il leur est aussi défendu sous les mêmes peines de négocier des lettres de change, billets, marchandises, papiers & autres effets appartenans à des gens dont la faillite est connue.

Il leur est pareillement défendu d'endosser aucune lettre de change & billet au porteur ou à ordre, & de les signer par *aval*, c'est-à-dire, d'être cautions des tireurs ou endosseurs : ils peuvent seulement, lorsqu'ils en sont requis, certifier les signatures des tireurs, acquéreurs ou endosseurs des lettres & de ceux qui ont fait les billets.

Remarquez cependant qu'un Agent de change n'est pas sujet aux peines prononcées par la loi lorsqu'il tire une lettre de change sur son débiteur ou qu'il en prend une sur un lieu pour lequel il a besoin d'argent relativement à ses affaires : il n'est pas censé par-là faire le trafic qui lui est interdit.

Les Agens de change ont droit de percevoir pour les négociations en argent comptant, lettres de change, billets au porteur ou à ordre & autres papiers commerçables, 50 sous par mille

livres, dont 25 fous payables par l'acheteur &
les 25 autres par le vendeur; & à l'égard des
négociations pour fait de marchandifes, ils doivent en être payés fur le pied de demi pour cent
de la valeur des marchandifes, y ayant un quart
pour cent à la charge de l'acheteur & autant à
la charge du vendeur. Il eft défendu aux Agens
de change de rien exiger de plus fous peine de
concuffion.

Les Agens de change ne peuvent nommer en
aucun cas les perfonnes qui les ont chargés de
quelque négociation, & ils doivent les fervir
avec fidélité en leur gardant un fecret inviola-
ble, à peine, s'ils font convaincus de prévari-
cation, d'être condamnés à réparer le tort qu'ils
auront occafionné, à être en outre deftitués &
à trois mille livres d'amende.

Les Agens de change font fujets à la contrainte
par corps pour la reftitution des lettres de change, billets & autres chofes qui leur ont été con-
fiés. Ils peuvent même être pourfuivis extraordinairement dans le cas de divertiffement des
deniers ou effets.

Un Agent de change de Lyon ayant été convaincu d'avoir médité & exécuté une banqueroute frauduleufe en emportant avec lui de la
ville de Lyon dont il s'étoit abfenté, non-feulement les papiers, bijoux & effets qui lui appartenoient, mais encore ceux qu'on lui avoit remis pour être négociés; d'avoir prévariqué dans
les fonctions d'Agent de change en détournant à
fon profit les fommes qu'on lui avoit confiées;
de n'avoir tenu aucun livre ni règle des opérations qu'il faifoit; d'avoir fabriqué de fauffes
lettres de change, &c. a été condamné par arrêt

du 10 février 1756 à faire amende honorable &
à être enfuite pendu : ce qui a été exécuté à
Lyon. Voyez *l'ordonnance du commerce de 1673*;
*les édits du mois d'août 1708, novembre 1714,
& janvier 1723*; *l'arrêt du confeil du 24 feptembre
1724*; *le traité du contrat de change*, &c. Voyez
auffi les articles LETTRES DE CHANGE, BILLET,
EFFETS ROYAUX, &c.

AGENS GÉNÉRAUX DU CLERGÉ. On
donne ce titre à deux eccléfiaftiques du fecond
ordre qui font chargés des affaires du clergé de
l'églife gallicane, à la cour de France.

Les Agens généraux du clergé ont fuccédé
aux fyndics généraux que l'affemblée de Melun
fupprima en 1579, fous prétexte qu'ils avoient
abufé de leur autorité. Ils ne font point élus dans
l'affemblée du clergé, mais les provinces les
nomment tour-à-tour de cinq ans en cinq ans,
à chaque affemblée ordinaire pour le renouvel-
lement des contrats ou pour les comptes. On lit
l'acte de nomination en même-tems que les procurations des députés des deux provinces des
Agens; on reçoit enfuite ceux-ci, après leur
avoir fait prêter le ferment qu'ils rempliront
fidèlement leurs fonctions durant leur agence.

Les Agens généraux ne peuvent avoir voix
délibérative dans les affemblées générales du
clergé que dans le cas où elle leur eft accordée
par délibération de l'affemblée.

On ne peut continuer les Agens fous quelque
prétexte que ce foit ; c'eft pourquoi les provinces qui font en tour doivent nommer chacune le leur quelque tems avant l'affemblée,
afin qu'ils puiffent s'inftruire des affaires du
clergé avec ceux qui quittent leurs fonctions.

S'il

S'il arrivoit qu'une des provinces confentît à la nomination d'un des anciens Agens, elle perdroit fon tour de nomination, & la province qui la fuit en pourroit nommer un pour les cinq ans.

Il faut que les provinces qui font en tour nomment, pour remplir la place d'Agens, des prêtres qui aient dans la province un bénéfice payant décime, autre qu'une chapelle, & qui aient affifté, s'il fe peut, à une affemblée générale, afin qu'ils foient inftruits des affaires du clergé.

Si celui qui eft nommé par la plus grande partie des députés, n'étoit point prêtre, ou n'avoit point de bénéfice dans la province, le droit de remplir cette place feroit dévolu à celui qui, ayant les qualités requifes, auroit eu le plus de voix en fa faveur, après celui qui fe trouve exclu par le défaut de qualité.

Le règlement de l'affemblée de 1655 exige en outre qu'un Agent ne puiffe être nommé qu'il n'ait réfidé dans fa province au moins un an auparavant, mais dans l'ufage on n'obferve pas cette difpofition à la lettre.

S'il arrive qu'un Agent foit nommé par le roi à un évêché, & qu'il accepte cette dignité pendant le cours de fon agence, ou qu'il foit pourvu d'un office royal, la place eft vacante de plein droit, & la province qui l'avoit choifi peut en fubftituer un autre.

Toutes les fonctions des Agens fe réduifent à trois chefs principaux : le premier eft de veiller fur la recette des deniers du clergé, d'examiner les états que leur envoient les receveurs particuliers, les receveurs provinciaux & le receveur général, d'avoir foin que les deniers foient employés fuivant les ordres de l'affemblée, & de poursuivre les décharges pour les non jouissances & les spoliations : le second chef est d'avoir soin qu'on ne donne point d'atteinte aux priviléges du clergé & aux clauses des contrats pour les subventions ordinaires ou extraordinaires, d'avertir les archevêques, les évêques & les syndics des diocèses de tout ce qui peut les concerner sur ce sujet, de faire au roi & à son conseil toutes les remontrances qu'ils croient nécessaires de faire pour l'avantage du clergé, même d'intervenir au conseil & aux parlemens, quand ils ont reçu un ordre spécial de l'assemblée pour donner dans quelque affaire leur requête d'intervention au nom du clergé : le troisième chef, est d'avoir la garde des archives, & de faire délivrer des extraits des papiers communs à ceux du clergé qui en ont besoin, sans laisser emporter les papiers hors de la chambre dans laquelle ils doivent être conservés.

Lors de l'établissement des Agens généraux du clergé, l'entrée au conseil du roi leur fut accordée, avec la liberté de faire des réquisitions dans les affaires du clergé qui y seroient rapportées ; mais s'en étant abstenus après le règlement fait pour le conseil le 3 janvier 1673, quoiqu'ils n'y fussent pas nommés, le roi, par un brevet daté du 11 septembre de la même année, leur permit de nouveau de parler, lorsque M. le chancelier le jugeroit convenable.

Quand les commissaires nommés par le roi vont à l'assemblée du clergé, les Agens généraux vont les recevoir à la descente de leur carrosse ; & lorsque l'assemblée en corps va rendre ses respects au roi, le secrétaire, le promoteur & les deux Agens marchent les premiers.

Il a été défendu par arrêt du conseil d'état du 20 novembre 1640, aux Agens généraux du clergé, de former aucune opposition à l'exécution des édits & ordonnances.

Le clergé donne pour appointemens à chacun de ses Agens généraux, cinq mille cinq cent livres par an, & on leur remet aussi chaque année entre les mains la somme de trois mille livres pour les frais des affaires du clergé. Ils jouissent outre cela des fruits de leurs bénéfices, de même que s'ils assistoient aux offices. Ils ont d'ailleurs le droit de *committimus* au grand sceau pour toutes leurs affaires pendant le tems de leur agence.

Lorsque les cinq années sont expirées, les Agens doivent remettre entre les mains de ceux qui sont nommés pour leur succéder, les clefs des archives & les papiers, suivant l'inventaire qui en a été dressé, & rendre compte à l'assemblée de ce qui s'est passé pendant leur agence. Ce compte qu'ils rendent au clergé pour l'instruire de l'état présent de ses affaires, est ordinairement divisé en trois parties; la première, pour les affaires temporelles, les décimes, les subventions extraordinaires; la seconde, pour les privilèges du clergé; la troisième, pour la juridiction ecclésiastique.

Les Agens généraux qui ont exercé leur charge & rendu leur compte ne peuvent plus se trouver par la suite dans les assemblées du clergé, à moins qu'ils ne soient députés de leur province. Voyez *les institutions au droit ecclésiastique de M. Fleuri; les mémoires du clergé; les lois ecclésiastiques de France; la délibération de l'assemblée de 1625; les règlemens de 1606, de 1646 & 1655; l'édit du*

mois d'avril 1695 ; le contrat passé entre le clergé
& le receveur général en 1715 ; l'ordonnance du
mois d'août 1669 ; la délibération de l'assemblée de
1665, &c. Voyez aussi les articles CLERGÉ,
ASSEMBLÉE, DÉPUTÉ, DÉCIMES, &c.

AGGRAVE. On appelle ainsi une censure
ecclésiastique qui menace qu'on fulminera l'excommunication après trois monitions d'exécuter ce que l'Eglise ordonne.

Après l'Aggrave on procède au réaggrave qui
est le dernier monitoire qu'on publie, & l'excommunication définitive ; les publications faites
jusqu'alors, n'ayant été que comminatoires.

L'Aggrave & le réaggrave ne peuvent se publier sans une permission du juge laïque. Voyez
les articles CENSURE & MONITOIRE.

AGNATS, AGNATION. Dans le droit romain, les Agnats sont tous les parens mâles,
issus d'une même souche masculine, de mâle en
mâle. Et l'on appelle *Agnation*, le lien de parenté ou de consanguinité des Agnats.

Chez les Romains, la loi voconienne, en
ceci contraire à la loi des douzes tables, n'appeloit aux successions que les Agnats, dans la
vue de conserver les biens dans les familles.
Cette loi fut depuis modifiée par la loi papienne,
ensuite par les empereurs Claude & Adrien ;
& enfin abrogée par Justinien, qui appela aux
successions les *cognats* comme les *agnats*.

On suit les dispositions de la loi voconienne,
pour la succession à la couronne de France.

Charles IX par l'édit donné à Saint-Maur au
mois de mai 1567, voulut en quelque maniere
rétablir dans les pays de droit écrit les effets de
l'Agnation que Justinien avoit abrogés ; mais

Louis XV, par son édit du mois d'août 1729, a révoqué cette loi & ordonné que les successions seroient déférées, partagées & réglées comme elles l'avoient été auparavant. Voyez *les instituts de Justinien ; l'edit de Saint-Maur, celui du mois d'août* 1729, & les articles Cognats, Propres, Mère, Succession, &c.

AGNEAU. C'est le petit d'une brebis.

Les Agneaux doivent trois deniers à l'entrée & autant à la sortie du royaume, suivant le tarif annexé à l'arrêt du Conseil du 17 avril 1763. Ils font d'ailleurs exempts de tous droits à leur circulation & passage dans les différentes provinces de France, soit réputées étrangères, soit des cinq grosses fermes. Voyez *l'arrêt cité*, & les articles Entrée, Sortie, Marchandise, Sou, &c.

AGNUS CASTUS. Plante usitée en médecine.

Suivant le tarif de 1664, l'Agnus castus doit à l'entrée du Royaume cinquante sous par cent pesant, non compris les sous pour livre dont nous parlons à l'article Sou. Voyez Entrée, Sortie, Marchandise, &c.

AGRAIRE. Chez les Romains on appeloit *lois Ag-aires*, des lois qui avoient pour objet le partage & la distribution des terres.

Quoique cette partie du droit romain ne puisse s'appliquer à nos lois & à nos usages, nous n'avons néanmoins pas cru devoir la passer sous silence, parce que les rapports qu'elle a avec d'autres objets ne laissent pas d'en rendre la connoissance utile jusqu'à un certain point.

La loi des douze tables avoit permis aux créanciers de s'emparer des biens de leurs débiteurs ; & si les biens n'étoient pas suffisans, pour acquitter les dettes, le créancier pouvoit aussi s'emparer de la personne de son débiteur, & le rendre son esclave, ou même le faire mourir. C'est par l'exécution de cette loi que les patriciens se vengèrent du peuple en exerçant des cruautés inouïes, & en s'appropriant les terres des Plébéïens, sous prétexte d'anciennes créances qui avoient eu l'usure pour principe.

Cette vengeauce étoit trop vive pour être de longue durée, malgré les apparences de légitimité qui sembloient y avoir donné lieu. Un riche Plébéïen nommé C. Licinius Stolon, ayant été fait tribun du peuple l'an de Rome 377, entreprit de faire cesser les violences des patriciens, en proposant une loi qui les obligeroit de céder au peuple toutes les terres qu'ils auroient au-delà de cinq cens arpens. L'autre tribun nommé L. Sextius, se joignit à Licinius pour faire recevoir cette loi. Les guerres contre les Gaulois, & la création de plusieurs nouveaux magistrats, traînerent cette affaire en longueur pendant neuf années, au bout desquelles la loi *licinia* fut enfin reçue malgré les oppositions des patriciens.

Elle fut appelée *loi Agraire*, parce qu'elle établit le partage des terres en ordonnant qu'aucun citoyen ne pourroit posséder à l'avenir plus de cinq cens arpens de terre, & qu'on distribueroit gratuitement, ou qu'on affermeroit à un très-bas prix l'excédent de cette quantité, à ceux d'entre les citoyens qui n'auroient pas de quoi vivre. Elle voulut qu'on leur donnât à chacun au moins sept arpens. Cette loi régla aussi le nombre de bestiaux & d'esclaves que chacun pourroit avoir pour faire valoir les terres qui lui seroient échues par ce partage, & l'on nomma trois commissaires pour tenir la main à l'exécution de cette loi.

Mais par une fatalité inconcevable, il arrivoit toujours que les auteurs des lois n'étoient pas ceux qui les observoient le plus exactement. Licinius Stolon fut convaincu d'être possesseur de plus de mille arpens de terre. Il est vrai que pour échapper à la rigueur de la loi, il avoit donné la moitié de ces mille arpens à son fils après l'avoir fait émanciper. Mais cette émancipation que l'on regarda comme frauduleuse, ne dispensa pas Licinius Stolon de restituer à la république cinq cens arpens, qui furent distribués à de pauvres citoyens. De plus, pour marquer à Licinius le zele avec lequel on exécutoit sa loi, le peuple le condamna à payer l'amende de dix mille sous d'or, ainsi qu'il l'avoit ordonné lui-même. Il fut fâcheux pour Licinius de porter le premier la peine d'une loi dont il étoit l'auteur, & qui fut abolie dès la même année par la cabale des patriciens toujours opposés à l'abondance dès qu'il s'agissoit d'y contribuer.

Le mauvais succès de la loi licinia ne rebuta point le peuple. Mais il falloit attendre des circonstances plus favorables pour la faire recevoir une seconde fois d'une manière plus autentique, & qui en assurât davantage la durée. On crut avoir trouvé cette occasion, attendue constamment pendant plus de cent trente années, lorsque Tiberius Gracchus fut élu tribun du peuple environ l'an de Rome 527.

Tiberius Gracchus, allié du grand Scipion, s'étoit flatté d'avoir assez de crédit dans Rome pour faire revivre la loi *licinia*. Mais il trouva les oppositions ordinaires de la part des grands, qui s'étoient encore fortifiés par le suffrage d'Octavius qu'ils avoient attiré dans leur parti. Octavius étoit aussi tribun du peuple; & c'étoit peut-être là le plus grand obstacle à l'acceptation de la loi *licinia*.

Mais Tiberius, homme d'un génie supérieur & doué d'ailleurs de l'heureux talent de la persuasion, surmonta toutes ces difficultés. Il commença par faire déposer Octavius; & la destitution de ce magistrat ayant levé tous les obstacles, la loi fut reçue d'une voix unanime : mais elle coûta la vie à son auteur; car les Patriciens conservèrent toujours une si grande haîne contre Tiberius, qu'ils trouvèrent enfin l'occasion de le faire périr dans une émotion populaire.

La fatale destinée attachée aux sectateurs de la loi *licinia*, n'épouvanta point ceux qui étoient véritablement zélés pour les intérêts de la patrie ; & ils trouverent un soutien bien puissant dans la personne de Caïus Gracchus, frere de Tiberius qui venoit d'être immolé à la haine des Patriciens. Caïus pour se mettre plus en état de servir le peuple, demanda la charge de tribun qui avoit été si funeste à son frère Tiberius. On peut juger si les sollicitations de Caïus furent traversées par le Sénat, qui au seul nom de Gracchus trembloit déjà pour le rétablissement des lois Agraires. Mais Caïus qui ne doutoit point de la victoire sur ses ennemis, s'il pouvoit intéresser pour lui la plus grande partie du peuple, continua toujours ses poursuites, & elles le conduisirent enfin à la charge de Tribun.

Caïus Gracchus signala son entrée dans le

tribunat par la proposition qu'il fit de recevoir une troisième fois la loi *licinia*. Nouvelle opposition de la part du sénat ; nouveaux efforts de la part du peuple. Enfin Caïus fit si bien, que cette loi fut encore reçue malgré les Patriciens ; & pour marquer que s'il étoit si zélé pour l'établissement des lois Agraires, ce n'étoit pas uniquement pour achever l'ouvrage de Tiberius, il fit encore d'autres lois pour la réformation de la justice, & entr'autres du sénat. Mais comme les lois Agraires étoient celles qui contrarioient le plus les magistrats corrompus par l'avarice, ce furent également ces lois qui firent éprouver à Caïus un sort aussi funeste que celui que son frere avoit éprouvé pour le même sujet.

Le consul Opimius, auteur de la mort de Caïus Gracchus, ne songea plus qu'à abolir les lois des Gracques, & à exterminer les restes d'un parti qu'il appréhendoit toujours. Pour achever l'exécution de cette entreprise, il fit couler tout le sang qui s'étoit intéressé aux Gracques ; & pour qu'il ne restât plus aucun monument d'une famille qui avoit fait des efforts, inutiles à la vérité, mais toujours louables pour le bien de la république, il s'assura de quelques ames vénales qui avoient succédé aux Gracques dans l'exercice du tribunat : ensorte qu'un tribun inspiré par Opimius fit recevoir une loi qui laissoit chacun en possession de ses terres, à condition de payer une légère redevance. Ainsi finirent les lois des Gracques.

Mais ce ne fut pas là la fin des *lois Agraires*, du moins de celles auxquelles on donna ce nom; car dans les différens tems qui suivirent celui dont nous parlons, on fit des lois qui à la vérité ne regardèrent plus le partage des terres, mais qu'on appela néanmoins dans la suite *lois Agraires*; telles furent celles qui concernoient quelques terres appartenantes à la république, & celles qui régloient la police des campagnes. Il nous reste encore quelques fragmens de ces dernières dans les recüeils d'inscriptions, & entr'autres dans les anciennes lois que Fulvius Ursinus a fait imprimer à la fin de ses notes sur le livre d'Antoine Augustin *de legibus & senatus consultis*. Voyez *l'histoire de la jurisprudence romaine par M. Terrasson*.

AGRESSEUR. C'est celui qui a fait naître une querelle, soit en injuriant, soit en menaçant, soit en frappant, soit en tirant l'épée, ou en faisant quelqu'autre chose de ce genre.

Lorsque de deux hommes qui se sont querellés ou blessés on ignore lequel a été l'Agresseur, & que chacun des deux prétend n'avoir agi qu'à son corps défendant, c'est par les circonstances qu'on doit tâcher de connoître la vérité : on examine pour cela la bonne ou la mauvaise réputation de l'un & de l'autre ; le lieu où le délit a été commis ; les blessures & les armes qui se sont trouvées sur chacun d'eux ; les démarches faites de part & d'autre, avant ou après l'action ; si l'un a eu plus d'intérêt que l'autre pour tuer son adversaire ou lui faire violence dans l'endroit où la scène s'est passée ; si l'un est plus jeune, plus robuste ou plus adroit à tirer des armes que l'autre ; s'il y a eu des menaces précédentes ; si au commencement de la querelle ou du combat l'un des deux a appelé du monde à son secours, &c. Ce sont des circonstances de cette nature qui indiqueront l'Agreſſeur à des juges éclairés, & s'ils doivent ajouter foi à la déclaration de celui qui allègue pour ſa juſtification la néceſſité d'une juſte dé-fenſe.

Une pareille excuſe ne doit être admiſe que lorſqu'elle eſt fondée ſur de bonnes raiſons & ſur de puiſſans indices : mais dans le doute, s'il y a des préſomptions égales de part & d'autre, il faut incliner en faveur de l'accuſé.

Lorſqu'on prouve qu'on a tué à ſon corps défendant, & en conſéquence d'une offenſe qui a précédé, on eſt cenſé avoir tué dans le cas d'une défenſe néceſſaire & légitime. Cependant ſi les parens ou héritiers de l'Agreſſeur deman-doient à prouver que la première offenſe étoit légitime, & que l'offenſé a excédé les bornes d'une légitime défenſe, ils ſeroient admis à faire cette preuve.

S'il n'eſt pas poſſible de connoître quel eſt entre deux adverſaires, celui qui a été l'Agreſ-ſeur, quelques auteurs penſent qu'il ne faut alors punir ni l'un ni l'autre : mais pour réſou-dre cette queſtion, Farinacius établit les diſtinc-tions ſuivantes.

1°. Si aucun des deux combattans n'a été bleſſé ou que l'étant tous deux, les bleſſures ſoient de peu de conſéquence, on doit les ren-voyer ſans leur infliger aucune peine, ou du moins la punition doit être légère.

2°. Si l'un eſt vivant & que l'autre ait été tué, quelques auteurs penſent que c'eſt à celui qui eſt vivant à prouver qu'il a tué l'autre à ſon corps défendant, & qu'au défaut de cette preuve il doit être puni de mort : mais cette opinion eſt trop rigoureuſe : à cauſe de l'incertitude de l'agreſſion, on ne doit prononcer contre celui qui eſt vivant qu'une peine moindre que celle de l'homicide.

De même ſi des deux adverſaires un ſeul a été bleſſé, ou que tous deux l'ayant été, la bleſſure de l'un ſe ſoit trouvée plus dangereuſe que celle de l'autre, l'incertitude de l'agreſſion doit faire diminuer la peine qu'on infligeroit à celui qui a bleſſé, s'il étoit reconnu pour Agreſſeur.

3°. Enfin lorſqu'il eſt prouvé que les deux adverſaires ſe ſont attaqués en même temps, comme quand ils ſont venus à la rencontre l'un de l'autre l'épée à la main, on doit les punir tous deux, du moins celui qui a tué ou bleſſé.

L'ordonnance du 5 janvier 1677, veut que ſi deux officiers ſe battent, & que l'Agreſſeur ne puiſſe être connu, ils ſoient tous deux caſſés, & qu'en outre ils ſoient pourſuivis criminellement comme infracteurs des ordonnances publiées contre les duelliſtes.

Le règlement des maréchaux de France, du 22 août 1653 porte que lorſqu'il y aura eu quelque démêlé entre des gentilshommes dont les uns auront promis de ne ſe point battre, & les autres non, ces derniers ſeront toujours réputés Agreſſeurs, à moins qu'il n'y ait des preuves poſitives du contraire. Voyez *Farinacius ; Julius Clarus ; Balde ; le traité de la juſtice criminelle de France ; l'ordonnance du 5 janvier 1677 ; le règlement des maréchaux de France du 22 août 1653*, &c. Voyez auſſi les articles HOMICIDE, DUEL, &c.

AGRIER. On donne ce nom dans quelques endroits, à ce qu'on appelle ailleurs terrage ou champart. *Voyez* CHAMPART.

AIDE DE CAMP. C'est le titre d'un officier qui reçoit ou qui porte les ordres des officiers généraux. Un général a quatre Aides de camp pour donner ses ordres : les lieutenans généraux, & les maréchaux de camp en ont un ; s'ils en ont davantage le roi ne les paye point.

Il y a eu de tout tems des Aides de camp dans nos armées ; cependant ils n'ont pas toujours porté ce nom. Le nom d'Aide de camp se donnoit autrefois à ceux qui aidoient le maréchal de camp dans la *répartition des divers quartiers d'un campement.* Quand le roi est à l'armée, il choisit ordinairement un nombre de seigneurs qualifiés pour lui servir d'Aides de camp. Ces seigneurs sont les seuls qui aient sous eux d'autres Aides de camp, qu'on appelle Aides de camp du roi.

AIDE-MAJOR. C'est un officier dont les fonctions consistent à aider le major dans tous les détails qui regardent le service, le bien & le soulagement d'un régiment. Les Aide-majors doivent en outre suppléer le major dans toutes ses fonctions, quand il est absent ou malade.

Chaque régiment d'infanterie a autant d'Aide-majors que de bataillons. Chaque régiment de cavalerie n'a qu'un Aide-major. Les quatre compagnies des gardes du corps ont chacune deux Aide-majors.

Lorsqu'un régiment doit arriver dans une place pour y être logé chez les bourgeois, l'Aide-major doit en prévenir les officiers municipaux.

Chaque place de guerre, selon quelle est plus ou moins grande, a plus ou moins d'Aide-majors dont les fonctions sont les mêmes que celles du major qu'ils doivent aider ou suppléer en cas d'empêchement.

Les Aide-majors des quatre compagnies des gardes du corps, des gendarmes, des chevaux légers, & des mousquetaires, ont commission de mestres de camp de cavalerie.

On appelle *Aide-major d'une escadre*, un officier de mer, dont le titre désigne le rang. Le major & l'Aide-major s'embarquent sur le vaisseau du commandant ; mais s'il y a plusieurs Aide-majors dans une escadre, on les distribue sur les principaux pavillons. Durant l'absence du major, l'Aide-major en remplit les fonctions. Quand le major a reçu l'ordre du commandant dans le port, & qu'il le porte lui-même au lieutenant général, à l'intendant, & aux chefs d'escadre, l'Aide-major le porte en même tems au commissaire général de la marine, & au capitaine de garde. Voyez *le code militaire ; l'ordonnance du premier mars 1768*, & les articles OFFICIER, MAJOR, CONSEIL DE GUERRE, &c.

AIDES. C'est en général les secours ou subsides que les sujets fournissent ou paient au roi pour soutenir les dépenses de la guerre & les autres charges de l'état.

Sous les deux premières races de nos rois & au commencement de la troisième la couronne n'avoit d'autres revenus que ceux du domaine. Dans les besoins de l'état, on levoit des impositions extraordinaires, qui ne duroient qu'autant que la cause qui les avoit fait établir. On rapporte la plus ancienne de ces impositions à l'année 584, sous le règne de Chilpéric. Ce fut lui qui mit sur le vin l'impôt d'une *amphore* ou huitième de muid par arpent. Ces subsides qu'on appeloit Aides, n'étoient ordinairement établis que pour un an. Mais par la suite des tems, le royaume, en étendant ses limites, ayant eu besoin d'un plus grand nombre de places fortes & d'armées plus nombreuses pour sa défense, les dépenses augmentèrent à proportion. Les revenus ordinaires ne furent plus suffisans : il fallut avoir recours, même en tems de paix, aux impositions extraordinaires, & la même nécessité qui les fit proroger pour quelques années, les rendit bientôt ordinaires & perpétuelles.

Ces subsides, de quelque espèce qu'ils fussent, conservèrent longtems le nom générique d'Aides, qui embrassoit même le droit de la gabelle & une grande partie de ce qui compose les traites. Cette dénomination aujourd'hui n'est plus appliquée qu'à certains impôts qui se lèvent sur les boissons & sur quelques autres marchandises & ce n'est plus même que dans ce sens que le mot Aides est en usage relativement aux droits.

Avant François I, toutes les parties des finances étoient dans la plus grande confusion. C'est sous ce prince qu'on a commencé à mettre de l'ordre & de la clarté dans la perception des subsides & dans l'administration des deniers de l'état. Les ordonnances des 7 décembre 1542, premier mars 1545, 12 avril 1547, & du mois de décembre 1557, qui ont été rendues sous les règnes de ce prince & de son successeur, ont été la base de la plupart des règlemens généraux rendus sous les règnes suivans.

Les droits qui compoſoient la ferme des Aidês étoient pour lors diviſés en pluſieurs fermes particulières qui s'adjugeoient tous les ans. Ce ne fut qu'en 1604 qu'ils furent réunis en une ferme générale & adjugés pour pluſieurs années. Le premier bail en fut paſſé le 4 mars à Drouart du Bouchet, auquel fut ſubrogé dès le 15 mai ſuivant Jean Moiſſet. Ce bail & ceux qui le ſuivirent juſqu'en 1663, ne portoient que la ſimple énumération des droits qui en faiſoient l'objet : on n'y entroit dans aucun détail concernant la perception ; les articles de ces baux étoient en petit nombre & ne contenoient que les clauſes générales & reſpectives. Celui qu'on paſſa à Rouvelin le 25 ſeptembre 1663, eſt le premier où les droits ayent été diviſés par nature & mis dans un nouvel ordre, qui eſt encore à peu de choſe près celui qu'on a pris pour modèle dans les baux ſuivans. La quotité des droits, le cas de la perception & la formalité de la régie y ſont détaillés ſuccinctement. Chaque bail enregiſtré dans les cours, devint le règlement général que devoient obſerver les redevables & le fermier. Les deux ordonnances de 1680, rendues l'une pour le reſſort de la cour des Aides de Paris, & l'autre pour celui de la cour des Aides de Rouen, & celle de 1681, pour tous les droits des fermes, raſſemblèrent toutes les diſpoſitions répandues dans ces baux & dans les règlemens particuliers & réglèrent les cas qui n'y avoient point été prévus. Ce ſont ces ordonnances qui ſont encore en vigueur aujourd'hui ; mais changées, modifiées, étendues ou interprêtées dans une partie de leurs diſpoſitions par

un

un grand nombre de règlemens généraux & particuliers (*).

Les Aides telles qu'elles subsistent aujourd'hui, ne se lèvent que dans le ressort des cours des Aides de Paris & de Rouen, c'est-à-dire, dans la partie des provinces qui ont composé d'abord le patrimoine de nos rois, & qui font environ le tiers du royaume. Du nombre des autres provinces les unes se font rédimées des droits d'Aides par des équivalens ou autrement; les autres, comme pays d'états, font elles-mêmes leurs impositions sous l'autorité du roi. On peut remarquer que ces équivalens & impositions font, pour la plupart, à peu près de même nature que les droits d'Aides, & établis pareillement sur les boissons : tels font les devoirs de Bretagne, les équivalens de Languedoc, &c. Les généralités & élections où les Aides ont lieu font 1°. la généralité d'Alençon où l'on perçoit les anciens & nouveaux cinq sous, la subvention à l'entrée, le droit de quatrième, & la subvention au détail.

. 2°. La généralité d'Amiens où l'on perçoit les

_____

(*) Les principaux règlemens rendus depuis ces ordonnances, font les édits de septembre 1684 & de décembre 1686; la déclaration du 4 mai 1688, pour le gros & autres droits; celle du 7 février 1688, au sujet des procédures des fermes; celle du 10 octobre 1689, pour les droits de jauge courtage; les édits de février 1704 & octobre 1705, pour les inspecteurs aux boissons & aux boucheries; la déclaration du 23 octobre 1708, pour les droits de courtiers-jaugeurs; celles du 10 avril 1714, au sujet des droits d'entrée, des 5 mars 1705 & 7 mai 1715, pour les quatre sous pour livre; les lettres-patentes du 10 octobre 1719, pour les entrées de Paris, du 25 mars 1732, sur les inscriptions de faux, &c.

anciens & nouveaux cinq fous, la fubvention à l'entrée, le fou pour livre à l'entrée, le droit de gros & celui de quatrième.

3°. La généralité de Bourges où l'on perçoit le huitième & la fubvention au détail.

4°. La généralité de Caen où l'on perçoit les anciens & nouveaux cinq fous, la fubvention à l'entrée, le quatrième, & la fubvention au détail.

5°. La généralité de Chalons où l'on perçoit les anciens & nouveaux cinq fous, le fou pour livre aux entrées, le gros, le huitième & la fubvention au détail.

6°. La généralité de la Rochelle, où, à l'exception de l'élection de Marenne, on perçoit le huitième & la fubvention au détail.

7°. La généralité de Lyon où l'on perçoit les anciens cinq fous, le huitième & la fubvention au détail.

8°. La généralité de Moulins où à l'exception des élections de Gueret & de Combrailles, on perçoit le huitième & la fubvention au détail.

9°. La généralité d'Orléans où l'on perçoit les anciens cinq fous, le huitième & la fubvention au détail.

10°. La généralité de Paris où l'on perçoit les anciens & nouveaux cinq fous, le droit de gros, le huitième & la fubvention au détail.

11°. La généralité de Poitiers où l'on perçoit le huitième & la fubvention au détail.

12°. La généralité de Rouen où l'on perçoit les anciens & nouveaux cinq fous, la fubvention à l'entrée, le quatrième & la fubvention au détail.

13°. La généralité de Soiffons où l'on perçoit

les anciens & nouveaux cinq fous, le droit de gros, le huitième & la fubvention au détail.

14°. La généralité de Tours où l'on perçoit les anciens cinq fous, le huitième & la fubvention au détail.

15°. L'élection d'Auxerre où l'on perçoit le gros & le huitième (*).

16°. Les élections de Bar fur Seine & de Mâcon où l'on perçoit le gros & le quatrième.

17°. Les élections d'Angoulême & de Bourganeuf où l'on perçoit le huitième & la fubvention au détail.

On appelle indiftinctement pays d'Aides tous ceux qu'on vient de nommer : nous n'avons indiqué que des droits généraux fans parler des droits particuliers qui s'y perçoivent, & l'on a vu que ces droits généraux ne font point établis uniformément dans toutes ces généralités & élections. Les unes font fujettes à des droits dont les autres font exemptes. Plufieurs de ces mêmes droits varient encore tant par rapport à leur quotité, que relativement à la manière de les percevoir, comme on le verra à l'article de chacun de ces droits. Ces variations ont fait naître une infinité de queftions & de cas particuliers qui ont donné lieu au dédale de lois & de règlemens dont la partie des Aides eft char-

---

(*) Les élections d'Auxerre, Bar-fur-Seine, & Mâcon ne faifoient point anciennement partie du duché de Bourgogne. Elles n'y ont été jointes que par le traité fait à Arras le 21 feptembre 1435, entre Charle VII & le duc de Bourgogne. Ces élections, malgré leur réunion à ce duché, ont continué de dépendre du reffort de la cour des Aides de Paris, & d'être affujetties aux droits d'Aides.

gée. Il feroit fans doute à defirer pour la félicité & la tranquillité publiques qu'on fimplifiât ces droits & qu'on établît de l'uniformité dans la perception. On empêcheroit ainfi bien des difficultés, bien des procès & par conféquent la ruine de beaucoup de familles.

Les baux de la ferme des Aides doivent être enregiftrés dans les élections.

Les réceptions des commis aux Aides doivent être retirées & les droits payés avant qu'ils puiffent faire aucune fonction. L'arrêt du confeil du 11 juin 1729 a fixé le droit de petit fcel de ces réceptions à douze fous fix deniers & quatre fous pour livre.

Par un autre arrêt du 31 décembre 1722, le confeil a décidé que les contraintes des directeurs des Aides n'étoient fujettes qu'à un droit de petit fcel quoiqu'il y eût plufieurs contraignables dénommés dans la contrainte.

Les ordonnances des officiers des élections, au pied des requêtes préfentées par les directeurs des Aides, portant permiffion de faire des vifites chez les particuliers foupçonnés de fraude, font fujettes au petit fcel, & le droit eft de fept fous fix deniers avec les quatre fous pour livre, felon l'arrêt du confeil du 19 juillet 1731.

Les exploits faits pour la ferme des Aides peuvent être contrôlés le huitième jour de leur date, lorfqu'ils ne font pas faits dans le lieu où il y a un bureau de contrôle établi. C'eft ce qu'a décidé l'arrêt du confeil du 24 août 1734.

Le droit de trois fous par faifie mobiliaire n'eft pas du dans les affaires qui concernent le fermier des Aides. Le confeil l'a ainfi décidé le 2 février 1724.

Par un autre arrêt du 10 septembre 1729, il a été décidé que pour un exploit fait contre un cabaretier, son entreposeur, les vendeurs, buveurs & autres à l'occasion d'un même genre de fraude, il est dû autant de droits de contrôle qu'il y a de significations de l'exploit, conformément à la déclaration du 23 février 1677.

Si dans les causes portées devant les juges des élections sur le fait des Aides, la demande n'est que de trente livres & au-dessous, ou qu'étant plus forte le défendeur ne conteste que jusqu'à la concurrence de trente livres, & offre de payer le surplus, les jugemens qui interviennent doivent s'exécuter en dernier ressort & il est défendu aux cours des Aides d'en recevoir les appellations sous peine de nullité, pourvu qu'il n'y ait point de privilège à juger.

Pareillement, lorsque dans les procès que les fermiers des Aides intentent contre les particuliers qu'ils prétendent coupables de fraude, la demande en confiscation n'excède pas un quart de muid d'eau-de-vie, ou un muid de vin, ou deux muids de bierre, cidre ou poiré, de quelque valeur que soit chaque espèce de boisson, & qu'il s'agit de cas où les juges ont la liberté de modérer les amendes portées par les ordonnances, les sentences doivent être exécutées en dernier ressort, sans qu'aucune des parties puisse se pourvoir par appel, à moins toutefois que la condamnation d'amende n'excède la somme de cinquante livres.

Les cautionnemens faits par les directeurs ou receveurs des Aides, en conformité de la déclaration du 16 mars 1720, pour l'exécution nonobstant l'appel des sentences rendues au profit du fermier des Aides, font fujets au contrôle des actes, lorfque la caution n'a pas été ordonnée par le juge. C'eft ce qui a été décidé par arrêt du confeil le 25 juin 1724.

Aides en matière féodale. On appelle ainfi dans quelques coutumes, des droits que les feigneurs des fiefs dominans font autorifés à exiger de leurs vaffaux en certains cas.

En Normandie, par exemple, quand le feigneur du fief dominant décède, ceux qui poffèdent des fiefs relevant de lui, font tenus de payer à fes héritiers la moitié de ce qui feroit du pour le droit de relief entier du fief fervant pour les aider à relever leur fief, & ce droit fe nomme *Aides de relief.*

La coutume de Tours parle d'un droit de *loyal-Aide* du aux chevaliers de l'ordre du faint-Efprit à caufe de leur réception dans cet ordre.

Le confeil d'état du roi a rendu le 6 juin 1767, un arrêt entre le duc de Richelieu, maréchal de France, la dame des Écotais, veuve du marquis de Valory, comme ayant la garde noble de fon fils, & les chevaliers du faint-Efprit intervenans, par lequel il a été jugé que le droit de *loyal-Aide* & tout autre de pareille nature dans les coutumes où ils font autorifés pour l'avènement à la chevalerie, font dus aux feigneurs que le roi crée chevaliers du faint-Efprit.

Le même arrêt a décidé que le droit de *loyal-Aide* fe prefcrivoit quant à la preftation, par une efpace de trente années (*).

_____

(*) *Cet arrêt eft remarquable, en voici le difpofitif.* Faifant droit fur l'inftance, ayant aucunement égard aux demandes des parties intervenantes, a maintenu & gardé,

La coutume de Ponthieu autorise les seigneurs à lever en certains cas sur leurs vassaux, mais une fois seulement durant la vie de chaque seigneur, un droit d'Aides, qui a beaucoup de rapport à ce qu'on appelle ailleurs taille seigneuriale.

Les cas dans lesquels le seigneur peut demander le droit d'Aides, selon la coutume de Ponthieu sont le mariage de sa fille aînée, & quand son fils est fait chevalier. Ce droit est aussi attribué par la même coutume, pour le payement de la rançon du seigneur lorsqu'il est fait prisonnier de guerre; mais comme on ne paye plus de rançon aujourd'hui, ou du moins que c'est le roi qui paye ce qui est à payer à cet égard, le

maintient & garde les chevaliers de l'ordre du saint-Esprit dans le droit de lever, à cause de leur promotion & réception dans ledit ordre, le droit de LOYAL-AIDE dans les coutumes où ledit droit, ou autre de pareil nature & qualité est autorisé, pour l'avènement à la chevalerie; & sans s'arrêter à la sentence du bailliage de Chinon, du 7 juillet 1761, en payement dudit droit, pour sa promotion & réception dans ledit ordre, du premier janvier 1729, l'a déclaré & déclare (le maréchal de Richelieu) non recevable en sadite demande; en ce qui concerne le surplus de ses demandes en foi & hommage, aveu & dénombrement, payement de lods & ventes, & prestation dudit droit pour le mariage de sa fille aînée, sa majesté a évoqué, & évoque à soi & à son conseil lesdites demandes & contestations, circonstances & dépendances; & pour y être fait droit, ordonne que les parties procéderont en sondit conseil, & joint leurs demandes à l'instance y pendante, entre le sieur inspecteur général de ses domaines & autres parties, au sujet de l'échange de Château-Gonthier & autres terres, pour y être statué en la grande direction de ses finances, conjointement ou autrement, ainsi qu'il appartiendra.

droit ne peut plus être exigé dans cette circonſ-
tance.

Au reſte, lorſque dans la coutume dont il
s'agit le ſeigneur a perçu le droit d'*Aides* pour
un cas, comme pour le mariage de ſa fille, il ne
peut plus le percevoir lorſque ſon fils eſt fait
chevalier, parceque comme on l'a dit, le droit
ne lui eſt du qu'une ſeule fois en ſa vie, mais il
a le choix de l'appliquer à l'un ou à l'autre cas.

Il y a des cantons où les ſeigneurs peuvent
exiger de leurs vaſſaux un droit qu'on nomme
Aides de l'oſt : c'eſt une ſubvention due au ſeigneur dans le cas où il va à la guerre pour le
ſervice du ſouverain. Voyez *les ordonnances des
Aides, des mois de juin* 1680 *& juillet* 1681 *; le
traité général des droits d'Aides ; le dictionnaire
raiſonné des domaines ; la déclaration du* 17 *février*
1688; *les articles* 164 *&* 165 *de la coutume de Normandie ; l'article* 88 *& ſuivans du titre* 9 *de la coutume de Tours ; la coutume de Ponthieu; Salvaing ;
Henrys,* &c. Voyez auſſi les articles ANNUEL,
SOU, SUBVENTION, QUATRIÈME, GROS,
HUITIÈME, COMMIS, ÉLECTION, COUR DES
AIDES, APPEL, TAILLE, &c.

AIGUILLE. Petit inſtrument d'acier dont on
ſe ſert pour coudre.

Les Aiguilles qui viennent des pays étrangers, autres que l'Angleterre, pour la conſommation du royaume, doivent quatre livres pour
droit d'entrée par cent peſant, conformément
à l'arrêt du 5 juillet 1740, qui a réduit à cette
ſomme les dix livres portées par l'arrêt du 21
mai 1736. Elles doivent d'ailleurs les ſous pour
livre dont nous parlons à l'article SOU.

A l'égard des droits de ſortie, les Aiguilles

qui paſſent chez l'étranger doivent deux livres par cent peſant conformément à l'arrêt du 3 juillet 1692.

Lorſqu'à l'entrée on déclare que les Aiguilles ſont pour paſſer à l'étranger, elles ne doivent que quatre livres tant pour l'entrée que pour la ſortie ; mais pour prévenir les abus, il faut, conformément à l'arrêt du 22 mai 1736, que les caiſſes, boîtes & paquets ſoient plombés & expédiés par acquit de payement & à caution, portant ſoumiſſion de les faire ſortir dans un délai convenable par un bureau qui doit être déſigné & d'y repréſenter les caiſſes, boîtes ou paquets pour être vérifiés, à peine du quadruple du droit.

Les Aiguilles venant d'Angleterre & des pays qui en dépendent ſont compriſes dans la prohibition de l'arrêt du 6 ſeptembre 1701, & il eſt défendu d'en faire entrer dans le royaume, ſous peine de confiſcation & de 3000 livres d'amende. Voyez *les lois citées ; les arrêts du conſeil des* 26 *août* 1714 *& 21 ſeptembre* 1742 ; & les articles ENTRÉE, SORTIE, MARCHANDISES, SOU, &c.

AIGUILLON. Ville du comté d'Agenois dans la Guyenne.

Le roi, par lettres-patentes du mois d'août 1599, érigea les baronies d'Aiguillon, Monpezat, ſaint-Leuvrade, Madaillan & Delmirat en duché-pairie, en faveur de Henri de Lorraine & de ſes ſucceſſeurs & ayant cauſe, pour le tenir à une ſeule foi & hommage du roi & de la couronne de France, à cauſe du château du Louvre.

La terre d'Aiguillon fut de nouveau érigée en duché-pairie, ſous le nom de duché de Puy-

Laurent, en faveur d'Antoine de Lage, seigneur de Puy-Laurent, par lettres-patentes du mois de décembre 1634.

Et par d'autres lettres-patentes du mois de janvier 1638, cette terre & seigneurie d'Aiguillon fut créée, rétablie & érigée avec les terres y annexées par celles du mois d'août 1599, en duché-pairie d'Aiguillon, en faveur de Marie-Madeleine de Vignerot, veuve d'Antoine du Roure, sieur de Combalet, avec cette clause singulière, « pour en jouir par ladite dame ses » héritiers & successeurs, tant mâles que femel-» les, tels qu'elle voudra choisir ».

En vertu de cette clause, elle appella par son testament de 1674, au duché d'Aiguillon, Marie-Thérèse sa nièce, à laquelle elle substitua son petit-neveu Louis, marquis de Richelieu, dont le fils, le comte d'Agenois, a été déclaré duc d'Aiguillon, par arrêt du parlement de Paris de 1731, contradictoirement avec tous les pairs de France.

AÎNÉ, AÎNESSE. On appelle *Aîné* le plus âgé des enfans mâles habiles à succéder, & qui à ce titre prend dans la succession de son père & de sa mère une portion plus considérable que celle de chacun des autres enfans. Et l'on nomme *droit d'Aînesse* les prérogatives que la loi attribue à l'Aîné comme étant le chef de la famille.

Le droit d'Aînesse étoit inconnu aux Romains, c'est pourquoi il n'a pas lieu dans les provinces de France qui suivent les dispositions du droit écrit : il n'est en usage que dans celles où les coutumes l'ont introduit, & il n'est pas fort ancien ; car sous les deux premières races de nos rois l'Aîné partageoit également avec ses frères dans les poſſeſſions féodales comme dans les autres biens. On trouve la preuve de cette égalité dans cette loi d'Edouard le confeſſeur ; *ſi quis inteſtatus obierit, liberi ejus ſuccedunt in capita.*

La révolution qui porta les Capétiens ſur le trône, en opéra une dans les poſſeſſions féodales : les propriétaires des grands fiefs crurent que le moment étoit arrivé de ſecouer le joug de l'autorité royale. A leur exemple, tous les ſeigneurs voulurent donner de l'extenſion à leurs droits, & en établir de nouveaux. De-là les guerres privées qui déchirèrent ſi longtemps le ſein de la France : de-là, le droit d'Aîneſſe. Il fallut réunir dans une même main toute la puiſſance du père, pour ſoutenir l'ouvrage de ſon injuſtice, ou pour repouſſer celle de ſes voiſins; & l'uſage s'établit peu à peu de donner toutes les poſſeſſions féodales à l'Aîné des enfans mâles. Il reſte une multitude de preuves de cet ancien droit : il eſt écrit bien clairement dans l'aſſiſe de Geoffroi comte de Bretagne de l'an 1185, en ces termes : *majores natu integrum dominium obtineant ; & junioribus, pro poſſe ſuo, provideant de neceſſariis, ut honeſte viverent.* Cependant l'injuſtice de deshériter ainſi les cadets étoit trop criante : on y remédia en établiſſant ce que l'on appelle le *frérage* dans quelques endroits, & le *parage* dans d'autres.

Sous le règne de Philippe Auguſte, ce nouvel uſage étoit déjà univerſellement répandu ; les ſeigneurs s'en plaignirent. Ils en ſouffroient effectivement, puiſque les tenures en *frérage*, relevant des Aînés, ne donnoient plus ouverture à aucun droit en faveur des dominans.

On pourvut à cet inconvénient par une ordonnance du premier mai 1210 qui fait époque
dans la matière féodale, & qui abolit le frérage
dans la coutume de Paris, & dans plusieurs provinces du royaume (*).

Cependant comme cette ordonnance n'avoit
pas été concertée avec les vassaux, elle n'eut
pas d'abord un effet universel. La plupart des
propriétaires des fiefs refusèrent de s'y soumettre. Au reste elle ne priva l'Aîné que de l'honorifique de l'hommage & des droits qui en résultoient; ainsi sa portion avantageuse dans les
fiefs continua d'être à peu près la même qu'au-

(*) Voici cette ordonnance que Pithou regarde comme
la première des Rois de la troisième race.
*PHILIPPUS dei gratia Francorum rex. Odo dux Bur-
gundiæ; Herveus comes Nivernensis; B. comes Bolonien-
sis; G. comes sancti Pauli; G. de donna Petra, & plures
alii magnates de regno Franciæ, unanimiter convenerunt,
& assensu publico firmarunt: ut à primo die Martii in posterum, ità sit de feudalibus tenementis; quidquid tenetur
de domino ligio, vel alio modo, si contigerit per successio-
nem hæredum, vel quocumque alio modo, divisionem inde
fieri; omnes qui de illo feodó tenebunt, de domino feodi
principaliter & nullo medio tenebunt sicut unus anteà tene-
bat antequam divisio facta fuisset. Et quandocumque contigerit pro illo totali feodo servitium domino fieri, quili-
bet eorum secundum quod de feodo illo tenebit, servitium
tenebitur exhibere, & domino deservire & reddere racha-
tum, & omnem justitiam. Quidquid autem anteà factum est
& usitatum, usque ad primam diem martii, maneat sicut est
factum. Sed de cætero fiat, sicut est dictum: quod ne possit
in posterum oblivione deleri & irritari, præsens scriptum
sigillorum nostrorum munimine fecimus roborari. Actum
apud Villam novam regis juxta senon. Anno ab incarna-
tione Domini, M. C. C. X. mense maio, primo ejusdem
mensis.*

paravant. Voici quels font aujourd'hui ses droits dans la coutume de Paris.

Selon l'article 13, le fils Aîné a par préciput dans un des fiefs de la succession à son choix, le château ou manoir principal avec toutes les dépendances qui consistent dans la cour, les fossés, la basse-cour, quand même elle seroit séparée du château par un fossé ou par un chemin, l'enclos ou jardin joignant le manoir jusqu'à la concurrence d'un arpent ; & si le jardin est plus grand, l'Aîné peut le garder en entier, en récompensant ses puînés en terres du même fief s'il y en a, sinon en d'autres terres ou héritages de la succession à la commodité des puînés le plus que faire se pourra au dire d'experts ; mais il ne peut les obliger à recevoir leur récompense en argent.

Cependant si le fief ne consistoit que dans un manoir & un grand enclos, l'Aîné pourroit récompenser les puînés en argent ; parce que la coutume en l'assujettissant à donner des héritages pour récompense, suppose nécessairement qu'il y en a.

Lorsqu'il n'y a point de basse cour, l'Aîné ne peut pas en demander récompense, parce que la coutume ne donne la bassecour que comme une dépendance du manoir.

Il faut aussi remarquer que la coutume exige que le jardin soit contigu au manoir pour que l'Aîné puisse y prendre un arpent, à la différence de la basse cour qu'elle lui accorde lors même qu'elle est séparée du château par un chemin.

Remarquez encore que l'esprit de la coutume, en attribuant le principal manoir à l'Aîné, n'a

pas été d'en reftreindre le droit par cette expreffion, ni de le fixer fur le principal manoir exclu-
fivement aux autres : il en réfulte feulement que
l'Aîné ne peut prendre pour fon droit qu'une
feule maifon, quand même il y auroit plufieurs
fiefs dans la fucceffion, ou plufieurs maifons fur
un fief. Dans ce dernier cas, il peut choifir entre
ces maifons celle qu'il juge à propos : peu importe qu'elle foit le principal manoir, & que les
arrière-fiefs en relèvent ou non ; dès qu'elle peut
fervir à l'habitation, l'Aîné peut la prendre pour
fon préciput, quand même elle feroit récemment conftruite & qu'originairement le fief
n'auroit confifté qu'en terres labourables.

Si la maifon eft bâtie fur plufieurs fiefs, l'Aîné
la prend en entier ; mais il n'en feroit pas de
même fi elle étoit bâtie en partie fur un fief &
en partie fur un bien de rôture, parce que la
coutume n'accorde aucun préciput à l'Aîné fur
les biens de roture. C'eft d'après ce principe que
fi le jardin ou la baffe cour joignant le principal
manoir étoient tenus en roture, l'Aîné n'y au-
auroit aucun préciput, & il faudroit les partager par égales portions.

Il peut arriver que toute la fucceffion ne confifte que dans un fief compofé feulement d'un
château & des autres objets que la coutume affigne pour préciput a l'Aîné. Dans ce cas, le fief
appartiendra en entier à l'Aîné, mais à la charge
que les autres enfans y prendront leur légitime ou
droit de douaire coutumier ou préfix. Ceci fait
voir que la légitime & le douaire font préféra-
bles au droit d'aîneffe. En effet, la légitime eft
de droit naturel, tandis que le droit d'aîneffe ne

procède que de la difposition de la loi municipale ; & le douaire eft une créance qui mérite d'autant plus de faveur que c'eft pour tenir lieu d'alimens aux enfans.

Mais de quelle manière doit être réglée la légitime dans le cas cas dont il s'agit ? C'eft ce que la coutume n'a point expliqué. Ricard penfe « que la difpofition de la coutume étant irrégu-» gulière & contre la maxime générale, l'exé-» cution en doit être laiffée à la prudence du juge » afin qu'il décide felon les circonftances. Si le » manoir étoit peu confidérable & à peine fuffi-» fant pour la nourriture des enfans, l'auteur » cité voudroit qu'on le partageât également, » parce qu'alors la divifion feroit de fimples ali-» mens qui n'admettent point de prérogatives. » Si le manoir étoit de plus grande conféquence, » voici, continue Ricard, la règle que je tien-» drois : je lui laifferois la qualité de fief fans lui » conferver celle de préciput, parce que l'équité » agiffant ici contre le droit commun, elle ne » doit opérer que par degrés & dans le cas de né-» ceffité : en conféquence je confidérerois l'Aîné » comme un donataire ; auffi l'eft-il de la cou-» tume qui lui donne le manoir en entier par » préciput ; & fur ce fondement je règlerois la » part des puînés par forme de légitime qui fe-» roit le quart du manoir, s'il n'y avoit qu'un » puîné, ou le tiers, s'ils étoient plufieurs. »

Il faut convenir qu'il règne dans cette opinion une dialectique folide & lumineufe ; cependant comme elle donne ouverture à des difficultés qui peuvent naître de la valeur ou de l'eftima-tion du fief, je crois qu'on doit lui préférer l'avis d'Argou & de plufieurs autres qui penfent que dans le cas dont il s'agit les puînés doivent avoir pour leur légitime la moitié de ce qu'ils auroient eu si le manoir n'avoit pas été en fief. Il faudroit même encore en user de cette manière s'il se trouvoit dans la succession quelques autres biens qui fussent de si peu de valeur qu'on ne pût les mettre en proportion avec le manoir.

Comme il se trouve souvent dans l'étendue du préciput de l'Aîné ou un moulin, ou un pressoir, ou un four qui quelquefois sont bannaux & qui rendroient le préciput trop considérable si les puînés étoient privés du produit de ces biens, l'article 14 de la coutume de Paris porte que l'Aîné aura seulement le corps du moulin, four ou pressoir, mais que les revenus du *moulin bannal ou non bannal & du four & pressoir bannaux, se partageront comme le reste du fief.*

On remarque par cette phrase que la coutume distingue le moulin du four & du pressoir : elle donne part aux puînés dans le produit du moulin soit qu'il soit bannal ou qu'il ne le soit pas, parce que ce produit est annuel & certain ; & elle ne leur donne part dans le produit du four & du pressoir que quand ils sont bannaux ; parce qu'autrement ils ne servent qu'à la commodité particulière de la maison, sans produire aucun revenu.

Au reste la coutume autorise l'Aîné à garder pour lui la bannalité & le produit, à la charge de récompenser les puînés au dire d'experts. Elle veut d'ailleurs que si les puînés prennent part au produit, ils contribuent à l'entretien & aux réparations des moulin, four & pressoir à proportion de l'émolument.

Le moulin contigu à l'enclos, avec communication

nication de l'un à l'autre, doit être confidéré comme s'il étoit dans l'enclos même.

Si dans le préciput de l'Aîné, il fe trouve un colombier, une garenne, des foffés, les pigeons, les lapins & les poiffons appartiennent à l'Aîné, fans qu'il foit pour cela obligé de récompenfer les puînés.

Lorfqu'il n'y a point de maifon dans aucun des fiefs de la fucceffion, & qu'il n'y a que des *terres labourables*, l'article 18 de la coutume donne à l'Aîné le droit de choifir par préciput un arpent de terre dans l'endroit qu'il juge à propos.

Il réfulte de cette difpofition que s'il y avoit dans un des fiefs de la fucceffion quelque petite maifon qui fût de fi peu de valeur que l'Aîné aimât mieux prendre un arpent de terre, il n'en auroit pas le droit & il faudroit qu'il fe contentât de la maifon pourvu qu'elle pût fervir à la demeure d'un père de famille. Au refte une fimple étable, un grenier, un cellier ne font pas mis au nombre des habitations ; & s'il n'y avoit que de pareils bâtimens dans les fiefs de la fucceffion, l'Aîné pourroit prendre un arpent de terre pour fon préciput.

Il réfulte auffi de ces termes *terres labourables*, inférés dans l'article cité, que l'arpent que l'Aîné eft en droit de prendre en tel lieu qu'il lui plaît au défaut de maifon, ne peut s'entendre que de terres de cette nature, & non de bois, vignes, prés ou étangs, à moins qu'il n'y ait point de terres labourables dans la fucceffion. Telle eft l'opinion de Ricard, de Brodeau, de Ferrière & de plufieurs autres : Dumoulin toutefois eft d'avis contraire, mais quelque prépondérante que doive être l'autorité de ce célèbre jurisconsulte, je ne crois pas qu'il faille suivre son sentiment dans le cas dont il s'agit, parce qu'en attribuant à l'Aîné le choix de prendre son arpent en bois ou en vignes, ce seroit ajouter à la coutume ; par conséquent on choqueroit la maxime qui veut que les privilèges étant de rigueur, ils soient plutôt restreints qu'étendus.

Quant à la mesure de l'arpent, on doit suivre celle de la juridiction où le fief est situé, & s'il dépend de plusieurs juridictions c'est la mesure du lieu où l'arpent est situé qui doit en régler l'étendue.

Si le manoir est entièrement ruiné, l'Aîné n'est pas tenu de le prendre pour son préciput, & alors les matériaux sont regardés comme un effet mobilier partageable par égales portions entre tous les enfans : mais si le manoir n'est pas ruiné, quelque considérables que soient les réparations qui sont à y faire, l'Aîné doit le prendre tel qu'il est sans pouvoir obliger les puînés à contribuer aux dépenses qu'exigent ces réparations. Réciproquement, si le château est en bon état & même que le père y ait fait faire des augmentations, l'Aîné en profite seul sans être tenu d'aucune récompense à ce sujet envers les puînés.

Lorsque le fief ne consiste qu'en droits incorporels, tels que la justice, des cens, un péage, il n'y a pas lieu au préciput de l'Aîné, parce que la loi ne lui accorde ce préciput, que sur la maison féodale ou au défaut de maison, sur les terres.

Les droits seigneuriaux dûs au fief depuis l'ouverture de la succession, comme les lods & ventes, les reliefs, quints, &c. n'entrent point.

dans le préciput de l'Aîné, mais ils se partagent comme le domaine du fief & l'Aîné y prend la même part qu'il a dans le fief, abstraction faite du préciput.

Le Brun & Dumoulin pensent qu'il doit en être de même du patronage des bénéfices attachés aux fiefs ; mais Duplessis, Chopin, Carondas, le Maître sont d'avis contraire, & veulent que le droit de patronage fasse partie du préciput de l'Aîné. Je crois l'opinion de ceux-ci préférable à celle des premiers, parce que le droit de patronage est indivisible de sa nature, & qu'il est d'autant plus expédient que l'Aîné en jouisse seul, que la présentation ne peut appartenir à toutes les personnes qui ont part dans le fief sans donner lieu à des contestations qu'il est à propos d'éviter autant qu'on le peut. D'ailleurs le droit de patronage est un droit honorifique & non un droit utile : autre raison pour l'attribuer à l'Aîné à l'exclusion des cadets.

L'Aîné ayant la portion la plus noble dans le fief & même une part plus considérable, peut s'en qualifier seigneur indéfiniment comme s'il en étoit seul propriétaire : c'est la disposition de l'article 14 de la coutume de Troyes & de l'article 200 de celle de Sens qui forment à cet égard le droit commun de la France. Quant aux puînés la qualité qui leur appartient est celle de seigneurs en partie du même fief.

Les fiefs de dignité tels que les duchés, marquisats, comtés & baronies, peuvent être retenus en entier par l'Aîné, à la charge de récompenser les puînés pour la part qu'ils ont droit d'y prétendre. Cette exception à la règle générale a été introduite afin de maintenir dans tout son luftre la dignité de ces fortes de terres.

Lorfque dans une même fucceffion il y a des fiefs fitués dans plufieurs coutumes, l'Aîné prend un préciput dans chacune. Cela eft fondé fur ce que chaque coutume ayant fon empire particulier, il faut qu'elle produife fon effet. C'eft pourquoi on confidère les fiefs fitués dans chacune comme autant de fucceffions particulières où l'Aîné doit jouir des avantages qui lui font attribués.

Outre le préciput dont nous avons parlé, l'Aîné a dans les fiefs de la fucceffion une portion plus forte que celle des puînés. S'il n'y a que deux enfans *venans à la fucceffion*, il prend les deux tiers des terres nobles & des droits qui en dépendent : fi les enfans *venans à la fucceffion* font en plus grand nombre, l'Aîné prend la moitié & le refte fe partage entre les puînés par égales portions.

Telles font les difpofitions des articles 15 & 16 de la coutume de Paris. Il en réfulte, felon Dumoulin, que « quoique le père ait laiffé plus » de deux enfans, cependant s'il n'y en a que » deux habiles à fuccéder *ou venans à la fuccef-* » *fion*, le fils Aîné n'en a pas moins les deux » tiers des fiefs outre fon préciput; enforte que » s'il fe trouve trois enfans à l'ouverture de la » fucceffion, que le troifième renonce, le fe- » cond ne peut prétendre que le tiers dans les » fiefs, parce que, pour réduire le fils Aîné à la » moitié, il faut non-feulement qu'il y ait plus » de deux enfans, mais encore qu'il y en ait » plus de deux *venans à la fucceffion*. Cette déci-

» fion auroit lieu quand même le fecond auroit
» acheté la renonciation du troifième ; quand
» même celui - ci auroit déclaré ne renoncer
» qu'en faveur du fecond : fitôt qu'il a renoncé,
» il eft devenu étranger à la fucceffion, & n'a
» pu intervenir l'ordre établi par la loi ; il en
» feroit autrement, fi au lieu de renoncer il
» avoit cédé fon droit au fecond ; il auroit par-là
» fait acte d'héritier, & cela fuffiroit pour di-
» minuer la portion de l'Aîné.

» De même une fille qui à raifon de fa dot
» auroit renoncé par fon contrat de mariage à la
» fucceffion future de fon père, n'empêcheroit
» pas l'Aîné de prendre les deux tiers des fiefs,
» s'il n'avoit qu'un frère concourant avec lui à la
» fucceffion : ce frère pourroit dire à la verité
» que leur fœur commune eft cenfée venir à la
» fucceffion, puifqu'elle n'y a renoncé qu'en
» confidération de fa dot : que d'ailleurs cette
» renonciation ayant été achetée par le père
» commun, des faits duquel tous les enfans font
» également tenus, l'Aîné ne peut pas en tirer
» avantage contre fon cadet. Nonobftant ces
» raifons, l'exiftence de la fille ne diminuera
» pas la portion de l'Aîné, parce que dans le
» fait elle ne vient point à la fucceffion : ce
» qu'elle a reçu pour le prix de fa renonciation,
» ne peut être d'aucune confidération : fon père
» & fa mère en avoient la libre difpofition ; ils
» pouvoient l'aliéner de toute autre manière :
» cela ne peut donc influer fur le partage de
» leur fucceffion. Si le père eut donné des fiefs
» à cette fille, la portion avantageufe de l'Aîné en
» auroit été diminuée ; cependant il n'auroit pas
» le droit de s'en plaindre. Réciproquement le

» cadet ne doit pas trouver mauvais si la renon-
» ciation de sa sœur lui est préjudiciable. Il en
» faudroit dire autant si un troisième fils renon-
» çoit à la succession pour s'en tenir à une do-
» nation même plus considérable que sa portion
» héréditaire. »

Mais si cela avoit lieu, remarquent du Plessis
& ses annotateurs, ce seroit un moyen ouvert
pour avantager l'Aîné : en effet, le père pourroit faire à un cadet un don considérable d'héritages en roture pour l'engager à renoncer, afin
que l'Aîné prit les deux tiers dens les terres nobles au préjudice du puîné. C'est pourquoi ces
auteurs pensent qu'un enfant donataire qui renonce est effectivement héritier, du moins jusqu'à la concurrence du don, & qu'ainsi la part
qu'il auroit eue sans sa renonciation, doit se partager sans *aucune prérogative d'Aînesse*, selon la
disposition de l'article 310 de la coutume de
Paris.

Brodeau adopte l'opinion de Dumoulin, &
d'autres auteurs embrassent celle de Duplessis &
de ses annotateurs.

Mais « quelque parti que l'on prenne sur cette
» question, remarque judicieusement M. Henrion
» de Pensey, il est bien difficile de ne blesser ni les
« règles de l'équité, ni le texte de la coutume ;
» comptez les enfans vivans à l'instant du décès
» du père, & faites accroître leur part à celle du
» puîné, donnant à ce dernier autant qu'à son Aî-
» né, c'est-à-dire la moitié dans le fief, vous cho-
» quez par-là l'esprit général de la coutume qui
» est d'avantager l'Aîné dans les biens nobles.
» Donnez les deux tiers à l'Aîné comme s'il n'y
» avoit réellement que deux enfans existans ;
» vous allez directement contre l'article 310,

» qui porte que la part de ceux qui renoncent
» accroît aux autres fans prérogative d'Aîneffe.
» Enfin, conformez - vous à cet article 310,
» donnez la portion avantageufe à l'Aîné, com-
» me s'il y avoit trois enfans, & partagez en-
» fuite entre lui & fon frère la part du renon-
» çant, vous vous écartez évidemment des arti-
» cles 15 & 16, fuivant lefquels l'Aîné ne doit
» être réduit à la moitié, que lorfqu'il y a plus
» de deux cohéritiers ; articles dans lefquels les
» rédacteurs ont répété avec une forte d'affecta-
» tion, ces mots fi tranchans *venans à la fuccef-*
» *fion.* »

Il n'eft pas étonnant d'après cela que les auteurs ayent tant travaillé fur la queftion dont il
s'agit, fans s'accorder. Au refte je crois avec
Livonière & plufieurs autres, que l'opinion de
Dumoulin doit être adoptée lorfque la renonciation eft purement gratuite, & qu'il faut la
rejeter lorfque le puîné ne renonce que pour
conferver des avantages qu'il préfère à fa portion héréditaire. Dans le premier cas, le puîné
qui renonce eft dans la claffe des enfans inha-
biles à fuccéder, dont l'exiftence eft regardée
comme nulle relativement au partage de la fucceffion : dans le fecond cas au contraire, fa renonciation n'empêche pas qu'il ne foit héritier
indirectement, puifque la maffe de la fucceffion
fe trouve diminuée par les avantages qu'on lui
a faits.

Quoique l'Aîné prenne une part plus confidérable dans les fiefs, il n'eft cependant tenu des
dettes que jufqu'à la concurrence de fa portion
héréditaire, c'eft-à-dire, que comme chacun de
fes autres frères ; parce que fon préciput & fa

portion avantageuſe ſont un bénéfice de la loi ; & qu'il ne les prend pas comme héritier de ſon père. Cela auroit même lieu dans le cas où la ſucceſſion du père ſeroit débitrice du fief dans lequel l'Aîné prend une portion avantageuſe, quoique ce fief fût ſpécialement affecté au paye-ment du prix. En effet, ce n'eſt pas la choſe qui doit, c'eſt le père qui en qualité d'acquéreur étoit perſonnellement obligé ; cette dette eſt donc une dette de la ſucceſſion & non d'un objet par-ticulier ; elle doit donc être ſupportée égale-ment par tous les cohéritiers.

Il en ſera de même, par les mêmes raiſons, ſi le père s'eſt obligé à payer cent livres de rente perpétuelle & non rachetable, à prendre pre-mièrement ſur ſon fief, enſuite ſur tous les au-tres biens de ſa ſucceſſion. L'Aîné ne payera de cette rente qu'autant que ſes autres frères, parce que le père commun étoit perſonnellement obligé, & que tous les cohéritiers ſont également tenus des actions perſonnelles qui avoient lieu contre le défunt. Si au contraire le défunt avoit chargé le fief ou la maiſon féodale de cette rente, en-ſorte qu'il ne fût obligé à la payer qu'autant que lui ou ſes héritiers ſeroient propriétaires du fief, alors l'Aîné en ſeroit tenu proportionnellement à la part qu'il auroit dans le fief, & même il ſe-roit tenu de l'acquitter en entier, ſi la maiſon choiſie pour ſon préciput en étoit ſeule chargée. En général l'Aîné eſt tenu proportionnellement à ſa part de toutes les charges qui affectent le fief comme fief, qui le ſuivent en quelque main qu'il paſſe, & qui n'obligent que celui qui en eſt poſſeur. Mais à l'égard des dettes auxquelles le défunt étoit perſonnellement obligé, elles ſe partagent également entre tous les cohéritiers. Cette règle reçoit cependant une exception dans le cas suivant : Pierre a hypothequé son fief au payement d'une rente ; il vend ensuite ce fief à Paul à la charge de continuer le payement de cette rente ; si Paul décède, laissant plusieurs fils, l'Aîné sera tenu de cette dette jusqu'à la concurrence de la portion qu'il a dans le fief. A la vérité elle n'affecte pas le fief comme fief ; elle n'en est point une charge réelle ; mais Paul n'en étoit point tenu personnellement, il n'étoit obligé à l'acquitter que comme détenteur du fief ; il pouvoit s'en libérer en déguerpissant ; elle n'étoit donc à son égard qu'une charge réelle ; elle doit donc être uniquement supportée par les détenteurs du fief & à proportion de ce qu'ils y possèdent. Et quand même Paul auroit passé titre nouvel de la rente, cette circonstance ne rendroit pas la condition de l'Aîné meilleure.

De même l'Aîné est tenu proportionnellement à ce qu'il possède, lorsque le père, sans s'obliger personnellement, a consenti que son fief fût hypothéqué pour la sûreté des engagemens d'un tiers. En un mot, toutes les fois que le père n'étoit pas engagé personnellement au payement d'une dette ou d'une charge, ses héritiers n'en sont tenus que comme des tiers détenteurs, & par conséquent n'en doivent payer qu'à proportion de ce qu'ils possèdent dans les biens hypothéqués.

Nous avons vu que l'Aîné prend son droit de *primogeniture* tant sur les fiefs que sur les droits incorporels qui leur sont attachés : examinons maintenant si ce droit a lieu dans les actions qui ont un fief pour objet. Un père vend un fief avec faculté de réméré, enfuite il décède, laiffant plufieurs enfans qui font ufage de la faculté réfervée par leur père. Ce fief ainfi réuni à la fucceffion fe partagera-t'il également entre les cohéritiers fans droit d'Aîneffe, ou bien fera-t'il fujet à ce droit? On répond que l'Aîné pourra prendre fur ce fief la portion que la coutume défere à la *primogeniture*; parce que la vente ainfi réfolue par une caufe inhérente au contrat eft cenfée n'avoir jamais exifté; que d'ailleurs l'action en réméré, que l'on doit regarder comme une partie de la chofe même, étoit dans la main du père à l'inftant de fon décès : & qu'enfin la réverfion de ce fief n'eft que l'exécution d'un acte antérieur à l'ouverture de la fucceffion.

Mais en exerçant cette action, les héritiers font tenus de reftituer le prix que leur auteur a reçu. Comment fe fera cette reftitution? L'Aîné qui a plus que la moitié eft-il tenu d'y contribuer à proportion de fa part? Cette reftitution n'eft point une dette du défunt, elle n'a lieu que par le fait des héritiers, & parce qu'ils veulent faire ufage de l'action en réméré; ce n'eft que parce qu'ils retirent, qu'ils font débiteurs. Ce n'eft donc que comme propriétaires de la chofe retirée qu'ils en doivent le prix; ils doivent donc y contribuer proportionnellement à la part qu'ils ont dans le fief. Envain dira-t-on en faveur de l'Aîné que l'exercice de l'action en réméré n'eft que l'exécution d'un acte antérieur à l'ouverture de la fucceffion : cela eft vrai à certains égards; mais il eft également vrai que c'eft réellement un nouveau contrat qui fait rentrer les héritiers dans la propriété de ce fief.

Il en feroit autrement fi la réfolution de la

vente se faisoit de plein droit : par exemple, le père ayant vendu un fief au-dessous de la moitié de sa valeur, ses enfans se pourvoient contre les acquéreurs, & demandent la rescision de la vente, ou le supplément du prix. Si l'acquéreur prend le parti de donner le supplément du prix, ce supplément doit se partager également entre les cohéritiers ; si au contraire il remet le fief, le partage s'en fera comme celui des autres fiefs de la succession, & il y a lieu au droit d'Aînesse. Mais comme il faudra rendre à cet acquéreur la somme payée au père, comment les enfans contribueront-ils à cette restitution ? L'Aîné n'en sera tenu que comme un de ses cohéritiers, parce que cette dette procédant du fait du père, devient une dette commune de la succession.

Si au contraire le fief qui se trouve dans la succession du père est soumis à la faculté de réméré, il n'en sera pas moins sujet au droit d'Aînesse, & même si le vendeur exerce la faculté qu'il s'est réservée & qu'il rende le prix de ce fief, l'Aîné en aura une partie proportionnée à celle qu'il avoit dans la chose retirée, parce qu'il est juste qu'il reprenne dans cette somme l'équivalent de ce qu'il avoit dans le fief. De même si le père a acheté le fief beaucoup au-dessous de sa valeur, l'Aîné y aura pareillement son droit d'Aînesse ; mais si le vendeur vient à se pourvoir pour cause de lésion d'outre moitié, alors les droits de l'Aîné dépendent du parti que l'on prendra ; si l'on rend au vendeur le supplément du prix, tous les cohéritiers y contribueront également sans que l'Aîné soit tenu de fournir plus que les autres ; si au contraire

on déguerpit le fief & qu'on le rende au vendeur, l'Aîné n'a aucun avantage à prétendre
fur la fomme que ce vendeur, fera obligé de
reftituer.

Si un père ayant trois enfans poffède un fief
de la valeur de trente mille livres, déduction
faite du préciput, & qu'il faffe donation d'une
part d'enfant à une feconde femme qu'il époufe,
quelle portion cette femme prendra-t-elle dans
les trente mille livres, & quelles feront les portions des enfans?

Il eft clair que la portion de la femme fera du
fixième de la chofe c'eft-à-dire, de 5000 livres,
& que par-là le fief fera réduit à la valeur de
25000 livres dans quoi l'Aîné aura 12500 livres
pour fa moitié & les puînés chacun 6250 livres.

Si le père poffeffeur d'un pareil fief, n'ayant
que deux enfans d'un premier lit, faifoit une
femblable donation à fa feconde femme, elle
auroit d'après le même principe, 7500 livres,
le puîné autant & l'Aîné 15000 livres; & fi le
père donateur n'avoit qu'un fils, elle auroit dix
mille livres & le fils vingt.

Outre le préciput & la portion avantageufe
que la coutume attribue à l'Aîné, c'eft auffi à
lui qu'apparfiennent les tableaux de famille, les
armes du père, fes manufcrits, les livres apof-
tillés de fa main, & le dépôt des titres qui font
indivifibles,

Non-feulement l'Aîné jouit dans la fucceffion
du père des avantages qu'on a détaillés, il exerce
encore de pareils droits dans celle de la mère,
c'eft la difpofition précife de la loi. Il prend donc
felon le nombre des enfans, les deux tiers ou la
moitié dans les fiefs, pour fa portion avanta-

geufe ; & pour fon préciput, l'une des maifons
tenues en fief, telle qu'il juge à propos de la
choifir.

Il eft bon de remarquer ici que ce droit de
choifir ne peut être cédé ni vendu par l'Aîné,
quoiqu'il puiffe inconteftablement vendre fon
préciput après la mort de fon père : c'eft pourquoi fi l'acquéreur du préciput faifoit le choix,
il feroit abfolument nul à moins que l'Aîné ne
l'approuvât & ne le notifiât à fes frères, ou que
par l'acte de vente, il ne l'eût ratifié d'avance.
La raifon en eft que la coutume accorde ce droit
à l'Aîné perfonnellement ; qu'elle veut qu'il choi-
fiffe lui-même, & que c'eft par fon fait feul
qu'elle confent que le préjudice qui peut réful-
ter du choix, foit porté aux cadets.

Cependant l'Aîné n'eft pas tellement obligé
de choifir par lui-même qu'il ne puiffe valablement le faire par le miniftère d'un procureur :
mais une procuration générale de quelque étendue qu'elle fût, feroit infuffifante à cet égard ;
il eft néceffaire qu'elle donne fpécialement la
commiffion de choifir, ou du moins de procéder au partage de la fucceffion ; parce que dans
ce cas-ci la procuration feroit regardée comme
contenant implicitement le pouvoir de choifir,
attendu que le choix eft un préalable néceffaire
au partage.

Dès que le choix eft valablement fait, l'Aîné
ne peut plus varier, à moins qu'il n'y ait erreur
ou fraude de la part de fes cohéritiers : par
exemple, lorfqu'il a choifi une maifon cenfuelle
la croyant féodale, une maifon fujette à un
réméré, ou dont la propriété n'appartenoit pas
au défunt, ou quand il s'eft déterminé par de

fauſſes indications que ſes cohéritiers lui ont
données. Dans tous ces cas & autres ſemblables, l'Aîné a la faculté de faire un nouveau
choix.

. Si dans les deux ſucceſſions du père & de la
mère il n'y a qu'un fief de conquet, Dumoulin
penſe que l'Aîné doit prendre ſon préciput dans
chacune des deux moitiés du fief comme ſi c'é-
toient deux fiefs ſéparés ; & que s'il y a deux
manoirs dans le fief, ils lui appartiennent tous
deux, ou s'il n'y en a qu'un, il peut le prendre
pour préciput dans une ſucceſſion, avec un
arpent de terre auſſi pour préciput, dans l'autre ſucceſſion. Le Brun adopte la même opinion : » Le fief de conquet, dit-il, n'eſt à la vé-
» rité qu'un unique fief par rapport au ſeigneur
» dominant ; mais il ſe multiplie en deux divers
» fiefs, l'un pour la ſucceſſion du père, l'autre
» pour celle de la mère, & par conſéquent l'Aîné
» doit avoir un préciput dans l'une & dans l'au-
» tre de ces deux parties ».

. Mais Brodeau, Dupleſſis & le Maitre ſont
d'avis contraire, & penſent que l'Aîné ne doit
avoir pour préciput que le manoir. En effet,
dès que pour donner deux préciputs dans le cas
dont il s'agit, il faut feindre contre la vérité
qu'il y a deux fiefs, on doit pareillement feindre
la diviſion du manoir en deux parties & regarder
chacune de ces parties comme un manoir particulier pour un préciput dans chaque ſucceſſion.
Cette conſidération doit déterminer abſolument
en faveur de la dernière opinion, parce qu'on
remplit ainſi le vœu de la coutume ſans s'écar-
ter des règles de l'équité.

. Quelques-uns croient que le fils Aîné qui a

pris un préciput dans les successions de son père, & de sa mère, peut en prendre un encore dans chaque succession des autres ascendans : mais je ne crois pas cette opinion fondée, parce que, comme le remarque Guyné, toutes les successions se réunissent en ligne directe. En effet on ne vient à la succession de l'aïeul qu'en représentant le père ou la mère. Tout ce que peut alors demander l'Aîné est d'être admis à changer le préciput qu'il a pris dans la succession de son père contre celui qu'il auroit choisi dans celle de son aïeul s'il n'eut pas exercé son droit avant qu'elle fut ouverte.

Quoiqu'en général le droit d'Aînesse n'ait lieu qu'en ligne directe, il y a néanmoins quelques coutumes, comme celles d'Amiens, de Poitou, du Maine, d'Angoumois qui l'accordent aussi en ligne collatérale.

Ce droit appartient comme nous l'avons dit à l'Aîné mâle habile à succéder, quand même dans l'ordre de la nature, il seroit le puîné de toutes les femelles, pourvu qu'il soit légitime, ou légitimé par un mariage subséquent.

Si l'Aîné mâle est inhabile à succéder, qu'il soit par exemple, exhérédé, ou religieux profès, ou mort civilement, le droit d'Aînesse passe au plus âgé des puînés, pourvu que l'incapacité de l'Aîné soit antérieure à l'ouverture de la succession : & il faut remarquer à ce sujet que la démence, la minorité, l'état ecclésiastique séculier ne formant aucune incapacité pour succéder, ne privent point l'Aîné de son droit d'Aînesse.

Si l'Aîné vient à décéder, & qu'il laisse des enfans, le droit d'Aînesse se divise entr'eux par portions égales fi ce font des filles ; mais s'il y a des mâles & des femelles, l'Aîné prend le préciput tel que le père l'auroit eu, & le furplus fe partage à l'ordinaire.

Si l'Aîné décède fans enfans ou devient incapable après avoir été faifi du droit d'Aîneffe, c'eft une fucceffion collatérale à partager entre les autres enfans en même temps que la directe, mais fuivant les règles particulières & propres à chacune de ces fucceffions.

La coutume de Melun contient à cet égard une difpofition fingulière ; elle attribue le droit d'Aîneffe au puîné lorfque l'Aîné décède fans enfans avant le partage.

En général les filles ne font point admifes au droit d'Aîneffe, & partagent également, à moins que les coutumes, comme celles de Tours & d'Angoumois, n'aient des difpofitions contraires. C'eft une conféquence de ce que le droit d'Aîneffe n'ayant été introduit que pour conferver la fplendeur des familles, & en tranfmettre la mémoire à la poftérité avec plus d'éclat, il ne fauroit produire ces effets dans la perfonne des filles dont le nom fe perd lorfqu'elles fe marient.

On conçoit bien que ce qu'on vient de dire ne concerne pas la fille de l'Aîné, lòrfqu'il s'agit de partager la fucceffion de fon aïeul : elle repréfente alors fon père & elle en exerce les droits.

Eft-il au pouvoir du père de déroger au droit d'Aîneffe & d'en empêcher l'effet ?

Il faut à cet égard confidérer fi la difpofition du père concerne le droit d'Aîneffe en lui-même ou les biens qui en font l'objet.

Dans le premier cas, c'eft-à-dire fi le père
difpofe

difpofe du droit d'Aîneffe en lui-même, fa difpofition eft abfolument nulle de quelque manière
qu'elle foit conçue ; ce droit eft un bienfait de la
loi, auquel le père ne peut valablement porter
aucune atteinte.

Si le père difpofe non du droit en lui-même,
mais des objets deftinés à former le préciput, il
faut encore diftinguer fi la difpofition eft en faveur de fes enfans puînés ou d'un étranger. Le
pere peut difpofer de fes fiefs à titre onéreux ou
gratuit en faveur d'un étranger, parce que l'efprit de la loi n'a point été d'anéantir le droit de
propriété, ni de prononcer contre le propriétaire
l'interdiction d'aliéner pour favorifer le droit
d'Aîneffe : mais le père n'eft pas le maître de
difpofer de ces objets en faveur de fes enfans
puînés, & lorfque cela eft arrivé les magiftrats
n'ont guère manqué d'annuller la difpofition.
C'eft ainfi que par arrêt du 14 avril 1654, il a
été jugé qu'un père qui avoit deux enfans, un
fils & une fille, & pour principal bien la feigneurie d'Hédouville, n'avoit pu valablement
donner à fa fille une dot de 40 mille livres
qu'elle foutenoit lui devoir être payée fur cette
terre en conféquence de fa renonciation à la
fucceffion, parce que le fils Aîné fit voir que
cette donation abforboit la plus grande partie
de la valeur de la terre, & anéantiffoit les effets
du droit d'Aîneffe établi par la coutume, & qui
lui étoit acquis dès le moment de fa naiffance.

Par un autre arrêt du 9 avril 1726, rendu
entre M. Deftouy, confeiller au grand confeil,
& le marquis de Curzai, le parlement de Paris
a jugé que le droit d'Aîneffe de M. Deftouy dans
la fucceffion de la marquife de l'Hôpital fa mère,

n'avoit du recevoir aucune atteinte par la donation entre vifs qu'elle avoit faite au marquis de Curzai son fils puîné, & que M. Deftouy pouvoit prendre son droit d'Aînesse sur les biens compris dans cette donation.

Remarquons ici que quoique nous ayons dit que le père pouvoit donner ses fiefs à un étranger & priver ainsi son fils Aîné des avantages que la loi lui accorde, ce n'eft toutefois pas une opinion universellement reçue : le Brun, Argou & Guyot y font opposés ; mais les raisons qui dérivent du droit de propriété & l'autorité de Dumoulin, de Brodeau, de M. le Camus, de Ricard & de plusieurs autres, qui ont embrassé l'opinion que nous avons établie, méritent la préférence.

Par une suite de ce que nous avons dit que le père ne pouvoit disposer de ses fiefs en faveur de ses enfans puînés, il ne peut de même ordonner au préjudice de l'Aîné qu'il en sera fait un partage égal. Cela a été ainsi jugé par arrêt du 14 août 1566, par lequel la cour en confirmant la sentence du prévôt de Paris du 2 novembre 1559, ordonna que sans avoir égard au partage fait par Jean d'Orléans père, les biens de la succession seroient partagés & divisés entre ses enfans selon la coutume de Paris, & qu'en conséquence la moitié du fief des oncles appartiendroit à l'Aîné.

La question a encore été décidée de même par d'autres arrêts du parlement de Paris, des 22 décembre 1570, 14 mars 1600, 8 mars 1612, 26 mars 1620, & 8 mars 1638.

C'eft d'après les mêmes principes & parce qu'il n'eft pas permis aux pères ni aux mères de changer l'ordre établi dans leur succeffion, qu'ils ne peuvent ftipuler en acquérant un fief, qu'il fera partagé comme roture. Cependant cette jurifprudence n'eft pas univerfelle : car la coutume d'Orléans autorife le père, à ftipuler par le contrat d'acquêt & même à ordonner par un acte poftérieur, que le fief fera partagé également entre fes enfans.

Il y a auffi un arrêt du parlement de Paris du 18 mars 1749, qui fur le fondement de l'article 1133 de la coutume d'Artois, portant que *chacun peut vendre, engager, donner ou aliéner fes biens, fiefs, terres, & généralement difpofer par difpofition teftamentaire ou autres, de tous acquêts & conquêts*, a jugé que le fieur & la dame Coffin domiciliés & décédés à Hefdin, avoient pu valablement ftipuler dans les contrats d'acquifition de plufieurs fiefs, qu'ils feroient partages par égales portions entre leurs enfans, & en conféquence faire par leur teftament le partage de ces fiefs, au préjudice du droit d'Aîneffe de leur fils. L'arrêt a feulement réfervé au fils Aîné le droit de fe pourvoir pour demander fa légitime s'il prétendoit qu'elle fût entamée par les difpofitions de fon père & de fa mère. Le fils Aîné contre lequel cet arrêt a été rendu, en citoit néanmoins trois autres rendus également pour la coutume d'Artois lés 30 juin 1702, 4 juillet 1735, & 4 août 1747, conformément à fes prétentions.

Au refte fi un tiers donnoit un fief à un père & à une mère, il pourroit ftipuler qu'il feroit partagé entre leurs enfans comme roture, parce qu'il peut impofer à fa libéralité telle condition qu'il juge à propos, & que même il eft le maître d'en priver entièrement l'Aîné en faveur des puînés.

Si le fils Aîné donnoit son consentement à des actes par lesquels il seroit dépouillé du droit d'Aînesse, il pourroit aisément s'en faire relever, parce que l'on présumeroit que le consentement n'auroit eu lieu que pour empêcher le père de faire encore plus de préjudice au fils. Plusieurs arrêts l'ont ainsi jugé, entr'autres un du 14 août 1584 rapporté par Louet.

Carondas néanmoins est d'avis contraire : il dit que le fils Aîné étant majeur & n'ayant point d'enfans, peut valablement céder son droit d'Aînesse à quelqu'un de ses frères du consentement du père ou de la mère de qui viennent les fiefs.

D'autres pensent que si l'Aîné majeur consentoit dans le contrat de mariage d'un puîné que celui-ci jouît du droit d'Aînesse, il ne pourroit se faire relever d'un pareil consentement : mais cette opinion est contraire à la jurisprudence. L'arrêt du 14 avril 1616, rapporté par Auzanet, a déclaré nulle la renonciation au droit d'Aînesse faite par un Aîné prêtre, en faveur de son frère puîné par le contrat de mariage de celui-ci, avec le consentement du père & de la mère.

La raison pour décider ainsi en cas pareil est que l'on ne peut supposer que la renonciation de l'Aîné ait été volontaire, parce que si elle l'eût été, il est à croire qu'il ne se seroit pas pourvu pour la faire annuller.

Le droit d'Aînesse a lieu sur les fiefs substitués par un collatéral lorsque l'ordre des successions est gardé dans la substitution & que les fiefs ont paſſé en ligne directe. Cela a été ainſi jugé par arrêt du 3 juillet 1604.

La raiſon de douter étoit qu'en ce cas les fiefs ne viennent pas du père, mais de la ſeule libéralité du donateur, & que le droit d'Aîneſſe n'auroit pas lieu ſur un fief qui ſeroit donné directement par un collatéral, tel qu'un oncle qui le donneroit à ſes neveux. Les juges au contraire ont conſidéré que le donateur ayant gardé l'ordre des ſucceſſions dans la ſubſtitution, il ne ſeroit pas juſte de le changer & que l'on devoit préſumer que le but de la ſubſtitution n'avoit été que d'empêcher la diſſipation du bien.

Ricard penſe que l'Aîné doit jouir de ſes droits ſur les biens que l'édit des ſecondes noces réſerve aux enfans du premier lit. Cette opinion néanmoins ne paroît pas ſans difficulté, parce que les enfans peuvent prendre les biens que l'édit leur réſerve ſans ſe porter héritiers & que le droit d'Aîneſſe ſemble n'avoir lieu que dans le partage des ſucceſſions, comme on le voit à l'égard du douaire où l'Aîné n'a aucun avantage : cependant je trouve ainſi que le Maiſtre, que Ricard eſt bien fondé, parce que le but de l'édit en réſervant aux enfans du premier lit les biens qui viennent du prédécédé lorſque le ſurvivant vient à ſe remarier, n'a pas été de changer l'ordre du partage établi par la coutume, mais de réparer par cette réſerve le préjudice que les enfans du premier lit reçoivent des ſeconds mariages : d'ailleurs, ſi les enfans ne ſont pas obligés d'accepter la ſucceſſion pour jouir du bénéfice de l'édit, il faut toutefois qu'ils ſoient habiles à ſuccéder : enfin s'il n'y a point de droit d'Aîneſſe dans le douaire, c'eſt qu'il y a à cet

égard une difpofition expreffe fondée fur ce qu'il
tient lieu d'alimens également néceffaires à tous
les enfans.

L'Aîné ne peut prendre aucun avantage dans
les fiefs qui ont été acquis pendant la continuation de la communauté faute d'inventaire. Mais
cela ne doit s'entendre que de la part que l'Aîné
& fes frères ou fes fœurs ont dans ces acquêts, &
non de la portion qui eft reftée au furvivant &
qui fe trouve dans fa fucceffion, car l'Aîné doit
y avoir les mêmes droits que fur les autres fiefs
de l'hérédité.

Si l'Aîné habile à fuccéder renonce à la fucceffion, foit gratuitement, foit pour s'en tenir
au don qui lui a été fait, il n'y a point de droit
d'Aîneffe entre les puînés. C'eft ce qui réfulte
des articles 27 & 310 de la coutume de Paris.

Mais cette difpofition doit-elle avoir lieu dans
les coutumes muettes à cet égard?

Cela ne peut être mis en queftion qu'autant
que la renonciation de l'Aîné eft gratuite ; car
autrement on doit préfumer qu'il a eu la valeur
de ce qui lui appartenoit. Or le Brun, Livonière,
Papon, d'Argentré, Brodeau, Ricard, le Grand
penfent que dans le cas d'une renonciation gratuite le droit d'Aîneffe appartient au plus âgé
des puînés. « C'eft une maxime en matière de
» fucceffion, dit le Brun, que celui qui renonce
» eft confidéré comme n'ayant jamais exifté ; ce
» qui étant préfuppofé, il faut dire que l'accroiffe-
» ment fe faifant régulièrement à la maffe de la
» fucceffion & le renonçant étant réputé mort,
» le droit d'Aîneffe appartient au fecond fils dans
» les coutumes qui n'ont point de difpofitions
» contraires ».

L'opinion de ces auteurs se trouve fortifiée par un ancien arrêt du 14 août 1567 rapporté par Papon.

Mais Dumoulin est d'un avis tout opposé : il établit comme principe général que la renonciation gratuite de l'Aîné ne fait point passer le droit d'Aînesse à son cadet : il veut que ce droit accroisse à tous les cohéritiers. « L'Aîné, dit-il, » quoique ne prenant rien, n'en existe pas moins, » & n'en est pas moins l'Aîné de la famille : il est » vrai qu'il ne jouira pas des droits utiles qu'il » auroit pu prendre à ce titre dans la succession » de son père ; mais tous les droits honorifiques, » tous ceux qui ne lui sont pas déférés à titre » successif lui appartiennent de même que s'il » n'avoit pas renoncé. Nonobstant cette renon- » ciation, c'est en lui que réside la dignité de la » famille, c'est lui qui en est le chef, enfin s'il y » avoit dans la famille un fief substitué au profit » de l'Aîné, ce seroit à lui seul que ce fief ap- » partiendroit ; en un mot, la renonciation à la » succession ne peut le priver que des droits at- » tachés à la qualité d'héritier : or le titre d'Aîné » ne lui est point déféré par droit héréditaire ; il » le conserve, quoiqu'il ne soit pas héritier. Ce » titre n'est donc pas dévolu au cadet ? Celui-ci » ne peut donc réclamer les prérogatives atta- » chées à cette qualité ? »

L'opinion de Dumoulin a été embrassée par Chopin, Tronçon, Duplessis, Guiot, le Maistre & plusieurs autres & je la crois beaucoup mieux fondée que la première. Au reste il est très-rare qu'un Aîné renonce gratuitement & précisément pour faire l'avantage de ses puînés. Sa renonciation est ordinairement l'effet de quel-

que don plus confidérable que le préciput, &
dans ce cas tous les auteurs font d'accord que
fa portion accroît à la fucceffion entière fans aucune prérogative pour le cadet.

Lorfqu'un père réduit fon fils Aîné à fa légitime, elle doit être dans la coutume de Paris,
de la totalité du préciput, de la portion avantageufe dans les fiefs & francs-aleux nobles &
de la moitié de fa part dans les autres biens. Le
préciput & la portion avantageufe ne font fujets
à aucune diminution, parce que, comme on l'a
vu, ils appartiennent à l'Aîné en vertu d'une loi
à laquelle le père ne peut déroger.

De même fi un père laiffant dans fa fucceffion
beaucoup de rôtures, avoit donné le fief à l'un
de fes puînés, l'Aîné pourroit, fans fe reftreindre à fa légitime, demander fon préciput ainfi
que fa portion avantageufe dans le fief & fa part
entière des rôtures. On regarderoit en ce cas la
donation comme non avenue relativement à
l'Aîné, & par rapport à lui, le fief feroit confidéré comme faifant encore partie de la fucceffion.

Le puîné ne pourroit même à ce fujet prétendre aucune récompenfe fur les rôtures; parce
que quand une difpofition eft révoquée en vertu
d'une loi prohibitive, on ne peut oppofer à celui qui agit, le fait du défunt dont il eft héritier,
ni exercer contre lui aucun recours de garantie.
C'eft le cas de dire que le père a fait ce qu'il
ne pouvoit pas faire & qu'il n'a pas fait ce qu'il
auroit pu faire. Il lui étoit libre d'avantager fon
fils puîné en lui donnant des rôtures & de réduire
l'Aîné à fa légitime fur cette efpèce de biens;

mais dès qu'il ne la pas fait on ne doit pas suppléer cette omiffion. Tel eft l'avis de le Brun.

D'autres néanmoins penfent que fi l'Aîné exerce fon action revocatoire de la donation du fief faite au puîné, celui-ci doit être indemnifé fur les rôtures de la fucceffion. Mais cette dernière opinion ne me paroît pas fondée, parce qu'en indemnifant le puîné on autoriferoit indirectement une difpofition prohibée par la loi.

Entre deux jumeaux, le droit d'Aîneffe eft déféré à celui qui a vu le jour le premier.

Lorfqu'on ignore lequel des deux jumeaux eft né le premier, le droit d'Aîneffe appartient à celui qui eft en poffeffion de la qualité d'Aîné & qui a été reconnu pour tel dans la famille; mais il faut, dit Dumoulin, que cette poffeffion foit publique, reconnue ou tolérée par le frère & autorifée par le père commun.

Si l'un ni l'autre des jumeaux n'eft en poffeffion de la qualité d'Aîné, Dumoulin penfe que c'eft au fort à décider entr'eux : Argou eft auffi de cet avis : mais la plus commune opinion, dit le Brun, eft que le droit d'Aîneffe doit être partagé entr'eux quant aux prérogatives qui peuvent être divifées, & à l'égard de celles qui font indivifibles, ils doivent en jouir alternativement. Faber adopte l'avis de le Brun & je crois qu'on doit le préférer à celui de Dumoulin fur la queftion dont il s'agit. En effet chacun des deux peut paffer pour le premier né puifqu'il ne paroît précédé d'aucun autre dans l'ordre de la naiffance. Tous deux ont donc un droit égal à la chofe, & dès-lors on ne peut fans injuftice donner le tout à l'un au préjudice de l'autre.

Un bâtard légitimé par un mariage fubfé-

quent, est capable du droit d'Aînesse; cela ne
souffre pas de difficulté. Mais on a mis en question si le droit d'Aînesse arriveroit au fils naturel d'un homme qui épouseroit une femme, &
qui en auroit des enfans avant d'épouser la concubine qui lui auroit donné ce fils naturel ? Le
Brun a pensé que le fils naturel, légitimé par un
mariage subséquent, devoit être l'Aîné. Dumoulin, Charondas, Brodeau, Auzanet, Ferrière
& plusieurs autres sont d'avis contraire & se
fondent sur ce que le droit étant acquis au premier né du premier mariage dès l'instant de sa
naissance, il n'a pu en être dépouillé par un mariage postérieur.

Le Brun répond à cela que « le droit d'Aînesse
» n'est guère plus acquis pendant la vie du père,
» que le droit de succéder ; qu'ainsi le fils légi-
» time né du premier mariage n'a pas plus pré-
» venu pour le droit d'Aînesse que pour le reste
» de la succession ; & que conséquemment rien
» ne doit empêcher que le mariage subséquent
» n'ait son effet pour l'un comme pour l'autre »

J'avoue que quoique la première opinion ait
infiniment plus de partisans que celle de le Brun,
je trouve néanmoins celle-ci mieux appuyée :
car il me semble que c'est une contradiction ma-
nifeste d'accorder au mariage subséquent l'effet
retroactif de légitimer la naissance, & de lui refuser l'effet d'attribuer des droits qui par leur
nature paroissent & sont réellement inséparables
de cette même naissance. Ajoutons que le droit
d'Aînesse ne peut être exercé qu'à l'ouverture
de la succession : qu'à cette époque les enfans
des deux mariages ont un même caractère de
légitimité ; qu'ils sont tous frères, & que le plus

âgé d'entre eux est incontestablement l'Aîné ;.
pourquoi donc les droits attachés à cette qualité
ne lui appartiendroient-ils pas ?

. Quant à la légitimation par lettres du prince,.
elle a des effets moins étendus ; quelque abfo-
lues que foient les claufes du refcrit, quand
même il feroit revêtu de l'approbation de toute
la famille, quand même le feigneur dominant
y auroit confenti (ce qui eft néceffaire, lorfque
le fief doit rentrer dans fa main au défaut d'enfans légitimes de fon vaffal) néanmoins les enfans légitimés par cette voie, ne peuvent, dans
aucun cas, prétendre le droit d'Aîneffe : tout au.
contraire, ils ne doivent avoir qu'une portion,
égale à celle du moins prenant, foit qu'ils partagent avec des mâles, foit qu'ils n'ayent pour
co-héritiers que des filles, ou des enfans d'un
mariage contracté depuis leur légitimation. Une
pareille manière de légitimer les enfans eft dé-
favorable, & l'effet doit en être févèrement
refferré dans les bornes les plus étroites. Le
droit d'Aîneffe & celui d'exclure les filles font
des droits extraordinaires ; les accorder aux légitimés par lettres du prince, ce feroit étendre
un privilège déjà exorbitant par lui-même, ce
qui feroit entièrement contre les règles. Telle
eft l'opinion de Dumoulin & la plupart des auteurs l'ont adoptée.

Les coutumes diffèrent beaucoup les unes des
autres fur le préciput qu'elles attribuent à l'Aîné.
Il y en a qui dans le partage des fucceffions diftinguent la qualité des perfonnes, & veulent que
les fucceffions des nobles fe partagent d'une
manière & celles des roturiers d'une autre :
telles font, par exemple, les coutumes de

Champagne ; mais celle de Paris qui forme le droit commun dans les coutumes où le droit d'Aîneſſe eſt admis & qui n'ont point de diſpoſitions contraires, donne ce droit d'Aîneſſe aux roturiers auſſi bien qu'aux nobles.

Il y en a, comme celle de Troyes, où l'Aîné ſoit noble, ou roturier, n'a que le principal manoir & le vol du chapon. S'il y a pluſieurs fiefs mouvans du principal manoir, il choiſit la mouvance de tel de ces fiefs que bon lui ſemble ; il a d'ailleurs par préciput un arpent de chaque nature de terre ; par exemple, un arpent de pré, un arpent de bois, &c. Les mâles prennent chacun dans les fiefs autant que deux filles ; & ſi l'Aîné décède avant ſon père ou ſa mère, ne laiſſant que des filles, elles ne repréſentent pas leur père au droit d'Aîneſſe, quand il y a d'autres mâles, mais ſeulement au droit qu'il avoit comme mâle, c'eſt-à-dire, qu'elles ne prennent point de préciput, mais elles prennent la portion d'un des mâles, comme leur père auroit fait.

Quelques-unes comme celle d'Auxerre, ne donnent à l'Aîné que le principal manoir, & le vol du chapon, ſans aucune portion avantageuſe dans le ſurplus des fiefs, & ne lui donnent même qu'un ſeul préciput dans les deux ſucceſſions du père & de la mère ; mais quoiqu'il ait pris ſon préciput dans la ſucceſſion du premier décédé, il peut en le rendant, choiſir dans la ſucceſſion du dernier mourant.

D'autres, comme celle de Chauny donnent aux filles, au défaut d'enfans mâles, le droit d'Aîneſſe dans les fiefs : quelques-unes donnent même tous les fiefs à la fille Aînée à la charge seulement d'un quint aux puînées soit en usufruit ou en propriété selon les lieux.

La coutume du grand Perche donne à l'Aîné noble tous les meubles & effets mobiliers à la charge de payer les dettes mobiliaires, & en outre un préciput dans les fiefs & dans les autres biens.

Les coutumes de Bretagne, d'Anjou, de Touraine & plusieurs autres font des avantages considérables aux Aînés nobles.

Quand le fils Aîné décède avant son père & sa mère & qu'il laisse des enfans, il y a quelques coutumes qui n'admettent pas la représentation au droit d'Aînesse, s'il ne laisse que des filles, & qui n'admettent même les mâles que quand le père & la mère n'ont point laissé d'autres enfans mâles.

A l'égard de la succession des fiefs en ligne collatérale, les coutumes ne diffèrent guère moins que pour les successions en ligne directe. Nous n'entrerons pas dans le détail de ces différences qui nous meneroient trop loin : c'est assez d'avoir établi ici les principes généraux & le droit commun ; nous renvoyons à chaque coutume pour les lois particulières qui y sont prescrites. Voyez *le Brun, de la succession des fiefs ; Dupleſſis, des ſucceſſions ; le Maitre ſur la coutume de Paris ; le traité des fiefs de Dumoulin avec les notes de M. Henrion de Penſey ; Auzanet ſur l'article 13 de la coutume de Paris ; Ricard, des donations ; Argou, inſtitution au droit fran-çois ; Brodeau & Ferrière ſur la coutume de Paris; Renauldon, traité des fiefs ; l'arrêt du 7 ſeptembre 1572, rapporté par Tronçon ; Chopin, ſur la coutume d'Anjou ; Livonière, traité des fiefs ; la collection de juriſprudence ; Guyné, traité de la* repréſentation ; les arrêts de Filleau ; le journal des audiences ; M. le Camus, ſur la coutume de Paris ; Guyot, de la ſucceſſion des fiefs ; les plai-doyers de M. Servin ; les arrêts de Papon ; d'Ar-gentré ſur les partages des nobles ; le Grand ſur la coutume de Troyes ; Zoéſius, de Feudis, &c. Voyez auſſi les articles PRÉCIPUT, FIEF, PAR-TAGE, SUCCESSION, DETTES, LÉGITIME, DOUAIRE, SUBSTITUTION, DONATION, NO-BLE, &c.

Fin du Tome premier.

FAUTES A CORRIGER.

Pag. 13, lign. 3, qu'il eut, *lifez* qu'il y eut.
Pag. 102, lign. 12, laquelle accroît à fes frères & fœurs, *lifez*, & la fienne accroit à fes frères & à fes fœurs.
Pag. 267, lign. 15, outre le nom, *lifez* outre les noms.
Pag. 345, lign. 28, lefquels ont jugé, *lifez* par lefquels on a jugé.